U0152137

改革與突破

——厲以寧九十年代經濟漫談

◎厲以寧 著

責任編輯：張思詩
美術編輯：楊杏怡

改革與突破——厲以寧九十年代經濟漫談

著　者
厲以寧

出版發行
紫荊出版社
香港上環干諾道中 200 號信德中心西座 10 樓 1001 室
電話：（852）28583902　　傳真：（852）25464582

印　刷
祥龍印務公司
香港灣仔軒尼詩道 48-62 號上海實業大樓 10 樓 1004 室

規　格
700 毫米 ×1000 毫米　1/16

字　數
330 千字

版　次
2020 年 7 月香港第 1 次印刷

ISBN：9789881557902

哪位經濟學家為香港回歸寫了 255 篇文章？
（代序）

今年是香港回歸祖國23周年。在1997年香港回歸的前幾年，香港《大公報》專設「經濟漫談」專欄，請一位知名經濟學家主筆密集撰寫反映中國內地經濟改革發展的專欄文章，從 1993 年 7 月 1 日直到 1997 年 6 月底，共刊發了此位經濟學家為專欄寫作的 255 篇文章。再讀這些文章，令人百感交集、深受啟發。

當時，隨著 1997 年香港回歸臨近，香港社會對國家經濟體制改革進程與前景非常關注，時任《大公報》社長了解到，香港社會特別需要長期研究中國經濟、親身參與經濟體制改革的知名經濟學家，為香港社會撰寫專欄文章；希望通過每周一兩篇漫談短文，聚焦一個經濟體制改革主題或熱點問題，為香港政商人士、專業中產、市民大眾答疑解惑，消除誤解和誤讀，堅定他們對 1997 年香港回歸祖國的信心。

這位經濟學家就是「經濟體制改革的積極倡導者」、「改革先鋒」厲以寧教授。1993 年 5 月，厲以寧教授應邀赴香港科技大學講學。他知道，報紙上連載的專欄文章應該是最難寫的，因為一方面受篇幅限制很大，每篇限定為 1500 字左右，每篇集中講一個經濟理論和熱點問題的主題，要在如此短的篇幅內把一個問題講清楚，還要讓非經濟專業背景的廣大讀者容易讀懂，是很不容易的；另一方面，由於專欄文章是連續性的，需要不間斷地寫，需要不斷有靈感，有的文章間隔刊發時間僅有 1 天，而且要結合當時經濟熱點問題來發表自己的觀點，深入淺出地講明白，自然也是一件難事。厲教授在 4 年內連續寫了 250 多篇，平均每年刊發 60 餘篇，不可謂不勤快，也不可謂不辛苦。當然，最讓厲教授欣慰的是，文章刊出後，得到香港社會廣大讀者的好評，成為香港社會喜迎回歸的特殊風景。

這些文章涵蓋了市場經濟體制、企業改革、企業經營管理、財政、金融、證券市場、抑制通貨膨脹、就業、私營經濟、收入差距、消費、環境保護、教育、社會發展等內容。文章深入淺出地回答了改革各方面的重大理論與實踐問題。

例如，在 1994 年 8 月 1 日刊發的《經濟改革兩種思路之爭》一文著重介紹了經濟改革的兩種思路，即「以價格改革為主」還是「以企業改革為主」，厲教授堅持企業改革主線論，認為沒有完善的市場主體，放開價格只能引起物價輪番上漲，而不可能建立良好的市場環境；價格全部放開是經濟改革的最終成果，而絕不是經濟改革的出發點或突破口。

這些為了香港回歸祖國而寫的 250 多篇專欄文章，凝結了當時那一代經濟學者對香港回歸祖國的深沉期待與熱愛祖國的赤子之心。厲以寧教授對這些文章的歷史作用，非常自謙，只是說「這使我感到欣慰，總算功夫沒有白費」。

我們回顧當年艱難的改革開放征程、香港回歸祖國的崢嶸歲月，感慨國家和香港曾克服了多少艱難險阻。讓過去啟迪未來，我們無懼風雨、繼續前進，我們堅信國家和香港的明天一定會更美好！

李旭鴻

2020 年 7 月 6 日於香港

注：本文曾發表於 2019 年 12 月 16 日香港《文匯報》，有修改。

目錄

第一章　從中國經濟的怪圈談起

第二章　以市場換技術是好策略

第三章　市場與消費者說了算

第四章　市場經濟有利環保

第五章　怎樣提高生活質量

第六章　科學技術是寶貴的資源

第七章　對效率的正確理解

第八章　國家控股公司的作用

第九章　管理是科學還是藝術

第十章　傳統社會結構的阻力

第十一章　現代企業制度的領導體制

第十二章　如何提高企業的決策水平

第十三章　中小企業如何參加國際競爭

注：本書內容按照文章實際發表時間排序（1993 年 7 月 1 日 — 1997 年 6 月底）。

第一章 從中國經濟的怪圈談起

從中國經濟的怪圈談起

當前中國經濟又被通貨膨脹所困擾。我們不否認這樣一個事實，即一九九三年夏季的經濟形勢不同於一九八八年夏季的經濟形勢。因為國家的經濟實力增強了，市場上的消費品儲備比較充足，城鄉居民的心理狀態比較正常，以及政府比過去有更多的經驗來應付通貨膨脹。但我們同樣不可否認的是：從病根上說，一九八八年的通貨膨脹和一九九三年的通貨膨脹是一樣的；從表面看，投資規模過大引起了需求過旺，導致了通貨膨脹，而從深層次分析，兩次通貨膨脹的根源都在於經濟體制改革的大大滯後，在於經濟運行機制的嚴重缺陷。

三個怪圈　我以前曾用三個怪圈來描述中國經濟的困境。一是國民經濟的怪圈，表現為：經濟過熱 － 通貨膨脹 － 緊縮 － 市場疲軟 － 投資啟動 － 經濟再度變熱 － 新一輪通貨膨脹…… 二是農業經濟的怪圈，表現為：農業勞動的收入低 - 農民不安心務農和農業投入少 - 農業生產缺乏後勁 - 農業勞動的收入低……三是工業經濟的怪圈，表現為：設備陳舊、冗員多 － 企業勞動生產率低 － 企業盈利減少、虧損增加 － 企業更新力量不足 － 設備進一步老化、冗員增多，企業勞動生產率繼續下降……

一九八八年的中國經濟問題與上述這些怪圈有關，一九九三年的中國經濟問題又何嘗不是如此？但值得我們深思的是：投資為什麼總是失控，以致於經濟增長總是引發通貨膨脹？農業生產為什麼總是缺乏後勁，以致於農民越來越不安心務農？企業為什麼總是虧損纍纍，以致於處境一直不妙？答案是清楚的：怪圈是舊經濟體制的產物。只要投資主體不承擔投資風險，重復建設與無效益的投資就在所難免，投資規模過大也就難以遏制；只要中央銀行尚未獨立行使控制貨幣供應量的職權，只要專業銀行尚未成為自主經營自負盈虧的商業銀行，貨幣的超正常發行和信貸膨脹就不可避免；只要價格比例依然是扭曲的，工農業產品價格的剪刀差仍在擴大，農業生產當然缺乏後勁；只要企業仍舊處於行政機構附屬的地位，企業不能以獨立商品生產者的身份在市場上一展身手，那麼就不能使企業擺脱目前的困境，由此可見，解決當前中國經濟問題的唯一有效的對策是加快經濟改革，重新構造適應市場經濟的投資體制、金融體制、企業體制和價格體制。

一個事實　經濟怪圈的一再出現，向我們說明了這樣一個事實：採取緊縮措施是不可能消除怪圈的。比如說，單純抽緊銀根，不但不能增加供給，反而會抑制供給，結果供求矛盾並不能因此緩和下來。加之，如果經濟體制沒有改革，企業依然處於政企不分、不自主經營和不自負盈虧的狀態，銀根抽緊之後，國有大中型企業的日子會更加不好過，企業虧損也會增大。當然，這並不是說緊縮措施毫無效果，但緊縮的弊病卻可能大大超過緊縮所帶來的短期效果。這是宏觀決策部門不能不注意的。既要保持較高的經濟增長率，又要控制通貨膨脹，這的確是中國經濟面臨的難題。然而，這道難題仍然有解，基本解法有以下四點辦法：

四點辦法　一、加快投資體制改革，使投資主體承擔投資風險，迫使投資主體在證券市場上籌資融資，以提高投資效益。二、加快金融體制改革，使中央銀行獨立行使賦予中央銀行的職權，以控制貨幣供應量，同時，加速專業銀行的企業化；迫使專業銀行根據經濟效益來發放貸款，並盡可能實行抵押貸款、擔保貸款。三、加快企業體制改革。讓企業既負盈，又負虧，有效益的才能生存，無效益的就破產、倒閉或被兼併。四、在投資主體承擔投資風險和企業自負盈虧的基礎上，政府的宏觀經濟調節將會有效，於是政府就可以用稅率、利率、匯率等手段來調整產業結構和抑制通貨膨脹了。

為什麼我如此強調股份制改革

最近這些年來，我一直強調企業的股份制改革，我認為這是建立社會主義市微觀基礎的有效途徑。而日本的一位以研究中國經濟著稱的經濟學家，則提出不同的觀點。他認為，按照日本的經驗，在經濟發展的前提應以提高儲蓄率和間接融資為主，股份制作為直接融資形式只是在經濟發展到一定階段之後才逐漸得到重視的。因此他主張中國也應如此。據說他的這種看法在中國國內得到某些人的贊同。我感到，這位日本經濟學家儘管多次訪問過中國，並同我討論過，但他對中國的國情並不了解，他的建議不符合中國實際。

轉換企業經營機制　要知道，日本的企業是私營企業。在私營企業的條件下，政企必然是分開的。私營企業必定是自主經營、自負盈虧的獨立商品生產者，這樣也就不存在轉換企業經營機制的問題。在日本，企業是否採取股份制的形式，主要考慮規模效益以及擴大融資範圍的必要性與可能性。如果獨資或合夥形式比股份制形式對企業更為有利，企業就不一定選擇股份制，而寧願繼續保留獨資或合夥形式。如果間接融資比直接融資更為方便，企業就不會選擇直接融資方式。如果直接融資中的企業債券形式比發行股票更能使企業獲得實惠，企業就寧肯發行企業債券而不願發行股票。這正是日本企業的特點。 然而中國的情況與此截然不同。在傳統經濟體制之下，中國的公有制企業是政企不分，不自主經營，不自負盈虧的。轉換企業經營機制，是指企業從傳統經濟體制之下轉軌到市場經濟體制之下，從政企不分變為政企分開，從不自主經營和不自負盈虧變為自主經營和自負盈虧。只有轉換了企業經營機制。企業才具有自我增長與自我約束的可能性，才能適應市場經濟的要求。公有制企業怎樣才能做到政企分開？自主經營還是自負盈虧？迄目前為止，還沒有找到比股份制更有效的形式。因此，在中國實行股份制，轉換企業經營機制是最主要的理由。假定忽視企業經營機制的轉換，而把發行股票集資作為首要目的，那是達不到建立市場經濟微觀基礎這一要求的。上面提到的那位日本經濟學家，可能恰恰不了解這一點。

貸款規模經常失控 即以間接融資來説，以往這麼多年，儲蓄率一直很高，通過銀行貸款而促進經濟發展的做法始終得到政府部門的重視。因此不能斷言中國過去不重視間接融資方式。今後，我們仍然要運用間接融資方式來發展經濟。但問題在於：僅僅依賴銀行貸款，轉換不了企業經營機制。就算所有的銀行貸款都有借有還，這也改變不了現存的企業不自主經營和不自負盈虧的狀況。何況，在企業依然處於行政機構附屬物的地位時，有借無還的事情並不罕見。銀行這些年來有多少收不回來的貸款，為什麼收不回貸款，不正因為企業躺在國家身上吃大鍋飯嗎？銀行貸款規模為什麼經常失控，不正因為得到銀行貸款的企業不承擔投資風險，只要能夠借到錢就盡量借錢所引起的嗎？那位日本經濟學家在建議中國緩搞股份制而繼續依靠間接融資時，似乎沒有注意到中國企業經營機制未轉換條件下間接融資方式的不完善。

企業債券誰承擔風險 甚至可以這樣説，假定中國的企業依然處於不自負盈虧的狀態。企業發行債券這一直接融資方式也是不完善的。名義上，企業債券由企業自己承擔風險，實際上仍由國家承擔風險。企業在使用這些借入的資金時，並不感到有太大的壓力，反正有國家保底。購買企業債券的人，則知道國有企業發行的債券最終由國家財政擔保，反正國有企業不會垮掉。於是國有企業發行的債券與國際債券之間的區別也就不明顯了。可見，惟有轉換企業經營機制，企業債券才會真正具有企業債券的性質。我想，只要讀者了解中國經濟的現狀，了解中國企業的現狀，就會懂得為什麼我會這樣強調股份制改革，也會懂得那位日本經濟學家的主張為什麼是不符合中國實際的。

為企業「集資熱」說句公道話

今年上半年中國的通貨膨脹率比較高，於是經常聽到這樣一種說法，認為企業的「集資熱」在擴大投資規模方面起了很大作用，給國民經濟帶來了消極後果。這種對企業的「集資熱」的指責可能有一部分道理，但值得我們思考的是：為什麼企業想集資？為什麼企業寧肯按較高的利率來集資？我們應當指責的，是企業集資行為本身呢，還是造成企業「集資熱」的那種不正常的經濟環境？

四點須集資原因　企業需要資金，這是可以理解的：第一，企業過去新建或擴建的工程項目已經完成，準備投產，因此需要流動資金。如果資金短缺，開不了工。投不了產，損失太大。第二，企業正在新建或擴建工程項目，由於生產資料漲價，不得不追加投資，才能使項目完工。如果資金不足，正在建設的工程被迫停頓，損失也太大。第三，客觀上存在著一些盈利機會，為了不放棄盈利機會，企業急需資金。第四，企業的某些應付賬款已經到期，如果這時籌不到錢，將使企業蒙受這樣或那樣的損失。為此，企業必須設法籌措資金。假定財政的閘門關死了，銀行貸款的閘門也關死了，只剩下向社會集資這樣一條路了，企業籌資不走這條路，還能走哪條路呢？社會集資的成本無疑要高得多，哪一個企業在有較低利率的貸款可借的條件下，會選擇利率高得多的社會集資這條路呢？可見，我們不能責怪企業集資行為本身，而應當對這個問題作進一步的分析。

集資問題的關鍵　問題依然要回到投資主體是否承擔投資風險和企業是否自負盈虧上來。假定投資主體承擔投資風險和企業自負盈虧，它們必定會對盈利機會進行細致的分析，對成本（包括籌資成本）與收益進行比較。在判明市場前景確實良好、投資確實有利可圖而又無法從銀行取得資金時，依靠社會集資不僅是可行的，而且是必要的。在這種情況下，企業的「集資熱」不會造成多大問題。企業會自行控制集資的規模，並會盡可能地提高投資效益。假定投資主體尚未承擔投資風險，企業不能自負盈虧，那麼問題又當別論了。這時，企業在集資時不會客觀地考慮投資的得失利弊，反正最終躺在國家身上，再多的款額也敢籌借，再高的利率也敢接受，這才是企業集資問題的關鍵所在。所以說，在判斷企業「集資熱」的是與非時，不宜簡單地下結論：是或非，而應當根據企業的實際狀況，尤其是風險承擔狀況進行具體的分析。

不能借此保護壟斷　也許有人會問：一項通過社會集資而進行的投資，對企業來說也許是可行的，但這並不等於對社會來說也是可行的，因此政府必須對企業的社會集資加以嚴格控制。這種看法是對的。但問題在於：政府究竟根據什麼來判斷企業的某項投資的社會可行性。從原則上說，政府應當從產業結構協調的角度來進行考察，並需要研究生產資料供給的前景、「瓶頸」約束程度、市場容量大小等。如果某項投資不利於產業結構的協調，或生產資料供給前景和市場銷售前景不佳，政府是可以運用各種調節措施來加以限制的。不過需要注意的是：不能以限制企業集資為名而行保護壟斷、保護落後之實。假定某一地區或某一行業，已經有生產某項產品的企業，但其產品質量並不算好，價格又昂貴，難道就只能讓它繼續保持壟斷地位而不許其它企業進入？壟斷不僅不公平，而且會助長落後。開展競爭，打破壟斷，又有什麼不妥呢？這就告訴我們：在考察企業通過集資而進行的投資的社會可行性時，還應該從是否有利於市場經濟體制的建立的角度出發，而不能採用計劃經濟體制下慣用的標準來衡量。

談談中國的民間信用

在中國，對於民間信用有寬義與窄義兩種理解。寬義的理解是：凡是銀行信用以外的信用都可以稱為民間信用。窄義的理解則把企業與個人之間的信貸關係稱做民間信用，包括企業向企業的集資，企業向個人的集資，個人之間的借貸等。無論從寬義還是從窄義的角度來看，中國的民間信用都越來越發達。對民間信用的爭議也越來越多。

四點爭議　大體上説，有以下四方面的爭議：一、民間信用的利率大大高於銀行利率，這不是高利貸又是什麼；二、民間信用是對國民經濟的巨大衝擊，利少弊多；三、民間信用很難禁止，能找出什麼好辦法來禁止它？四、如果禁止不了民間信用，將來會導致什麼結果，怎樣正確對待中國的民間信用？我想就上述四方面的爭議談點個人看法。第一，關於民間信用的利率問題。民間信用存在於民間，在資金市場不完善和銀行利率缺乏彈性的條件下，民間信用的利率取決於借貸雙方的協商或參照市場上資金供求狀況而確定。一方願借，另一方願貸，雙方都是自願的，因此不能單純着眼於民間信用利率高於銀行利率而責備民間利率。只要資金市場日趨完善，借貸雙方的信息都比較充分，資金流動渠道比較通暢。那麼在經濟發展過程中民間信用的利率將會降低，而決不可能無限制地上升。

利多弊少　第二，民間信用究竟對國民經濟是利大於弊還是利小於弊，需要作細緻的分析。我們首先應當探討的是：既然銀行資金有限，銀行不能滿足企業的要求，那麼這時有民間信用可以緩解企業資金不足問題，總要比不存在民間信用好一些。也就是説。在這種情況下，缺少民間信用可能使國民經濟遭受更大的損失。事實正是如此，近些年來，由於民間信用的存在，中小城市和鄉村的經濟比過去活躍了。鄉鎮企業的生產經營狀況也比過去改善了，這都是民間信用的積極作用的表現。也許可以斷言，如果沒有民間信用。鄉鎮企業、私營企業、個體經濟不可能有如這樣的發展。即使是國有大中型企業有時也因向職工個人集資而促進了生產力發展。這也反映了民間信用的功能。至於説到民間信用利率偏高對經濟的危害性，那麼可以這樣認為：這種借貸是自願的，如果嫌利率高，何必去借呢？假定借不到錢，對企業的損失更大。那麼民間信用的積極作用依舊大於其消極作用。

難以禁止　第三，想禁止民間信用，是辦不到的。民間信用既然有存在的必要與可能，那麼當前的重要問題就不是禁止民間信用而是引導民間信用，比如說，使民間信用公開化、合法化。使民間信用的借貸契約化，使從事民間信用的機構依法納税，使資金市場的信息暢通和資金流通渠道暢通，使民間信用的利率間接地受銀行利率和企業利潤率的影響而不致於過高等等。總之，要引導民間信用，必須先認識民間信用的特點：即民間信用是建立在市場經濟基礎之上的。不能設想能用計劃經濟體制下的手段來限制或禁止民間信用，更不能設想有朝一日能把民間信用納入計劃經濟的範圍內。唯一有效的對策是引導它，使之發揮更好的作用。第四，民間信用的前景如何？可以肯定地說，隨着鄉鎮企業、私營企業、個體經濟的發展，民間信用有廣闊的發展前途。民間信用作為銀行信用的補充，將在中國經濟中發揮越來越顯著的作用。但正如前面已經指出的，民間信用的公開化與合法化十分必要。為了使民間信用健康發展，必須使民間信用走出地下狀態，使從事民間信用的機構合法經營，使投資者的合法權益得到保護。假定反其道而行，想用行政手段來限制或禁止民間信用，那麼一方面，民間信用並不會因此匿跡。而只會迅速轉入地下，另一方面，民間信用的借貸行為和利率會被進一步扭曲，結果對社會、對企業、對個人全都沒有好處。

抑制通脹：治標還是治本？

西方經濟學教科書中通常把通貨膨脹分為需求拉上型的、成本推進型的、結構型的。這種分類方法儘管仍有不完善之處，但大體上適用於對市場經濟中的通貨膨脹的分析，並有助於根據通貨膨脹類型的不同而制定抑制通貨膨脹的對策。然而，正如我以前多次説過的，由於中國過去處於計劃經濟體制之下，目前正處於由計劃經濟體制向市場經濟體制的轉軌階段，因此中國的通貨膨脹是一種特殊類型的通貨膨脹，可以稱為體制型的通貨膨脹。

體制型的通貨膨脹　體制型的通貨膨脹雖然也具有需求拉上型、成本推進型、結構型通貨膨脹的某些特點。而且需求過旺、成本急劇上升或結構性失調都會引發通貨膨脹。但通貨膨脹的根源卻在於傳統的經濟體制。也就是説，無論是需求過旺、成本急劇上升還是結構性失調，都同傳統的經濟體制密切關連。正因為如此，市場經濟體制國家經常採取的宏觀經濟調節措施在中國現階段只是對付通貨膨脹的治標辦法，而非治本之道。

通脹的根本原因　抑制通貨膨脹的宏觀調節措施無非是提高利率，縮小信貸規模，增加税收，減少財政支出等等。必要時，政府還可以限制物價上漲率，限制工資增長率，乃至短期凍結工資與物價。為了抑制結構性通貨膨脹，政府可以實行差別利率、差別税率或差別性的財政支出傾斜措施。在中國現階段，如果宏觀經濟調節得當，不是沒有一定效果的。但在經濟體制尚未真正轉軌的條件下。它們即使有一定效果，那也只是治標而非治本，通貨膨脹的根源依舊，而隨着時間的推移，作為抑制通貨膨脹的那些宏觀經濟調節措施的效力將會遞減。

可能出現兩個重大失誤　中國現階段的通貨膨脹之所以是體制型的通貨膨脹，可以解釋為：需求過旺的根本原因在於舊投資體制之下投資主體既有投資衝動而又不承擔投資風險；信貸失控的根本原因在於借入的一方不自負盈虧。不感到有真正的壓力，貸出的一方不是有獨立經濟利益的商業銀行，不能根據效益原則來發放貸款，而中央銀行又沒有成為自主執行貨幣政策的「銀行的銀行」。至於結構失調的根本原因則在於條塊分割、政企不分、產權不明，企業既不自主經營，又不自負盈虧。可見，宏觀經濟調節措施不能觸及經濟體制方面的要害問題，它們只可能是治標的辦法。或者，我們可以這樣認為，就抑制通貨膨脹而言，宏觀經濟調節措施至多只能從總量的控制上起到暫時的作用，既無法有效地實現結構調整的任務，更難以從經濟體制上消除產生通貨膨脹的根源。總之，在中國現階段。要有效地抑制通貨膨脹，惟有加快推進經濟體制改革，尤其是投資體制、金融體制、企業體制、財稅體制等方面的改革。宏觀經濟調節措施的加強，固然有所必要，但如果以為這就可以取代深化經濟體制改革了，就不必在轉換經濟體制上下功夫了，那就會造成以下兩個重大的失誤。一是耽誤或推遲了經濟改革的時機，因為宏觀經濟調節措施的暫時起到作用常常會給某些人以錯覺：這樣不就解決問題了嗎？有什麼必要再改變經濟體制呢？二是在加強宏觀經濟調節措施的借口下，有可能使計劃經濟體制下的一套做法捲土重來。這當然不是最高決策當局的意願，但在政府職能尚未認真轉換。某些政府部門工作人員尚未熟悉市場經濟條件下的宏觀經濟調節的做法時，計劃經濟體制下慣用的種種手法很容易借宏觀經濟調節之名而再度出現。這正是不可不注意之處。只有在中國的通貨膨脹不再具有體制型通貨膨脹的性質時，宏觀經濟調節作為應付需求拉上型通貨膨脹的對策才能收到令人滿意的效果，宏觀經濟調節作為成本推進型和結構型通貨膨脹的對策體系的一個組成部分才能發揮其應有的作用。

治理整頓的歷史不會重演

從一九八八年第四季度開始，延續了三年之久的治理整頓，給人們留下了深刻的印象。儘管通貨膨脹率降低了，農業和對外貿易情況有所好轉。但國民經濟卻為此付出了巨大的代價，包括：經濟增長緩慢，市場不景氣，失業人數增多，財政狀況持續不佳，居民家庭的實際收入沒有明顯的變化。尤其重要的是：國有大中型企業的處境日益困難，虧損面擴大，虧損數額增加。因此，從一九九一年開始，在企業界、學術界、政府部門，都不斷聽到這樣的反映：「不能再治理整頓下去了，」「再治理整頓下去，企業的積極性都被整光了，改革開放的成績也被整完了。」現在，當政府採取加強宏觀經濟調節措施之後。人們一想起一九八八年下半年的情況，忍不住要問：治理整頓的歷史會重演嗎？

政府意圖十分明顯　政府負責人強調說，加強宏觀調控，不是實行全面緊縮，而是進行結構調整；又說，當前沒有必要實行全面緊縮，今後也不會採取全面緊縮的政策。從這裡可以看出，政府的意圖是十分明顯的，即政府並沒有重新搬用治理整頓、全面緊縮的做法的打算。我想，政府的這種態度是可信的。但作為一個經濟學研究者，仍有必要對於「治理整頓的歷史不會重演」這一命題進行理論上的分析。記得好幾年以前在一次學術研究會上，企業改革主線論的贊成者在同價格改革主線的贊成者爭論時說過：假定先放開價格，不管價格放得多開，只要物價上漲控制不住了，就有可能一夜之間回到計劃體制去，比如，宣布限價，重新發給票證，憑票供應；假定堅持以企業改革為主，用股份制來改組國有企業，讓廣大職工和社會公眾持有個人股，讓企業相互參股，讓外商入股，那麼即使改革途中出了些問題，至多只是放慢一下速度，而很難再退回到計劃體制去，正如在農村中已經實行家庭聯產承包制了，難道就那麼容易讓農民交出土地，讓農村返回人民公社制度嗎？這就是說，只要真正走上了企業改革的道路，改革必定是不可逆轉的。今天在中國，沒有任何力量能把已經走上改革大道的企業與公眾拉回到舊體制去。

兩個不同的概念　加強宏觀經濟調節與治理整頓是兩個不同的概念。加強宏觀經濟調節是建立市場經濟體制的要求，它以市場經濟體制的建立與有效運轉為目標，而在一九八八年第四季度着手治理整頓時，根本沒有確定這一目標，而是帶有「頭痛醫頭，腳痛醫腳」的味道，結果就把計劃經濟體制下慣用的做法搬出來了，造成了改革的停頓或倒退，造成了一九七九年以來改革開放歷史上的一次大反覆。治理整頓實質上不僅是全面緊縮，而且是計劃經濟體制的回潮。在中共十四大召開之後的今天，在改革已被大大推進了的今天，歷史不可能倒轉，治理整頓的重演已缺乏客觀條件。前面已經指出受一九八八年第四季度開始的治理整頓與全面緊縮的打擊最嚴重的是國有大中型企業。一九八九年和一九九〇年，日子最難過的正是這些國營大中型企業，生產滑坡、市場疲軟、成套急增、效益銳減，甚至長期發下出工資，職工人心渙散，怨聲載道。企業與企業之間則相互拖欠，正常的信用聯繫受到破壞。

誰也不再想搬出老辦法　為什麼國有大中型企業的處境如此艱難？不正因為它們的經營機制尚未轉換，仍舊在計劃經濟體制的束縛下生產經營麼？非國有企業的日子為什麼稍好一些。不正因為它們已經開始在市場經濟軌道上運作，受計劃經濟體制的束縛要少得多麼？由此可見，假定再來一次治理整頓，重演一場全面緊縮，受打擊最重的同樣是國有大中型企業。它們之中的大多數不垮台才是怪事！這會給國民經濟帶來多大的危害？這會釀成什麼樣的社會後果？難道不需要認真思考嗎？單憑這一點，我們也可以斷言：誰也不想再搬出治理整頓的老辦法，誰也不願意看到治理整頓的歷史的重演。這又從另一個角度說明了治理整頓重演的不可能。

改變三角債的一種辦法 變債券為產權

若干個企業與企業之間相互拖欠賬款，遲遲不還，這種債務關係被稱為三角債。為什麼三角債如此難以清償？報刊上經常提出這樣的看法：三角債之所以產生，是由於流動資金不足、固定資產投資不到位、產品積壓滯銷、產品結構失調等。不可否認，這些因素的確會引起企業之間相互欠債，但造成三角債的根源卻不在此。三角債實質上是不自負盈虧的企業欠不自負盈虧的企業的債，是不能破產還債的企業欠不能破產還債的企業的債。假定企業是自負盈虧的，能夠破產還債，債權人可以由此得到債款，那就不會有三角債了。

企業破產還債　可見，清理三角債問題必須結合企業體制改革來進行。只有界定產權，明確投資主體，使企業能破產還債，才能使三角債問題得以解決。變債權為產權，正是根據這種改革思路而提出的。當某一企業欠另一企業的債款逾期不還而欠債一方確實無力歸還時，可以用讓渡產權的辦法來清償債務，債權人既可以接受這筆產權，也可以再把產權轉讓給第三者，以取得資金。只要產權交易市場能夠相應地得到發展，產權的轉讓有規則地進行，那麼就有條件採取這種辦法來清理三角債。

一個前提　三角債涉及多宗債權債務糾紛。比較麻煩的問題是銀行有時也被捲入三角債之中。比如說，銀行作為放款者，所貸放的款額中有相當一部分是無法收回的。比如說，虧損企業沒有能力向銀行歸還貸款。銀行收不回這些貸款，國家財政部門又不可能為欠債的企業來還清這些債務，這該怎麼辦？採取變債權為產權的方式，可能有功於這一問題的解決。當然，這種解決方式的運用有一個前提，這就是企業必須改造成為產權清晰的企業，如股份有限公司、有限責任公司。銀行作為債權人，在把債權變為產權之後，就成為企業的股東或股東之一，根據股權的多少，或參與對企業的管理，或依靠所持有的股份獲取收益。銀行還可以把股份轉讓給第三者，以收回資金。這裡還有兩個問題需要說明：第一，如果某些企業目前還沒有條件改為股份制企業，債務如何償清？第二，如果債權人（比如一個企業）急需資金周轉，而「債權變產權」的談判通常曠日持久，這又該怎麼辦？

兩個問題　關於第一個問題，解決的途徑是：容許企業以企業債券來償還欠銀行和其它企業的債款，按企業債券計息，由企業分期清償。一旦這些企業改造為股份制企業之後，或者繼續承擔清償所發行的企業債券的義務，或者把企業債券轉換為企業股份。這樣，清理欠債的問題也就易於解決了。關於第二個問題，解決的途徑是：在產權交易市場和金融市場有較大發展，以及貼現業務開展以後，企業與企業之間、企業與銀行之間的債權債務關係可以通過股份轉讓和票據貼現的方式來解決。如果「債權變產權」的談判費時較久，不如先把債款數額明確下來。以票據形式支付，債權人在急需資金周轉時可以將票據貼現。今後，為了使三角債不再發生，以及為了使銀行能及時收回貸款，可以採取以下兩種辦法：一是嚴格按照經濟合同法辦事，對不履行經濟合同的行為要依法處理，二是銀行對企業的貸款可以採取抵押貸款、擔保貸款方式，如果企業到期不能償還貸款，就按照抵押貸款、擔保貸款的條件處理。總之，我們必須充分認識三角債的危害性，必須了解「注水法」（即靠新增貸款來解除已經形成的「債務鏈」）的局限性。只有下決心從產權制度上着手改革，才能治除產生三角債和銀行收不回貸款現象的根源。

通過證券市場為基建集資

一談到當前的中國經濟，誰都知道基礎設施部門（包括能源、交通運輸、通訊等）是薄弱環節，基礎設施的「瓶頸約束」相當嚴重，誰都呼籲要加快發展基礎設施部門，以適應國民經濟增長的需要。但是，發展基礎設施部門是需要大量投入資金的，巧婦難為無米之炊。那麼究竟怎樣籌集準備投入基礎設施部門的大量資金呢？

財政撥款 銀行貸款　財政撥款不失為發展基礎設施部門的重要資金來源。然而，財政能撥出多少款項？財政撥款的結果又將如何？以往這麼多年的經驗已經表明，財政潛力不大，何況，財政撥款無功於基礎設施部門企業的經營機制轉換，不能使基礎設施部門的發展轉入良性循環的軌道。靠銀行貸款，這也是籌集基礎設施部門的資金的渠道之一。然而，銀行貸款同樣起不到促進基礎設施部門的企業轉換經營機制的作用。加之，如果專業銀行通過改革成為自主經營、自負盈虧的商業銀行，商業銀行按照經濟效益原則來決定貸款投向和貸款規模，那麼也較難依靠銀行貸款來調整產業結構，保證基礎設施部門有足夠的資金投入。看來，充分利用證券市場將是向基礎設施部門提供巨額資金並由此加快基礎設施部門企業轉換經營機制的有效途徑。具體地說，以下七種方式有可行性。

七種方式　第一，把現有的基礎設施部門的企業分期分批改組為股份制企業，吸收社會資金，改造技術，擴大生產能力，使基礎設施部門迅速發展。第二，把現有的某些基礎設施部門的企業改組為中外合資企業（中外合資有限責任公司或股份有限公司）。第三，建立特定的公共投資基金，用以對基礎設施部門的企業進行投資，以支持基礎設施部門的發展。第四，基礎設施部門的某些企業可以發行可轉換債券，以後根據情況再轉換為企業股票。由於基礎設施一般建設周期長，投資回收期長，因此先發行可轉換債券是有吸引力的。第五，由基礎設施部門的企業發行債券，債券利率可以靈活。例如：1. 實行浮動利率，即債券利率可以參照銀行儲蓄存款利率的向上浮動情況而調整；2. 貼現發行，即按照貼現率扣除後，以低於票面值的發行價格出售債券；3. 實行「保值加利率」的做法。這裡所説的「保值」，是指根據通貨膨脹率對到期債券的利率進行調整，以達到保值目的，這裡所説的「保值加利率」，是指以保值為基礎，然後再加上一定的利率（即使是很低的利率），而不是僅僅使債券以保值為限；4. 按復利計算債券利息。靈活的債券利率有助於增加基礎設施部門的企業債券對居民的吸引力。第六，鼓勵有條件的股份有限公司向基礎設施部門投資，尤其是創辦基礎設施部門的新企業（如電廠、碼頭、水廠等）。而在股份有限公司擴股招股方面給予照顧。第七，國有的基礎設施部門企業可以轉讓一部分資產存量；在有必要使國有股處於控股地位的企業中，可以根據控股線的要求，把多年的國有股轉讓給國內外投資者，所得到的資金用於新的基礎設施部門企業的興建。

產品價格亟須調整　可以相信，只要充分發揮了證券市場的作用，基礎設施部門的發展一定會大大加快，基礎設施部門的企業經營機制也會較迅速地轉換。毫無疑問，這裡涉及基礎設施部門的勞務與產品價格的調整問題。假定價格不合理，仍然難以通過證券市場把資金引入基礎設施部門。因此，隨着基礎設施部門企業經營機制的轉換，逐步調整基礎設施部門勞務與產品的價格勢在必行。

讓人行成為真正的中央銀行

中國當前金融秩序混亂，這是大家都承認的。造成金融秩序混亂的原因很多，但其中最重要的原因之一在於中國至今尚缺乏一個真正的中央銀行。要使中國的金融轉入正常軌道，正確的對策是加速金融體制改革，而建立真正的中央銀行就是加速金融體制改革的目標之一。早在一九八一年，國務院在《關於加強信貸管理，嚴格控制貨幣發行的決定》中就已指出，中國人民銀行要認真執行中央銀行的職責。社會上也一直把中國人民銀行當成是中國的中央銀行。

差距很大　但實際上，中國人民銀行距離真正的中央銀行還有相當大的差距。比如說，中央銀行的任務是維持貨幣的穩定，中央銀行的目標是單一的，而目前被當成是中央銀行的中國人民銀行既有維持貨幣穩定的任務，又有自身的盈利目標，包括辦理信貸業務，甚至興辦經濟實體，力爭多創利潤。又如，中央銀行為了實現穩定貨幣的任務，有權根據國家的經濟情況制定並執行貨幣政策而不受財政和各級政府部門的干預，然而迄今為止，中國人民銀行是做不到這一點的。再如，中央銀行作為「銀行的銀行」，它運用貨幣政策來發揮管理金融、調節金融的作用而不應干預各個金融機構的經營活動，但中國人民銀行迄今仍按照傳統的計劃經濟模式來處理自己與各專業銀行的關係，這既阻礙了各專業銀行經營機制的轉換，又使得中國人民銀行無法履行管好金融，搞活經濟，穩定貨幣的職能。記得一九九〇年五月二十一日聯邦德國前總理施密特先生訪問中國時，在北京曾同我和高尚全教授（國家體改委副主任）一起就中央銀行問題暢談了幾個小時。

施密特的意見　施密特先生以聯邦德國為例，談到在中國建立獨立自主的中央銀行的必要性。他說，哪一個國家的中央銀行能獨立制定和執行貨幣政策，那個國家的通貨膨脹率就低，瑞士、荷蘭、聯邦德國為此提供了證據。高尚全教授和我都同意施密特先生的看法，但我們提出了如下的意見：僅僅改變中央銀行的體制是不夠的。假定中國的企業依然不自負盈虧，中央銀行的金融調節能起多大作用？假定中國的專業銀行還不是商業銀行，中央銀行怎能發揮「銀行的銀行」的職能？假定中國的財政體制沒有相應的改革，中央銀行與財政的脱鈎下就成為一句空話。時隔三年，高尚全教授和我仍然持有同當時一樣的觀點。然而，不管怎麼説，讓中國人民銀行成為真正的中央銀行勢在必行。這首先可以通過金融立法來明確中國人民銀行的性質、任務與運作方式。在有關中央銀行的立法中，應當規定中國人民銀行就是中國的中央銀行，它的任務就是穩定貨幣，以促進金融秩序的正常與經濟的發展。

勢在必行　在中國人民銀行與政府部門、財政和其它金融機構之間的關係上，應當寫上以下這些重要內容：

1. 中國人民銀行關於貨幣供應量年增長規模的決定經全國人民代表大會批准後，任何人不得予以變動。如需變動，必須經全國人民代表大會或全國人大常委會同意。

2. 中國人民銀行不得向財政透支，不得向財政提供貸款。在緊急情況下，如果財政需要向中國人民銀行透支或貸款，應經全國人民代表大會或全國人大常委會同意。

3. 中國人民銀行不得直接購入政府債券。如果為了調節金融所需，中國人民銀行可以在公開市場上購進與賣出政府債券。

4. 中國人民銀行通過貼現率和再貼現率的調整、金融機構存款準備金率的調整、在公開市場上買進賣出政府債券等貨幣政策工具來實現貨幣政策目標，而不得干預金融機構的正常業務活動，不得直接參與貨幣市場同行拆借或投資興辦經濟實體。

5. 中國人民銀行應主要以政府債券抵押貸款和票據貼現貸款方式對金融機構發放貸款。

發揮作用　可以相信，有了上述這些規定，中國人民銀行就有可能成為真正的中央銀行。而隨着企業體制、專業銀行體制與財政體制改革的深化，中央銀行也就能夠在經濟中有效地發揮自己的作用。

關於專業銀行的商業化

專業銀行的現行體制是與計劃經濟相適應的。近些年來，金融界某些人看出了專業銀行體制中存在的問題，也曾提出改革專業銀行體制的主張，但由於他們對金融體制改革滯後的危害性了解不深，所以有時只提「專業銀行應實行企業化管理」，而不提「專業銀行本身應是自主經營、自負盈虧的企業」。

專業銀行的含義　什麼是「專業銀行的企業化管理」？無非是在體制上維持現狀，只不過在管理方式上作出一些調整而已。這是不能改變目前專業銀行的實質的。「專業銀行本身應是自主經營、自負盈虧的企業」的含義與此截然不同。這是指：專業銀行改造成為與市場經濟相適應的商業銀行，銀行有自己的盈利動機、盈利目標，銀行享有作為一個獨立企業的自主經營權，如有權自行決定貸款投向和貸款規摸，有權自行處理無法收回的貸款，也有權自行支配自己的盈利。銀行的一切業務都按照商業銀行的效益原則來進行。因此，專業銀行的商業化同中國人民銀行成為真正的中央銀行一樣，都是中國金融體制改革中的關鍵問題。

兩類銀行兩種業務　專業銀行體制改革中一個與專業銀行商業化密切有關的問題，是商業銀行與政策性銀行分離。兩類銀行的分離就是兩種業務（即經營性業務與政策性業務）的分離。的確，要改造成為商業銀行的各專業銀行再承擔政策性業務，是不現實的。可行的辦法是另外成立政策性銀行，專門從事政策性的信貸業務。至於它們在名稱上叫不叫做「銀行」，無關重要，主要是：它們着重社會效益，而不是經濟效益。

農業銀行的例子　在國內討論這個問題時，有人認為專業銀行中的中國農業銀行情況特殊，不宜朝商業銀行模式轉變，而應當兼有商業銀行與政策性銀行二者的功能，理由是農業銀行負有支持農業，幫助農村脱貧等任務。我的看法則是：中國農業銀行可以同其他專業銀行一樣改造為商業銀行，以提高資金經營效率，擴大業務範圍，更好地為農村經濟建設服務。農村中的政策性業務則可以由新建立的政策性金融機構來承擔。如果把商業銀行的職能與政策性銀行的職能合在一起，由中國農業銀行來承擔，可能任何一種職能都難以有效地行使。 商業銀行彼此之間存在着商業競爭關係。專業銀行既然已經不再存在，因此過去那種按專業進行分工和銀行單一經營的情況也就消失，取而代之的是商業銀行的多樣化經營。即以改造後的中國農業銀行為例，儘管銀行的名稱可以仍稱為農業銀行，但經營範圍將大大拓寬，並以自己的服務質量吸引更多的客戶。其它專業銀行改造為商業銀行後，也會這樣。對商業銀行説來重要的是，除了其業務活動必須符合法律法規而外，它們還要受到中央銀行規定存款準備金率、再貼現率的制約，受到財政部門規定的税率的制約。市場競爭規律同樣制約着每一個商業銀行的業務活動。在商業銀行的相互競爭中，哪一家銀行的服務質量高，受到客戶的信任，它就能夠興旺發達。

資金市場盼出現新面貌　同時，由於商業銀行是自主經營、自負盈虧的，它們就能在考慮經濟效益的基礎上決定自己的貸款投向和貸款規模，並承擔貸款風險，包括採取抵押貸款、擔保貸款等貸款方式。隨着專業銀行向商業銀行的轉變，中國的資金市場將出現新面貌：一方面，信貸資金實現了商品化，即計劃經濟體制下的信貸配額管理將讓位於信貸的市場調節，讓位於信貸資金的供給與需求；另一方面，利率機制實現了市場化，即商業銀行可以在中央銀行貼現率與再貼現率等貨幣政策手段的影響下根據市場狀況決定自己的利率水平，從而使利率有效地發揮調節經濟、調節資金市場的作用。

民營銀行應當加快發展

在中國的金融體制改革中，商業銀行的民營化是商業銀行改革的方向。民營是同官營或國營相對而言的。國有的銀行可以民營，非國有的銀行必定民營。民營與私營不同。民營銀行不等於私營銀行，民營銀行如果採取股份制方式，個人可以成為股東之一。「民營」指的是銀行實行自主經營，自負盈虧，政企分開，產權明確，而不問投資者是誰或有哪些投資者。

民營銀行來自兩方面　中國的民營銀行主要來自兩個不同的方面，一是原來的國有國營的專業銀行通過改革而成為國有民營的商業銀行或股份制的商業銀行。國家作為投資者，是這種股份制的商業銀行的股東之一。二是新建的民營的商業銀行，包括以股份制方式建立的商業銀行和以合作制方式建立的商業銀行。在新建的股份制商業銀行中，國家可以投資，也可以不投資。商業銀行民營化的最大好處是轉換銀行的經營機制，使銀行成為一個真正的金融企業。目前，中國的金融體制下適應市場經濟之處，固然在於專業銀行尚未成為商業銀行，但如果不從產權制度上進行改革，專業銀行即使改為商業銀行（如只從事經營性業務、把政策性業務轉移出去），依然是國營的商業銀行，經營機制未轉換，那是不符合市場經濟要求的。因此，專業銀行商業化與商業銀行民營化最好同步進行。假定由於資產評估、產權界定方面還有一定的困難而無法同步進行的話．那也應當緊接着專業銀行商業化而進行商業銀行民營化，盡量縮小二者之間的時間間隔。

加快新建民營銀行　新建民營商業銀行的工作應當大大加快。只要有符合法定最低限額以上的貨幣資本，有符合任職資格規定的負責人，有符合條件的營業場所和設施，經主管機關中國人民銀行批准，就可以設立民營的商業銀行。中國人民銀行在審核時，應根據發起人提交的資料，確定其是否具備條件。只要具備了條件，就沒有理由不予批準。要知道。民營的商業銀行是由投資者承擔風險的。經營的結果是投資者最關心的事情。假定市場不需要新的民營商業銀行，那麼投資者決不會白白地把資金用來建立新的民營商業銀行。所以中國人民銀行作為主管機關，主要應審查申請開業者是否具備了條件，而不應以「已經有商業銀行了，不需要有新加入者」為理由而拒絕申請。計劃經濟體制下慣用的「定盤子，切塊塊」等配額手段，不利於金融業的發展，不利於打破已形成的金融壟斷。股份制的商業銀行不一定都是公開上市的股份有限公司。它可以是有限責任公司，也可以是不公開上市的股份有限公司。但無論採取哪一種股份制形式，它都必須嚴格地按照規範的股份制企業的要求來組織、管理。鑑於金融業的性質與一般工商業有所不同，因此，對於股份制的商業銀行的設立，門檻可以定得高一些，也就是資格要嚴一些，這對於保障投資者的合法權益與客戶的合法權益都是有利的。不過，這決不意味着在設立股份制商業銀行方面有理由採取配額制。進門的門檻定得高一些，把關嚴一點，就行了。

應作為緊迫的工作　總的說來，中國的民營商業銀行無論在數量上還是質量上都距離市場經濟的要求很遠。把現有的專業銀行改造為民營的商業銀行，需要有一個過程。而且很可能如前面所說，需要分兩步走。而現有的少數幾家民營商業銀行仍有待於進一步完善。為了適應經濟發展的需要，當前應當多設立一些新的民營商業銀行。建立新的，往往要比改造舊的容易得多。看來，現階段確有必要把新建民營商業銀行作為一項緊迫的工作來做。

市場經濟有助解決就業問題

就業問題長期困擾着中國，並不是中國轉向市場經濟之後才存在失業的，三十年前這就已經成為社會關心的熱點之一了，只不過當時的中國處於計劃經濟體制之下，失業主要以隱蔽性失業的形式出現。

隱蔽性失業　例如，六十年代初，當時國家經濟困難，精簡了兩千萬左右的工人，把他們下放到農村去。在農村，人人都被認為是就業的，於是也就不存在失業問題了。又如，從六十年代中到七十年代中，高中畢業生、初中畢業生升不了學或找不到工作的，讓他們到農村去插隊，插隊就是就業，於是失業問題也就解決了。這些都是把公開的失業轉化為隱蔽性的失業，以犧牲勞動生產率作為代價。正因為如此，所以在計劃經濟體制下，中國的公開失業率的確是很低的。然而這決不是解決就業問題的好辦法。那麼多人下到農村，農村本來就有多餘勞動力，這一來怎麼得了？幸虧在一九七六年秋天粉碎了「四人幫」，往農村硬性「塞人」的做法停止了。否則可以想到，每年把幾百萬知識青年「塞進」農村，再過幾年非天下大亂不可！何況，當時用過的這種辦法今天再也行不通了。今天能把城裡停產破產的工廠的職工「塞進」農村嗎？能硬性規定升不了學的中學生去插隊嗎？農村不要，他們自己也不願去。因此必須為社會失業問題尋找新對策。

珠江三角洲的例子　市場經濟為中國提供了逐步解決失業問題的前景。不妨以珠江三角洲為例。那裡人多地少，但勞動卻不足。什麼原因？一句話：轉入市場經濟軌道後，經濟發展了，各行各業都需要勞動力，這不但解決了本地的就業問題，而且還從江西、湖南、廣西、貴州、四川等省吸收了好幾百萬勞動力。也就是說，在市場經濟軌道上運行的珠江三角洲幫助基本上處於計劃經濟體制之下的省份解決了一部分就業問題。不僅珠江三角洲如此，只要市場經濟發展起來的地區。例如蘇南、浙東、膠東、遼東、閩南，不都出現了本地勞動力不足，而從其它省份吸收勞動力的情形？總之，中國的珠江三角洲之類的地區太少了，假定今後十年全國湧現了一大批珠江三角洲這樣的在市場經濟軌道上運行的地區，中國的經濟必將展現新的面貌，中國的就業問題也就可以妥善地解決。在解決就業問題上，市場經濟體制下的做法與計劃經濟體制下的做法恰好相反。正如前面所說，計劃經濟體制下主要是把公開的失業轉化為隱蔽性的失業，而在市場經濟體制下，則主要是先消滅隱蔽性的失業，索性讓隱蔽性的失業公開化、表面化，然後再根據經濟發展的需要從公開的失業隊伍中吸收勞動力。

從隱蔽到公開　試看，當大量農村多餘勞動力離開故土，南下廣東，出來尋找工作時，不就是隱蔽性失業的公開化嗎？當虧損的企業採取精簡措施而使一部分職工閒置，讓他們四處尋找新的工作崗位時，不也是隱蔽性失業的公開化嗎？由計劃經濟體制向市場經濟體制轉軌，總有一個「把隱蔽性失業公開化」的過程，非如此不足以振興中國經濟。當然，市場經濟決不可能一下子就為這麼多的多餘勞動力提供就業機會，吸收多餘勞動力將逐步實現。只要解放了生產力，提高了經濟效益，使人民的實際收入不斷增長，使消費結構不斷變化，多餘的勞動力無論在第一產業、第二產業還是第三產業中都可以尋找到適合自己的工作場所。

就業觀點轉變　何況，市場經濟中的就業觀念不同於計劃經濟中的就業觀點。在計劃經濟中，人們通常只把進入國有企業或集體企業才叫做就業，而在市場經濟中，凡是靠本人勞動取得正當收入的都是就業，個體經營、到私營企業打工、為居民家庭服務都是就業。就業觀念轉變了，就業門路拓寬了，這也有助於多餘勞動力找到工作崗位。所以，我們對市場經濟條件下中國就業問題解決的前景抱樂觀態度。

市場經濟下的新型失業

上一次我曾談到中國的就業問題在市場經濟體制下可望得到解決。但在那裡，我是針對一般性失業而談的。在市場經濟中將會出現另一種失業或新型失業，我們可以稱之為個人職業選擇性失業。一般性失業的特徵是工作崗位下足，從而勞動力閒置。個人職業選擇性失業的特征則是：客觀上存在着工作崗位，但人們挑選職業，不願去填補這些空缺，而寧肯繼續等待合適的工作。比如說，修公路，修下水道，打掃街道，清除垃圾，下礦井，上山植樹造林，這些都被看成是髒活、累活、苦活，即使工作崗位有空缺，仍然不願去就業。為什麼在市場經濟條件下會出現這種新型失業呢？可以從以下四個方面來分析。

四點分析　第一，市場經濟中講的是「雙向選擇」、人才流動。「雙向選擇」是指：工作崗位選擇勞動者，勞動者也選擇工作崗位，人才是流動的，不存在計劃經濟體制下那種指令性的就業。於是勞動者在就業機會上就有個人挑選的餘地。第二，隨着經濟的發展與家庭收入的增加，在市場經濟中，比較有錢的家庭裡的孩子對就業崗位的要求提高了。反正家裡的生活下錯，錢也夠花，又不靠孩子就業來養家，因此也就缺少計劃經濟體制下那種急於就業的動力與壓力。第三，市場經濟體制下，經濟活動的領域越來越寬廣，新行業不斷產生，謀生的機會、盈利的機會也越來越多，勞動者又何必非到被認為是髒活、累活、苦活的崗位上去工作呢？計劃經濟中則不然，就業門路狹窄，能有一個工作崗位就不錯了，管它是什麼髒活、累活、苦活？第四，與市場經濟不一定有聯繫的是，隨着計劃生育的開展，城市裡幾乎都是獨生子女家庭，農村家庭的孩子也只一兩個，家長疼孩子，孩子變嬌了，怎能讓他們去幹髒活、累活、苦活？獨生子女挑工作崗位，既有他們自己的原因，也有家長們的考慮。

農村多餘勞動力　以上所說的是新型失業出現的不可避免性。今天談論這些，似乎為時過早。這是因為，中國農村多餘勞動力出於掙錢養家糊口的目的，有什麼工作就做什麼工作。城裡人不願下礦井，農民願去；城裡人不願清除垃圾，農民進城來幹。所以目前只會發生「有些人挑工作，不願填補職業位空缺」

的情況，而不會發生「一方面，有些人挑工作，不願填補職位空缺；同時，有些職位空缺卻無人來填補」。那麼將來又如何，農民家庭生活改善了，收入多了，子女也少了，難道仍然會「有什麼工作就做什麼工作」嗎？到了那時，被認為是髒活、累活、苦活的工作由什麼人來從事呢？難道我們要像西歐幾個發達國家一樣，由外國移民工人來填補這些職位空缺嗎？這是不可思議的事情，經濟學界、社會學界不妨就中國市場經濟條件下的個人職業選擇性失業問題進行一些超前性的探討。

可能有五個辦法　可能有以下這些辦法：一，改善勞動條件差的工作崗位的狀況；減輕這些工作崗位的勞動強度；縮短這些工作崗位的勞動時間，增加休假日數。二，提高勞動條件差的工作崗位的報酬，增加福利待遇。三，普遍採用合同工制，合同期滿以後可以流動，也可以更換工種。四，為這些勞動條件差的工作部門創造條件，開展業餘文化活動，使職工個人的興趣、愛好有所滿足，使他們的專長得以在業餘活動中發揮出來。五，破除社會上把職業分為“高低貴賤”的傳統觀念。單靠某一項對策肯定成效不大，如果採取綜合措施，也許可以收到一定效果。

關於舊衣服新的程度的提高

本文的這個題目似乎不容易看懂，這裡需要解釋一下：它是用來説明人們生活水平的提高的。一九二一年，英國著名經濟學家約翰．哈羅德．克拉潘（1873－1946）寫了一本題為《一八一五～一九一五年法國和德國的經濟發展》的書，裡面這樣寫道：在繁榮的國家中，人們在衣服還沒有穿得很舊的時候，就把它丟掉了，舊衣服的破舊程度是衡量各國生活水平的可用的標準之一。克拉潘舉例説：在美國和加拿大的舊衣市場上，衣服最好；在意大利和希臘的舊衣市場上，衣服最差：以同一個國家來説，不同時期的舊衣服也説明這個問題。

服飾革命正在興起　近幾年內到過中國的人，都有這樣一種感覺，在城鄉各地，人們的穿着正在悄悄地發生變化，一場"服飾革命"正在興起。內地各個家應對這一點的體會更深。每戶人家把箱子打開看看，壓在箱底被認為是「舊衣服」的衣服，往往是八成新的、九成新的。為什麼會被當做舊衣服，不再穿着了呢？因為嫌它們的料子不夠好，嫌它們的式樣過時了。賣給收舊貨的，不值錢；穿又穿不出去，壓在箱底佔地方，簡直變成了「雞肋」，令主人頭痛。一聽説哪裡又鬧水災了，就把它們捐出去。而過去呢，那時的舊衣服才真正是穿舊了的衣服，父親穿舊了的，留給兒子穿；哥哥穿舊了的，留給弟弟穿。穿破了補，補了又補，名副其實的「新三年，舊三年，縫縫補補又三年」！可見，用「舊衣服新的程度的提高」可以從一個側面反映改革開放以來中國居民生活狀況的改善。

改革開放深層變化　這種在原有的衣服八、九成新的情況下購買新衣服的現象，不是個別的。不禁要問，為什麼出現這些現象？首先，收入增長了，家家手上有餘錢，可以用來購買新衣服。其次，服裝業發展起來了，服裝工廠不斷採用新面料，推出新款式，小批量生產，盡量減少「衣服的趨同性」，這就吸引了買者。否則，即使人們手上有餘錢，但市場上賣出的全是一個樣式的、一種面料的，消費者看就倒了胃口，誰還想更換新裝呢？再次，社會的交往擴大了，人與人之間的接觸增多了，一種新式的服裝很快流行起來，又很快被冷落，人們相互影響，相互仿效，而不像過去在封閉的環境中生活，整年累月就同有限的那麼幾個人接觸，在穿着上誰也影響不了誰。最後，人們收入增加後，自然而然地想到了穿，想到要穿得更好。俗語説：「吃是百分之百為自己，穿是百分之八十為別人。」對這句話要分析，吃固然是主要為自己，但在人窮的時候，穿也是主要為自己。吃都吃不飽，還講究什麼穿？穿給誰看？能保暖就行，凍不着就行，還管什麼線條與流行色？因此，在「舊衣服新的程度提高」的背後，包含着不少新的意思。從這裡可以了解到改革開放以來中國社會的較深層次的變化，而不僅僅是人們收入的增加。

對消費行為的引導　這裡是不是也有炫耀性消費的成份呢？不能説沒有，但不必過份渲染。一套名牌西服，價錢上萬元；一雙名牌皮鞋，價錢好幾千；在高檔商場中一擺出，就有人買走。這是擺闊氣，講派頭。不錯，確有這種情況，但這畢竟只是少數。而且一方願賣，一方願買，誰也沒有強迫誰，這難道能明令禁止？「不准賣這麼高價的衣服與皮鞋」，「不准買這麼高價的衣服與皮鞋」，行不通。對消費行為，除非是違法的需要取締而外，一般的只能引導。商店，不能只有賣高檔服裝的。中低檔服裝的銷路不是更大嗎？只經營高檔服裝，能有多大市場？消費者需要量力而行，借債來買高檔服裝，總不是個辦法。擺闊氣，是一種不正常的社會風氣，難道就批評不得？日常消費中常常摻雜了非理性的因素，對消費行為的引導實際上就是讓人們盡可能使自己的消費行為理性化，這既有利於消費者個人，也有利於社會風氣的正常。

第三家證交所理想選址

迄今為止，中國大陸還只有上海、深圳兩家證券交易所。中國大陸不可能長期只有兩家證券交易所，設立第三家證券交易所是遲早的事情。第三家設在哪裡，經濟界從學術探討的角度發表了不少議論。我個人傾向於設在武漢，其他經濟學家有主張設在天津、北京、大連、瀋陽、成都、西安的。他們也提出了若干有説服力的理由。我不反對如果今後有可能設立第四家證券交易所時在上述城市中選擇其中一個，但就第三家證券交易所而言，似乎選中武漢的好處更多一些。我的看法是：

緩解資金分配不均　第一，武漢位於內陸地區，是長江航道與京廣鐵路交叉之地，是連接東部沿海地區、南部沿海地區與中西部的中心城市。在中國目前資金分配不均匀，內陸資金不斷向東部沿海與南部沿海流動時，如何設法讓較多的資金留在內陸省份，支持內陸的經濟建設，是我們必須重視的一個問題。在武漢設立第三家證券交易所，有助於緩解中西部與東部、南部的資金分配不均匀問題，有助於把相當一部分資金留在內陸省份。

為三峽工程籌集資金　第二，長江三峽工程的建設現在已經開始，巨額的資金來自多種渠道，除了國家財政撥款、銀行信貸以外，利用證券市場籌集資金是必下可少的。例如，圍繞三峽工程建設組建一批股份有限公司。通過公開向社會募股的方式來籌集資金；設立三峽公共投資基金；把現有的一些國有大中型企業改組為股份有限公司，以增量招股，存量折股或一部分存量轉讓等方式籌集資金；此外，有些企業還可以發行可轉換債券。利用證券市場來籌集資金可以提高資金利用效率，而企業改組為股份制企業則有利於轉換企業經營機制，促進效益的提高。在這種情況下，如果在武漢設立證券交易所，將使三峽工程的資金籌集順利得多。

帶動鄰近地區發展　第三，武漢地處長江中游，周圍的湖北、湖南、江西、安徽、河南、四川等省歷史上都同武漢有密切的經濟聯繫。假定在武漢設立證券交易所，武漢經濟迅速發展，必定會帶動周圍這些省份的市縣的經濟有較快的發展，那裡的股份企業可以就近到武漢上市。這樣，以武漢為中心所帶動起來的是內地一大片地區，而這一大片地區的經濟走向繁榮對於九十年代後半期和二十一世紀初期的中國經濟發展有着十分深遠的意義。

吸引外資開發長江　第四，從目前的經濟狀況來看，東部沿海地區和南部沿海地區的土地價格上升很快，工資成本也上升很快，當地吸引外資的優勢正在逐漸減少，外資正在尋找新的理想投資場所。外資的內移是符合經濟發展的規律的。一部分外資有很大的可能轉移到長江中游地區，這裡既有土地資源、勞動力資源方面的吸引力，而且交通便利，市場容量大。如果在武漢設立第三家證券交易所，一些有條件的股份有限公司發行B股，吸收外資，對外商有利，對開發長江中游地區同樣有好處。

設大型期貨交易所　第五，我曾經在一次有關中國發展期貨交易的學術研討會上説過，目前中國的期貨交易過於分散，這一方面增加了交易成本，另一方面由於信息不完全而不易形成合理的價格。中國今後需要有集中的大型期貨交易所，從地理位置與輻射範圍來看，以設在武漢為宜。假定在武漢不僅有一個期貨交易所，而且還有一個證券交易所，那麼武漢及其周圍的省份的經濟很快 就會邁上新的台階。我在二十九年前（1964年）曾經過武漢，到湖北江陵縣灘橋公社呆過一年，這些年來還沒有去過武漢。從電視上了解到武漢變化很大，我真想有機會再去看看，並就我的這些想法徵詢一下武漢經濟界的意見。但願能早日成行。

大力發展公共投資基金

公共投資基金或稱共同基金、投資信託基金，在西方國家是在股份制已經有較大發展的基礎上創立的。而在我國，是不是一定要等到股份制有較大發展之後才着手發展公共投資基金呢？我認為不必如此。理由是：

廣泛動員民間資金　第一，公共投資基金在西方發達國家和一些發展中國家或地區已有較成熟的經驗。它們可以被我們所借鑑。因此我們用不着等到股份制有較大發展後再來發展公共投資基金。第二，當前中國經濟中的頭等大事是加快轉換企業機制，為市場經濟重新構造微觀基礎。大力發展公共投資基金，並運用公共投資基金來推進股份制。促進國有大中型企業的改造，是十分必要的。第三，公共投資基金的設立為廣大城鄉居民開闢了可供選擇的投資渠道，並為黨政幹部的投資願望的實現準備了條件，這樣就可以廣泛動員民間的資金，投入國民經濟各個部門，加快經濟增長，協調產業結構。第四，中國目前地區之間資金的分布是不平衡的，而從股份制的發展趨勢來看，肯定是沿海大大快於內地。加之，證券交易所現在只有上海、深圳兩家，因此資金從內地流向沿海更是難以避免的事實。發展公共投資基金，特別是在內地省市發展公共投資基金，可以把相當一部分資金留在本地，支持本地的經濟建設和股份制改革。第五，值得注意的是，公共投資基金在我國是公有經濟的形式之一，它不同於國有經濟，也不同於以往常見的集體經濟，它是新的公有制形式，較接近於社會所有制。通過公共投資基金這種形式，把廣大城鄉居民個人手中的資金聚集在一起，投入經濟建設中去，這既有利於保持以公有制為主的經濟格局。又避免了傳統公有經濟體制下政企不分（如國家行政部門同國有企業的合一、鄉鎮政府同鄉鎮企業的合一）等情況的重演。基於以上理由，所以中國不應等到股份制有較大發展之後才着手發展公共投資基金，而應立即採取措施，加速公共投資基金的建立與發展。公共投資基金這種公有經濟形式同傳統計劃經濟體制是下相容的，而且在傳統計劃經濟體制之下也不可能存在公共投資基金。有人說，過去這些年內，中國不也建立過這種投資基金或那種投資基金嗎？不錯，的確如此。但要知道，那些投資基金與我們要加速發展的公共投資基金根本不是一回事。前者是計劃經濟體制的產物，基金來自財政撥款或來自部門和企業的繳納，基金由國家有關部門使用，絲毫不涉及證券市場和股份制，也與轉換企業經營機制無關。公共投資基金則不同。只有在市場經濟體制之下，隨着證券市場和股份制的發展，隨着居民手中可供投資的資金數額的增多與居民投資意願的加強，公共投資基金才有可能得到發展。而且，公共投資基金同證券市場、股份制是相互推進的：公共投資基金的建立與發展有利於證券市場的完善，也有利於股份制的推廣，而證券市場越成熟、股份制企業數目越多和越規範，公共投資基金的發展條件也就越好。

生存於市場經濟環境　我們常常聽到這樣一種議論：公有經濟同市場經濟難以並存，從歷史上還不曾發現過公有經濟同市場經濟兼容的實例。怎樣看待這種議論？必須承認，傳統的公有經濟無法適應市場經濟，因為傳統公有企業的特征是政企不分、不自主經營、不自負盈虧。但經過股份制改革以後的以公有股為主的企業，即政企已經分開、已經自主經營和自負盈虧的企業，是可以同市場經濟並存的。特別是，像公共投資基金這種新的公有經濟形式，它不僅同市場經濟相容，而且它只能生存於市場經濟這個大環境之中，它離不開證券市場和股份制，它以居民作為投資者並有權選擇自己的投資形式為前提。這場試驗正在中國這塊土地上進行。歷史將會證明，中國將會創造出公有經濟同市場經濟相容的先例。

B股對內開放利大於弊

人民幣特種股票（B股）的發行曾被國內經濟界寄以較大的希望，認為這是吸引外資的又一條有效的途徑。但沒有隔多久，B股市場便一蹶不振，交易日益萎縮，新發行的B股乏人問津。迄今年八月中旬為止，市場上的B股股價前景始終黯淡。不少人發出這樣的疑問：B股市場究竟出了什麼問題，以致於如此疲軟？不可否認，中國有關B股發行的法律法規不完善、境外投資者對國內發行B股的公司的情況不熟悉、B股登記和交易程序複雜、特別是最近一個時期國內公司在海外直接上市等等，都是造成B股市場疲軟、黯淡的重要原因。而有關「B股只供境外投資者」這一政策規定，也是不利於B股市場完善與發展的重要原因之一。

利用國內外幣閒置資源　這一政策規定是可以改變，也是應該改變的。發行B股的主要目的是什麼？不就是增加外資的投入，使上市公司能獲得更多的外幣，以供更新技術和擴大生產能力的需求麼？既然發行B股的主要目的在於此，那麼何不同時向國內居民開放B股市場（包括一級市場與二級市場）呢？國內居民手持外幣的數額不在少數，他們認為外幣存款利率偏低，因此寧肯把外幣保持在手中，這是外幣資源的一種閒置。不利用國內閒置的外幣資源。只着眼於境外的外幣資源顯然不夠明智。試問，國內居民如果手頭有外幣，他們有哪些用途？一是儲蓄存款，但由於利率低，所以吸引不了更多的國內居民。二是消費，如添置一些需要用外幣才能夠買的消費品。這兩個用途之外，為什麼不增加第三個用途——投資？國內居民用外幣購買B股，就是一種投資，這種投資既有利於投資者本人，也有利於發行B股的公司，有利於國家的經濟建設。

使外幣消費轉化為投資　只要開闢了這一新的用途，有些國內居民就會自動地減少外幣的消費，可買可不買的消費品暫時不買了，可花可不花的外幣支出也暫時不花了，這豈不是把外幣消費轉化為外幣投資的一個好辦法？

「土外幣」引來「洋外幣」　再說，一旦國內居民可以用外幣購買B股的信息傳到境外，很可能改變過去流行的那種所謂「把外幣帶回國內沒有用途」

的看法，於是出國從事勞務的人員中就會有人攢些外幣帶回國內，而不一定把外幣在境外花掉，帶什麼三大件、四大件回來。這也是有利於國內經濟建設的好事。B股向國內居民開放後，B股一級市場和二級市場將活躍起來。B股市場越活躍，境外投資者對B股市場的興趣就越大，因而將有較多的境外投資者投資於B股。這就是以「土外幣」（國內居民手中的外幣）引來「洋外幣」（境外投資者的外幣）的策略。有些人對於B股向國內居民開放的做法有兩種顧慮。一是：已發行的B股在外商手中，如果B股因國內居民購買而價格上升，外商來一番大拋售，國內居民豈不是被套住了，外商豈不是賺飽了。二是：即使外商不拋售手中的B股，但由於外商多半是大股東，國內居民盡是些小股東。在B股市場上，小股東的利益將受到傷害。

如何對待兩種顧慮　怎樣看待這兩種顧慮？現分別論述如下：關於第一個顧慮，可以這樣看：假定B股市場活躍起來。B股價格上升，外商並不一定會拋售手中的B股。理由在於，如果以後股價繼續上升，誰拋掉誰吃虧：外商之中，即使有人拋出，難道就沒有人買進？股市總是波動的，有升有跌是正常現象，國內居民涉足B股市場，也會有人賺，有人賠，不可能全都被套住。關於第二個顧慮，倒是值得注意的。在B股市場上，如何保護小股東的利益？如何防止大股東操縱股市？一方面，上市公司必須公布信息，讓股東們知悉；另一方面，證券交易法律法規中對可能導致大股東侵害小股東的行為要明令禁止，並要有效地執法。這樣，即使不能完全避免這類現象的發生，至少可以使之大大減少。總之，向國內居民開放B股是利大於弊的。我主張越早開放越好。

在香港第二上市——完善 B 股市場的另一對策

有四個好處　要完善國內的 B 股市場，除了需要健全有關的法律法規，使境外投資者進一步了解上市的信息、簡化 B 股登記與交易程序、向國內居民開放 B 股市場以外，還有一項可行的對策，這就是在香港第二上市。如果 B 股能夠在香港證券市場上供境外投資者買進賣出，大體上可以有如下四個好處：第一，為了實現 B 股在香港第二上市，發行 B 股的公司必須加強自己情況的披露工作，必須進一步宣傳介紹自己，以便境外投資者充分了解有關信息。這一方面給予上市公司以較大的壓力，以改善自己的經營管理，另一方面，由於境外投資者對公司狀況有進一步的了解，這也有助於 B 股在第一上市場所的發行與交易。 第二，當 B 股在香港第二上市後，香港的輿論界、投資者、特別是證券監管機構和交易所將關心發行 B 股的公司的業績，對公司的監督將加強，對公司的約束力也會增大。這對於發行 B 股的公司來說是一件好事，這是促進公司提高經濟效益和改善形象的有效途徑，其結果也將增強境外投資者對中國 B 股的信心。第三，B 股在香港第二上市為境外投資者，尤其是香港的投資者提供了方便，降低了交易費用，這將有助於 B 股市場的活躍，而 B 股市場的活躍又會導致國內公司利用外資的可能性增大和國內公司發行 B 股的積極性的提高。第四，對於境外投資者，尤其是香港的投資者來說，B 股在香港第二上市後。可供選擇的投資於中國經濟的機會增多了。在 H 股供不應求的條件下，B 股進入香港證券市場這一事實可以緩解 H 股的緊張狀態，從而有功於香港股市的穩定。

增加對中國經濟投資機會　由此可見，B 股在香港第二上市是一舉兩得的好事；既能改善國內的 B 股市場，又有利於境外投資者，尤其是香港投資者。為什麼這種對國內和對香港都大有好處的事情至今未能實現呢？可能同香港與國內對這件事情的看法有關。從香港這方面看，有人認為國內發行 B 股的公司在制度上或運作方式上還不夠完善，所公布的某些信息還不夠完整或準確，因此需要對國內的公司進行深入一步的審核。而從國內這方面看，主要的原因則是：唯恐B股在香港第二上市衝擊了原定的H股上市的計劃，於是為了H股在香港上市而不得不犧牲B股在香港第二上市。

與H股同上市只有暫時矛盾　其實，B股在香港第二上市與H股在香港上市二者的矛盾是暫時的，從長遠看，二者可以並行不悖。這是因為，購買H股和B股都是外資進入國內的通道，這些資金都來自境外。假定境外的資金數額是一個既定的量，那麼購買H股多了，可用於購買B股的資金數額就少了，於是H股與B股之間的關係就只能是此多彼少，此少彼多。但境外的資金數額是可變的。在中國經濟越來越顯示活力，中國的投資機會越來越吸引人的現階段，想到中國投資的企業和個人必定越來越多。除香港本地的資金外，世界其它地方的資金也會經過香港而流人中國國內。即以香港本地可用於內地投資的資金而言，如果對中國投資的前景看好，那麼資金還會從其它領域轉移出來，改為投向中國。所以說，H股在香港上市與B股在香港第二上市可以同時有良好的前景。而B股在香港第二上市所引起的B股市場的完善與發展，又將導致更多的國內公司想走發行B股以籌集外匯資金的道路。

第二章

以市場換技術是好策略

以市場換技術是好策略

外商為甚麼願意投資於中國？盈利動機是首要的。怎樣可以獲得利潤？投資建廠所生產出來的商品能夠按預期的價格銷售出去，是必要的條件。至於商品是銷往外國還是在中國市場上售出，對外商來説並不重要，反正只要有盈利就行。因此，從外商的角度來看，他們對於投資所建企業的產品內銷與產品外銷一樣感興趣。如果為達到企業的適度規模而不可能把產品全部或大部分外銷時，外商必定要求擴大內銷數量，否則他們將重新考慮來中國投資建廠問題。

從中國的角度來看，問題要比外商考慮的複雜些，一是有外資參與的企業的產品內銷，會不會形成同國內企業爭奪國內市場的局面？如果內銷的產品排擠了國內企業的產品，那該怎麼辦？二是有外資參與的企業的產品內銷，涉及外匯收支平衡問題，因為這些企業把內銷產品所得到的收入換成外匯，匯往境外。在這種情況下，對中國來説，就出現了值得還是不值得「以市場換技術」的問題。

有外資參與的企業的產品內銷與外資流入規模聯繫在一起。不容許產品內銷。外商投資的積極性就受到限制，外資流入的規模就難以擴大。所以為了繼續吸引外資，有必要讓這些企業的產品內銷。在這裡，一個重要的標準是產品內銷的技術界限，另一個重要的標準是由產品內銷引起的外匯收支平衡。

從技術界限看，被容許進入國內市場的應當是技術相對先進的產品，主要指技術水平上或質量上優於國內同類產品的產品。假定這些產品在技術水平上或質量上相等於國內同類產品，而在國內，該種產品又處於供應不足狀態，那麼這時也應容許這種產品內銷。這是因為，既然該種產品在國內供應不足，中國必須從國外進口，那麼與其從國外進口，還不如容許有外資參與的企業的產品內銷。要知道，從國外進口時，國外生產該種產品的企業可能既不使用中國的勞動力，也不使用中國的能源與原材料，因此向它們購買商品，對中國是一種外匯純支出。然而，有外資參與的企業與之不同，它們設在境內，要向中國納税，並使用中國的勞動力，使用中國的能源與原材料，如果它們支付的税金、工資和能源、原材料價格有一部分以外匯結算，那麼中國向它們支付的購買商品的款項就不是外匯純支出。即使不考慮外匯結算，單純從增加國內就業量和能源、原材料銷售量的角度看。在國內市場上某種產品供應不足時，與其從國外進口，還不如容許有外資參與的企業的產品內銷。根據以上的分析，可以認為，容許有外資參與的企業的產品內銷，不僅是「以市場換技術」策略的體現，而且還含有「進口產品替代」的意義。

再考察外匯收支平衡問題。我們不可能指望單個企業的產品內銷的收入（用外匯結算）同它為此支付的税金、工資和能源、原材料的款項（也用外匯．結算）恰好相等，即實際外匯支出等於零。如果那樣，有外資參與的企業對產品內銷不會感興趣，於是也就達不到擴大吸引外資的目的。必須讓這些企業在產品內銷後多少得到一定的外匯收入。這樣一來，就有必要從宏觀經濟的角度來分析與此有關的外匯收支平衡問題。從宏觀上説，只要中國採取「以市場換技術」的策略，容許有外資參與的企業產品在符合技術標準的前提下內銷，那麼，一方面會有更多的外商願意前來投資，另一方面，會從整體上提高國內企業的技術水平，增強國內企業競爭力，從而為國內企業產品的外銷創造條件。這樣，外匯收支的總體平衡問題也就可以得到解決。

結論是明確的：「以市場換技術」是一種好策略。

論國內黃金市場開放

在計劃經濟體制長期支配經濟生活的條件下，國內從領導機構到基層幹部都對黃金產生了神秘的看法，即認為這只能由國家壟斷生產經營，按計劃用途調撥，黃金價格由國家制定，似乎非如此不足以反映社會主義經濟的特色。至於一般居民，儘管喜愛黃金首飾，但一來由於收入低，缺乏購買力，二來擔心被別人説成是「資產階級生活方式」，所以黃金首飾的銷售受到極大限制，黃金市場的發展缺少現實性。近十年來情況發生了重大變化。家庭收入的增長和社會交往的增加，使一般居民喜愛黃金首飾這一被壓抑的願望迸發出來了。而國家的黃金生產和價格則始終被計劃經濟體制所束縛，供求缺口不斷擴大。這樣，一方面使黃金被偷運到國外，大量利潤被走私販子所攫取，另一方面國內居民購買高檔黃金首飾的願望難以實現，他們不得不托人從香港、澳門購入。於是國內經濟學界提出了開放黃金市場的呼聲，這一呼聲也在一些主管黃金生產經營的機構中得到響應。

三層含義　開放國內黃金市場主要有三層含義：第一，黃金價格實行市場調節。長期內，由於黃金生產經營是按計劃經濟的要求，由專門機構統收專營的，黃金價格由國家規定，硬性執行，因此，國內的黃金價格是一種計劃的、封閉的價格，與國際市場價格不銜接。黃金價格實行市場調節，意味着國內黃金及其製品將在市場上按供求變化而實行浮動價格，並通過進出口調節而與國際黃金價格接軌。第二，黃金及其製品的商品化。這是指打破只有黃金首飾才是商品，才進入消費品市場的舊框框，而把金條、金塊以及各種黃金製品都作為可供民間買賣的商品，容許其進入市場。由於黃金及其製品是由市場供求定價的，所以民間買賣黃金及其製品的結果必然在國內形成一個真正意義上的黃金市場，過去那種因「國家計劃收購價格低於國際市場價格」而引發的黃金走私外流現象，以及因「黃金首飾的國家計劃出售價格高於國際市場價格」而引發的從國外購進黃金首飾的現象，都將因黃金及其製品的商品化與價格放開而消失。

三個法寶　第三，黃金生產經營的多元化。這也是同計劃經濟體制下國家對黃金的壟斷生產經營直接對立的。計劃經濟體制下國家對黃金的壟斷生產經營依靠三個「法寶」，一是對黃金及其製品實現嚴格的計劃價格，二是除黃金首飾以外的黃金及其製品不得作為商品進入市場，三是黃金生產經營由國家壟斷。前兩個「法寶」將隨著黃金價格的市場調節和黃金及其製品的商品化而失靈，於是只剩下第三個「法寶」了。黃金生產經營的多元化將使這第三個「法寶」也失效。具體地說，這是指：容許建立多種經濟成分的黃金及其製品的生產經營企業，鼓勵建立國家控股的黃金開採、冶煉、加工、經銷的有限責任公司，在有條件的時候把國家控股的黃金業有限責任公司改制為黃金業股份有限公司，形成多元化的黃金生產經營的格局。

帶動港澳黃金市場發展　可以設想，一旦實現了這三個層次的黃金市場的開放，國內的黃金業必將呈現嶄新的面貌。屆時，黃金生產經營企業的積極性將被充分調動起來，黃金產量將增加；民間的黃金及其製品的交易將繁榮，家庭消費支出中有相當一部分轉為購進黃金及其製品，以達到兼顧消費與財富積累的目的；黃金走私外流現象將消失；國家從黃金及其製品的生產與銷售方面獲得的稅收與利潤將大幅度增長。此外，國內黃金價格與國際市場黃金價格的接軌，以及國內黃金市場的繁榮，也會帶動香港、澳門黃金市場的進一步發展。

新的黃金產銷體制

一九八七年底到一九八八年初夏，當時中共中央與國務院領導同志幾次向我徵詢有關經濟發展與經濟改革的意見，我歸納為五個字：金、木、水、火、土。金，是指開放黃金市場。木，是指出售公有的住房，實現住房商品化。水，是指擴大引進海外資金。火，是指工廠（冒煙的）改為股份制。土，是指批租土地，建設開發區。記得在談到黃金市場開放時，有一位同志曾表示：國家的儲備怎麼辦？黃金全流入民間又怎麼辦？我的看法是：黃金流入民間，變為民間財富積蓄，不是壞事，至於國家的黃金儲備問題，則可以依靠宏觀調節來解決。

政府充當三個角色　黃金價格的市場調節、黃金及其製品的商品化、黃金生產經營的多元化，將在中國形成新的黃金產銷體制。在這一新的黃金產銷體制中。市場主體是政企分開、產權明確、自主經營、自負盈虧的黃金業生產經營企業，市場運作是按照市場規則進行的，政府則充當三個角色：一是法律法規的制定者和執行者，使開放後的黃金生產經營在有法可依、執法必嚴的條件下進行；二是投資者，按投資的份額分紅取利和承擔虧損。並按投資份額所佔比例參與生產經營決策；三是宏觀經濟的調節者，運用宏觀調節手段來影響黃金市場和黃金的生產經營。國家的黃金儲備的調整，也將依賴政府作為宏觀經濟調節者發揮應有的作用。

黃金儲備比例　黃金可以成為國家儲備的一個組成部分，但它們在國家儲備中所佔的比例不需要很大。在當今的世界，一國的外匯儲備所佔的比例通常是上升的。因此，中國沒有必要保存過高比例的國家黃金儲備，只要有適度的國家黃金儲備就夠了。每年生產出來的黃金應投入市場，保證黃金加工工業有足夠的原料，並把大部分黃金製品銷售給消費者。這就是說，黃金應當被認定為一般商品，而不必非把它視做特殊的儲備物資不可。當然，這並不是指國家不必保存一定的黃金儲備或不必採購一部分黃金以增加黃金儲備，但重要的是，國家在需要採購黃金時。也應按照市場經濟的要求，支付相應的價格。如果國家認為要保證得到一定的黃金，那麼可以同作為獨立生產者的黃金生產經營企業訂立合同，就如同國家訂購其它商品一樣。過去那種由國家按計劃收購價格統收統配的做法將因新的黃金產銷體制的建立而被取消。

調節手段四種做法　政府怎樣運用宏觀經濟調節手段來影響黃金市場和解決國家黃金儲備問題呢？基本上靠以下四種做法：第一，在實現黃金生產經營多元化的過程中，國家有關部門將依法批準黃金業生產經營企業的建立。在這一行業內，不應採取「準則主義」的「註冊制」（即只要符合申請建立的條件的就准予登記註冊），而應採取「準則與審批相結合」的制度（即只有經過審批，才准予從事黃金業的生產經營）。第二，國家有關部門運用稅率、利率、匯率等調節手段來影響黃金市場和黃金業生產經營企業的生產規模。在這方面，黃金業生產經營企業是自主經營、自負盈虧的，因此它們將考慮到稅率、利率、匯率的變化而調整生產規模。黃金市場上的供求比例也會因此進行調整，進而影響價格和銷售量。第三，國家有關部門可通過黃金及其製品的進出口管理以及進口出口數量來影響黃金市場和黃金業生產經營企業的生產規模。第四，中央銀行可以在公開市場上買進或賣出黃金，影響黃金市場和黃金業生產經營企業的生產規模，同時調整國家的黃金儲備的數量、價位及其在國家儲備中所佔的比例。總之，國內黃金市場開放後，只要政府在轉換職能的基礎上有效地運用各種宏觀調節手段，黃金市場的基本穩定和國家黃金儲備的保持是可以得到保證的。

民間儲存黃金是好事

如果今後國內開放了黃金市場，黃金及其製品作為商品將受到不少消費者的歡迎，於是民間儲存黃金及其製品的數量會日益增多。這究竟是不是一件好事情？至今仍有不同的看法。國內學術界多數人認為這是好事，我也有這種想法。在這裡準備從五個方面作些探討。第一，民間增加黃金儲存額意味着現實購買力與潛在購買力的分流。當前，國內居民手頭的現金和銀行儲蓄存款的數量相當大，它們代表居民的現實購買力與潛在購買力。一旦居民的價格預期和收入預期發生巨大的變化，這些資金衝入商品市場，必將使社會經濟發生急劇震盪。如果在儲蓄分流、購房分流、證券分流之外又加上黃金儲存分流的渠道，商品市場面臨的壓力將會減輕。

閒置黃金資源是損失　第二，黃金如果不進入市場，不被居民所購買，而是被作為國家儲備並且超過了一定的量，那就成了多餘的儲備，這意味着資源的閒置。閒置的黃金資源是一種損失。如果開放黃金市場，讓居民能在國內買到黃金及其製品，就等於把閒置的黃金資源用活了。出售黃金及其製品所得到的資金可以被用到創造更多的社會財富的領域。比如說，用這筆資金來發展黃金開採、冶煉、加工業，那就可以向社會供給更多的黃金及其製品，黃金生產也將轉入良性循環的軌道。第三，開放黃金市場，讓民間儲存黃金，除了可以消除黃金被偷運出境，減少居民轉向海外黃金市場購買黃金首飾等現象以外，還可以通過黃金生產經營與交易活動的開展而增加財政收入，增加社會就業。比如說，黃金及其製品被居民購進後，或者作為家庭財富積累，或者用於家庭與個人的裝飾物，而與家庭、個人購買黃金器皿、裝飾物、首飾相配套的，將是服裝的更新或家庭的內部裝修、布置的改善，於是又會引起這些相配套的行業的發展。

符合經濟正常運行　第四，居民喜歡儲存黃金及其製品。因為這些是保值的商品。居民提取存款來購買黃金及其製品，同居民從銀行取出存款，購買其他消費品的性質與過程是一樣的：居民取出現金，付給出售黃金及其製品的廠家，廠家用得到的銷貨款來付各種費用，包括採購原料進行再生產。這是經濟運行的正常現象，不僅不會給經濟帶來不良後果，反而只會促進生產的發展。那種以為「居民花錢越少越好，居民往銀行中存款越多越好」的觀點，並不符合經濟正常運行的要求，而恰恰是對經濟正常運行的誤解。第五，居民購買黃金及其製品同居民購買其它消費品有兩點不同。其一是：居民購買其他消費品時，其他消費品會有一個「飽和點」，其他消費品的家庭存量達到一定數量之後，居民將不再買入，而居民購買黃金及其製品時，很難說有什麼「飽和點」。其二是：居民買進其他消費品後，如果手頭需要錢用，想轉讓這些消費品，但他們一般賣不出好價錢，只好賤價轉手，而黃金及其製品則不然，只要開放了黃金市場，就易於以正常價格脱手。正因為對黃金及其製品的購買具有上述兩個特點，所以可以認為，黃金及其製品的市場容量是很大的，這個市場將隨着人均收入的增長而下斷發展。不開放國內的黃金市場，太可惜了。

藏富於民的一種表現　此外，我們還應當建立這樣一種信念：不要害怕老百姓儲存黃金，這也是「藏富於民」的一種表現。民富同國富緊密聯繫，互相依存。黃金及其製品是一種財富積蓄。「家家都有點金子」，比「只有少數屋有金子」好，更比「誰都沒有金子」好得不可比擬。

在衝破計劃經濟過程中 地方政府扮演的角色

對「地方保護」的看法　一段時間來，國內報刊上對「地方保護主義」的譴責頗多，其中許多觀點我是同意的。但我總覺得它們沒有把問題講透，所以不妨在此深入地談談。「地方保護」無非是指保護本地利益，初衷並不一定不好，主要應看採取什麼方法。假定地方政府採取限制本地原料出境或限制外地商品輸入的辦法，甚至採取縱容本地生產偽劣商品的辦法，那當然是應受譴責的。這些決不是發展市場經濟所容許的辦法，而是「權力經濟」的地方化的表現。假定地方政府在促進市場機制發揮作用方面，在建立生產要素市場方面採取扶植本地經濟發展的辦法，那又有什麼不妥呢？這種「地方保護」（不管是否稱之為「地方保護」）不該受指責。以鄉鎮企業受到各地地方政府的保護來說，這種「地方保護」是計劃體制逼出來的。計劃配額有限，地方財政收入少，待業問題嚴重，再不扶植鄉鎮企業，地方經濟會越來越困難，問題會越積越多，因此這是地方政府為擺脱困難的正確選擇。

為鄉鎮企業創造環境　地方政府為鄉鎮企業的生產經營活動的開展製造良好的市場環境，如設立商品市場、勞動力市場、資金市場、技術市場等，都是突破計劃的商品配額、勞動力配額、資金配額的行動。計劃經濟體制大堤的缺口將因而越來越大。不僅鄉鎮企業由此得到了好處，而且國有企業也可以利用這些市場來擺脱計劃經濟體制的束縛，至少可以彌補計劃配額的不足。應當承認，在促使計劃經濟體制向市場經濟體制轉變的過中，地方政府的這種措施是起了積極作用的。另一方面，計劃經濟體制對於投資的控制是最嚴格的。只要計劃經濟制嚴格控制了投資，計劃經濟體制的大一統格局就難以打破。地方政府在自己的職權範圍內給予興鄉鎮企業和鄉鎮企業擴大生產規模的申請以方便，並給予較優惠的條件，對於鄉鎮企業的建立和發展是極其有利的，這對計劃經濟體制的衝擊也不可忽視。要知道，只要容許鄉鎮企業建立和發展，鄉鎮企業就會通過自己的融資集資渠道、生產資料採購渠道、產成品銷售渠道、勞動力招募渠道等，而擴大市場調節在經濟中的地盤，使計劃配額的控制面縮小。

這是阻擋不了的經濟發展趨勢。因此也應當承認，地方政府的這種措施同樣在促使計劃經濟體制向市場經濟體制轉變過程中起了積極作用。經濟生活中的許多現象非常有趣，非常值得玩味。就以地方政府在計劃經濟體制中的作用來說，當初設計與確立計劃經濟體制時，地方政府被賦予推行計劃經濟體制和鞏固計劃經濟體制的使命。的確，地方政府在歷史上也表明自己是勝任這個角色的。一個最明顯的例子就是一九五八年推行人民公社化過程中地方政府所起的作用。某些省、地、縣的政府曾何等出力地推行過人民公社化，以致於它們往往比中央政府還要固執、僵化、死硬。一九五八年的全民大煉鋼鐵，可以被看成是另一個例子。在全民大煉鋼鐵時，某些省、地、縣的政府不是也比中央政府有更強烈的計劃經濟色彩麼？然而，經過「使國民經濟瀕臨崩潰邊緣」的「文革」，到了八十年代，情況大大改變了。

地方政府角色的劇變　今天，地方政府普遍想掙脱計劃經濟體制的束縛，因此，它們為了保護本地的利益而大力發展多種經濟成份，培育市場，扶植鄉鎮企業。在地方政府扶植鄉鎮企業和發展本地經濟的措施中，有許多同市場取向的改革一致，而同計劃體制的要求相悖。「地方政府由當初竭力推行計劃體制到如今不斷衝擊計劃體制，的確是地方政府在國民經濟中所扮演的角色的劇變。不管地方政府的負責人是否認識到這一點，但從客觀效果上看，地方政府在衝破計劃體制大一統格局中所起的作用是不容抹煞的。換言之，正是計劃體制把地方政府逼上了走向市場經濟的道路。研究中國經濟的人不能不承認這一事實。

鄉鎮企業亦需產權改革

忽略產權改革意義　我們不能否認鄉鎮企業在同國有企業、原來的城市「大集體」企業競爭時具有明顯的優點，如機制比較靈活，受政府部門的干預較少，適應市場的能力較強等。但鄉鎮企業是不是同國有企業、原來的城市「大集體」企業一樣需要進行產權改革呢？答案是明確的：需要。據調查，在現有的鄉鎮企業中，只有一部分鄉鎮企業確實轉換了經營機制，符合獨立商品生產者的條件，還有一部分鄉鎮企業則名為鄉鎮企業，實為「鄉有鄉營企業」、「鎮有鎮營企業」，即成為最基層政權機構擁有與直接經營的企業。對這部分鄉鎮企業而言，產權改革還沒有開始，甚至當地的鄉政府、鎮政府還不懂得在鄉鎮企業進行產權改革的意義，而千方百計阻撓產權改革的推進。正因為如此，所以決不能認為鄉鎮企業已經不需要產權改革了。另一方面，即使以那些已經實現了經營機制轉換的鄉鎮企業來說，應當指出，它們的經營機制的轉換還只是初步的，它們的產權設置還有待於規範化，它們同鄉鎮政府之間的關係也還需要進一步調整，以符合鄉鎮企業作為獨立商品生產者的要求。由此可以了解到，即使是已經實現經營機制初步轉換的鄉鎮企業，在產權改革方面還有許多工作要做。但無論是一些鄉鎮政府的幹部還是鄉鎮企業的負責人都還沒有認識到這一點。他們滿足於這些鄉鎮企業已經實現的經營機制的初步轉換，滿足於這些鄉鎮企業在市場競爭中已經表現出來的某種活力和已經得到的盈利。他們甚至說：「鄉鎮企業不是已經活起來了麼，還要改革什麼產權？鄉鎮企業最需要的是擴大生產規模，佔有更大的市場份額！」

競爭對手在變化　在這裡，有一個極其重要的情況被他們忽略了，這就是：目前正處於由計劃經濟體制向市場經濟體制過渡的階段，國有企業、原來的城市「大集體」企業的產權改革尚未開始，它們缺乏活力，因此，作為同鄉鎮企業競爭的對手，它們是弱者而不是強者。正是在同這樣的對手競爭時，鄉鎮企業才顯現出自己的長處，才有機會獲得較多的利潤。但國有企業、原來的城市「大集體」企業正在進行或即將進行產權改革，它們的活力很快就會增強。加上它們本來的實力就比較雄厚，如果鄉鎮企業只是初步轉換了經營機制而下再作深入一層的產權改革，又怎能保住自己的優勢呢？又怎能保證不會在市場競爭中失利呢？對鄉鎮企業來說，產權改革與否，或者，說得更確切些，產權改革成功與否，確實足關係到鄉鎮企業生死存亡的一件大事。如果今天不少企業還能憑借自己略優於國有企業、原來的城市「大集體」企業的長處而有所發展的話，那麼留給鄉鎮企業的好日子是不會太長久的。

合資企業增速不可估量　從另一個角度看，中外合資企業、私營企業、甚至外商獨資企業也在較迅速地發展。它們的增長速度不可忽略。假定說鄉鎮企業過去依靠自己的機制比較靈活而不同於國有企業、原來的城市「大集體」企業，那麼中外合資、私營企業、外商獨資企業的經營機制比鄉鎮企業還要靈活。假定說鄉鎮企業過去一直依靠某種政策優惠而能在市場上一顯身手的話，那麼中外合資企業、私營企業、外商獨資企業在政策優惠方面也不比鄉鎮企業差些。鄉鎮企業再不狠下決心進行產權改革，即使它們仍能勝過那些尚未進行產權改革的國有企業、原來的城市「大集體」企業，但鄉鎮企業怎能與機制更為靈活的中外合資企業、私營企業、外商獨資企業相競爭呢？還應當注意到，中外合資企業中有相當一部分是實力雄厚、規模較大的企業，這也是鄉鎮企業在與中外合資企業競爭時的不利之處。鄉鎮企業同樣需要認識這一點。於是擺在鄉鎮企業面前的一項迫切任務，應是大力推進產權改革，而不是僅僅着眼於擴大生產規模和增加投入。雖然擴大生產規模和增加投入也是重要的，但這更可能是進行了認真的產權改革之後的必然後果，而不是對產權改革的取代。

鄉鎮企業產權改革與廉政

鄉鎮基層政權的建設是關係到國內社會穩定和經濟發展的大事，決不能等閒視之。鄉鎮基層政權建設所涉及的問題很多，包括基層政權機構選舉的民主化、鄉鎮基層黨組織自身的建設、鄉鎮政府工作人員素質的提高等等，也包括鄉鎮基層政權機構與鄉鎮企業之間的調整、二者之間關係的正常化。

被視為小金庫　鄉鎮企業產權改革與鄉鎮廉政建設密切有關。關鍵在於鄉鎮企業應當成為政企分開、產權明確、自主經營、自負盈虧的獨立商品生產者，而不再是鄉鎮政府的附屬物。通過產權改革，鄉鎮企業與鄉鎮政府真正脱鈎了，鄉鎮政府及其工作人員就不能再把鄉鎮企業當做自己的直轄企業，也不能再把鄉鎮企業當做自己的小金庫了。這不僅有利於鄉鎮企業的發展，而且還有利於鄉鎮的廉政建設的推行。不可否認，在某些地區，在鄉鎮企業產權不清晰的條件下，由於一些盈利的（甚至也有一些不盈利的）鄉鎮企業被當地的鄉鎮基層政權機構牢牢掌握在自己的手中，視為鄉鎮基層政權機構的小金庫，於是一方面，鄉鎮企業的活力受到極大限制，農民的生產積極性和投資積極性大受挫折，另一方面，這也成為某些鄉鎮基層政府工作人員腐敗的表現之一，而鄉鎮基層政府工作人員的腐敗又破壞了鄉鎮基層政權的形象，失去群眾對它們的信任，並使得鄉鎮的政治生活、經濟生活不正常，使得當地社會難以安定。

有助鄉鎮社會安定　由此可見，按照鄉鎮企業產權明確化的原則來調整鄉鎮基層政權機構與鄉鎮企業之間的關係，使鄉鎮企業成為政企分開、產權明確、自主經營、自負盈虧的獨立商品生產者，並不單純是一個經濟問題，而且是一個關係到今後能否鞏固鄉鎮政權和保證鄉鎮社會安定的政治問題。迄今為止，已有一些被揭露的鄉鎮幹部胡作非為並造成嚴重後果的案件。他們的胡作非為往往同他們成為鄉鎮企業的「太上皇」有關，他們把政治權力與經濟權力集中於自己一身；他們從鄉鎮企業那裡隨意支取貨幣；他們把自己的各種開銷（包括揮霍浪費的開支）拿到鄉鎮企業去報帳；他們把持鄉鎮企業用人與招工的大權，把自己的親戚朋友塞進企業；他們私分鄉鎮企業的利潤、甚至公積金和公益金。這種靠鄉鎮企業的經濟力量來支撐的鄉鎮政府工作人員的胡作非為，除了應從法律和政紀上嚴肅處理而外，對鄉鎮企業的產權關係進行改革以及使鄉鎮企業同鄉鎮政府之間關係的正常化，同樣是必不可少的措施。對這個問題，還可以從農民作為鄉鎮企業所有者的角度加以考察。如果鄉鎮企業不進行認真的產權改革，那麼農民儘管作為鄉鎮企業的所有者，但這一所有者的身份是虛的、沒有實行內容的，於是農民對鄉鎮企業資產的關心程度必然受到很大限制。當鄉鎮政府工作人員攫取鄉鎮企業的財物或侵佔鄉鎮企業的利益時，僅有虛名的農民所有者心想：「反正企業又不是我們的，何必多管閒事呢？」更有甚者，有人會說：「要拿，大家都拿，難道只準你們拿，不讓我們拿？」

有助維護鄉鎮企業資產　鄉鎮企業進行產權改革後，每個投資者在鄉鎮企業的產權中都有清晰的、確定的份額，這樣，農民作為所有者的主體意識必定大大增強，他們將關心本企業的資產及其保值增值狀況，將把本企業的經營好壞視為一個有關切身利益的問題。假定在這種情況下，再有人（包括鄉鎮政府工作人員）任意侵佔企業的利益，農民就不會像過去那樣聽之任之了。當然，並不是說單憑鄉鎮企業產權的明確就可以根除鄉鎮政府及其工作人員把鄉鎮企業視為自己的小金庫的現象，但無論如何，這將有功於鄉鎮政府同鄉鎮企業之間關係的正常化，有助於鄉鎮企業資產的維護。

股份制優於合作制

有些文章在談到鄉鎮企業產權改革的目標模式時，推荐合作制這種形式，理由是：合作制既能實現鄉鎮企業經營機制的轉換，又有利於協調農民作為勞動者與作為所有者之間的關係。這種看法有一定的道理，但很不全面。要知道，在鄉鎮企業規模不大時，合作制的優點可以表現出來，而在鄉鎮企業規模較大時，合作制不一定有長處。這是因為，在企業人數較多時，合作制下的「一人一票」制容易流於形式，也難以把企業內部的關係協調得如職工人數較少時那樣。再者，如果原有的鄉鎮企業要改造為合作企業，通常只有把資產存量平均出售給每一個社員，這在企業規模小時可以解決；如果企業規模大，全體社員平均出資買下資產存量的可行性較小。

合作制的缺點　此外，企業發展過程中，有時需要對外參股，有時則需要吸收其它企業的參股。對外參股與吸收其它企業參股等經濟行為完全是正常的。如果按股份制形式來組建或改造鄉鎮企業，這些經濟行為可以順利地進行；如果按合作制形式來組建或改造鄉鎮企業，這些經濟行為的實現就會困難得多。

兩者不同之處　合作制與股份制的另一不同之處還在於：當人們參加合作制的鄉鎮企業後，退出是自願的，也是自由的，而當人們參加股份制的鄉鎮企業後，退股是不容許的，股份只能轉讓給另一人。因此，股份制有利於企業的生產經營規模的穩定，合作制則不利於企業的生產經營規模的穩定。在股份制之下，股份轉讓時不是按參加時的價格轉讓，而按照現行的價格轉讓，這對於投資者比較有利：而在合作制之下，退出時究竟按什麼價格計算是一個難以解決的問題。如果退出時仍按入社時的價格計算，退出者豈不是吃虧了？如果退出時按資產重估後的折價計算，那就有可能引發更多的人要求退出，生產又如何繼續進行下去？假定合作制的鄉鎮企業不容許退出，不就與合作制的原則下符了麼？所以合作制鄉鎮企業在「自願退出」問題上會遇到操作的困難。同樣的道理，在對待新加入者方面，合作制的鄉鎮企業也會遇到類似的難處。容不容許新加入者進入？如果不容許新加入者進入而只容許原來的加入者退出，那麼合作制的鄉鎮企業豈不是會越來越小，至少是社員人數越來越少？如果容許新加入者進入，那麼新加入者按甚麼價格出資入社？按原來加入者所支付的價格，原加入者肯定吃虧，新加入者肯定佔便宜，那又會促使更多的新加入者進入。原加入者與新加入者之間的矛盾必然加劇。新加入者按資產重估後的價格加入，則也會遇到操作的困難。在股份制的鄉鎮企業中，由於不得退股而只能轉讓股份，問題會簡單得多。

大中型鄉鎮企業宜股份制　以上所說的這一切並不等於否認鄉鎮企業合作制的優點。從轉換企業經營機制，實現政企分開、產權明確、自主經營、自負盈虧的角度來考察，鄉鎮企業合作制與鄉鎮企業股份制一樣，都可以達到原定的目標。問題主要在於：鄉鎮企業規模不大時，合作制是較為適合的，而在鄉鎮企業規模擴大後，尤其是在新組建的大中型鄉鎮企業和原有的大中型鄉鎮企業改制時，合作制的不足之處將突出地暴露出來，所以它不如股份制。換言之，小型鄉鎮企業產權改革適宜於以合作制作為目標模式，大中型鄉鎮企業的產權改革則以股份制作為目標模式為宜。

股份合作制是過渡形式　在這裡，還有一個問題需要提出來進行討論，這就是關於鄉鎮企業的「股份合作制」問題。究竟什麼是「股份合作制」？從目前已經採取「股份合作制」的鄉鎮企業來看，其中多數是一種合夥制的小企業，還有一部分是不規範的股份制企業。真正實行規範的合作制的或規範的股份制的鄉鎮企業是少數。因此，不僅尚未進行產權改革的鄉鎮企業需要進行產權改革，而且已經被稱為「股份合作制企業」的那些鄉鎮企業，也需要通過認真的產權改革使之規範化：或者朝合作制的模式規範化，或者朝股份制的模式規範化，或者，按其本來的產權組成狀況，名副其實地正名為私營企業，包括獨資企業和合夥企業。「股份合作制」只是鄉鎮企業改革過程中的一種過渡形式而已。

再談股份合作制

從企業財產組織形式上看，合作制與股份制是兩種不同的企業財產組織形式。一個企業，或者實行合作制，或者實行股份制；或者既不實行合作制，又不實行股份制，而不可能同時實行合作制與股份制，也不可能把合作制與股份制合為一體。目前，為什麼不少鄉鎮企業喜歡採取「股份合作制」這種名稱，可能有以下三個原因。一是害怕被説成是資本主義性質的。這是因為，在過去較長時間內，一談到合作制，就認為這是社會主義性質的，一談到股份制，則被看成是資本主義性質的，因此，明明是朝着股份制的方向來組建或改造鄉鎮企業（儘管組成的是不規範的股份制企業），但為了怕別人説三道四，就使用了「股份合作制」這個名稱，以增加安全感。現在看來，這種顧慮是不必要的，股份制無非是企業財產組織形式的一種，它本身並不表明姓「社」還是姓「資」。是股份制就是股份制，不必硬套上「股份合作制」這樣一個不科學的帽子。二是以為使用「合作」一詞在政策上可以得到某些優惠，因此就在股份制之上加上「合作」一詞。其實，這也是多餘的。政策的優惠可能來自兩個方面。一方面，如果符合國家地區的產業結構調整的要求，那麼從產業政策上考慮，政府是會給予優惠的，這時加不加上「合作」一詞無關緊要，重要的是投資與生產的產業特徵。另一方面，如果是真正的合作制企業，那麼根據國家或地區對合作制企業的扶植的規定，企業可以得到一定的優惠，但這時必須確實把企業組建或改造為合作制企業，而不能只從表面上看是否加上「合作」一詞。假定有些「股份合作制」的鄉鎮企業真的是合作制企業，何必不直接使用合作制的名義，而要用「股份合作制」名義呢？三是把「股份合作制」看成是有中國特色的一種企業財產組織形成，即這類企業既不同於真正的合作制企業，又不同與規範的股份制企業。比如説，在股權設置中，有「集體股」、「企業股」這樣的股份，這當然與規範的股份制不符，所以有人認為不如改稱「股份合作制」，因為「集體股」、「企業股」之類似乎帶有合作制的成份。又如，有人認為，在合作制之下，出資人可以申請退股，在股份制之下，退股是不容許的；在合作制之下，一人一票，在股份制之下，按股份多少決定票數多少，假定採取「股份合作制」，那麼既可以容許出資人退股，又可以按「一股一票」的原則吸收有實力的投資者（包括自然人和法人）加入，豈不是兼有合作制與股份制的特色？這樣的企業財產組織形成——「股份合作制」難道不就反映了「中國特色」麼？應當指出，以這種方式來理解「有中國特色的」鄉鎮企業財產組織形成，是不準確的。毫無疑問，鄉鎮企業的成長及其在中國經濟建設中的巨大作用這一事實本身就已經具有「中國特色」了，有什麼必要硬要從企業財產組織形式上去製造不規範的股份制或不規範的合作制呢？不規範的合作制或股份制，只有礙於鄉鎮企業的進一步發展，它們算不上什麼「中國特色」。鄉鎮企業在中國經濟起着日益重要的作用，發展勢頭不可阻擋。正因為我們對鄉鎮企業的進一步發展寄予很大希望，所以提出「股份合作制」鄉鎮企業還不規範的問題。不規範，就應當採取措施使之走向規範。「股份合作制」是走向規範的股份制或規範的合作制之前的一種過渡形式。當初，如果一開始就要求鄉鎮企業在產權改革中必須成為規範的股份制企業或規範的合作企業，那是極不現實的，提出這樣的要求等於把鄉鎮企業扼殺在萌芽狀態。但如今已經接近九十年代中期了，走向規範的股份制或規範的合作制的主客觀條件都已經成熟。「股份合作制」這種過渡形式已經完成了它的歷史使命，現在是結束這種過渡形式的時候了。

靠什麼穩定股市

中國的股市能否穩定，這首先是政府關心的事情。政府擔心股市大震盪而引發社會的不穩定。至於廣大股民，則主要從自身的利益來考慮問題，股市的突然崩潰或股市上股價長期下跌使他們焦急，於是他們寄希望於政府的干預。有關股市平穩基金或托市基金的倡議，正是在政府和股民二者共同有此願望的前提下出現的。

股市平穩基金之議　換言之，贊成建立股市平穩基金的主要理由是：第一，只要建立了股市平穩基金，不管是否運用了股市平穩基金來平穩股市，它都會增強廣大股民的信心，使廣大股民放心，認為股市中有一道大堤，可以防止股市崩潰；第二，在股市波動劇烈和股價暴漲暴跌的場合，股市平穩基金的介入將有助於股價的穩定；第三，建立了股市平穩基金之後，因人們心理因素而造成股市動盪的現象將會減少，於是上市公司的本身經濟效益將成為該公司股價漲跌的基本依據，這樣就迫使各個上市公司把主要精力放在提高經濟效益方面，從而有利於上市公司經營管理的改進與行為的規範化。實際上這三條理由都是站不住腳的。

站不住腳的理由　關於第一條理由，即股民的信心問題。要知道，股民的信心主要來自兩個方面。一是來自對整個經濟形勢及其前景的信心。只要股民認為經濟形勢看好，前景樂觀，他們就有信心。即使股價下跌，他們也認為這只不過是暫時性的、調整性的。如果股民對經濟前景偏於悲觀，那麼不管是否建立了股市平穩基金，股民仍然不會對股市有信心。股民信心還來自另一個方面，即來自對證券法律法規的完善以及對這些法律法規執行情況的信心。假定股民們失去這方面的信心，那麼即使建立了股市平穩基金，股民對股市缺乏信心的局面仍然不會改變。關於第二條理由，即股市平穩基金的介入有助於股價的穩定，有助於防止股價暴漲暴跌、大起大落。但是問題決沒有這麼簡單。股市是市場經濟中最活躍、最敏感的部分，它取決於市場供求的變動。如果股市平穩基金的力量不夠大，那麼它左右不了股市，更阻擋不了股市的可能的崩潰。

如果股市平穩基金的力量足夠強大，這倒有可能成為對小股民的利益的一種侵害，因為小股民勢單力薄，他們處於強大的股市平穩基金對股市的操縱之下很容易蒙受損失。這對於小股民又有什麼好處呢？

心理因素作用 關於第三個理由，即股市平穩基金的建立將把上市公司本身的經濟效益對股價的影響放到主要位置上，迫使上市公司去盡力改進經營管理。這條理由同樣是站不住的。首先，只要是帶風險性的投資，就不能排除人們心理因素的作用；只要處於競爭的市場環境之中，就不能要求投資者（包括個人和企業）不對市場前景進行預測；因此，心理因素始終是影響股市的有力因素之一。再說，要讓上市公司把注意力放在提高自身經濟效益之上，與是否建立股市平穩基金沒有密切的關係，關鍵在於上市公司是否真正自負盈虧，真正承擔生產經營風險和投資風險，同時也在於居民作為個人投資者是否有多種投資形式可供選擇，是否有多個投資對象可供選擇。

按市場經濟原則辦事 由此看來，靠建立股市平穩基金來穩定中國股市的主張是不妥的。那麼，股市該如何穩定？一句話，既然股市是市場經濟的重要組成部分，那就必須尊重市場經濟規律，按市場經濟的原則辦事。證券法律法規應當完善，股份制企業必須規範化，上市公司的數目應多一些，它們的透明度應符合要求，政府則依法管理證券市場。這樣，股市即使有起有落，仍應被視為正常波動。股民意識也就會在市場競爭中趨於成熟。假定股市上出了問題，怎麼辦？問題不大，聽其自然。問題過大，那麼寧肯暫時停板（指臨時關閉集中交易市場），也優於建立股市平穩基金。

香港會受到上海衝擊嗎
——談國際金融中心的競爭與互補

香港已經成為重要的國際金融中心之一，上海正在努力趕上，力爭在盡可能短的時間內成為又一個重要的國際金融中心。於是在海內外金融界聽到一種議論：香港的金融中心地位是不是即將受到上海的衝擊？更有甚者，人們提出下述問題，作為國際金融中心的香港會不會今後被上海所取代？這的確是一個十分有意思的問題。看來不能簡單地回答「會」還是「不會」。讓我們先從上海與香港兩地的情況談起。

上海今天還不是國際金融中心，上海正竭力做到這一點。但這並非取決於上海人的願望，而必須取決於上海經濟改革的成就。如果近期內上海、乃至整個中國在金融體制、投資體制、企業體制、財税體制的改革方面沒有實質性的大動作，在對外開放（包括金融業、證券業、商業的開放）方面沒有新的突破，舊體制依然束縛着企業，政府依然採取計劃經濟中的老辦法來管理經濟，管理金融。那麼上海不可能成為國際金融中心，於是也就談不到上海對香港的國際金融中心地位的衝擊或替代了。

香港今天已經是國際金融中心，香港不僅要鞏固這一地位，而且要使自己作為國際金融中心的地位更加重要。但這也並非取決於香港人的願望，而必須取決於香港能否保持自己的經濟增長率，保持穩定與繁榮。如果在近期內香港的社會經濟出現了大的動蕩，人心不穩，資本向外轉移，市面蕭條。那麼用不着等到上海的崛起，香港的國際金融中心地位仍會削弱，或者喪失。亞太地區的另一個新興的國際金融中心將會取代香港，香港將被國際金融界、實業界所冷落。

由此可以得出一個初步的看法：上海能否迅速成長為國際金融中心，香港能否保住國際金融中心的地位，關鍵都在於它們自身的努力程度。事在人為，這句話千真萬確。現在假定上海的經濟改革步伐大大加快，上海成為國際金融中心的條件已經成熟，並且假定香港的經濟持續繁榮，香港的社會基本穩定，香港仍然保持着國際金融中心的地位，那麼上海的成長會威脅到香港的國際金融中心地位嗎？將來香港的國際金融中心地位會被上海取代嗎？在我看來，在這種情況下，上海和香港這兩個國際金融中心既有競爭關係，又有互補關係，二者共同發展的可能性是很大的。

應當指出，國際金融中心是具有國際影響的金融市場所在地，國際上的一些大銀行的總部或主要分支機構設在這裡，金融業務量大，金融業務的開放度高，金融市場的幅射力強。但這並不意味着某一片地區只可能有一個國際金融中心。如果經濟發展程度高，金融業務最大，那麼相鄰的地區有幾個國際金融中心也是正常的。比如說，在西歐地區，倫敦、巴黎、法蘭克福、蘇黎世、盧森堡等幾個國際金融中心都相距較近，這並不妨礙它們既有相互競爭的一面，也有相互補充的一面。它們之間，任何一個國際金融中心都沒有把另一個國際金融中心擠垮。將來，上海與香港也會形成這樣的格局。香港有香港的優勢，上海有上海的優勢，再擴大而言，新加坡也有自己的優勢。難道新加坡會取代香港，或香港會取代新加坡嗎？過去不會取代，將來也不會取代。金融業從來就是跨部門、跨地區、跨國界的事業。金融業的發展取決與國際經濟大形勢，取決與經濟活動的國際化程度的提高。只要中國加快經濟改革，只要香港保持穩定與繁榮，香港與上海兩國國際金融中心的共同成長，將是本世紀末、下世紀初預料中的事情。

內地對外商的吸引力

從內地各城市來港招商的廣告和新聞報道中可以知道，內地主要以土地使用費低廉、工資成本小、稅收優惠三個條件來吸引外商投資。至於資源供給、交通運輸、市場容量等條件，雖然也很重要，但相對而言，它們在吸引外商前來投資方面目前還不如土地、工資成本和稅收優惠這三個條件那樣突出。

擺在外商面前的一個現實問題是：內地用以吸引外商的這些主要條件今後會不會發生變化？也就是說，土地使用費低廉、工資成本小、稅收優惠這些優勢會不會逐漸喪失？假定這些優勢喪失了，外商又何必一定要到內地來投資呢？對這個現實問題，頗有進行分析的必要。

先討論稅收優惠。對外商投資的稅收優惠與外商投資的產業結構、產品結構、地區結構和技術結構有着密切的關係。投資的結構直接影響着稅收優惠的程度與時間長短。世界上不少國家即使在自身經濟高度發展之後，仍根據產業結構、產品結構、地區結構和技術結構而對前來投資的外商實行稅收優惠政策。因此，可以相信，只要外商的投資符合投資結構方面的要求，中國對外商投資的稅收優惠將會長期存在。

接着考察工資成本問題。不妨從絕對工資成本和相對工資成本兩方面來分析。絕對工資成本是指工資的絕對水平，它肯定會隨着中國經濟增長和通貨膨脹而不斷提高。這裡姑且把通貨膨脹率撇開不談，即以經濟增長而言，工資絕對水平總是伴隨着經濟增長而上升。但客觀上有兩個制約着工資絕對水平增長過快的因素。一是中國農村有大量多餘的勞動力，他們將陸續投入市場，使勞動力供給增多。二是中國廣大勞動者，尤其是由農村中釋放出來的多餘勞動力，文化技術水平不高，而且提高的速度較緩慢，這也限制着工資絕對水平的上升幅度。所以從較長時間來看，中國的工資絕對水平的上升不可能使吸引外商投資的這一優勢消失。再從相對工資成本來看。相對工資成本是指中國的工資成本同東南亞（或亞太地區）其他各國各地區的工資成本的比較。目前，中國的工資成本相對說來是低的。那麼今後呢？中國的工資成本固然會上升。但其他各國的工資成本同樣會上升。如果某一國的工資成本不上升，那就很可能反映該國的經濟狀況惡化和社會動蕩不安。這樣，該國就缺乏吸引外商的投資環境，所以也就不足以使中國相對工資成本較低這一優勢消失。

再進一步說，如果將來中國經濟發展很快，工人文化技術素質改善了，工資水平上升較多，但與此相伴隨的是中國工人的勞動生產率也大為提高。這對於外商投資仍然具有吸引力。最後，讓我們分析一下土地使用費問題。隨着中國經濟增長，土地作為一種稀缺資源，價格必定上漲。但應該看到，土地使用費的上漲幅度很不平衡。沿海、沿江大城市周圍的土地使用費上漲最猛，中小城市和內陸省區則與之相差甚大。中國的腹地是廣闊的，各地土地使用費高低不同，上漲幅度不一，屆時，不僅外商投資會逐漸內移，內資的流動也會循着沿海到內陸、大城市到中小城市的方向進行，土地使用費方面的優勢將同投資的區際轉移相聯繫。

此外，我們還應當注意到，雖然現階段中國的資源供給、交通運輸、市場容量等條件相對說來沒有土地使用費、工資成本、稅收優惠那樣突出，但這些條件必將隨着中國經濟的增長而不斷改善，比如說，能源、原材料供給充裕了，交通運輸便利了，市場容量擴大了，這些條件就可以在吸引外商投資方面起着更大的作用。任何一個外商在作出投資決策時，總是綜合地考慮問題的。只要綜合地考慮問題，對外商來說，內地將長期成為有吸引力的投資場所。

「大鍋飯」就是共同貧窮

在走向市場經濟的過程中，個人之間收入分配差距的擴大是難以避免的。市場着重效益，按效益的高低進行分配；市場強調公平競爭，效益的高低在市場競爭中清楚地顯示出來。但長期生活在計劃經濟體制下的人們，在一下子被推向市場，走出原來的收入分配框架後，經常感到不那麼適應，有時甚至留戀起「大鍋飯」與「大鍋飯的時代」，認為那就是社會主義，那就是社會主義制度優越性的表現。我們知道，走向市場經濟，不僅是體制上的大轉變，而且也應是觀念上的大轉變。平均主義給人們帶來的消極影響不容低估。

吃大鍋飯無疑是一種平均主義。但「大鍋飯」，從來不是一口鍋裡吃飯。如果讀者有興趣，不妨看一看《水滸傳》。《水滸傳》第二十回「梁山泊義士尊晁蓋．鄆城縣月夜走劉唐」中有這樣一段話：「晁蓋等眾頭領都上到山寨聚義廳上，簸箕掌、栲栳圈坐定。叫小嘍囉扛抬過許多財物，在廳上一包包打開，將綵帛衣服堆在一邊，行貨等物堆在一邊，金銀寶貝堆在正面。便叫掌庫的小頭目，每樣取一半收貯在庫，聽候支用；這一半分做兩份：廳上十一位頭領均分一份，山上山下眾人均分一份。」

可見，有兩口大鍋，在每一口鍋內則是平均主義。這是兩口鍋的「大鍋飯」。傳統的計劃經濟體制下，不也是幾口鍋的平均主義麼？大灶、中灶、小灶、特灶……你屬於那一個檔次，就在那口鍋裡吃大鍋飯：你屬於這一個檔次，就在這口鍋裡吃大鍋飯。「大鍋飯」，從來不是一口鍋裡吃飯。那麼，為什麼在計劃體制下大家心理比較平衡呢？這是因為，當你在那口鍋裡吃飯時，你同你周圍的人、同你所認識的人，都屬於一個檔次，所以大家都在這口鍋裡吃飯，彼此差不多，心安理得，無所奢求。你不知道鍋外還有鍋，你不知道別的鍋裡吃的是什麼東西，你不敢設想自己能換到別的鍋裡去吃飯。然而，改革開放以後，轉向市場經濟以後，「大鍋飯」被逐漸取消了，人們的收入差別表現出來了。一些人心理的不平衡正是由此產生的。朝四周一看，從前和自己在同一個村子裡、同一口鍋裡吃飯的人，現在，有的人經商開店致富了，有的人養雞養兔致富了，有的人到沿海尋找機會去了，而自己呢，生活雖有改善，但提高幅度不如別人，心理不平衡，就嘟嘟囔囔，說什麼「還不如吃大鍋飯吶!」他哪裡知道，過去，無論是一口大鍋的平均主義還是幾口大鍋的平均主義，都不是合理的，按效益原則分配要比平均主義好得多!

就算是大家吃的是一口鍋裡的「大鍋飯」吧，當年吃的究竟是什麼？一鍋稀飯，一盤鹹菜，僅此而已。與平均主義相伴隨的，只可能是共同貧窮。「大鍋飯」的真正含義是：窮也窮得平均，反正大家都一樣。平均主義不是社會主義分配原則，貧窮不是社會主義的產物，「大鍋飯」有什麼好留戀的？何況根本不存在一口鍋的「大鍋飯」，中國目前正在由計劃經濟體制向市場經濟體制轉變，在收入分配方面，也正在由平均主義轉向按效益原則分配。在新舊體制交替的過程中，磕磕碰碰是難免的，每一個曾經在舊體制下生活過的人對於新體制都有一個適應過程，包括對於效益分配原則的適應過程。我們不是說市場經濟中的收入分配完美無缺。市場經濟條件下的分配是第一次分配，收入差距擴大的事實無可否認。但不要緊，通過市場進行的分配是第一次分配，政府主持第二次分配（稅收調節、扶貧救濟等）。第一次分配重效率，第二次分配兼顧公平與效率。這樣，社會的收入分配也就有可能趨於協調。中國在甩掉「大鍋飯」之後，正堅定不移地走向既重視第一次分配，又重視第二次分配的市場經濟體制，公平與效率的兼顧問題也就可以得到較好的解決。

利率大戰會爆發嗎？

我們經常聽説，國家要依靠利率、匯率、税率的調整作為調節宏觀經濟的方式。然而，在企業體制尚未進行認真的、實質性的改革的條件下，利率、匯率，税率調整所起的作用是有限的。關於這一點，以前的幾篇文章已經談過了。現在要探討的，是利率、匯率、税率體制本身的改革。簡稱利率改革、匯率改革、税制改革。先討論利率改革問題。

現行的利率體制是計劃經濟體制的組成部分，利率的決定和調整是由政府直接管理的，中央銀行只是執行政府的規定。而不能根據市場狀況靈活地調整，從而形成了相當僵化的利率體制。利率體制本身的僵化同企業不自主經營、不自負盈虧這一種情況結合在一起，使得所謂國家運用利率來調控經濟的設想始終未能落實。所以今天需要進行改革的，不僅是企業體制，而且也包括利率體制。

利率改革的目標應當是中央銀行決定基礎利率，它表現為中央銀行決定再貸款利率和再貼現利率，以此影響商業銀行的貸款利率和貼現利率，至於商業銀行的利率則由商業銀行決定。這樣，在進行宏觀調控時，中央銀行所要調整的只是影響商業銀行利率的基礎利率，而由商業銀行利率的變化來影響企業的投資和居民戶的儲蓄。可以相信，只要企業成為獨立的商品生產者了，只要專業銀行改造為商業銀行了，利率改革的這一目標是可以達到的，國家運用利率來調節經濟的做法也是有效的。

對於利率改革的上述設計，可能有兩方面的不同意見。

一種不同意見是：如果按照這種設計來改革利率體制，會不會加劇商業銀行之間的競爭呢？會不會發生「利率大戰」、「貸款大戰」、「儲蓄大戰」呢？會不會反而使宏觀經濟失控呢？因此，還不如仍把商業銀行的利率決定權收歸中央銀行，而只讓商業銀行有輕度的浮動權。換句話説，中央銀行應由目前的國家制定的利率執行者地位轉為自行決定利率的地位，商業銀行調整與決定利率的權力則受到嚴格限制。

另一種不同意見是：上述這種有關利率改革的設計依然過於保守，使中央銀行在利率決定方面的權力過大，不如取消常規的利率管制，轉向利率自由化。這就是說，只有在緊急狀態下，中央銀行才對利率進行干預，而且這只是作為非常規的、應急的措施被採用：在一般情況下，商業銀行有權自行決定利率水平，不受中央銀行的影響，甚至不存在中央銀行的基礎利率。至於中央銀行的再貸款利率、再貼現利率也只受市場供求的影響。

看來，這兩種不同意見都不符合相當長一段時間內的中國國情，從而都缺乏實施的現實性。

第一種不同意見的不正確之處在於：它忽視了在市場經濟中，商業銀行是金融企業，是自主經營、自負盈虧的，如果不讓商業銀行有決定利率的自主權，商業銀行無疑缺乏活力。就計劃經濟體制下的專業銀行的運作來說，銀行之間的競爭太少了，今後，多一點競爭有什麼不好呢？還有，以往的「利率大戰」、「貸款大戰」、「儲蓄大戰」之類的事件，不能單純歸咎於因利率改革而導致的銀行自主權的擴大，而應主要歸咎於計劃經濟體制下的信貸配額制和銀行自身的不自負盈虧。利率改革則會使商業銀行之間的競爭正常化。

第二種不同意見的不正確之處在於：它忽視了中國作為一個發展中國家，資金供不應求的現象不是短期內能夠消除的，資金市場也不是很快就能完善的，資金供需差額的縮小和資金市場的完善，都有一個較長的過程。如果不顧客觀實際而倉促實行利率自由化，很可能導致宏觀經濟的不穩定，而宏觀經濟的不穩定又勢必引起中央銀行的利率干預，這樣，非常規的中央銀行利率干預不就變為常規的利率干預了嗎？應急性的中央銀行利率調整不就變為經常性的利率調整了嗎？可見，利率自由化不過是一句空話而已。與其如此，還不如實行「中央銀行決定再貸款利率、再貼現利率，商業銀行決定貸款利率、貼現利率」為好。

匯率改革與宏觀調控

現行匯率體制不利之處　正如利率體制下改革難以使宏觀經濟調控生效一樣。匯率體制不改革也會造成這樣的後果。因此，要使宏觀調控中的匯率調節手段起到應有的作用，除了要認真改革企業體制以外，還必須對匯率體制進行改革。現行匯率體制是不利於宏觀調控的。這具體表現在以下三點：第一，在現行的匯率體制之下，人民幣的匯率是高估的，外匯調劑市場上的匯價也高估於自由市場上可能出現的匯價（儘管這是一種黑市價格），這樣，企業在考慮自己的實際收入時，並不致力於提高勞動生產率和降低成本，而是更多地考慮官方匯價與市場匯價的差異，以及從中可以套取的利益。這就達不到宏觀調控所要達到的促使企業提高實際經濟效益的目的。第二，在現行的匯率體制之下，企業的生產經營積極性受到限制。這是因為，現行的外匯額度留成辦法規定。企業創匯以後所能留下的是外匯額度，而並非現匯，企業如果要使用留成的外匯，需要經過外匯管理部門批准，用人民幣按外匯額度購買現匯。這種情況下，企業創匯的積極性受到限制：而且在使用外匯留成時手續繁瑣，延誤時間，國家想運用匯率調節手段來調整進出口的願望也就因為得不到企業的相應配合而落空。

區際與國際資本流動受制　第三，在現行的匯率體制之下，資本的流動也受到很大的限制。從國內區際的資本流動來看，國家對不同地區的外匯計劃分配有差異，不同地區的外匯使用成本有差異，不同地區的外匯調劑市場上的價格又有差異，這些差異的存在不僅不可能使外匯較多的發達地區的外匯向不發達地區流動，反而會使不發達地區有限外匯流向發達地區。從國際資本流動來看，一方面，國內企業在海外經營時必須按規定保留一定的外匯額度，使企業不白白地遭受這種損失，另一方面，外商向國內投資時必須按規定以官方匯價折算資本，外商認為這是一種損失，從而既挫傷了國內企業到海外經營的積極性，又挫傷了外商到國內投資的積極性。毫無疑問，在現行的外匯體制之下，國家難以運用匯率來調節外匯的國內區際流動和國際間的流動。從以上三點可以看出，要使匯率調節手段在宏觀調控中發揮應有的作用，有必要在深化企業改革的同時改革匯率體制。匯率改革的目標應當是：外匯調劑市場上的匯價與官方匯價並軌，實現單一的市場匯率，實行有管理的匯率浮動。一旦實現了單一的市場匯率，企業就不必斤斤計較究竟將外匯結匯給國家還是在市場上出售。一旦實現了單一的市場匯率並取消外匯額度制以後，國內企業到海外經營和外僑來國內投資的積極性、企業創匯的積極性都將大大提高。而在單一的市場匯率條件下，資金市場必將趨於完善，國內的區際外匯流動也會順利地進行。只有在這時，匯率調節才能被認為是一種真正有效的宏觀經濟調節手段。

匯率改革要分階段　然而，匯率改革不可能一步到位。分階段實行匯率改革十分必要，否則，宏觀經濟反而會陷入混亂狀態，原因是：如果目前就將外匯調劑市場上的匯價與官方匯價併軌，匯率可能有較大幅度貶值，這對國內經濟穩定與對外經濟交往都不利，而且，立即取消外匯額度制，也會使國家所掌握的外匯減少，不足以應付建設的需要。逐步推進匯率改革，使匯率改革的進程與企業改革、價格改革、外貿體制改革的進程相配合，有助於匯率改革目標在經濟較穩定的環境中實現。在匯率改革中，近期可以採取的措施有：容許企業以現匯形式持有留成的外匯；將外匯調劑市場轉變為開放的現匯市場，全部外匯都可以進入市場交易；將外匯券按市場調劑價兑換成人民幣，今後不再發行外匯券；建立中央銀行外匯調節基金，買進賣出外匯來平抑市場匯價的波動；逐步縮小官方匯價與市場匯價的差距等。通過這些改革措施，既可以讓匯率調節手段在宏觀調控中的作用增大，又可以漸漸接近預定的匯率改革目標。

地區差別擴大問題的思考

近年來國內外都注意到國內地區差別有擴大的趨勢。地區差別的擴大的表現是：沿海地區經濟增長速度快，內陸地區經濟增長速度慢，從而沿海地區人均收入提高的幅度大，內陸地區人均收入提高的幅度小，沿海地區城市化的程度高，內陸地區城市化的程度低，等等。這種差別擴大的趨勢還帶來一系列的結果：本來資金不足、人才不足的內陸地區的資金與人才紛紛流入沿海地區，使資金與人才的分布更不均衡，使內陸地區進一步發展經濟的障礙增大，內陸地區與沿海地區相比，更加落後，更缺乏經濟發展的後勁。

不容抹煞的事實　地區差別擴大的趨勢是怎樣形成的？這既與歷史條件有關，又同改革開放以來的政策差別有關。從歷史上看，沿海省市過去很長時期內就是經濟相對發達的地區，工業基礎較好，教育比較普及，人才較多，交通運輸條件比較好，商業比較興旺，而內陸省份以前一直是經濟不發達的地區，工業基礎差，教育普及率低，人才缺少，交通不便，商業也不發達。因此，歷史上沿海與內陸就有很大差距。而自從改革開放以來，沿海開放城市在政策上享受較多的優惠，這又進一步促使沿海與內陸在經濟增長速度與人均收入提高幅度上差距的擴大。這些事實都是不容抹煞的。有些學者在分析這一問題時，往往把地方負責人的個人因素過分突出，比如說：「某某省的領導人思想解放，敢做敢闖，所以那裡的經濟發展快，而某某省的領導人不夠解放，墨守陳規，所以那裡的經濟上不去。」

一個起重要作用的因素　這種個人因素是否起到一定作用？當然有一定作用，但這不是主要的。為什麼有的內陸省份在更換地方政府領導之後，經濟仍然沒有多大起色？為什麼原來被認為保守的某某人從內陸調往沿海省市擔任領導職務之後，很快就被認為大有作為？應當認為，除了歷史條件和政策條件以外，另一個起重要作用的因素並非地方負責人的個人因素，而是經濟體制。凡是計劃體制在經濟中佔支配地位的省份，不管地方負責人怎樣有開拓精神，經濟還是不容易邁開大步；而只要經濟已經轉入了市場體制軌道之後，即使地方負責人對此仍有顧慮，仍然束手束腳，但經濟迅速增長的趨勢則是誰也不阻擋了的。於是就要問一問：為什麼內陸省份的計劃經濟色彩要比沿海濃得多？為什麼沿海省市總是傾向於市場經濟？這倒是一個十分有意思的研究課題。要知道，經濟在從不發達狀態逐步走向發達的過程中，市場化是一種自發的傾向，計劃體制則是人為的，強加於經濟之上的。計劃體制之所以被強行貫徹。從經濟上說，正是為了集中資源，以保證社會的安定與重點經濟建設。哪個地方越是窮困，就越需要依靠計劃體制來供應必需的生活資料，以免釀成社會的動盪；哪個地方的經濟越落後，也就越需要依靠計劃體制來運用集中了的資源，使經濟能擺脱落後狀態。因此，貧窮常常同計劃體制結下不解之緣：貧窮地區總希望計劃體制給自己帶來較大的好處，它依賴於計劃體制，然而計劃體制卻使貧窮地區的經濟喪失活力，更加不易轉貧為富。

不可忽視的原因　反之，在經濟比較發達的地區，市場本來就有一定程度的發展，只要計劃體制的控制稍稍放鬆一些，經濟中的市場化傾向就會加強，而走向市場經濟的結果使得這些地區的人均收入增長較快，於是就有更多的人願意走向市場，他們也有能力不那麼依靠計劃體制。這正是改革開放以來沿海與內陸差距擴大的一個不可忽視的原因。從這裡可以得到的啟示是：要縮小沿海地區與內陸地區的差距，在內陸地區必須實行比沿海地區更寬的政策，讓內陸地區以更快的速度走向市場經濟，以更徹底的方式來掙脱計劃體制的束縛。否則，內陸地區落後於沿海地區的程度肯定會越來越大。換言之，如果沿海地區正在按常規由計劃體制過渡到市場經濟體制的話，那麼內陸地區必須「超常規地」實現這種過渡。對內陸地區，「超常規地」轉向市場經濟體制，是必要的，也是必然的。

縮小地區差別的選擇

上一次在討論地區差別擴大的趨勢時，曾提出一個觀點：越是貧窮落後的省份，計劃體制的束縛越強，因此越需要有較寬的經濟政策，以便在改革開放中邁出更大的步伐。這是有關縮小地區差別的基本思路。根據這一基本思路，讓我們對於縮小地區差別的若干方案作出選擇。

一種方案是在內陸省份建立一些經濟特區，以更優惠的條件吸引外資與內資前來。為什麼條件要更加優惠？這是因為，內陸省份的勞動力素質較低和基礎設施較差，非如此不足以把本來着眼於沿海省市的外資與內資吸引過來。

另一種方案是在內陸省份大力發展私營經濟和個體工商業戶，採取政策來扶植私營企業的成長，鼓勵建立私營大企業或私營企業集團，以私營經濟和個體工商業戶的較快增長帶動內陸省份城鄉經濟的活躍。

還有一種方案是以更寬的政策來促進內陸省份的國有企業的改革，例如把國有小企業公開拍賣；使國有大中型企業的股份制改革速度加快，能改組為股份有限公司的改為股份有限公司，適宜於改組為有限責任公司改為有限責任公司；在內陸省份的經濟中心設立證券交易所，設立產權交易市場等。

以上三種方案都具有可行性。但究竟選擇哪一種方案，應當因地制宜，或者說，可以根據內陸省份的不同地區的不同情況，選擇某一種方案為主要方案，而以另外兩種方案作為參考。

內陸省份中交通相對說來較為便利的城市及其附近地區，可以選擇上述第一種方案，即建立經濟特區，以此吸引外資與內資。內陸省份中的廣大農村、小城鎮或一些中等城市，可以選擇上述第二種方案，大力發展私營經濟、個體工两業戶，活躍城鄉經濟。

內陸省份中，國有企業比較集中的大中城市，或者國有企業較多的內陸省份，可以選擇上述第三種方案，即加快國有大中型企業的股份制改革，並公開拍賣國有小企業。以往，國有企業常常成為內陸省份的包袱，經過上述措施，內陸省份就可以卸下這個包袱。使經濟有較大起色。

在某些內陸地區，還可以把這二種方案綜合起來，付諸實施。但應當指出，不管是哪一種方案都體現了加速改革和擴大開放的精神，都是為了盡快地在內陸地區建立市場經濟體制。只有市場經濟才能使貧窮落後的地區早日擺脱貧窮落後，跟上整個國民經濟前進的步伐。

在這裡，有必要就中國現階段與地區差別存在和擴大有關的一個問題作些説明。這個問題是：由於市場經濟發展了，所以沿海地區與內陸地區的差距擴大了；而只有加快發展市場經濟，才能縮小沿海地區與內陸地區的差距。看起來，這似乎是矛盾的。實際上，這並不矛盾。關鍵在於：沿海地區與內陸地區在改革開放以前都處於計劃經濟體制之下，因此地區差別不那麼突出；改革開放以後，沿海地區較早掙脱計劃經濟的束縛，轉上市場經濟的軌道，而內陸地區則長期受計劃經濟體制的支配，生產力發展受限制，因此，內陸地區日益落後於沿海地區的事實，與其説是市場經濟的發展所造成的，不如説是市場經濟發展的不平衡所造成的。正因為地區差別的擴大來自近年來市場經濟發展的不平衡，所以要縮小地區的差距，只有以更快的速度在內陸地區發展市場經濟才能達到目的。這正是提出上述三種方案供不同內陸省份的下同地區選擇的考慮。

不要簡單地否定「超常規」一詞。不顧客觀條件與可能而一味擴大基建規模，鋪攤子，搶速度，還自稱為「超常規」，這當然是不對的。但對市場經濟發展已經相當滯後的內陸地區來説，「超常規地」進行經濟改革，發展市場經濟，並以增進效益和提高實際收入作為結果，有什麼不妥呢？貧窮落後地區不「超常規地」改變現狀，地區之間的收入差距又怎能逐漸縮小？

稅制改革與宏觀調控

宏觀經濟調節的三個主要手段中，與利率、匯率相比，稅率的作用比較特殊些。這是因為，當國家運用稅率調節手段時，一般想達到四個目的。一是增加財政收入，二是協調收入分配，三是刺激經濟增長，四是維持社會總需求與社會總供給的基本平衡。這四個目的往往難以同時達到。在實現這些目的的過程中，稅率調節手段的運用成為一個難題。

在現階段，國家在進行宏觀調控時，稅率調節之所以成效不大，除了同企業尚未自負盈虧有關外，也同現行稅收體制有關。比如說，企業所得稅因不同所有制而有不同的稅率，使企業之間存在不公平競爭，從而削弱了稅率調節的應有的作用。又如，個人所得稅的徵收方式落後，稅率也不盡合理，使得個人所得稅的徵收既不易調節社會總需求，又不易緩解社會收入分配的矛盾。再如，對於控制投資規模和環境保護有較大效果的資源稅，由於種種原因而至今未能在稅收中佔據較重要的位置。此外，地方財政包乾體制使得重復建設屢禁不止，稅率調節不僅不能優化資源配置：反而使資源配置進一步惡化。可見，為了使宏觀調控有效，稅收體制的改革已成為迫切的任務。

怎樣改革稅制？稅制改革是整個財政體制改革的一個組成部分，但又有自己的相對獨立意義，這正如利率改革是整個金融體制改革的一個組成部分，但又有自己的相對獨立意義一樣。因此，要改革稅制，必須結合財政體制改革來討論。基本的設計是：

第一，加快實行利稅分流制。這項改革與深化企業改革密切有關。公司制度是企業改革的大趨勢。有條件的國有企業可以改造為股份有限公司，大多數國有企業改造為有限責任公司，國有小企業或者改為合作企業，或者拍賣，或者租賃給集體或個人經營。這樣就能便利稅分流制得以實現。

第二，着手推行中央與地方的分稅制。分稅制的關鍵是進行稅收結構調整，什麼稅歸中央，什麼稅歸地方，什麼稅由中央與地方分享，這樣，既可以使中央財政有相對集中的收入，使地方有一定的積極性，還可以使國家和地方兩級都通過稅率的調整來調節經濟，以發揮稅收調節手段的作用。

第三，企業所得稅應當統一稅率，使不同所有制的企業所得稅率一致。只是考慮產業政策才給予某些需要扶植的行業以優惠稅率。而且，優惠與否或優惠程度應當以行業為準，而不應因企業不同而異。這才有利於企業之間開展公平競爭，有利於調整產業結構。稅收調節在宏觀調控中的作用在這裡可以明顯地表現出來。

第四，對流轉稅制進行改革。通過改革，形成增值稅、消費稅、營業稅三者並立的體制。增值稅是普遍性的，在工業生產和商業中徵收。消費稅是有針對性的，即對某些消費品（如煙、酒、小汽車等）進行特殊調節。營業稅則適用於第三產業中的某些行業。內資企業和外資企業在流轉稅率上的差別應當及早取消。這樣，一方面可以使財政收入穩定增長，另一方面可以對某些治費支出進行調節。

第五，對個人所得稅制進行改革。首先要統一個人所得稅，即把現行的個人所得稅、個人收入調節稅、城鄉個體工商戶所得稅合併為統一的個人所得稅。其次要加強稅收的徵管，並盡可能實行代收代繳制度，以減少逃稅、漏稅、欠稅現象。再次，起徵點應考慮物價上漲率適當提高。個人所得稅制的改革有利於在宏觀調控中發揮個人所得稅的調節作用。

第六，逐步進行資源稅的改革。資源稅的征收不僅有利於產業結構、產品結構的調整，有利於技術更新，而且對節約資源，提高資源使用率，保護環境都有很大好處。但由於資源稅的徵收在目前不少企業仍然苦於成本過高的條件下會遇到困難，因此應先試點，總結經驗，逐步推行。但不管怎樣，資源稅在宏觀調控中的作用已經日益被各國經濟界所重視，中國在稅制改革中，同樣需要把資源稅的改革列入稅制改革的總體方案之中。

法人股市場的過渡性質

當初設置考慮三點情況 在中國的股份制改革過程中出現了法人股，相應地也就出現了法人股市場。法人股與個人股是並列的，並且基本上是隔絕的。法人股市場與個人股市場的平行發展也就成為理所當然的事實。要知道，在中國推行股份制確實是困難重重，禁忌頗多。當初之所以建議設置與個人股並列的法人股以及與個人股市場平行發展的法人股市場，主要考慮到以下三點：第一，在股份制的性質尚未被人們普遍認識的條件下工人們仍害怕（或者說擔心）公有股份變為私人所有，設置區別於個人股的法人股、區別於個人股市場的法人股市場，含有「公私分明，不容混淆」的意思，以減少股份制推行過程中所遇到的壓力和阻力。第二，在有關證券的法律法規尚不健全和推行股份制的經驗遠為不足的條件下，在中國實行了定向募集組建股份有限公司的做法。定向募集不同於向社會公開募集，除小部分向本企業職工募集而外，主要由法人參股而組成。這樣，法人股就在定向募集的股份有限公司中大量存在。可以設想一下，假定當初不區分定向募集公司和社會募集公司，股份有限公司都可以向公眾募股，那麼法人股也許就沒有單獨設置的必要。但在股份制試點階段，社會募集公司還只能是少量的，如果取消了定向募集與社會募集的界限，股份制改革的進程很可能放慢，中國如今不可能有這麼多的股份有限公司。

符合中國經濟特點 第三，中國與西方不同。西方國家是私營企業逐步成長過程中採取股份制形式的，在那裡，沒有必要去設置與個人股隔絕的法人股。中國則是通過對原有國有企業的改革而走向股份制的。一些國有企業，本身尚未改制為股份有限公司，但卻有可能對股份制企業參股，或作為股份有限公司的發起人，出資入股。於是就有必要，也有可能建立法人股。這是由中國經濟的特點或中國股份制改革的特點所決定的。因此，我們不要因為看到當前法人股市場的不完善和不規範而簡單地認為當初這一步邁錯了。當時有當時的情況，對當時的某些做法應當有所理解。但另一方面，也不能把法人股的設置和法人股市場的單獨存在說得那麼美好，那麼優越，從而要長期維持下去。股份制是一種企業組織形式，在這方面要符合國際慣例，要同國際市場接軌。國際上並未把證券市場區分為個人股市場和法人股市場，中國以後也應當如此。更重要的是，從實踐中已經暴露出法人股流通方面的一系列問題，這些問題促使人們紛紛思考：法人股市場下一步的趨向如何？大體上說，與法人股市場有關的問題是：1、法人股市場與個人股市場的隔絕，給一種股票造成了兩種價格（如果再考慮到B股和H股，那麼實際上是一種股票多種價格）這破壞了股份制條件下同股同利的原則，既不利於投資者，又達不到優化資源配置的目的。2、法人股市場目前只向一小部分法人股開放，於是在法人股之間又分為兩個等級，一是可以在法人股市場上市的法人股，另一是不能在法人股市場上的法人股。不能上市的法人股有些轉入地下交易，形成漏洞。3、法人股不參加配股（國有股也如此），就失去了本來可以得到的利益，同時也逃避了本來應當承擔的風險。在一般性的盈利行業中，法人股由於不參加配股而失去本來可以得到的利益，顯然是一種損失；而在風險性的投資中，法人股不參加配股，不承擔風險，這也有悖於公平原則。

不流通意味資產存量凝固　4、法人股不流通，或者，只讓有限的法人股在法人股市場上市，這意味着大量法人的資產存量是凝固的，這等於巨額資源的閑置，使持有法人股的企事業單位蒙受損失（國有股不流通同樣使國家蒙受損失）。由此看來，法人股市場的現狀必須改變。儘管法人股與法人股市場都是中國股份制試點階段的產物，在當時有一定的存在理由，但這畢竟帶有過渡性質。股份制改革，應當包括法人股和法人股市場的進一步改革。

法人股市場應予完善

法人股流通試點以來，企業界和學術界都陸續發現這方面存在着一些問題。所以有一報刊上提出了「法人股市場規範化」的觀點。毫無疑問，規範的法人股市場大大優於不規範的法人股市場，「法人股市場規範化」的主張是正確的。加之，針對着某些人認為法人股流通中存在着這樣或那樣的問題，從而要求關閉法人股市場這種情況，提出「法人股市場規範化」的主張有着積極的意義。這是因為，既然要規範法人股市場，那麼法人股流通必將繼續下去，法人股市場還要在完善與規範的過程中繼續發展，於是就根本談不到法人股市場關閉不關閉的問題了。

然而，「法人股市場規範化」這一提法是有局限性的。在實踐中，實際上很難達到「法人股市場規範化」的預期目標。正確的提法應當是「證券市場的規範化」，而不是某一類股票市場的規範化。況且，在整個證券市場不規範的前提下，某一類股票市場的規範化不僅不易實現，而且即使接近於「實現」了，這雖然有一定的作用，但並不能從根本上克服法人股與法人股市場所存在的問題。

讓我們先從通常所提到的規範法人股市場的幾項主要建議談起。這些建議是：一、法人股發行的規範化，包括法人股應當按規定招股；以公開、公平、公正的原則募集股份；使法人股成為名實相副的法人持股。

二、法人股流通的規範化，包括加強對法人股上市的審查；制定統一的法人股上市標準；使法人股在規定的交易場所流通；加強對法人股交易的監管。

三、法人股交易場所的規範化，包括改進現有的法人股市場的交易方式；增設法人股的交易點；統一各個法人股市場的上市審查機構並實行統一的掛牌規則。

四、發行法人股的企業的行為規範化，包括對已經發行法人股和準備發行法人股的股份有限公司的監督審查，要求它們及時將有關信息向投資者披露，促使他們切實轉換企業經營機制，提高經濟效益。

正如前面已經指出的，規範法人股市場要比不規範法人股市場好得多，就目前法人股與法人股市場的現狀而言，這些建議都是有助於改善法人股市場的，也是可行的。那麼，為什麼說「法人股市場規範化」的提法有局限性，以及即使按上述建議去做，法人股與法人股市場所存在的問題依然未能從根本上被克服，從而法人股市場依然具有過渡性質呢？這主要由於以下兩方面的原因：

一方面，對法人股市場的規範是在承認法人股與個人股並列，法人股市場與個人股市場平行發展的基礎上進行的。當前，法人股與法人股市場所存在的許多問題來自這兩種股份的隔絕和這兩類股票市場的不統一。只要這種情況不改變，就談不到中國證券市場的規範化，也談不到股份經濟中同股同權同利原則的貫徹。因此，上述各個關於規範法人股市場的建議同樣帶有臨時性質、治標性質。

另一方面，從法人股一級市場與二級市場之間的關係來說，二者是相互影響、相互依存的，但關鍵是一級市場。只要一級市場成熟了，發行的數額與法人股的種類增多了，上市程序化了，二級市場就會相應地趨於成熟。然而，當前的主要問題仍在於一級市場受到的限制過多，「公開、公平、公正」的原則不容易落實。例如，有兩類法人股，一類是社會募集公司的法人股，另一類是定向募集公司的法人股，二者的情況不同，影響二者價格的因素也不盡相同，這就使法人股的一級市場和二級市場都不易規範化。如果不取消社會募集公司與定向募集公司的界限，法人股市場就只可能是扭曲的。應當承認，這個問題不是單純依靠「法人股市場規範化」就能解決的。但不管怎樣，需要再重覆一遍上面已經說過的話：規範的法人股市場要大大優於不規範的法人股市場。

第三章

市場與消費者說了算

- 市場與消費者說了算
- 走向統一的證券市場
- 證券市場統一後的新問題
- 計劃經濟與無政府狀態
- 戶籍制度改革的階段性
- 借地造血 新的扶貧方式
- 區域分工與國際分工
- 邊境貿易的問題與對策
- 析地方財政入不敷出
- 私營企業與繁榮地方經濟
- 國家獨資公司的嘗試
- 證券市場的股權平等原則
- 證券的場外交易
- 證券業協會的仲裁功能
- 鄉鎮企業自主投資的意義
- 能走出企業辦社會的困境嗎
- 企業生活服務設施市場化
- 行業協會的中介作用
- 國債市場與宏觀調控
- 發展第三產業的動力與壓力
- 建立合夥制諮詢公司

市場與消費者說了算

在計劃經濟中，企業和個人、生產者和消費者全都置於計劃配額支配之下。國有企業的產量、品種、價格以及供銷渠道幾乎都是由計劃部門或上級機關安排好的，它們即使想自行決定生產的數量、品種和價格，也會因為得不到計劃配額而不能如願。個人作為消費者也同樣受到計劃配額的限制，如生活必需品是憑票供應的。計劃供應甚麼樣的消費品，消費者就不得不接受那樣的消費品。

「生產者說了算」　計劃經濟體制是一種「生產者説了算」的經濟體制。又稱作奉行「生產者主權」的經濟體制。「生產者説了算」或「生產者主權」並下是簡單地説企業是主宰一切的，而是指：在企業與消費者的關係中，消費者處於完全被動的地位。實際上，這時的企業根本不可能主宰一切，企業必須根據計劃當局的指令進行生產。「生產者説了算」無非是「計劃當局説了算」一詞的另一種説法而已。企業生產什麼，生產多少，產品調撥到哪些地區，由誰來銷售，價格多少等等，都不是企業自己能夠做主的。至於消費者，則完全沒有選擇的可能。這是因為，一方面，消費品供應不足，另一方面，生產消費品的企業只遵從計劃當局與上級主管機構的指令，而不考慮消費者的意願。

消費者的選擇　鄉鎮企業、私營企業、個體工商戶興起後，它們不可能再像國有企業那樣置消費者的意願於不顧。它們必須面向市場，面向消費品。它們生產什麼，生產多少，要根據銷路來決定。於是消費者就能夠作出選擇。計劃經濟體制下的「生產者說了算」（即「生產者主權」）被鄉鎮企業、私營企業、個體工商戶所奉行的「消費者說了算」（即「消費者主權」）所代替。這一代替意味着計劃經濟體制統治領域的縮小，意味着計劃經濟體制所支配的市場的縮小。一個消費者，當他有機會通過選擇而購買到非國有生產者提供的產品時，他為什麼一定要去購買國有企業生產的不容顧客選擇的產品呢？消費不僅居民個人消費，而且也包括生產消費。鄉鎮企業、私營企業、個體工商戶提供的不僅是供居民個人消費的消費品，而且也包括供企業生產消費的生產資料。非國有生產者提供的生產資料是不在計劃配額以內的，它們同樣供使用者選擇，選擇者之中，除了鄉鎮企業、私營企業和個體工商戶，也包括國有企業。

生產資料市場　鄉鎮企業、私營企業和個體工商戶進行生產時選擇非國有生產者提供的生產資料是不足為奇的，因為這些使用者本來就得不到計劃配額內的生產資料供應。而一些國有企業選擇計劃配額以外的生產資料，卻值得注意。這或者是由於計劃配額內的生產資料供應量不足，或者是由於計劃配額內的生產資料的質量不高、規格不合適，或者二者兼而有之。這樣，計劃經濟體制中就出現了一個很大的缺口，即非國有生產者提供了計劃經濟體制下提供不了或滿足不了生產資料需求者所要求的生產資料，於是一個計劃外的生產資料市場開始出現。儘管計劃經濟體制同這種剛開始出現的生產資料市場有着尖銳的矛盾，但既然計劃配額滿足不了生產資料需求者的要求。計劃當局對於計劃外生產資料市場的出現就只好採取「睜一隻眼，閉一隻眼」的態度。而最後，終於承認了這一事實，使計劃外生產資料市場具有合法性，使「消費者說了算」這一原則不僅在消費品市場上成為事實，甚至也開始在生產資料市場上成為事實。

對國企的壓力　擺脱「生產者說了算」（或「計劃當局說了算」）轉到「消費者說了算」意味着從計劃經濟體制向市場經濟體制的轉變。在這一轉變中，鄉鎮企業、私營企業、個體工商戶的功績是不可否認的。它們一開始就奉行「消費者說了算」原則，並且以消費者的歡迎來迫使國有企業跟着這樣做。在國有企業中，誰先改變對消費者的態度，誰的產品就有銷路，至少在競爭性的商品與勞務市場上是如此。回顧改革開放這十多年，經濟中的變化在一定意義上也可以用「消費者說了算」對「生產者說了算」的替代程度來加以說明。換句話說，假定沒有鄉鎮企業、私營企業、個體工商戶的發展及其對國有企業的巨大壓力，計劃經濟體制會那麼自覺地收縮陣地嗎？計劃外市場，尤其是生產資料市場，會那麼容易出現嗎？研究中國經濟改革的人們可別忘記這些。

走向統一的證券市場

一股多價，多種類型的股份的並存和多種股票交易場所的互不溝通，以及各種持股人之間權利與義務的不平等，向我們提出了統一證券市場的問題。證券市場必須統一，持股人之間的權利與義務必須平等，同股同權同利的原則必須實現，對這一點，學術界的看法基本上是一致的。現階段的討論主要應當放在究竟怎樣走向統一的證券市場方面，包括實施這一目標的途徑、證券市場統一過程中各方利益的協調、證券市場的統一可能引起的新問題及對策等等。

現在的個人股市場和法人股市場的規範化，顯然是走向統一的證券市場的前奏。或者說，這是走向統一的證券市場所必需的一項準備工作。其他的準備工作則包括：證券發行、交易、管理的法律法規的健全，證券專業人才的培養，會計、審計、法律、資產評估等中介機構的完善及其工作質量的提高，技術設施的完備等等。

除此以外，認識的提高也是統一證券市場的一項重要的準備工作。這裡所說的認識的提高，是指在法人股市場與個人股市場統一、法人股與個人股溝通並不意味着公有資產的流失，而是意味着公有資產存量使用效率的增長這個問題上取得了共識。假定在這個問題上依然存在着重大的意見分歧，那麼統一證券市場的阻力仍是相當大的。如何統一證券市場？大體上可以從三方面着手：

1. 取消定向募集公司與社會募集公司的界限。只要是股份有限公司，都可以向社會募集股份。今後要保留的，只是在集中交易場所上市的股份有限公司與不在集中交易場所上市的股份有限公司的區別。上市的股份有限公司應有統一的標準，並由統一的上市審查機構來審查。

2. 在現有的集中交易場所，允許已經發行的法人股進入個人股市場，也允許已經發行的個人股進入法人股市場。至於新發行的股票，不管是法人股還是個人股，只要符合在集中交易場所上市標準，應該既可以在法人股市場上市，又可以在個人股市場上市。這樣，個人股市場與法人股市場的界限也就淡化了。在中國，今後會根據股份制改革的進展情況增設新的集中交易場所，在新設的集中交易場所，不再區分個人股市場與法人股市場，而是統一的證券市場，實行統一的掛牌規則。

3. 在現有的集中交易場所，當法人股進入個人股市場和個人股進入法人股市場後，當新設的集中交易場所，不再區分個人股市場與法人股市場而成為統一的證券市場後，法人股這一名稱可以不再使用，個人股這一名稱也可以不必使用，二者通稱為公眾股。這是因為，既然定向募集公司與社會募集公司的界限已不再存在，凡是股份有限公司都可以向公眾（包括法人與自然人）募集股份。那麼所有的對外發行的股份都是公眾持有的股份，稱之為公眾股是名正言順的。

以上就是實現證券市場統一的途徑。為了防止股市的巨大震盪，可以逐步推進，平緩過渡。當然，這裡說的「統一證券市場」只是就個人股市場與法人股市場的統一而言。至於A股市場與B股市場的統一，則是另一種性質的問題，需要結合匯率體制的改革和人民幣向可自由兌換貨幣的轉變來處理。此外，還有內部職工股和國有股的上市問題。內部職工股在一定期限內，屬於特種性質的個人股份，應當採取集中托管方式來解決，期滿後可以上市，那也就自然而然地成為公眾股了。國有股則採取同法人股相類似的處理方式，容許其上市，但上市的規模、國有股轉讓後的資金使用、國有股上市時機的選擇，應當由國有資產管理機構根據具體情況來決定。上市以前的國有股，依然是國有股。國有股上市後，如果由法人購買或由個人購買，那麼它們也就轉化為公眾股。公眾股與國有股，都是A股，這兩種股份有區別。但可以相互轉化。統一的證券市場也包含這兩種股份可以相互轉化的意思在內。

證券市場統一後的新問題

中國證券市場的統一，包括個人股市場與法人股市場的統一，法人股名稱的消失以及個人股和法人股融合為公眾股，國有股與公眾股可以相互轉化等等，是不可避免的趨勢，只是實現的早晚而已。現在需要探討的是：假定證券市場實現了統一，或即將實現統一，我們將會遇到哪些新問題？如何應付這些新出現的問題？

逐步推進平穩過渡　將會遇到的一個新問題是法人股（以及國有股）的上市對於股票價格的衝擊，以及由此引起的公眾個人持股所蒙受的損失。怎樣看待這個問題？總的說來，第一，這不是什麼壞事，也不是什麼反常的現象，而是股市逐漸趨於正常的一種反映。要知道，目前個人股的價格由於種種原因而被抬到過高的程度，市盈率本來是不應該這麼高的，從過高的市盈率向下滑，屬於正常的變動。否則，過高的市盈率長期存在，不僅會給上市公司過大的壓力，而且也會使股民的預期扭曲，不利於他們擇優選擇投資機會。第二，這是過渡期間的一種暫時現象。原來的法人股市場上的市盈率低，個人股市場上的市盈率高，高低懸殊，需要靠攏。要麼不去統一證券市場，但那會給中國證券市場的發展帶來更大的害處。既然要統一證券市場，取消個人股與法人股的界限，那就必須度過個人股價格下跌這一道關。這是無法迴避的事情。好在這只是一種暫時現象，經過一段時間的股價下跌，股價按照市場經濟規律的調節就會趨於正常。我們所要防止的，是股價下跌的勢頭過猛，否則引起的震盪過大。因此，逐步推進，平緩過渡，以實現統一證券市場的做法是可行的。

公有資產損失的問題　統一證券市場後將會遇到的第二個新問題是法人股（以及國有股）的上市雖然從理論上說並不意味著公有資產的流失，但在實際運作過程中，會不會使公有資產遭到損失呢？假定發生了這種情況，又該如何對待？的確，這是實際運作過程中可能遇到的問題。比如說，股市是有漲有跌的，影響股市升降的因素很多，有不少因素不是投資決策人所能掌握的。因此，從理論上說，法人股（以及國有股）的轉讓只不過是公有資產從實物形態轉化為價值形態，公有資產並無損失，而從實際運作來看，則有可能由於轉讓法人股（以及國有股）的決策人預料不到的因素的影響，股價或漲或跌，而使公有資產在轉讓中虧蝕了一部分。出現這種情況，是正常的，因為這屬於經營風險方面的問題。只要這個過程中沒有營私舞弊、化公為私，經辦人中飽私囊等情況，就不能看做是有意損害公有資產的行為。正如國家銀行在經營外匯買賣業務時，面臨匯率風險，有可能因各國匯價升降幅度不一而使國有財產蒙受損失一樣。

對資金市場的衝擊　統一證券市場後將會遇到的第三個新問題是：法人股進入個人股市場，法人股與個人股的界限消失，走向募集公司與社會募集公司的區別不再存在，一切股份有限公司都向社會募集等等情況的發生，會不會對資金市場形成巨大的衝擊，從而影響金融的穩定，造成投資規模的失控，或者導致產業結構的進一步失調？應當承認，這方面的影響肯定是存在的，但對國民經濟究竟是有利還是有害，必須結合具體情況進行分析才能作出判斷。如果市場競爭充分，各個上市公司着重於自身經濟效益的提高，公司的產品有銷路，那麼即使投資規模擴大，但這是有效益的投資的擴大，有助於緩和社會總供給的不足。如果上市公司的數目增多，一級市場和二級市場上可供投資者選擇的股票數量與種類增多，市場上的股票價格不會因供求差距過大而猛漲，市盈率適當，那麼證券市場統一後不一定會形成對資金市場的巨大衝擊。加之，如果在證券市場逐步統一的過程中價格改革也有較大的進展，能源、通訊、交通等基礎行業的價格已接近於合理，國家在政策方面又給予這些基礎行業的企業以一定的優惠，那麼證券市場的統一不僅不會導致產業結構的進一步失調，而且只會促進產業結構的合理化。對於統一證券市場的積極作用，我們應當有足夠的信心。

計劃經濟與無政府狀態

乍看起來，這個題目令人費解，「計劃經濟體制」怎麼同「經濟無政府狀態」聯繫到一起去了呢？計劃經濟不是講的是國民經濟有計劃按比例發展麼？計劃經濟不正是意味着無政府狀態的消失麼？其實，這個問題不難回答：計劃經濟體制之下經濟處於無政府狀態是生活中常見的實際情況；計劃經濟消除了無政府狀態，則是帶有空想社會主義色彩的理論家頭腦中的產物。

計劃經濟體制的核心是計劃配額的制定與實施。計劃經濟體制的微觀基礎是政企不分、產權不明、不自主經營和不自負盈虧的企業。計劃配額通常是根據輕重緩急而安排的。誰排在前，誰排在後，誰得到較多的，誰得到較少的，全由計劃當局決定。計劃當局掌握着人、財、物的分配大權。輕重緩急的排列本來就沒有確定不移的客觀標準，掌握着人、財、物分配大權的計劃當局不就成為支配着企業命運、待業者命運的主宰了嗎？正是由於計劃配額的制定與實施取決於計劃當局的權力，所以計劃經濟實際上也就演變為權力經濟。

計劃配額通常採取「批條子」的方式下達給得到配額的企業或個人。比如說，有色金屬供應不足，以「批條子」的方式把配額分下去。進口要控制，拿到「條子」的企業或個人才能得到進口所需要的外匯。於是，得到「條子」的企業或個人就神氣起來了，他們比其餘的企業或個人處於特別照顧的地位，可以依靠倒賣「條子」而大賺其差價。這些年來屢見不鮮的「條子滿天飛，倒爺遍地走，私下一轉讓，鈔票弄到手」的現象，不正來自計劃分配權力的被濫用嗎？計劃經濟演變為「權力經濟」、「特批經濟」、「倒爺經濟」、「差價經濟」，不正可以由此得到部分解釋嗎？這不是「經濟無政府狀態」又是什麼？計劃經濟體制之下政企是不分的，政企不分也就是政資不分，政府成為當然的第一投資主體。有投資衝動而又不承擔投資風險，是政資不分的顯著特徵。於是到處上項目，鋪攤子，即使原來有制定好的投資計劃，在這種情況下也總是被打亂，或「推倒重來」。結果，該完成的沒有完成，不該做的卻做了。這能單純歸咎於制定計劃的人的不稱職或執行計劃的人的不負責嗎？不能。他們應負一定的責任，但根子仍然在於計劃經濟體制的不合理。正是不合理的計劃經濟體制及其造成的政企不分、政資不分，引發了「經濟無政府狀態」。

計劃配額的制定與實施中強調「輕重緩急的排列順序」。每個地方都有自己的「輕重緩急順序」，每個企業也有自己的「輕重緩急順序」。地方着眼於本地的財政收入、本地的產值增長率；企業着眼於本企業的利潤指標、產值指標。於是，在原材料供應不足的情況下，地區經濟封鎖就難以避免了。「羊毛大戰」，「蠶繭大戰」、「黃麻大戰」、「茶葉大戰」由此而產生。在市場容量有限的情況下，另一種形式的地區經濟封鎖就出現了：「本地的商業企業應先向本地的工廠進貨」，對外地的商品採取歧視性的對策等等。這些不都是「經濟無政府狀態」的表現麼？因此都應當到計劃經濟體制那裡去尋找原因。

計劃經濟體制與市場經濟體制是兩種截然不同的經濟體制，二者不能並存共處。經濟無政府狀態同計劃經濟體制不可分割地結合在一起。計劃和市場作為兩種不同的資源配置手段，則不僅可以結合，而且可以互相補充。為了消除經濟中的無政府狀態，不能指望回到計劃經濟體制去，而只能加快市場經濟體制的建設，在市場經濟體制下既發揮市場的基礎性調節作用，又發揮計劃的高層次調節作用，並對市場主體的行為、市場秩序、政府的調節職能從法律上加以規範。

戶籍制度改革的階段性

現行戶籍制度的弊端　發展中國家在現代化過程中會遇到一個帶有普遍性的問題，即農業中游離出越來越多的勞動力，這些人在農村沒有出路，竭力想轉移到城市中去工作與生活。這被稱為「推力」。城鄉在收入與生活條件上的差別，對於農村人口有着強烈的吸引力。這被稱做「拉力」。在中國，雖然這個問題在計劃經濟體制之下就已經存在，但由於當時採取硬性限制農村人口向城市流動的措施，加之，憑糧票油票供應必需的生活資料的做法使得未經批准而流入城市的人很難長期在城市中生活下去，所以問題還不十分突出。改革開放以來，農業多餘勞動力因生產率的提高而增多了，城市中就業的機會也增多了，至於糧油等必需的生活資料的取得，則不一定依靠有關部門發給的票證，而可以通過市場以議價方式購入。這樣就促成了近年來報刊上經常報道的「民工潮」，從而推動了民工流入地區的經濟較快發展，又使得民工流出地區農村青壯年勞動力不足。但現行的戶籍制度依然給農村人口的流動造成困難。糧油價格放開後，問題還是得不到解決。這是因為，只要戶口仍是臨時性的，遷入城市的農村人口還會遇到子女升學和就業方面的困難，其本人也會遇到婚姻上的困難。有些城市採取了一些變通的措施，如對於投資若干元以上的人和有專長的人實行優待，使他們能轉為城市正式戶口，或者，向遷入城市的人收取一定數額的城市建設費，然後准許其轉為城市正式戶口。這些變通的措施在某些城市取得了較好的效果，促進了城市的經濟發展，同時也幫助一部分農村人口安心在城市中居往下來，但他們也有副作用，特別是收取城市建設費的做法的副作用更大一些，如導致農村勞動力不安心務農，有的靠借錢遷入城市，進城之後為了還債而從事非法活動等。此外，繳納城市建設費就能遷入城市的做法等於把居民明顯地分為上下兩等，上等為城市居民，下等為農村居民，有錢就能從下等升為上等，無錢則只好依舊處於下等。的確，上述這些變通的措施有利也有弊。如果措施得當，並且辦事公正，將是利大於弊，否則，弊大於利是難免的。但不管怎樣，這畢竟是過渡性的措施而非長期有效的對策。從長期的角度來看，改革戶籍制度勢在必行。

應於市場經濟相適應　現行的戶籍制度產生於五十年代後期，是為了適應計劃經濟體制的確立而產生的。一方面，現行戶籍制度符合計劃經濟體制的要求，另一方面，計劃經濟體制的確立又把現行戶籍制度鞏固下來，即使想改變現行戶籍制度也難以如願。可以說，現行戶籍制度與計劃經濟體制相互依存，難解難分。只有隨着計劃經濟體制被市場經濟體制所取代，新的、與市場經濟體制相適應的戶籍制度才能成為現實。什麼是與市場經濟體制相適應的戶籍制度？它是與居住自由、遷移自由、擇業自由聯繫在一起的一種戶籍制度。

自由遷移自由擇業　新的、與市場經濟體制相適應的戶籍制度不可能一步到位，而只能分階段實施。大體上可以分為三個階段：第一個階段可以稱做「雙重的兩種戶口並存」的階段。所謂「雙重的兩種戶口並存」是指：城市戶口與農村戶口並存；在城市戶口中，正式戶口與半正式戶口並存。半正式的城市戶口專為在中小城市中有正當職業而由農村遷入中小城市的人而設，半正式的城市戶口在權利與義務上與正式的城市戶口基本一致，但在取得這種戶口的資格上有較嚴格的規定，在由這一中小城市向另一中小城市遷移時有一定限制。第二個階段可以稱做「單一的兩種戶口」階段。在這一階段，城市戶口與農村戶口的界限已被取消，在全國範圍內只存在「大城市戶口」與「中小城市及鄉鎮（包括農村）戶口」兩種戶口。在中小城市中，前一階段的半正式戶口不再存在，而同正式戶口合併。換言之，中小城市、鄉鎮（包括農村）的戶口是統一的，這一範圍的人口流動不受限制。第三個階段則是與市場經濟體制相適應的戶籍制度，兩種戶口並存的狀態不再存在，自由居住、自由遷移、自由擇業成為事實。顯然，戶籍制度改革的分步到位具有較大的可行性。

借地造血 新的扶貧方式

當人們發現傳統的扶貧方式（「輸血」）已經不能幫助貧困地區脱貧致富之後，就提出了「以造血代替輸血」的扶貧方式。「輸血」是指給貧困地區注入資金而言，「造血」則是指轉換貧困地區的經濟運行機制。「造血」無疑優於「輸血」。但人們後來又逐漸發現，在貧困地區建立「造血」機制同樣是困難的。這是因為，某些貧困地區自然條件差、交通運輸不便、當地勞動力素質低、市場不發達、人均收入少、市場容量有限，不僅外商不願到那裡去投資，連內資也不願流向該地，本地的新的「造血」機制難以建立。這該怎麼辦呢？今年年初，北京大學經濟管理系兩次派研究小組到廣東省清遠市進行調查研究，認為清遠市所創造的扶貧方式很有理論意義與現實意義，這就是建立扶貧開發試驗區，實行「借地造血」，以加速附近貧困縣的經濟發展。

廣東省清遠市地處京廣鐵路沿線，北江流過市境，距離廣州又近，在這裡建立開發區是有條件的，而附近的一些貧困縣，則可以同外商在開發區內合資建廠，貧困縣的勞動力分批在這裡做工，合資企業建成後，利潤的一部分可以返回到貧困縣，還可以到貧困縣設立分廠。這是一種「借地造血」的扶貧方式，很有推廣價值。而從理論上説，「借地造血」的意義和作用還可以作進一步的闡述。

正如大家所了解的，無論是「輸血」還是「造血」，「血」都是指資金。「輸血」意味着靠外界輸入資金，「造血」意味着本地有自我積累、自我成長的能力。建立「造血」機制意味着本地建立了自我積累、自我成長的經濟機制。要實現經濟發展，不僅必須有足夠的流動資金，也不僅必須使生產的結果有剩餘產品。更重要的是，必須使剩餘產品中有一定的比例用於積累，用於再投入，而不能都被消費掉。貧困地區之所以建立不了本地的「造血」機制，通常是既缺乏足夠的啟動資金，又無法提供剩餘產品，而且即使有少量的剩餘產品，卻被消費殆盡，再投入依然沒有資金，於是不得不再依靠輸入資金作為啟動資金，如此循環不已。「借地造血」的作用在於利用其它條件較好的地區的生產要素，提供剩餘產品，並保證剩餘產品中有一部分用於再投入，以創造更多的剩餘產品。這是生產要素優化組合的形式之一。「造血」是目的，「借地」是手段，通過「借地」這種手段達到「造血」的目的。從而貧困地區脱貧的願望可以逐步實現。

「借地」是臨時性的還是長期性的？「借地造血」能否最終促成「本地造血」？貧困縣難度永遠依賴外地所造的「血」的輸入這幾個問題是聯繫在一起的。在這裡，最重要的是如何使貧困棘通過「借地造血」以達到「本地造血」的目的。只要本地的「造血」機制建立了，正常運輸起來了，「借地造血」的歷史使命就已完成。今後，那些縣同樣可以對外投資，可以同外商或內資在外地聯合辦廠，本地的勞動力也可以外出做工，但這些都屬於常規性的經濟活動，而不必再冠之以「借地造血」的名稱，從這個意義上說，「借地造血」不是長期性的。一旦本地建立了「造血」機制，也就不必再「借地造血」了。至於這個過程的長短，則取決於「借地造血」的成效以及由此引起的「本地造血」機制建立的順利與否。

那麼，怎樣才能加快貧困縣的「本地造血」機制的建立呢？關鍵是貧困縣能否真正讓境內的生產者成為獨立的商品生產者。例如，把國有小企業拍賣給個人或集體，把鄉鎮企業改組為產權明確的自負盈虧企業，以及鼓勵私營企業和個體工商業戶的發展。只要縣裡有了眾多的獨立商品生產者了，他們就會自行選擇有利可圖的投資機會，就會充分利用當地的生產資源。這時，通過「借地造血」而輸回本縣的資金就能用於再投入，用於基礎設施的建設，本縣的資源優勢也就有可能逐漸發揮出來。人均收入提高了，本縣的市場容量擴大了，投資條件改善了，本縣的經濟也就以較快的速度發展、壯大。要知道，一個縣不管現在怎麼窮，只要讓生產者成為獨立的商品生產者，他們就不會躺着等救濟，而會自己想辦法去投資，去積累，去擴大再生產。最終總會形成本地的「造血機制」。

區域分工與國際分工

不同地區、不同國家的資源狀況是不一樣的。任何一個地區或任何一個國家，不可能成為每一種資源都十分豐裕的地區或國家。何況，即使那裡的各種資源都不缺乏，但總有比較豐裕一些的或比較不那麼豐裕的，於是就有必要進行區域分工、國際分工。

在計劃經濟體制下，不僅對國際分工從來不予重視。甚至對國內的區域分工也不重視。一個地區、一個國家總想走「小而全」、「大而全」的道路，以為最好是「萬事不求人」，什麼都要「自給」，都要「自己動手」。這除了同地區、國家負責人的指導思想有關而外，也與計劃經濟體制的整個形勢有關。也許可以說，這種做法也是計劃經濟體制逼出來的。由於計劃配額有限，計劃配額的變動要由上級層層批准，所以就只好「自己動手」了。「小而全」、「大而全」由此而盛行。結果，一方面造成規模效益低下，資源使用效率差。另一方面使本地的資源優勢得不到發揮。

由計劃經濟體制轉入市場經濟體制，必須及早打破這種「萬事不求人」的模式。市場經濟中強調發揮各地的相對資源優勢，使資源優勢迅速轉化為現實的經濟技術優勢。區域分工、國際分工對市場經濟顯得非常重要。任何一個不善於利用區域分工來發揮自己相對資源優勢的地區或國家，都不可能在市場競爭中發展、壯大。

就中國現階段的情況而言，儘管中國有必要參與國際分工，但究竟如何參與國際分工以及究竟在國際經濟格局中扮演什麼樣的角色，還需要作較細緻的探討。這是因為，在長期計劃經濟體制之下，中國的產業結構很不協調，這大大限制了中國相對資源優勢的發揮。中國必須在產業結構方面進行重大的調整，才能在國際分工中佔據比較有利的地位。中國不能滿足於目前充當主要向國際市場提供勞動密集型產品的角色。中國的經濟改革和產業結構調整將會使中國在國際分工中的地位發生重要變化，這是可以預料的。但在中國參與國際分工的問題上，既要結合中國重新進入關貿總協定的問題，又要結合中國自身的產業結構問題來進行研究。

中國國內的區域分工的安排，要比這簡單些。在走向市場經濟，拋棄「小而全」、「大而全」的模式之後，各個地區都有必要對自己的相對資源優勢作一番考察。要把潛在的優勢轉化為現實的優勢。現實優勢的發揮取決於生產要素組合方式的合理和生產要素利用效率的提高，而生產要素組合方式的合理與否又取決於經濟體制改革的深度。經濟體制改革的深入有助於各個地區之間建立新的分工合作的關係，地區之間的經濟聯繫將不再像過去那樣由計劃安排並受到計劃配額的限制，而是建立在各個地區的相對資源優勢的基礎上。通過這些經濟聯繫，每一個地區都能夠發揮自己的相對資源優勢，並由此形成自己的相對優勢的產業，作為帶動本地經濟發展的支柱。這裡所提到的各地的相對優勢產業，既包括第一產業和第二產業，也包括第三產業。第三產業的範圍是廣泛的，只要把第三產業包括進去了，各個地區總會發現自己的相對優勢資源與相對優勢產業之所在。很難說某個地區注定了沒有任何相對優勢資源與相對優勢產業，只能說那裡還沒有發現自己的相對優勢資源，還沒有建立起自己的相對優勢產業。「事在人為」，這句話千真萬確。

新的區域分工必然給交通運輸業和通訊業增加了負擔。現有的交通運輸「瓶頸」和通訊「瓶頸」必將更加突出。新的區域分工也必然對教育事業提出了新的要求，勞動力的技術結構將進一步跟不上區域分工的新形勢。此外，按照新的區域分工的要求，各地區的產業結構將有較大的調整。這些都是擺在面前的緊迫任務。困難仍是明顯存在的。但只要投資體制進行了認真的改革和生產者的積極性被調動起來了，解決困難就有了希望。新的區域分工格局的形成也就不再是遙遙無期的事情了。

邊境貿易的問題與對策

今年暑假期間我在東北進行考察，並到幾個邊境口岸作了調查。邊境貿易的開展對於內陸省區的經濟振興起了不可忽視的作用。這體現了「以擴大對外開放促進改革，促進經濟發展」的做法的正確性。一些內陸的邊疆省區應當發揮本省區的資源優勢和產業優勢，在大力發展外向型經濟時。利用本省區有邊境線這一地理上的有利條件，發展同周邊國家的邊境貿易。這是加速本省區經濟發展的推動力之一。實踐已經表明，哪個省區能夠抓住機遇，開展邊境貿易，那裡就能夠使經濟建設踏上新的台階，使當地人民的實際收入增長。

存在四個問題　但邊境貿易中所存在的問題也是不容忽視的。這些問題如果得不到妥善的、及時的解決，不僅邊境貿易難以按較高的增長率發展，而且邊境貿易對於本省區的經濟效應也將大為減弱。具體地說，邊境貿易中主要存在以下四個問題。第一，經濟體制改革的滯後造成了開展邊境貿易與擴大貿易額的障礙。這集中反映於兩方面。一方面，在有些地區，政出多門，機構臃腫，辦事手續煩瑣，工作效率低下，甚至部門之間相互扯皮，彼此拆台。這是政府職能未能隨改革開放事業進展而相應轉換的必然結果。另一方面，外貿體制和外匯管理措施的改革滯後，以致於邊境貿易基本上停留於以貨易貨的狀態，不僅交易成本高，而且貿易額難以有較大的增長。

運輸倉儲設備差　第二，交通運輸、通訊、倉儲等基礎設施差，給開展邊境貿易帶來許多不便。比較突出的是進口商品積壓在邊境貿易口岸，運不進來，有的露天堆放，破損率高。這種情況適應不了加快發展邊境貿易的要求，影響了從事邊境貿易的企業與個人的積極性。第三，對進出口商品的質量檢驗工作落後。一些偽劣商品乘邊境貿易之機流到國外，影響我國商品的信譽，妨礙正當的邊境貿易的發展。而對進口商品的質量把關不嚴，又會對我國的經濟建設與人民生活產生不利的影響。第四，為邊境貿易服務的機構少，與發展邊境貿易相配套的服務設施嚴重不足。例如，在一些邊境城市中，既缺少為從事邊境貿易的企業與個人提供市場信息、法律、會計、金融諮詢服務的機構，也缺少代尋貨源，代找顧客，代營運銷的中介機構，因此不少從事邊境貿易的企業與個人不得不自己去找買主，找貨源，從而增加成本，耽誤時間，消耗精力。這同樣阻礙了邊境貿易規模的擴大。以上所提出的這些問題是值得注意的。不認真採取措施有針對性地予以解決，邊境貿易難以有更大的發展。為此，有必要實行如下的改進措施：

六點改進措施　1. 切實轉換政府職能，使邊境城市的政府成為有效地推進邊境貿易的管理者、服務者。具體的做法包括：精簡辦事機構，簡化手續，在盡可能的條件下合併辦公，以提高工作效率。2. 為適應邊境貿易的特點，在外貿體制與外匯管理政策方面進行必要的改革與調整，使邊境貿易不再基本上局限於傳統的以貨易貨方式。允許有條件的邊貿公司有一定的用匯權。3. 改善邊境城市與口岸的交通運輸、通訊、倉儲條件，可以採取國家投資、地方投資、社會集資相結合的方式籌集資金。4. 加強邊境貿易中的海關工作、商品檢驗工作。5. 通過多種渠道，建立與發展為邊境貿易服務的設施，包括信息服務、法律、會計、金融諮詢服務設施。6. 健全與完善有關邊境貿易的法律法規、規章制度。

析地方財政入不敷出

近年來一些省市縣的地方財政狀況惡化，財政支出的增長幅度超出財政收入的增長幅度，以致於有些縣級財政不能按時足額支付職工的工資。長此下去，對社會經濟將產生嚴重的後果。因此，爭取地方財政狀況好轉，扭轉一些地方的財政入不敷出的現象，已成為經濟界關心的緊迫問題。如果就財政論財政，就地方財政論地方財政，那麼不外乎一方面加強税收的徵管，打擊偷税、漏税、逃税抗税等現象，把該收的税統統收上來，另一方面控制財政支出，制止花錢大手大腳和鋪張浪費，堵塞財政支出上的漏洞，不該花的錢堅決不讓花。應當承認，只要在收和支兩方面認真去管，地方財政肯定會比目前改善得多。因此決不能放鬆上述這些措施的推行以及對於措施實行情況的監督檢查。

當然，僅僅就地方財政論地方財政是不夠的。地方財政的困難反映的是經濟的困難，決不能脱離整個經濟來討論地方財政能否有重大改善的問題。比如説，如果企業經濟效益低下，不少企業繼續虧損，那麼不管怎樣加強税收的征管，仍難以使財政收入增長。同樣的道理，如果社會保障體制沒有實質性的改革，養老保險的費用歸根到底仍然由國家承擔，而且這個包袱越來越大，那麼不管怎樣壓縮各個機構、單位的開支，也難以使財政的負擔減輕。可見，從經濟上着手解決那些影響地方財政收入和地方財政支出的困難問題，也許更為重要，更有功於地方財政的好轉。

於是就涉及經濟體制改革問題，而不僅僅是財税體制改革問題。不妨把國內某些地方財政狀況較好的縣同某些地方財政狀況很差的縣作一番比較，看看前者是如何使地方財政收大於支的，後者又是如何連年入不敷出的。總的説來，可以得出這樣一個結論：凡是鄉鎮企業發達興旺的縣，私營與個體經濟有較大發展的縣，凡是流通渠道通暢和集貿市場繁榮的縣，財政狀況都比較好。地方財政收入多了，城鎮建設就搞好了，教育事業就發展了，人們的收入也增長了。可見，要扭轉一些地方的財政入不敷出的情況，必須把工作重點放在經濟體制改革上，放在發展地方經濟上。

以一個縣來説，在自己力所能及的範圍內，它至少可以從五方面採取有利於增加地方財政收入的經濟體制改革措施：

一、扶植鄉鎮企業的發展，尤其應當採取措施使鄉鎮企業成為產權明確的獨立商品生產者，使它們擺脱鄉鎮政府的束縛，在市場中增加盈利，擴大規模。

二、扶植私營經濟、個體工商業戶的發展，使私營經濟、個體工商業戶的經營者在遵守法律和照章納税的前提下，放心地從事生產、經營、積累。尤其要鼓勵他們把盈利用於再生產，要引導他們走向合理消費。

三、發展地方性的市場，包括生產要素市場、勞動力市場、商品市場，取消一切不利於市場發育的規定，使流通渠道通暢無阻。

四、鼓勵農民發展庭院經濟增加農民的農業經營收入，增加市場的農副產品的數量。而為了使農民庭院經濟發展得更好，地方政府有必要在產前、產中、產後的服務方面採取措施，使農民既可節省成本，又能在銷售中得到實惠。

五、對於地方的國有企業（一般是中小型企業），應根據企業的實際情況分別採取對策。適宜於租賃經營的，可租賃經營；適宜於賣出的，按資產合理評估的價格轉讓；適宜於改制為有限責任公司或合作企業的，着手於改制工作。總之，要卸掉企業虧損與財政補貼這個包袱，否則也很難使地方財政好轉。

私營企業與繁榮地方經濟

上一次在談到如何改善地方財政時已經提及，發展私營企業有助於搞活地方經濟，增加地方財政收入。現就這一問題再作些分析。發展私營企業總的說來有以下這些作用：一是增加就業，發展私營企業可以大量吸收多餘的勞動力；二是增加稅收，凡是私營企業比較活躍的地方，地方財政都比較好；三是增加社會所需要的產品，緩和某些產品供不應求的狀況，因為私營企業十分講實際，它們不會生產明知銷不出去的產品，而只會盡量生產出社會所需要的東西，滿足消費者的要求；四是提供服務，方便群眾。正因為發展私營企業有上述作用，所以目前在中國，私營企業作為公有經濟的有益補充，不是發展得太多，而是發展得太少了。

有些人對發展私營企業仍有所顧慮。一種顧慮是：私營企業的發展將損害社會主義經濟。這種顧慮是不必要的。這裡所講的發展私營企業，以私營企業合法經營為前提。假定企業非法經營，那就不管它是私營企業還是國有企業，都應當取締。假定私營企業合法經營，那就會有利於社會主義經濟，而不會損害社會主義事業。

另一種顧慮與此相似，但比較具體些，那就是：在一些地方，國有企業的日子已經不大好過了，私營企業發展起來之後，把國有企業擠垮了怎麼辦？國有企業被擠垮了，財政上受到的損失豈不更大？國民經濟受到的損害豈不是更加嚴重？怎樣看待這個問題呢？這就需要我們從建立市場經濟體制的高度來進行考察。

市場經濟強調的是公平競爭。現在以一切企業（包括國有企業和私營企業）都在合一法經營的條件下開展競爭作為討論的出。在一定的市場上，如果國有企業的產品，質量高，價格比較低廉，產品適合消費者的需要，而國有企業卻做不到這些，從而私營企業把國有企業的產品擠出了市場，甚至把國有企業擠垮了，那麼應當承認這是市場經濟中的正常現象。這是因為，市場經濟應當靠效率取勝，私營企業是依靠較高的效率戰勝效率低下的國有企業的。國有企業要改變自己的不利地位，不應靠行政部門對私營企業的遏制，而應靠加快改革，提高勞動生產率，降低成本，改善營銷工作來扭虧增盈。這就表明，國有企業要把私營企業看成是自己的有力的競爭對手。多一些私營企業，迫使國有企業改革與改善經營的壓力也就大一些。私營企業在繁榮地方經濟中的這一重要作用，即促進國有企業的改革與發展的作用，通常容易被人們所忽略。

再說，在一個地區內，如果有的國有企業真的被擠垮了，又該怎樣看？這究竟是有利於地方經濟呢，還是不利於地方經濟？對這個問題，要具體分析，先查明國有企業是怎樣垮掉的。保護國有企業，不等於保護那些效率既低下而又不進行改革的國有企業。既無效率，又不改革的國有企業，在市場經濟中遲早會被淘汰。是什麼企業使它垮掉的，這無關緊張。也許是生產同類產品的鄉鎮企業、合資企業、私營經濟，也許是效率高的國有企業。只要是屬於這種情況，那就可以認為這對地方經濟來說不一定是壞事。該歇業的歇業，該破產的破產，總要比把虧損纍纍的國有企業這個大包袱一直背下去好一些。

地方經濟的活躍與否，不在於本地的企業究竟是國有企業還是非國有企業（包括鄉鎮企業、合資企業、私營企業），而在於本地的企業是不是有效率，有競爭力，有帶動本地經濟發展的力量。何況，無可挽回地垮掉的是一切無效率的而又不進行改革的企業，並不局限於國有企業。私營企業沒有競爭力，不也一樣會垮麼、鄉鎮企業沒有競爭力也一樣歇業、破產麼？

國家獨資公司的嘗試

有限責任公司有兩種形式。一是普遍形式，即由多個投資主體投資組成的有限責任公司。另一是特殊形式，即由單一投資主體投資組成的有限責任公司。在西方，有限責任公司一般都是由多個投資主體（多個股東）投資組成的，但容許建立只有一個股東的有限責任公司，稱作「一人公司」、「獨資公司」。這種公司的股東只有一人，該股東以其出資額對公司負有限責任。它是怎麼建立或形成的？不外兩條途徑。一條途徑是：公司是由某個投資主體獨自建立的。第二條途徑是：公司本來由多個投資主體投資建立，但後來，股份逐漸轉到某一個投資主體的手中，於是公司就成為「一人公司」或「獨股公司」。「一人公司」或「獨股公司」與獨資的自然人企業不同，前者是有限責任制的公司，後者則是自然人企業，其業主以個人全部財產對企業承擔無限責任。在中國的企業改革過程中，建立國家獨資公司主要出於以下兩方面的考慮：

第一，國有大中型企業應當盡可能改組為多個投資主體的有限責任公司或股份有限公司，但某些行業的性質特殊，這裡的企業原來只有國家這一投資主體，改組時不便吸收其他的投資主體加入，於是就改組為國家獨資公司。

第二，有的行業的經濟效益較低，即使在改組時想吸收其他的投資主體加入，但很可能缺乏吸引力，於是只好改組為國家獨資公司。正因為如此，所以在中國的企業改革過程中，國家獨資公司是作為有限責任公司中的特例而存在的，其範圍限定於性質特殊的企業或經濟效益較低的企業，如生產某些特殊產品的企業和軍工企業。支柱產業和基礎產業中的骨幹企業，如鋼鐵礦運輸、能源、造船、汽車、機車、機器製造、化工、電子等大型企業不包括組建國家獨資公司的範圍內，它們的目標模式是多個投資主體的有限責任公司或股份有限公司。

明確國家獨資公司的有限範圍是很必要的。在中國，很容易犯「一哄而起」的毛病。一聽說可以改組為國家獨資公司，就會有不少國有企業聞風而動，以為「改為國家獨資公司那還不好辦，改個名稱，換個招牌就行了」，於是一下子就會冒出成千上萬家所謂的「國家獨資公司」。換湯不換藥，與建立現代企業制度的要求格格不入。限定國家獨資公司的有限範圍，有助於遏止這種「公司換牌風」。

即使是生產某些特殊產品的企業和軍工企業，要想改組為國家獨資公司，仍必須按規範的要求進行改組。同其它的公司（多個投資主體的有限責任公司和股份有限公司）一樣，國家獨資公司也是實行獨立核算，自主經營，自負盈虧的企業法人，國家作為出資者只以投入公司的資本額對公司負有限責任。國家獨資公司不套用行政級別，國家公務員不擔任公司的董事或經理。

國家獨資公司自身的特殊之處主要表現在以下三點：1. 國家獨資公司由於只有國家這一個出資者，所以沒有股東會這種組織，而只需設立董事會，負責公司的經營管理。2. 由於沒有股東會，所以國家獨資公司的董事會成員不是股東會選出的，而是由國家授權投資的機構或國家授權的有關部門委派的。3. 本來由公司股東會行使的職權，包括決定增加或減少註冊資本、向股東以外的人轉讓股份等，改由國家授權投資的機構審批。

至於公司的經營活動，仍應同其它公司一樣，不受國家行政部門的干預。還需要指出，國家獨資公司是指單一投資主體組成的公司。如果有兩個投資主體，並且都是政府出資的（比如上海市與江蘇省各出一部分資本），建立一個公司，那麼這不能被稱為國家獨資公司，而應是多個投資主體組成的有限責任公司，一切都按多個投資主體的有限責任公司的規定組建與經營管理。

證券市場的股權平等原則

國有股與法人股　市場經濟強調的是公平競爭、一視同仁。因此，在證券市場上，不應以股東主體論權利，一切投資者的起點都應當是平等的。股權平等，是證券市場中必須遵循的原則。這個問題在現階段的中國特別顯得重要。這是因為，中國的股份制是在原有的國有國營企業的基礎上成長起來的。國家是原來的最主要的投資者。通過資產存量折股，國有股在股份制企業的產權結構中佔據很大的比重。有人很自然地在經濟中提出了這樣一個問題：國有股與其他股份相比，是否應處於特殊地位？國有股是否應受到特殊的照顧或保護？此外，在中國還有法人股。法人股是怎樣形成的？主要有以下三個形成的途徑。一是原有的企業有一部分資產來自法人的投資，法人作為投資主體擁有折股後的資產存量的一部分或全部。二是在原有企業改組或新設股份制企業的過程中，通過增量參股，法人作為投資者持有資產增量的一部分或全部。三是原有的企業是國有國營的企業集團公司，在企業的股份制改造時，企業集團公司下面的某一個企業可以先改造為股份制企業。這時，後者的資產存量可以折成法人股，即企業集團公司作為法人，對其下面的子公司的持股，而企業集團公司依然是國有的。但無論是通過哪一種途徑形成的法人股，它們在現階段的中國都具有公有經濟的性質。於是，同國有股一樣，也會出現是否應對法人股進行特殊照顧或保護的問題。

是否應受特殊照顧　假定在證券市場上進行了對某一類股份的特殊照顧或保護，那就同股權平等原則相抵觸了，這也是同市場經濟不相適應的。要知道，在市場經濟中，既然一切投資者都站在同一條起跑線上，因此不論是國有股、法人股還是個人股、外資股，其合法權益在證券法中都應同樣地受到保護，也同樣地受到約束。沒有任何股東由於主體性質而享有特殊權利或受到不平等的待遇。假定說需要對國有股有特別的規定，比如說，關於國有資產的折股問題、國有股的轉讓、國有股的管理、國有股在特定行業或企業總股份中的比例等等，不應當由證券法來具體規定，而可以由其他的法律法規來規定。股權平等原則在證券市場上是普遍適用的。在證券法中，要創造證券投資機會的均等，堅決制止內幕交易。這對任何投資者（包括國有經濟單位和非國有經濟單位）。對於法人和自然人，同樣有效。不以股東主體論權利，實際上也意味着不以投資者的所有制性質和投資者的身份論義務。在中國的證券市場上，最有可能引起群眾不滿的，是參與投資機會的不均等以及由此引起的獲利機會的不均等。任何投資者都要受到證券法的約束而不能有所例外。證券投資是有風險的，證券市場上，有人賺，有人賠，有人賺得多，有人賺得少，這絲毫不用奇怪。只要堅持股權平等原則，投資機會向一切有志於投資的人開放，風險自負，那麼即使收入有差距，有虧有盈，但不會引起大問題。反之，股權不平等，約束不一樣，機會有差別，那就會惹起人們的嚴重不滿了。至於證券投資所造成的人們收入差別，那麼這個問題並不是證券法所能解決的，而應當靠其它調節個人收入的法律法規來解決。

根據股權平等原則　在證券法中只出現「股票」、「股票發行」、「股票交易」這樣的用語。沒有諸如「國有股」、「法人股」、「個人股」之類的用語。這是因為：第一、既然不以股東主體論權利，當然也就沒有必要列舉不同投資者所持有的股份或股票；第二、從理論上說，股份或股票只由普通股與優先股之分，而不存在不同投資者所持有的股份或股票的區別。股權平等原則還意味着：既然股權一律平等，同股同權同利，那麼任何一個投資者所持有的股份或股票都可以按照投資者的意志在證券交易場所轉讓，任何一個投資者都可以憑股份或股票享受分紅、配股的好處。這樣，所謂「某類投資者持有的股票可以轉讓，另一類投資者持有的股票限制流通」之類的狀況也就沒有存在的依據了。

證券的場外交易

股份制企業的一個明顯的特點是不能夠退股。出資人購買企業股票後，如果不想再保留股票。那麼他只能按照規定把股票轉讓給他人，而不能向企業退股。於是必然產生股份的轉讓、股票的交易問題。證券交易所是集中進行證券競價交易的場所。證券交易所的數目很少，到證券交易所上市的股份有限公司的數目十分有限。多數股份有限公司並非上市公司。購買了這些股份有限公司的股票的投資者，假定既不能退股，手中的股票又不能通過證券交易所進行轉讓，那該怎麼辦？不言而喻，股票的地下交易在所難免。

股票的地下交易是有害的。首先，投資者的合法權益在地下交易中得不到保護，即使他們的利益受到嚴重侵害，由於這是非法的地下交易，他們往往只好吃「啞巴虧」，難以申訴。其次，有股票的地下交易，就會有股票的黑市價格，股票的黑市價格是對正常的證券交易秩序的干擾，也是從事非法證券交易的人獲取暴利的好機會。再次，對那些發行股票而股票又不能到證券交易所上市的股份有限公司來說，它們承受的壓力是巨大的。黑市股價的暴漲暴跌，影響本公司的信譽和同其它公司之間的商業往來，也影響本公司職工的情緒的穩定。

因此，在集中進行證券交易的證券交易所之外設立非集中的證券交易場所，即場外交易場所，是非常必要的。國內外有些人不了解場外交易場所設置的必要性，認為只要有兩家或再增設幾家證券交易所就夠了。他們不懂得，怎麼可能有那麼多證券交易所？不少公司的股票既不能退股，又不能到證券交易所上市，這豈不是助長了股票的地下交易？這又怎麼談得上維護廣大投資者的利益？這又如何保持證券交易的正常秩序？這又怎能推動國有大中型企業的股份制改進？

這些人之所以不同意在中國設置場外交易場所，不外以下三個理由。其實，這三個理由中沒有一個是經得起推敲的。一個理由是：如果容許股票的場外交易，各個城市的街道上到處擺地攤買賣股票，豈不是亂套了。持有這種看法的人，不了解場外交易與擺地攤是兩回事，不能混為一談。在我國證券法的起草過程中，一直強調場外交易必須由證券經營機構向主管機構提出申請，經批准後才準設立，而申請從事場外交易的證券經營機構又必須符合規定的條件。至於擺地攤買賣股票，則是非法的，屬於取締之列。

另一個理由是，如是設立場外交易場所，那麼一批不規範的股份制企業的股票都到那裡去交易了，怎麼得了！不錯，我們不否認迄今為止仍有相當一部分股份制企業是不規範的。我們也不否認，經過證券交易所的審查，凡是能夠到證券交易所上市的股份有限公司是規範化的。但我們不能認為凡是到場外交易場所進行交易的股票都是些不規範的公司所發行的不規範的股票。問題在於：並不是任何一家公司發行的股票都可以隨隨便便地進入場外交易場所。從事場外交易的證券經營機構有責任對於在這裡進行交易的股票及其發行人進行審核，這是對公眾負責的表現。今後，把住股份制企業的質量關，是重要的。應當依靠法律法規，在公司創立時把好關，而不能等到公司創立後遇到股票轉讓問題時再來把關。

第三個理由是：同一家股份有限公司的股票，又在證券交易所交易，又到場外交易場所交易，形成兩種價格，怎麼辦？場外交易會不會構成對證券交易所活動的衝擊這個顧慮也可以消除。證券法中規定一家股份有限公司的股票只能在一種證券交易場所交易，如果某一家公司的股票一旦獲准在證券交易所掛牌上市，那麼在場外交易場所經營該種股票的證券經營機構就必須自該股票掛牌之前若干天起停止該股票的交易。此外，證券經營機構都必須加入證券業協會，證券業協會是證券經營機構的自律性組織，它對證券經營機構所從事的場外交易業務進行監督、管理，並可建議主管機關對於違背場外交易規則的證券經營機構作出處罰。這就能保證場外交易的有序。

由此可見，設置場外交易場所既是必要的，也是可行的。

證券業協會的仲裁功能

前面曾經提到，證券經營機構必須加入證券業協會。證券業協會是證券經營機構的自律性組織。問題在於：證券業協會作為一種自律性組織，能不能賦予它以仲裁功能？根據中國的國情，在證券業協會中設立證券業仲裁委員會，對於證券發行和交易有關的爭議進行仲裁，是很有必要的。但應當注意到，這是指證券公司與證券公司之間、證券公司與客戶之間有關證券發行和交易的爭議，而不是泛指上市公司與上市公司之間，上市公司與證券公司之間、上市公司與投資者之間、以及投資者與投資者之間的爭議。把證券業協會的仲裁功能限定在上述有限的範圍內，符合於證券業協會的性質。

要知道，證券業協會的主要職責包括：制定自律性的章程或規則，進行行業管理；協調證券業與其它行業的關係；保護會員權益，為會員服務；協調會員之間及證券業內的關係，解決會員之間、會員與客戶之間的糾紛；對會員的行為進行監督、檢查等等。因此，證券業協會就上述限定的範圍內的糾紛、爭議進行仲裁，符合證券業協會的宗旨與職責。現在，對證券業協會該不該有仲裁功能的問題。主要有以下四種不同意見。

1、有人認為，證券交易所可以承擔調解、仲裁證券公司之間、證券公司與投資者之間的爭議的任務，不必由證券業協會來從事這項工作。這種看法是不妥的。理由是：中國的地域這麼大，證券公司的數目這麼多，而證券交易所現在只有兩家。將來即使增設幾家，也不會更多了，何況，證券交易所自身還有繁重的任務。怎麼能承擔起仲裁的職責呢？可以說，把仲裁功能交給證券交易所，是不現實的。

2、有人認為，有關證券公司之間、證券公司與投資者之間的爭議的仲裁工作不如交給證券主管機關。這種看法同樣不妥。要知道，證券主管機關有自己的工作，如制定有關證券市場的方針、政策、規章、規則；審批、監督、管理證券發行和交易；審批、監督、管理證券交易所、場外交易場所、證券公司、證券業協會的設立和業務活動；監督證券發行人的業務活動；對違反法律法規的單位和個人進行調查和處罰等。證券主管機關的工作如此繁重，要它來對證券公司之間、證券公司與投資者之間的爭議進行仲裁，同樣是不現實的。

3、有人認為，有關證券公司之間、證券公司與投資者之間的爭議可以由法院來依法處理。這種看法是對的，但仲裁有仲裁的功能，並不是任何糾紛都要通過法院來處置。而且，由證券業協會來仲裁與法院處理之間不存在矛盾。這是因為，在證券發行與交易過程中各當事人之間發生的爭議，只要訂立仲裁協議，那麼經仲裁委員會仲裁，仲裁裁決就是最終裁決，當事人不得就該仲裁裁決向法院提起訴訟。爭議雙方事先沒有訂立仲裁協議的，可以事後達成仲裁協議向仲裁委員會申請仲裁，也可以向法院提起訴訟。這樣。證券業協會的仲裁與法院的處理就不矛盾了

4、還有人認為，即使由證券業協會對證券公司之間、證券公司與投資者之間的爭議進行仲裁，但由於證券業協會只有一家，怎麼管得過來？這是一種誤解。難道證券業協會僅此一家麼？難道不可以按省市建立證券業協會的派出機構，並由後者分別設置仲裁委員會麼？如果這樣做，那麼每一省市的證券業仲裁機構就可以對本省市範圍內有關證券公司之間、證券公司與投資者之間的爭議進行仲裁，只留下跨省市的糾紛，交給全國性的證券業協會來處理。這不也是可行的麼？

可見，對上述這四種不同意見，可以作出如下的回答：根據中國的情況，按省市設立證券業仲裁委員會，是符合實際的，也是可行的。

鄉鎮企業自主投資的意義

計劃經濟體制之下，企業被置於行政部門附屬物的地位，不僅企業的擴大再生產受到嚴格的限制，甚至連企業的簡單再生產在某種情況下也要經過上級主管機構的同意。投資的自主權本來是屬於企業的基本權利，但在計劃經濟體制之下，這不屬於企業，而屬於計劃部門。這種被外界難以理解的怪事，在計劃經濟中卻是習以為常的。

是一種「權力經濟」　投資，需要有資金投入、生產資料投入、人力投入。在計劃經濟體制下，這都依賴於計劃配額。計劃配額是計劃部門用來控制企業的投資，從而控制整個國民經濟的投資規模的主要手段。要了解計劃經濟的特點，必須先了解計劃配額在經濟中的決定性作用。在這樣的環境中，企業不可能違背計劃當局的意志，否則，企業領導人將受到行政處分，因為這被認為是破壞國家的經濟計劃。即使有的企業想自行追加投資，擴大生產規模，客觀上也缺少條件，這是因為：資金無法籌集，設備無從購置，基建力量沒有着落，至於今後的原材料供應則更難以保證。這一切清楚地反映了計劃經濟體制的特徵：計劃經濟是一種「權力經濟」、「配額經濟」、「特批經濟」。鄉鎮企業的興起在投資領域內對計劃經濟體制的巨大衝擊表現於：鄉鎮企業有投資的自主權。鄉鎮企業的投資不再依賴計劃當局的特許，計劃當局想把鄉鎮企業的投資納入計劃經濟軌道而無法如願。為什麼鄉鎮企業能夠不受計劃經濟體制的約束而按照自己的意願進行擴大再生產呢？為什麼在計劃經濟體制統治範圍之外能夠興起一個又一個新的鄉鎮企業呢？主要原因是：鄉鎮企業本來就沒有享受計劃配額給予的優惠，從而它們也就自然而然地不受計劃配額的限制。鄉鎮企業投資所需要的資金來自社會的集資融資：投資所需要的設備可以從已經出現的計劃外生產資料市場中購置到；基建力量來自鄉鎮自身，這裡有龐大的基建隊伍可供使用；今後的生產資料供應則同樣可以從計劃外生產資料市場中得到保證。這些難題都解決了。鄉鎮企業還有什麼可擔心的呢？投資形成了新的生產能力，產品是有市場的，盈利源源而來，這又為鄉鎮企業下一輪的擴大生產規模創造了前提。

取得投資的自主權　鄉鎮企業取得投資的自主權和對投資限制的突破使得計劃經濟體制企圖用計劃配額來控制經濟與投資規模的打算落空了。鄉鎮企業與計劃經濟體制下的國有企業處於競爭狀態。誰能更新技術設備，誰就能提高經濟效益，也就能佔有更大的市場份額，獲取更多的利潤。誰能不斷擴大生產規模，誰就能享有規模效益，也就能進一步排擠競爭對手。鄉鎮企業在自主投資方面所得到的好處使得計劃經濟體制下那些在投資方面受到嚴格控制的國有企業大為不安，它們再也不能安於現狀。它們向計劃當局竭力爭取的。首先就是投資的自主權，哪怕是部分的投資自主權也遠遠優於毫無投資自主權。於是，它們一方面爭取在計劃內解決問題，即要求計劃當局「把日子開大一點」，「讓企業有較多的投資自主權」，另一方面，自己也着手繞過計劃經濟的束縛，竭力從計劃配額以外去尋找用於擴大再生產的資源。無論是國有企業從計劃部門那裡爭取到較大的投資自主權，還是國有企業以鄉鎮企業為榜樣繞過計劃配額去實現自主的投資，其結果都會使計劃經濟大堤的缺口越來越大，市場調節的影響越來越大。

國家要採取措施引導　這些分析告訴我們什麼？它們表明：關於鄉鎮企業自主投資的意義，不能僅限於從鄉鎮企業自身來考察，而更應當從鄉鎮企業自主投資的規範作用（即鄉鎮企業因有投資自主權而得以蓬勃發展，從而對於國有企業產生了示範作用）的角度來考察。這種示範作用加速了從計劃經濟體制向市場經濟體制的過渡。有人對企業投資自主權至今仍持懷疑態度，理由是投資規模難以控制。其實，問題不在於是否讓企業有投資自主權，而在於國家如何採取宏觀經濟調節措施來引導企業的投資和限制不利於產業結構協調的企業投資。

能走出企業辦社會的困境嗎

凡是了解中國企業狀況的人都知道，中國的企業實際上是一個「小社會」，企業有各種各樣的後勤服務與福利設施，從托兒所、幼兒園、小學、中學、食堂、醫療設施直到家屬宿舍、待業青年的安置機構等等。有的廠長開玩笑似地說：「除了火葬場，我們這裡甚麼都有了。」這是極不正常的情況，各個企業自我封閉，後勤方面重複建設，設備使用率低，效益差，企業的負擔日益加重。越是大企業，「企業辦社會」給予企業的包袱就越大。這種情況是怎樣形成的？一般說來，有三個原因。

形成包袱三個原因　第一，在計劃經濟體制下，企業的各種後勤服務都仰賴於計劃當局的配額，如果企業不能依靠自己動手解決，許多問題將長期沒有解決的可能。於是，即使成本高昂，企業也不得不走「辦社會」的道路。第二，在計劃經濟體制下，企業職工的收入少，社會上第三產業又很不發達，職工們只有依靠本企業來解決生活服務方面的問題。在職工向企業領導所反映的要求中，改善生活設施通常佔第一位。企業面臨來自職工的這一迫切要求，為了穩住職工隊伍，不得不「大辦社會」。第三，在計劃經濟體制下，「企業辦社會」曾經被看成是社會主義優越性的一種表現。「國家把企業包下來，企業把職工包下來」。這一不正常情況長期以來不僅被看做正常的，而且被認為是天經地義，非此不可的。有些企業這樣做了，受到了社會的讚揚，於是產生了示範效應。其他企業因此又面臨着社會的壓力，只好按照「企業辦社會」的模式去做。

計劃經濟體制產物　可見，這種封閉式的「企業辦社會」模式是計劃經濟體制的產物，與市場經濟體制是無法相容的。當前，在一些國有企業改造為股份有限公司的過程中，令人頭疼的問題之一是如何打破「企業辦社會」模式，讓股份有限公司卸下這個大包袱，提高經濟致益。通常採取的措施是：對非經營性資產進行資產評估，把它們從改制的企業「剝離」出去，而只把經營性資產評估折股。這樣，盈利率就提高了，公司的股票也就有了吸引力。但問題並未到此為止。被剝離出來的那些單位今後怎樣維持其生存？怎樣才能保證其職工的收入不下降？股份有限公司成立後，職工的生活服務問題又如何解決？從原則上說，如果第三產業市場化了，如果經營生活服務性行業的企業得到優惠的政策而能自立經營、自負盈虧了．如果股份有限公司同從事生活服務的企業之間進行正常的交易，而由後者向公司及其職工提供生活服務，並收取相應的報酬了，那麼問題是可以解決的，然而，即使如此，還有一個難題擺在面前．這就是：從公司職工目前的收入水平看，一旦他們不能從公司內部取得廉價的、甚至無償的服務，而必須到社會上去按市價購買服務，那麼他們付得起這樣高的價格嗎？是不是還需要由公司給予各種補貼？在「企業辦社會」模式之下，企業是貼錢來「辦社會」的。把生活服務設施剝離出去後，假定公司仍要給職工以相應的補貼，那麼公司的實際負擔究竟減輕了多少？

市場經濟資源配置　說來說去，問題依然歸結為市場經濟中的資源配置機制是否已經形成。在發達的市場經濟中，資源的配置是按照市場供求與價格的指示進行的。不管是第一產業、第二產業還是第三產業，只要市場對這個產業的產品有需求，而供給又不足，價格就會上升。就會吸引資源投入，從業人員的收入也會因此而上升。每一個企業都會考慮自己的成本與效益，因此它既不會去做「辦社會」之類的傻事，也不會由於不去「辦社會」而使自己和本企業職工得不到生活服務。如果社會需要第三產業中的某些行業，就有投資者願意去投資，也就有勞動者願意去就業，反正各個企業都是自負盈虧的，投資風險自己承擔，還怕社會上沒有人從事第一二產業麼？在中國，計劃經濟體制已支配這麼久了，第一二產業的發展也被延誤了很長時間。要一下子打破「企業辦社會」，顯然沒那麼容易。這需要一個過程。而從「企業辦社會」轉向「生活服務的市場化」，則是大勢所趨。轉軌的困難雖然不小，但畢竟是暫時的。

企業生活服務設施市場化

上一次談到了走出「企業辦社會」的途徑在於實現「生活服務的市場化」。說得更確切些，應當是「社會生活服務設施的市場化」。例如把企業自辦的食堂、托兒所、醫院、家屬宿舍等社會生活服務設施改為自主經營，自負盈虧的單位，向社會開放，按市場收費標準收費。儘管這不是短期內能夠普遍實現的，但毫無疑問，這是經濟改革的方向。

據了解，目前國內有些國有企業結合股份制的改革，已經着手把企業自辦的社會生活服務設施推向市場。大體上有以下四種做法。1、使企業原有的社會生活服務設施同改制後的股份有限公司分離，把這些社會生活服務設施改組為獨立的有限責任公司，而由改制後的股份有限公司向它參股或控股。這種新建，的社會生活服務設施面向社會服務，以獨立的公司資格生產經營，參與競爭，自負盈虧。

2、使企業原有的社會生活服務設施同改制後的股份有限公司分離，把這些社會生活服務設施改組為職工持股性質的合作企業（有時也被稱做「股份合作制」企業）。後者也面向市場，為社會服務，參與市場競爭，並自負盈虧。

3、使企業原有的社會生活服務設施同改制後的股份有限公司分離，成為一個單獨的企業，依然保持其原來的全民所有制企業的性質，主要為改制後的股份有限公司服務，兼營面向社會的服務，而由改制後的股份有限公司定期給予補貼，以彌補其收入的不足。

4、這家國有企業原來屬於一個企業集團。在這家國有企業改造為股份有限公司時，將原有的社會生活服務設施同自己分離，劃歸該企業集團管理，股份有限公司使用企業集團的社會生活服務設施，或者按規定的標準計價付費，或者由企業集團統一結算。企業集團之下的這些社會生活服務設施主要向企業集團內的企業服務，也可部分地向社會開放，參與市場競爭。

這四種方式都是可行的。也許還有另外的方式。至於某一家企業採取何種方式來「剝離」社會生活服務設施，既要看這家企業本身的情況，又要看社會生活服務設施的情況，才能作出選擇。並且，還有可能出現幾種方式並用的情形，即這一部分社會生活服務設施採用這一種方式來「剝離」，那一部分社會生活服務設施採用另一種方式來「剝離」。很難抽象地評論究竟哪一種方式最佳，哪一種方式較次。

總的趨勢依然如前所述，這就是：必須及早擺脱「企業辦社會」的模式，使企業自辦的社會生活服務設施及人員分離出去，轉入第三產業，實行獨立核算，同時讓它們享受有關的優惠政策。

但仍然有三個與此有聯繫的問題不易解決，需要繼續研究，力求制定可行的對策。第一，在計劃經濟體制下，不僅「企業辦社會」，而且事業單位也「辦社會」，比如說，高等學校、科研所同樣「辦社會」。難道今後只改變「企業辦社會」的現狀，而置「學校辦社會」、「科研所辦社會」於不顧？假定學校、科研所等事業單位也應走出「辦社會」的困境，那該有什麼途徑？與企業採取的做法有哪些異同？

第二，在「企業辦社會」的格局中，子弟小學、子弟中學算是什麼性質的？毫無疑問，它們是教育單位，它們可以向社會招生，但不能參與市場競爭，不應自負盈虧，它們不同於食堂、家屬宿舍，而且同醫院、托兒所也有所區別。總不能把它們從企業「剝離」出去以後再組成所謂的「高價小學」、「高價中學」吧，把它們劃歸地方教育局來管，很可能造成三方不滿意：學生及家長不滿意；地方因教育經費本來就比較困難，所以不滿意；如果企業不得不為此向地方教育部門繳納大筆費用，企業也會不滿意。既然如此，那該怎麼辦呢？

第三，總有一些企業仍要繼續「辦社會」，例如偏遠地區的採礦企業、水電站、林場、牧場等。這些企業不「辦社會」，職工隊伍如何穩得住？職工生活服務如何保證？但如果它們「辦社會」，成本增大，豈不是又同本行業中的其它企業處於不平等競爭的地位？這個問題也需要另行設法解決。

行業協會的中介作用

在國有企業改造成為有限責任公司和股份有限公司之後，企業將擺脱行政機關附屬物的地位，政府的職能將有實質性的變化，那些直接干預企業經濟活動的政府行業主管部門將撤銷。在這種情況下，各類行業協會將成為重要的中介組織，它們在宏觀經濟管理中的地位也將日益重要。

不以盈利為目的　有人也許會問：現在不是已經有不少行業協會了嗎？它們今後要建立的行業協會有什麼區別？為什麼要突出行業協會的地位與作用？行業協會不會成為變相的政府行業主管部門？這一系列問題有待於澄清。行業協會應當按自願原則建立。它們不以盈利為目的，而專門從事協調行業發展，反映本行業的利益，在本行業的企業同政府之間建立聯繫等工作。這樣，行業協會同政府機構在性質上有原則區別。然而，迄今為止，現有的行業協會起不了它們應當起的作用。具體地説，不少行業協會是官辦的，帶有濃厚的「機關」（「衙門」）的味道，企業把行業協會看成是另一個政府行業主管部門；或者，有些行業協會受到政府的嚴格控制，直接由政府部門操縱，失去中介組織的性質；或者，有些行業協會僅有空名，既沒有足夠的經費，又沒有高素質的人員，形同虛設。正因為如此，所以企業對於現有的行業協會不感興趣，對於新建行業協會也不抱寄什麼希望。

廢除「掛靠」做法　因此，要使行業協會今後有效地發揮中介組織的作用，當前的首要問題是理順企業、行業協會、政府三者之間的關係，也就是從經濟體制上進行改革，賦予行業協會以應有的地位，一個關鍵的改革措是廢除把行業協會「掛靠」於某一政廠主管部門的做法。行業協會就是行業協會，而不是政府主管部門的下屬單位，因此不需要有什麼「掛靠」。行業協會作為社團法人，有規定的設立程序，並經過民主選舉產生領導人。這樣，不僅政企分開了，政府與行業協會也分開了。政府與行業協會的分開是行業協會有效地發揮作用的前提。行業協會的主要功能可以用八個字來概括，這就是：指導，協調，約束，保障。指導——行業協會既然是本行業的企業自願組成的並且以服務為宗旨，因此它自然而然地負有指導本行業各企業健康發展的任務。例如，向企業傳播經濟技術信息，組織經驗交流，幫助企業制定規劃，指導企業改進經營管理和實現技術進步等。指導就是最好的服務。協調——在市場經濟中，為了維護正常的市場秩序以及為了開展正當的競爭，行業協會還負有協調行業內的企業之間關係、本行業同外行業的企業之間關係的使命，這具體表現於在企業之間有利益衝突時進行協調，防止出現相互拆台等混亂現象。

協調利益衝突　約束——行業協會作為本行業企業的自律性組織，可以運用行業標準、行業守則等手段開展行業內部的管理，約束本行業各個企業的行為，促使他們遵守法律法規，在法律法規所限定的範圍內進行競爭。保障——這是指行業協會必須維護本行業各企業的正當利益。當企業的利益因政策的不適當或政府行為的不規範而受到傷害時，行業協會有責任向政府有關部門反映行業的意見，以便通過與政府有關部門的協商，使問題得到妥善解決。從「指導，協調。約束，保障」這八個字的含意可以清楚地了解到，在建立市場經濟體制和切實轉變政府職能的過程中，行業協會作為政府與企業之間的中介組織，可以協助政府做好維護市場秩序，促使企業行為規範化，以及完善宏觀經濟管理等方面的工作。它們的作用是不可忽視的。

國債市場與宏觀調控

以往在談到對宏觀經濟的金融調節時，一般只着重於兩種調節方式。一是信貸規模控制，二是利率調節。關於存款準備金率和公開市場業務，儘管學術界有不少建議，但由於種種原因，它們或者未被運用，或者即使被使用，但收效甚微。這裡想討論一下公開市場業務問題。公開市場業務是指中央銀行在國內證券市場上買進賣出政府債券以調控貨幣供應量的業務，這一業務活動不僅活躍了國債市場，而且大大發揮了國債在經濟中的作用。

要知道，過去只是習慣地把政府債券看成是政府籌集資金的一種手段。政府發行債券，有功於彌補建設資金的不足，有助於增加用於重大建設項目的投資。政府債券的這一作用當然很重要，今後仍應把發行政府債券作為政府籌資的重要途徑。但政府債券的作用決不僅限於此。中央銀行通過買賣政府債券而對貨幣供應量的調控，是一種十分有效的宏觀調控方式。在從計劃經濟向市場經濟轉軌的過程中，中央銀行運用公開市場業務這一事實本身是金融體制改革的組成部分。

計劃經濟中，在「既無內債又無外債是好事」的思想支配下，顯然談不到有公開市場業務。即使轉變了這種看法，但在走向市場經濟時公開市場業務依然沒有被使用。在這方面，主要有三種顧慮。

一種顧慮是：國債市場的成長與公開市場業務的運用以市場上有大量政府債券的存在為前提，而中國目前市場上的政府債券的數量並不算多，品種也很少，不易成為可以調控貨幣供應量的重要手段，而如果要改變這種情況，則必須增加政府債券的發行，但增加政府債券發行則可能遇到困難，因為目前政府債券在銷售時缺乏足夠的買主。

另一種顧慮是：在政府債券的銷售不暢的條件下，要增加發行政府債券，就有必要提高利率，或給予其它優惠，但如果這樣做，居民就會提取銀行存款來購買政府債券，這豈不是會大量減少銀行存款，增加經濟的不穩定？還有一種顧慮是：公開市場業務的操作並不容易。比如說，在銀根緊時，照理說中央銀行應當投入貨幣，購進政府債券。但這時，一方面，中央銀行在公開市場買進政府債券的活動與旨在抑制通貨膨脹的意圖有抵觸；另一方面，在投資前景不明朗的條件下，政府債券的持有人不一定願意拋出政府債券來換取現金，進行投資。在銀根鬆時，照理說中央銀行應當投放政府債券，使貨幣回籠，但這時，一方面，中央銀行公開市場售出政府債券的活動與旨在促進經濟增長的意圖有抵觸，另一方面，在投資前景看好的條件下，人們不一定願意用現金來購買政府債券，從而失去較好的投資機會。這三種顧慮實際是不必要的。

關於上述第一種顧慮，應當指出，中國目前市場上政府債券的數量與品種的確太少，增加政府債券的發行是不可改變的趨勢。現在需要研究的不是要不要增加政府債券的發行，而是一級市場上政府債券銷售不暢的原因何在，以及如何轉變政府債券在人們心目中的形象，如何使政府債券增加自己的吸引力。

關於上述第二種顧慮，則主要來自對銀行存款與發行政府債券之間的關係的誤解。其實，居民並不僅僅靠提取銀行存款來購買政府債券，而會動用一部分手持現金來購買，這樣，反而會使社會上的現金數量減少。而且，即使居民用銀行存款來購買政府債券，這也是有利於穩定經濟的，因為銀行存款的流動性大，一般並不像政府債券籌資那樣適合於長期投資。

至於上述第三種顧慮，那麼這在很大程度上同中央銀行運用公開市場業務的技巧有關，比如，究竟在什麼時機買進或賣出政府債券，以何種方式買進或賣出，政府的宏觀調控的力度應當控制在何種程度等等。經驗總是積累而成的，技巧總是逐漸被掌握的。不實踐，則什麼經驗也不會得到。總之，只要這些顧慮解除了，中央銀行的公開市場業務就有會被大膽運用和在實踐中不斷改善，並將在宏觀調控中發揮日益重要的作用。

發展第三產業的動力與壓力

報刊上不斷報道各地發展第三產業的消息。同前些年相比，第三產業的發展速度是加快了。然而，同世界上其它國家比，第三產業所佔比重仍然是不大的。這不禁令人想到一個問題：在西方國家，從來沒有聽說哪位政府領導人號召國內發展第三產業，第三產業卻不聲不響地成長壯大了，為什麼在中國，近幾年上上下下如此大聲疾呼要發展第三產業，而第三產業的發展速度總不理想，原因何在呢？

第三產業的興起與發展有自己的內在動力與一定的外在壓力。這種動力與壓力的存在是符合市場經濟的發展規律的，因此，第三產業的興起與發展同樣是市場經濟發展的必然結果。在中國的現階段，第三產業的發展之所以不理想，關鍵在於：在計劃經濟中，這種動力與壓力或者不存在，或者極其微弱，不足以推動第三產業的發展，而在由計劃經濟向市場經濟轉軌的過程中，由於計劃經濟的影響還沒有消失，市場經濟的微觀基礎還沒有確立，所以推進第三產業的動力與壓力依然不足。

下面，分別對動力與壓力進行闡述。先談發展第三產業的動力。這種內在的動力就是利益動機。一定的資源會不會投入第三產業之中，首先必須使資源的投入者感到有淨利益可得。不僅如此，還必須使資源的投入者感到，投入第三產業的某一具體生產經營單位所得到的淨利益不低於投入其它產業所得到的淨利益。只要符合這一條件，用不着政府再三呼籲、號召，資源自然就會流入第三產業，第三產業也就發展起來了。這至少涉及四個問題：

1、第三產業中的企業是不是自負盈虧的？資源投入者能否取得資源投入後應當歸於自己的回報？2、第三產業中的價格是不是合理？價格能否隨供求變化而調整？3、第三產業中的稅收是不是適當？在價格比例尚未理順的條件下有沒有稅收方面的優惠？優惠的時間有多久？4、第三產業中的產品市場容量有多大？市場前景如何？資源投入者能否在較長時間內連續取得淨利益？

這充分說明，要讓資源持有者有興辦第三產業的企業的動力，必須從以上四個方面着手，即通過企業改革和價格改革，並配合以適當的税收政策，同時，使第三產業中的產品市場隨經濟發展而不斷擴大，才能達到這一目的。再談第三產業發展中的壓力。這就是説，如果缺乏足夠的外在壓力，本來投入其它方面的資源不可能被抽出來轉投於第三產業。這種外在的壓力是收益遞減所造成的。比如説，如果一些工廠或農戶感到自己辦運銷或收集信息會使得成本遞增大，利潤遞減，競爭力削弱，它們就願意投入一定的資源，組建專門從事運銷或提供層層服務的企業；如果一些企事業單位感到自己辦醫院、食堂、托兒所等耗費資源過多，它們就願意把這些服務設施轉交給社會來經辦，否則負擔會越來越重。這就是壓力。沒有足夠的壓力，使人們感到第三產業發展是可有可無之事。那麼第三產業也會遲遲得不到發展。

在現階段的中國，不僅發展第三產業的動力不足，而且壓力也不足。企業的負擔加重在一定程度上並未構成對企業生存的致命的威脅。企業收益遞減，也不一定被認為是企業「小而全」、「大而全」所帶來的結果。既然企業自己尚未感到有發展第三產業的必要，那麼僅僅靠政府的呼籲、號召，是不解決問題的。當然，政府也有可能撥出一些資源來興辦第一二產業中的企業，但這畢竟不是市場經濟條件下第三產業興起與發展的正常途徑。政府投資辦第三產業，第三產業不又變成「官辦」的麼？政府成為興辦第三產業的主力，第三產業的經濟活動今後豈不又依賴於政府的行為麼？我們顯然不能走這樣一條發展第三產業的道路。除了少數特定的行業或企業必須由政府來辦以外。第三產業主要應當由社會來經營，為此，對社會的投資者來說，應當使他們既有動力，又感到有壓力。

建立合夥制諮詢公司

在走向市場經濟與進行股份制改革的過程中，諮詢評估服務業的重要性越來越明顯。這裡所説的諮詢評估服務業是廣義的，主要包括：資產評估、投資諮詢、會計審計服務、信息服務、法律服務等行業。這些行業中的企業以其公正和有效率的服務而受到顧客的信賴，並取得相應的報酬。而顧客之所以選擇這一家諮詢評估服務企業而沒有選擇另外一家，也主要是出於對這家企業的諮詢評估服務工作的公正性和高效率的信任，認為這可以保證自己獲得較多的利益或避免較大的損失。諮詢評估服務企業是以自己的信譽而開拓市場和爭取顧客的。

諮詢公司的投入　然而，諮詢評估服務企業所需要投入的資金並不多，它們可以有自己的房產，也可以不需要購置房產，而只需租賃一些辦公用房就行了。它們不必添置設備，有時只需少數必要的辦公室設備就行了。在這些企業中工作的人員，主要是有專業知識的人才，他們不僅以自己的專業知識，也以自己工作態度的認真負責而使企業享有聲譽。另一方面，諮詢評估服務企業的責任是重大的。它們的顧客可能是資產上億元的大公司，它們的工作質量關係到顧客的經濟活動的現狀與前景。假定某一家諮詢評估服務企業在為顧客服務時工作不認真，不負責，出了嚴重的差錯，顧客有可能損失千萬元、甚至上億元。假定某一家諮詢評估服務企業不顧商業道德，弄虛作假，投資者或消費者也有可能蒙受千萬元、甚至上億元的損失。這樣就產生了一個問題：資本額不大的諮詢評估服務企業如果只負有限責任，那就同它因工作不認真負責或弄虛作假而使顧客、投資者或消費者可能遭受的巨大損失是極不相稱的。這既不能維護顧客、投資者或消費者的合法權益，又無助於推動諮詢評估服務業的健康發展。

主要對策建立合夥制　解決這個問題的一個主要對策是發展以合夥制形式組建的諮詢評估服務企業。誰是合夥制諮詢評估服務企業的合夥人？應當是從事諮詢評估服務企業中的高級事業人員，至少他們應當成為主要的合夥人。合夥人要為企業的經營負無限連帶責任。高級專業人員作為諮詢評估服務企業的合夥人，將因自己承擔着無限連帶責任而格外精心，以保證諮詢評估工作的質量。當然，這並不排除在諮詢評估服務企業中工作的一般專業人員可以純粹作為僱員而從事該種職業。那麼，諮詢評估服務企業能否以有限責任公司形式建立呢？這也是容許的。問題是：按照現行的規定，諮詢評估服務業有限責任公司的註冊資本的最低額只不過十萬元人民幣，這樣低的註冊資本額同這一類企業所承擔的責任相比，未免太不相稱了。假定企業的工作出了重大差額，使顧客或社會上的廣大投資者遭到重大損失，以甚麼來賠償？

解決問題兩種方法　解決這一問題的方式不外兩種。一是大大提高諮詢評估服務業有限責任公司註冊資本的金額，二是另外成立專門為諮詢評估服務企業擔保的公司，有限責任公司制的諮詢評估服務企業必須向上述為該企業擔保的公司投保，如果諮詢評估服務企業的工作出了問題應負賠償時，由為該企業擔保的公司負責賠償。與其如此，不如以合夥制形式建立諮詢評估服務企業更為簡便，也更有功於提高諮詢評估服務企業的責任心和工作質量。在目前中國的公司立法中，還只有關於有限責任公司和股份有限公司的立法。無限公司和兩合公司的立法尚未着手進行。合夥企業的立法也沒有開始。這些都是不足之處。就諮詢評估服務企業的情況而言，合夥制當然是一種較適合的形式，將來，隨着關於無限公司和兩合公司的立法的進展，有些諮詢評估服務企業也可以按無限公司或兩合公司的形式建立。這些都優於有限責任公司形式。但從總體上看，合夥制的諮詢評估服務企業將是主要的。

第四章 市場經濟有利環保

- 市場經濟有利環保
- 再論市場經濟有利環保
- 建設農村社會服務體系的作用
- 對「亂」與「活」的理解
- 市場規則應逐步完善
- 論市場規則意識
- 消費者應及時得到賠償
- 哪種基金更適合
- 產權改革與所有制改革
- 新華指數的功能與不足
- 國家公務員能否購買股票
- 腦體收入倒掛析
- 財稅改革與經濟發展
- 財稅改革促進經改
- 財政預算赤字問題的討論
- 現階段中國就業問題的特殊性
- 「物價基本穩定」的含義
- 關於宏觀調控的爭論
- 職工在公司中的地位
- 勞動者與勞力市場

市場經濟有利環保

從計劃經濟轉向市場經濟是中國經濟不可避免的趨勢，而且這也已經成為中國政府的基本政策目標。但涉及到環境保護問題時，一些人卻由此產生了顧慮。他們想：市場經濟條件下，環境保護能被注意到嗎？環境保護工作能取得成效嗎？因此有必要就這個問題作一些分析。

市場經濟的顯著特徵是生產者按照市場供求狀況的變化而自行決策，經濟效益是生產者考慮的首要問題。換言之，市場經濟中各個生產者的決策是分散進行的，環境保護通常不被生產者所注意。這正是市場經濟的不足之處。然而我們應多了解到，市場經濟的發展分為兩個階段。一是古典的市場經濟階段，大約從十八世紀到二十世紀初，這時，政府採取的是自由放任政策，不干預經濟活動，政府只着「看門人」的作用；二是現代市場經濟階段，大約從二十世紀三十年代開始，這時，政府對經濟進行宏觀調控和行政干預，市場經濟不再是自由放任的經濟，而已演變為把政府調節作為市場經濟的必要組成部分的現代市場經濟。在現代市場經濟中，環境保護不僅受到重視，而且會比在計劃經濟條件下更容易取得成效，原因在於經濟運行機制和企業經營機制轉換了。

要知道，在計劃經濟中，不管政府主管部門怎樣努力抓環境保護工作，也不管政府工作人員在環境保護方面如何認真負責，但一方面，由於價格是政府制定的，投資權集中在政府手裡，另一方面，企業既不自主經營，又不自負盈虧，因此造成環境污染、環境破壞的根源不能消除，治理環境的責任也不明確，結果，環境保護，反而受到阻礙。而市場經濟中的情況與此不同。市場經濟的微觀基礎是政企分開、產權明晰、自主經營、自負盈虧的企業。企業經營機制轉換後，環境保護就可以取得較大的成效。這是因為：

第一，政府主管部門根據法律法規，制定對破壞環境的責任者的處罰辦法，並嚴格執行。由於企業自負盈虧，自己承擔投資風險和經營風險，於是企業就會自我約束，竭力避免因違反環境保護的規定而在經濟中遭受巨大損失。正如有人在評論時所說的：「企業不負盈虧，奈何以罰款懼之」！自負盈虧的企業怕重罰，環境保護工作也就會收效。

第二，在計劃經濟中，政企不分，企業只不過是行政部門的附屬物。企業不僅難以破產。甚至連停產、合併、轉戶都困難。在市場經濟條件下，政企分開了，企業的關、停、併、轉由投資主體根據市場情況自行決定。這樣，違背環境保護的法律法規的企業，該關閉的關閉，該停產轉產的停產轉產，企業合併也容易得多。這將大大有利於環境保護工作的開展。

第三，在計劃經濟中，環境保護產業的發展是遲緩的，因為資金來自政府投資，而政府可用於建立與發展環境保護產業的資金則十分有限。市場經濟中的情況與此不同。哪一個產業能較快發展。取決於市場對該產業的產品的需求以及該產業的平均利潤率高低。在企業經營機制轉換和環境保護法律法規得以認真執行後，環境保護產業的產品有廣闊的市場和盈型前景，這是計劃經濟中不可能做到的。因此，可以肯定地說，沒有市場經濟，就不可能有蓬勃發展的環境保護產業。

第四，與計劃經濟相適應的是「生產者說了算」的賣方市場，而與市場經濟相適應的是「消費者說了算」的買方市場，由賣方市場轉到買方市場，是有利於環境保護的。這是因為，在買方市場中，消費者對企業的產品進行選擇，也就是對產品的質量進行判斷和篩選。凡是不合環境保護法律法規所規定的質量的產品（質量不合格的產品和造成環境污染的產品等），消費者將予以抵制，生產這些產品的企業面臨着市場競爭的壓力；它們或者轉而重視環境保護，以提高產品質量，或者被迫關、停、併、轉。由此可見，市場經濟並不是不利於環境保護，而恰恰是有利於環境保護的。那種認為轉向市場經濟將不利於環境保護的看法，很可能是出於對現代市場性質的不理解。

再論市場經濟有利環保

在討論市場經濟與環境保護的關係時，除了要注意到市場經濟有利於企業自我約束機制的形成，從而直接有利於環境保護而外，還對環境保護工作的開展產生間接的有利影響。關於這種間接影響，可以從以下四方面進行分析。

第一，環境保護工作能否順利開展，同環境保護投資能否有較大幅度增加或能否持續增長有密切關係。在計劃經濟中，由於生產力發展受到限制，企業效益低下，財政收支緊張。因此，無論是國家還是企業都難以較大幅度增加用於環境保護的投資及其在財政收入（支出）中的比例或在企業收入（支出）中的比例。而轉入市場經濟體制之後，生產力將被進一步解放，企業效益將提高，財政收入將增加，這樣，國家和企業都有能力增加環境保護投資，這顯然是有利於環境保護的。

第二，環境保護工作之所以能取得較好的成效，不僅取決於環境保護投資的持續較大幅度增長，而且也取決於與環境保護有關的科學技術的發展，取決於新工藝、新技術被有效地應用於環境保護領域內。就這一點來說，市場經濟要比計劃經濟更能促進新工藝、新技術的發展及其在環境保護中的應用。這一方面是由於市場經濟中講究效益，注重競爭。而競爭歸根到底是人才的競爭，所以這將調動科技人員的積極性，調整科技研究單位的積極性，推動用於環境保護的科學技術的進步。另一方面，由於技術市場、信息市場、資金市場是市場體系的重要組成部分，他們對於新工藝、新技術的發展及其環境保護中的應用是有積極作用的，而只有在市場經濟中，技術市場、信息市場、資金市場才有可能迅速成長並日趨完善。

第三，以往在計劃體制之下，環境治理工作不易收效，與價格不合理以及由此造成的環境污染責任的相互推諉有一定關係。比如說，礦產資源價格偏低、冶煉（初步加工）業產品價格偏低，相形之下，利用這些資源的加工業產品的價格則偏高。這樣，對於因採礦和冶煉而造成的環境污染究竟由誰出錢來治理，採礦與冶煉企業抱怨價格低、收入少而不能或不願出資，加工企業則認為自己沒有出資治理採礦區或冶煉工業區的環境的義務。又如，農業省份與工業省市也往往因工農業產品價格比例不合理，在跨省的河流治理等問題上也會相互推諉責任。這些情況在轉入市場經濟體制之後，將隨着價格比例的趨於合理而逐步得到解決。在市場經濟中，由於價格比例趨於合理，因此在環境污染責任明確的條件下，治理環境的工作也將取得較大的進展。

第四，還需要指出，人們的環境意識、環境保護意識的增強是關係到環境保護取得成效的一件大事，但人們的環境意識、環境保護意識怎樣才能增強呢？人們怎樣才能自覺地提高環境意識、環境保護意識呢？不可否認，教育在這裡有重要作用，然而更帶有根本性的是人們對生活質量的重視。人們生活水平的提高、人均收入的增長，必然使人們對生活質量的要求越來越高，對環境舒適和清潔的期望值越來越大。這一點已被發達的市場經濟國家的歷史進程所證實，中國不可能是例外。一個最明顯的例子是：為什麼貧窮的偏遠農村會興辦污染嚴重的土法煉硫磺工場，不正是由於人均收入太少，人們對生活質量問題根本顧不上嗎？假定那裡的農民收入增長了，逐漸富裕起來了，他們還會容忍這樣惡劣的環境嗎？不能脫離物質條件來談人們環境意識、環境保護意識的增強。從計劃經濟體制轉向市場經濟體制，將大大解放生產力，提高人們的收入水平和生活水平，這就為人們環境意識、環境保護意識的增強提供了物質基礎。在考察市場經濟與環境保護之間的關係時，不能忽略這一點。

結論是清楚的：不管從直接影響來看還是從間接影響來看，市場經濟（指的是包括了政府宏觀調控的現代市場經濟）都有利於環境保護工作的開展，有利於環境保護取得成效。

建設農村社會服務體系的作用

在討論中國的第三產業發展問題時，不能不注意到中國的絕大部分人口是在農村中，也不能不注意到最迫切需要發展第三產業的地區是廣大農村。因此，研究如何建設農村的社會服務體系是一個十分有意義的課題。

農村面臨四大變革　現階段，中國的農村正在經歷着或正在面臨着四大變革。它們是：（一）從傳統農業逐漸轉向現代農業。傳統農業的特徵是勞動生產率低和農產品商品率低。從傳統農業轉向現代農業意味着從低生產率和低商品率的農業轉向高生產率和高商品率的農業。（二）從傳統農村家庭逐漸轉向現代農村家庭。傳統農村家庭的特徵是大家庭、多子女、夫權制，現代農村家庭的特徵的則是：家庭小型化，少子女，婦女在家庭中的地位提高和男女平等。（三）從封閉式的農村逐漸轉向開放式的農村、封閉式的農村是基本上同外界隔絕的，人力的流動受到嚴格限制，農民們往往終身被限定於十分狹小的社區範圍內，而開放式農村則擴大了同外界的聯繫，人力資源是流動的，被釋放出來的農村勞動力資源進入城市或其他地區的村鎮，並從農業轉入非農產業。（四）隨着農村人均收入水平的提高，農民的消費結構逐漸發生變化，衣着、居住、交通、支出、文化教育支出、衛生保健支出等將增加，與現代生活方式有關的消費品將進入農村家庭，農村居民的生活條件也將大大改善。由於中國國內經濟發展的不平衡，上述這一系列變化將首先出現於沿海富裕地區和大中城市近郊的農村。內陸地區的農村的變化要緩慢些。貧困地區在中國仍然存在，那裡的農村的變化又會緩慢得多。考慮到上述這些正在發生或即將發生的變化，建設農村的社會服務體系就更加顯得重要。農村的社會服務體系完全適應於上述四方面的變化，適應於這些變化過程中廣大農村居民的需要。

適應農村居民需要　第一，為了使農業的生產率不斷提高和農產品商品率不斷上升，在農業生產資料的供應、農產品運銷、農村技術管理人才培訓方面，社會服務體系所起的作用是不言自明的。社會服務體系不僅能容納更多的農村多餘勞動力，而且有功於降低農業生產成本和交易成本，增加農民的實際收入。

第二，農村家庭轉向少子女的小型化家庭後，農民的生活方式和消費觀念都將發生重要的變化。在這種情況下，農村的社會服務體系將給予農村家庭各種生活上的方便，使它們節省時間，並且使農村家庭的生活質量不斷提高。第三，在農村從封閉式的生產與生活環境轉向開放式的生產與生活環境的過程中，農村的社會服務體系所起的作用必將越來越大。農村人口的流動、農民無論在生產上還是在生活上對經濟技術信息的日益增長的需求、農民參加各種社會文化活動的人數越來越多，尤其是農村同外界的各種聯繫越來越密切，這些都為社會服務體系的發展與完善創造了前提。

農民生活水平提高　第四，農民實際收入增長和生活水平提高以及由此引起的農村消費結構和就業結構變化後，農民也會同城市居民一樣，對社會服務的要求將首先反映於要求有高質量、高效率的服務。價格固然也很重要，但相形之下，價格將服從於服務的質量與效率。這就會促使農村的社會服務體系進入一個新的發展階段。現在我們還很難預料下世紀中葉中國內陸地區的農村會出現什麼樣的新面貌。但我們至少可以預見到，本世紀末和下世紀初，在沿海富裕地區和大中城市近郊的農村，社會服務體系的發展將會加速農村的變化，並在許多方面使農村與城市之間的界限不那麼明顯了。

對「亂」與「活」的理解

過去，由於人們長期生活與工作於計劃經濟體制之下，所以經常把市場競爭稱作「亂」，似乎只要越出了計劃經濟規定的界限，經濟生活就紊亂不堪了。這種不正確的看法顯然是來自對市場競爭的錯誤認識。

法律作經濟活動邊界　我們不妨以球賽作為例子。無論是打籃球還是踢足球，你看，雙方的隊員都在球場上追逐一個球。什麼叫做「亂」？這是指比賽時沒有規則可依，或者有規則而不遵守，結果是，踩踐，撞人，抱着球奔跑等等，這就是「亂」。假定比賽時有規則可依，而且球賽雙方都遵守規則，有規則地進行角逐，那麼這不是「亂」，而是「活」。在按規則進行比賽的前提下，雙方的隊員越是賣力，競爭越是激烈，這場球賽才有意思，才能打出新的水平，創造好的成績。如果雙方都斯斯文文，這場球賽是毫無意義的，誰都不愛看這種球賽。由此可見，「活」還是「不活」，既反映在球賽是否按規則進行，又反映比賽是否激烈，雙方是否都真正賣了力。按規則進行的競賽，越是激烈，越反映賽場的活躍。經濟生活中的情況與球賽是相似的。對所謂「一管就死，一放就亂」這八個字要作具體的分析。「一管就死」，這是指計劃經濟體制之下用計劃經濟的條條框框來限制市場機制作用的發揮，那樣一來，當然「一管就死」。或者，在市場經濟中，不按照客觀經濟規律來管理經濟活動，而是搬用計劃經濟中所習慣了的行政干預方式來限制市場主體的行為，那樣一來，也會「一管就死」。反之，在市場經濟中，以法律作為經濟活動的邊界，在法律容許的範圍內採取宏觀經濟調節手段來影響資源的配置，影響市場主體的經濟行為，那麼這種管理就是必要的，它不僅不會把經濟管死，而且只會使經濟健康地發展。「一放就亂」，這是指無規則的競爭必然導致經濟的混亂。比如說，在市場競爭中，無法可依或有法不依，或執法不嚴，違法不究，毫無疑問，「一放就亂」了。假定市場競爭是在嚴格按照市場規則的條件下進行的，市場主體在競爭中既受到法律的保護，又受到法律的約束，市場競爭既激烈、又有序，那麼，這就不能被說成是「一放就亂」，而只能被看做「一放就活」。在市場經濟中，「亂」與「活」的主要區別在於競爭是有規則的還是無規則的。

「亂」與「活」兩者並存　在對經濟生活中的「亂」與「活」有了正確的理解之後，讓我們再看看現階段中國國內的經濟狀況。改革開放以來，尤其是九二年年初以來，對中國國內經濟的評論很多，説法不一，有人説「亂」，有人説「活」。實際情況如何？應當承認，「亂」與「活」是並存的，但主流是「活」而不是「亂」。只看到「亂」而看不到「活」，固然是不對的；如果認為主要是「亂」而不是「活」，同樣也不正確。我們承認現階段中國國內經濟生活的確在某些方面有些「亂」，例如金融秩序紊亂，「三角債」始終存在，偽劣商品充斥於市場，亂集資、亂收費、亂罰款、亂攤派等現象屢禁不止，這些都是事實。但為什麼會出現這些現象呢？基本原因是：在擺脱計劃經濟的束縛與轉上市場經濟的軌道，經濟立法工作停滯了，市場規則尚未確立。市場主體行為不規範，市場秩序不規範，政府經濟行為也不規範，這就不可避免地使那些違背法律的經濟活動得以立足。換句話説，在法律還沒有管到的角落，經濟生活中的「亂」是必然的。但這決不意味着市場經濟可以容許這類違背法律的經濟活動的存在。

「亂」是過渡現象　中國經濟中的主流是「活」而不是「亂」。「活」表現為市場競爭開展起來了，市場主體從有效地運用資源和分配資源的角度出發，通過市場交易使經濟變得更有生氣，更有活力，在已經確立市場規則的地方，經濟的波動起伏、企業的興衰、生產要素的流動，都是正常的。從東北圖們江畔的琿春，到廣西的欽州防城一線，到處熱氣騰騰，生意興隆，市面繁榮，這不是「活」又是什麼？「活」與「亂」並存，但「亂」是經濟體制轉軌階段的過渡現象，「活」卻代表着中國經濟的希望，代表着中國經濟的大趨勢。只要對「亂」與「活」有正確的理解，我們對中國經濟發展與經濟改革的信心就會大大增強。

市場規則應逐步完善

市場規則應當以有關市場經濟的一系列法律形式確立下來。在西方發達的市場經濟國家，經濟立法工作經歷了很長的歷史過程，許多經濟方面的法律不斷修訂，不斷補充，才逐漸趨於完善。中國當前急需加快經濟立法，以便使市場經濟運行有規則可循。

可以參考不能照搬　然而，我們不能寄希望於照搬西方國家的各種有關市場經濟的法律，由於國情不同和經濟發展的程度不同，所以儘管我們可以把西方現有的某些經濟方面的法律作為參考與借鑑，但這不等於可以照抄照搬。中國的經濟立法是一種把立法的基本原則同中國國情相結合的創新，即把國際慣例同當前中國的實際情況相結合的創新。還應當注意到，要使中國的經濟立法從一開始就達到完善的地步，是很不現實的。中國從計劃經濟轉向市場經濟的時間不長，而且距離市場經濟體制的建立還有較大的距離。

兩個例子體現規則重要　在這種條件下，有關市場經濟的法律在制定過程中只可能盡量求其完善，但不可能完美無缺。不僅關於公司的立法、證券交易和期貨交易的立法是這樣，甚至關於反對不正常競爭的立法、保護消費者權益的立法也會如此。所有這些法律，都將隨着市場經濟的進展而進行修改和補充，逐漸接近於完善。儘管如此，我們仍應當抓緊經濟立法工作。那怕是不完善的市場規則，也比沒有市場規則要好。一個例子是運動場上的競賽規則。無論是田徑比賽還是賽球，假定沒有競賽規則，整個比賽就無從進行，誰勝誰負也就分不出來了。所以説，為了開展體育競賽，必須有競賽規則。只要有競賽規則，即是規定得不很合理，大家都按照競賽規則所要求的去做，這也大大優於無規則下的體育競賽。另一個例子也許更能説明問題，這就是：在公路上駛車，必須有交通規則。交通規則，不管制定得多麼不合理，比如説，一律不准左拐彎或右拐彎，必須到立交橋或到大轉盤才能拐彎，這當然對駕駛員是很不方便的，但這仍然要比沒有任何交通規則好得多。可以設想一下，假定沒有任何交通規則，那麼對駕駛員來説，就不是方便或不方便的問題，而是有沒有可能安全行駛的問題。沒有交通規則，駕駛員之中誰還敢開汽車上公路？你不撞上別人的汽車，別人的汽車也會撞你，車禍是難免的。這就說明，任何一個駕駛員要在沒有交通規則和不合理的交通規則二者之中選擇一項的話，他寧肯選擇後一種情況而不會選擇前一種情況。

市場競爭要有市場規則　市場競爭需要有市場規則。道理與此是相似的。沒有市場規則，市場一片混亂，誰都得不到好處。即使有的人或有的企業在這場無規則的競爭中有可能佔一些便宜，誰能保證在下一場無規則的競爭中不會輸掉？無規則的市場競爭中，贏家究竟在哪裡，誰也說不清楚。假定有市場規則，儘管這些規則不完善，但只要大家都遵守規則，大家都可以通過交易而得到好處。何況，市場規則總是逐步完善的。發現了市場規則中的不合理，不完善之處，就為修改與補充市場規則準備了前提。出於以上的考慮，在現階段的中國，為了加快市場經濟體制的建立，經濟立法工作應當抓緊進行。有關市場經濟的法律，包括規範市場主體的法律、規範市場秩序的法律、規範政府經濟行為的法律等等、早出台比晚出台好。我們只能在市場經濟實踐的過程中，使法律不斷完善，而不能要求某一項法律只有在十分完善之後才出台。可以預料，從現在算起，今後十年是中國建立市場經濟體制的關鍵時刻。已經公布並實施的各項法律，難道以後就不會再變動了麼？決不會如此。不根據經濟的實踐來修改、補充法律，法律就會成為過時的東西。現在通過的或即將通過的有關市場經濟的某些法律，能夠管十年，那就很不錯了。十年之後，由於客觀形勢的變化，肯定會有所修改、補充，那又有什麼關係呢？不正說明市場經濟在中國的巨大發展嗎？

論市場規則意識

最近一段時間內，國內有越來越多的人注意到「市場意識」了。這就是說，既然要建立市場經濟體制，無論是企業還是個人都應當有強烈的「市場意識」。比如說，企業不能只顧生產，而要了解市場缺少什麼，市場需要什麼；企業不能只抓產值，而要計算一下自己的銷售額的增長率和利潤的變動率；個人在選擇未來的職業時，要考慮市場對人才的需求結構；個人在使用手頭的現金時，要對各種用途的經濟利益作一番比較，等等。不容懷疑，「市場意識」確實是十分重要的。沒有「市場意識」的企業注定要在競爭中失利；缺乏「市場意識」的個人，在市場經濟中，作為勞動力要素的供給者或作為投資者，都會受到損失。

要懂得遵循市場規則　然而，僅僅有「市場意識」是不夠的。企業和個人除了必須有「市場意識」而外，還必須有「市場規則意識」。「市場規則意識」是指：企業和個人作為參加市場活動的主體，要懂得市場的規則，遵循市場的規則，還要善於依靠市場規則來保護自己，不受侵害。只有「市場意識」而缺少「市場規則意識」，企業和個人在市場經濟中既有可能越軌，從事某些不應當從事的活動，也有可能不知道如何利用市場規則來維護自己的正當權益。因此可以這樣認為，一個沒有「市場意識」的企業或個人不會成為真正的市場主體，而一個沒有「市場規則意識」的企業或個人則不會成為成熟的或成功的市場主體。在市場中有一句名言，叫做「和為貴」。通俗一些說，也可以說成是「和氣生財」。這句話並不錯。「和為貴」或「和氣生財」的中心意思是指參加市場活動的主體應當有平等協商的精神，通過協商，相互了解，相互諒解，建立持久的商業上的聯繫，這對雙方都是有利的。雖然市場經濟是競爭性的經濟，但競爭並不排斥協商，也不排除相互的諒解，很多事情需要各方從全局來斟酌，從長遠利益來考慮。斤斤計較眼前的利益，任何事情都爭得面紅耳赤，僵持不下，傷了和氣，那麼業務的發展也必定是極其有限的。但這決不是說在市場主體的正當權益受到侵害時不必據理力爭，不必運用市場規則來保護自己。在這種場合忍氣吞聲，正是缺乏「市場規則意識」的表現之一。在這種場合用不正當的手法來挽回損失，是缺乏「市場規則意識」的另一種表現。

力爭保護正當權益　以企業作為經營者為例。假定商標被別的經營者盜用了，假定產品被仿造了，假定商業秘密被竊取了，這些都意味着自己的正當權益受到傷害。忍氣吞聲，對本企業和對社會都沒有好處。有「市場規則意識」的企業在這種情況下將會根據有關法律的規定，為保護自己正當權益而力爭。法律將制裁那些侵權者，這是維護正常的市場秩序所必需的。以個人作為消費者為例。假定因購買偽劣消費品而使自己的健康或財產受到損害，假定在購物過程中受到敲詐，那也不應忍氣吞聲，而應當根據有關法律的規定來保護自己的正當權益。如果忍氣吞聲，不懂得如何運用市場規則來制裁坑害自己的經營者，那就等放縱容這些不法的經營者，讓他們有機會繼續坑害更多的消費者。

市場經濟有規則運行　現階段，中國有「市場規則意識」的企業和個人都不足。由於相當一部分企業缺乏「市場規則意識」，以致於形成一種「犯規沒什麼了不起」的錯誤觀念，市場秩序不易建立的一個原因就在於此。個人缺乏「市場規則意識」的現象似乎更普遍些。一些人的正當權益明明受到了侵害，卻不知道怎樣保護自己，還有一些人則指望用法律以外的不正當手段來追索自己的損失。例如，收不回債款就扣留人質，在交易中受騙上當就報復泄憤。或者，某乙受到某甲的欺騙，就去欺騙某丙，以轉嫁自己的損失。這些情況都說明，在建設市場經濟體制的過程中，讓社會上更多的企業和個人樹立「市場規則意識」是多麼重要，多麼迫切。有規則的市場運行與市場競爭，不是單純依賴全國人民代表大會和常委會多通過一些法律就能解決問題的。既要立法、執行，又要普遍樹立「市場規則意識」，才能使市場經濟在有規則的條件下正常運行。

消費者應及時得到賠償

在討論應當樹立「市場規則意識」問題時，有人曾這樣說：光有「市場規則意識」頂什麼用？「丟失一隻羊，吃掉一口豬，牽走一條牛，找回一隻雞。」意思是說，某個企業或某人受假冒商品之害。依據市場規則來保護自己，求助於政法部門，結果，請客送禮，自費花錢協助破案，最終，幾經周折，雖然得到了少量賠償（有的甚至得不到賠償），但代價過大，得不償失。受害者心想，還不如不打這場官司哩，「破了財，還惹了一肚子氣」。可見，一些企業和個人之所以不重視運用法律來維護自己的正當權益，在很大程度上與交易中受害後難以及時得到賠償有關。

正確看待兩個問題　怎樣看待這個問題？必須承認，現實生活中出現的「丟失一隻羊，吃掉一口豬，牽走一條牛，找回一隻雞」之類的現象，首先涉及某些基層政法機構是否真正為人民辦事，是否廉潔奉公，以及是否提高工作效率等問題。不花錢不給辦事，這不是政法部門應有的作風。必須在建設市場經濟體制的過程中迅速糾正這種不正之風。其次，侵權的企業究竟能不能給予受害者以賠償，同侵權的企業是否自負盈虧，能否破產還債有關。比如說，假定假冒商品的製造者既不自負盈虧，又不能破產還債，那麼即使被查獲了，它們仍有可能不向受害者賠償。

及時處理小額糾紛　時常聽說這麼一句話：「要命一條，要錢沒有」，這是指：受害的企業與個人不管損失有多大，都難以從侵權的企業那裡得到賠償，因為後者還未成為可以破產還債的獨立商品生產者。這是一個與深化企業改革密切有關的問題，只有通過產權界定與明確才能得到解決。此外，這裡還涉及能不能及時處理交易中受害者的賠償問題。以小額糾紛來說，例如，某個消費者購買了一件金額並不多的商品，質量低劣，消費者要求經營者給予賠償。或者，某個企業發現別的企業偽造了自己的產品，但金額也不多。由於金額不多，所以侵權者或損害消費者利益者完全是有財力給予賠償的。像這一類糾紛就應當迅速處理，曠日持久地拖下去，受害者的時間與精力都會因此受到損失。看來今後有必要在這方面進行改革，如設立專門受理企業消費者個人權益受侵害案件的、並且涉及金額較小的基層法庭或「小額法庭」，迅速了結案件，責令侵權者和損害消費者利益者及時給予受害者以賠償。在市場經濟中，這類小額的糾紛經常發生，如果不採取果斷的迅速結案的方式來處理，交易中受害者的合法權益不易得到保障，市場秩序也難以正常化。

消費者協會應發揮作用　為了使交易中受害者能及時得到賠償，行業協會和消費者協會這樣一些組織今後應當發揮更大的作用。經營者之間的侵權與受害問題，有些可以通過行業協會來解決。消費者的利益受到侵害的問題，有些可以通過消費者協會來協助處理。行業協會有責任保護本行業的合法經營者，消費者協會有責任保護廣大消費者的利益。要使市場秩序趨於正常，行業協會和消費者協會應當承擔各自應有的責任。特別是消費者協會，它們在當前中國的實際情況下更顯得重要。這是因為，消費者個人在同損害消費者利益的企業打交道時，表現為明顯的「弱者」。他們不熟悉情況，不懂得怎樣依靠法律來保護自己，他們又是孤立的個人。有時，他們唯有依賴消費者協會，才能在利益受侵犯時得到應有的賠償。這就是中國的國情，我們必須充分認識這一點。要知道，交易中受害者忍氣吞聲固然是不對的，但忍氣吞聲往往是不得已而為之。只要交易中受害者確實得到了保護，能夠及時得到相應的賠償，哪一個受害者還情願忍氣吞聲呢？

哪種基金更適合

關於公共投資基金的意義及其有利於國民經濟的作用，以前已經談過。這裡要闡述的，是在現階段的中國，在發展公共投資基金時，是應以封閉式的基金為主還是以開放式的基金為主？封閉式的基金和開放式的基金各有哪些利弊？我們應當怎樣趨利避害？

目前宜採封閉式基金　封閉型基金的發行總額是限定的，達到預定發行數額後即進行封閉，不再增加新的發行數額。在基金上市後，投資者可以通過證券經紀商在二級市場買出賣出。開放型基金的發行數額則是不固定的，發行總額也不封頂，即可以根據需要變動。投資者隨時可以向基金管理公司申購基金，也可以隨時向基金管理公司贖回基金（取得現金）。由於這兩種形式基金的發行與交易方式不同，因此它們各自適用於不同的情況。在資金比較充裕，資金市場比較發達，投資者對金融業務比較熟悉的環境中，開放式基金比較適宜；而在資金不那麼充裕，資金市場仍處於發育階段，以及投資者對金融業務還不甚熟悉的環境中，封閉式基金則比較適宜。總的說來，現階段的中國經濟屬於後一種情況，所以在選擇公共投資基金形式時應以選擇封閉式基金為宜。

封閉式基金的四大優點　為了進一步說明這一點，讓我們從以下四個方面進行分析。第一，由於封閉式基金的發行數額是限定的，開放式基金的發行數額是可變的、不封頂的，在中國目前證券市場剛處於起步階段，分散的個人投資者苦於上市股票品種與數量都有限，從而可能「飢不擇食」，非理性地進行投資的條件下，以開放式的基金為主很可能導致基金發行數額難以控制的局面，結果對經濟的穩定、金融的穩定產生消極影響。在這種情況下，不如選擇封閉式基金的形式，穩步地推進公共投資基金這種集資融資方式，避免出現經濟的混亂。第二，在中國，推行公共投資基金不僅是為了籌集資金，更重要的是為了通過公共投資基金的運用來轉換企業經營機制，加快企業技術革新，發展「瓶頸」部門，調整產業結構。這樣，公共投資基金應注意投資的中長期性和資金運用的穩定性。封閉式的基金由於只能通過證券經紀商在證券交易所買賣，比較符合上述要求。開放式基金則由於投資者隨時可以向基金管理公司買回基金，取得現金，一方面，基金有必要經常保留一部分現金備用，另一方面，基金將主要考慮短期投資或單純的證券投資，這顯然與中國現階段發展公共投資基金的主要意圖不符合。第三，現階段中國參加證券市場投資活動的個人中，有相當一部分人僅僅着眼於短期收益，炒買炒賣之風之所以盛行，與個人投資者這種不關心企業實際效益，只熱衷於差價的變動有關。在開放式基金條件下，投資者既可以隨時申購，又可以隨時買回基金，這就更易於把投資者關心的熱點放在差價方面，從而不利於中國證券市場的正常發展。反之，封閉式基金則可以避免出現這一弊端。第四，從運作上看。封閉式基金要比開放式基金簡便些。現階段中國的金融人才、證券管理人才都不足，現有的金融與證券從業人員的管理水平也有待於提高。假定選擇開放式基金為主，人才不足的問題將更加突出。

不必完全拒絕開放式基金　根據以上的分析，可以認為，在現階段的中國，封閉式基金有較大的適用性。當然，開放式基金至少有兩個好處，這也是不容忽視的。一個好處是投資者有較大靈活性，也比較方便，這樣，就有可能吸引那些本來不想參加公共投資基金的居民，把他們手中的閒散資金動員出來了。另一個好處是基金可以根據客觀情況而增加發行數額，不致於錯過新出現的良好投資機會。正因為開放式基金有其優點，所以中國也不應當完全拒絕採用開放式基金這種形式。目前，應當以封閉式基金為主，今後，隨着經濟形勢的變化，也可以逐步過渡到封閉式基金與開放式基金並重的格局。

產權改革與所有制改革

推進經濟改革的關鍵　經濟改革從一推進經濟改革的關鍵——一九七九年算起，到現在整整十五年了。改革已經到了這樣一個時刻，相對說來比較容易改的，都改了，外圍的許多戰役也勝利地告一段落了。留下來的是老大難問題，也是最為棘手的問題。只要這些老大難問題沒有解決，經濟改革的任務就不可能完成，社會主義市場經濟體制也就不可能建立。老大難問題是什麼？是產權改革。比如說，國有大中型企業怎麼辦？不進行產權改革，不把傳統的企業制度改造為與市場經濟相適應的現代企業制度，國有大中型企業是擺脱不了目前的困難處境的。又比如說，投資體制必須改革。怎麼改？仍然是產權改革問題。要讓投資主體承擔投資風險。而如果不進行產權改革，投資主體又怎麼可能承擔投資風險，怎麼可能同市場經濟相適應？再如，金融改革中的重要一環是把專業銀行改造成為自主經營、自負盈虧的商業銀行。這同樣是一個產權改革問題。商業銀行的自主經營和自負盈虧足以界定產權、明確產權為前提的。要使商業銀行成為真正的金融企業，必須使商業銀行擁有包括國家在內的出資者投資形成的全部法人財產權，成為享有民事權利、承擔民事責任的法人實體。這不是產權改革是什麼？最後，以社會保障體制的改革來說，要建立企業養老和失業保險制度、企業工傷保險制度，以及要合理運營社會保險基金，如果不進行產權改革，不理順企業的產權關係，各種社會保險基金如何由社會統籌？社會保險基金又如何能在社會範圍內運營並使之保值增值？產權改革的確是推進經濟改革的關鍵。經濟改革的攻堅戰就是一場大力推進產權改革的關鍵性的戰役。

思想認識尚未一致　今天，經濟改革攻堅戰的序幕已經拉開。但人們在認識上是不是統一了呢？思想上的障礙是不是已經掃除了呢？這還很難說。同意搞股份制試點，並不等於同意普遍和深入地推進產權改革，更不等於同意把大型、特大型國有企業引上多元投資主體的有限責任公司或股份有限公司道路。與此相類似的是，同意進行產權改革，並不等於同意在產權改革過程中把國有經濟保持在適當的、但必要的範圍內，即保持在特定的行業內，更不等於同意採取國家控股和轉讓國有資產的做法。這些認識都需要統一和提高。否則，改革國有大中型企業的設計是難以實現的。

所有制改革是主線　產權改革是所有制改革的核心部分，但不能認為所有制改革只包括產權改革。所有制改革要比產權改革更廣泛些。一般地說，所有制改革包括以下三個部分：第一，產權改革，或者說，產權制度改革。通過產權改革，界定產權，明確產權，建立產權清晰的現代企業制度。國有大中型企業的改革和鄉鎮企業的改革，都屬於產權改革的內容。如上所述產權改革是所有制改革的核心。第二，所有制結構的調整，或者說，從所有制的單一化走向所有制的多元化。這是指：建立以國有經濟、城鄉集體經濟、個體經濟、私營經濟、中外合資經濟、外商獨資經濟各佔一定比例的所有制體系。也就是把國有經濟保持在適當的、但必要的範圍內，擴大非國有經濟的比例，包括非公有制經濟的比例。第三，探索並建立新的公有制形式，或者說，探索並建立接近於社會所有制的形式。例如，公共投資基金、職工持股制、農村的共有經濟組織等等就屬於這種形式。此外，運用社會保險基金進行的投資、工會之類的組織利用自己的資金進行的投資，也具有新的公有制的性質。

中國經濟將面貌一新　所有制改革肯定是下一階段中國經濟改革的重點。經濟改革的主線是所有制的改革。經濟改革的攻堅戰，從這個意義上說，就是深入地進行以產權改革為核心，以建立多種經濟成份為內容的所有制體系和建立接近社會所有制的新公有制為組成部分的所有制改革。這場攻堅戰勝利了，中國的市場經濟體制也就可以確立了。屆時，中國經濟必將以嶄新的面貌展現在全世界的面前。

新華指數的功能與不足

為了有利於廣大投資者掌握中國股市行情，也為了讓國內外有關機構、專家及時了解中國每日股市的變化情況，分析中國股市的發展趨勢，一九九二年上半年起，新華社經濟信息部和北京大學經濟管理系醞釀設計一個全國性的股票價格指數，並於一九九二年七月正式成立了「新華股票價格綜合指數」（簡稱新華指數）課題組。一九九三年六月二十三日開始向社會試發布新華指數。試發布表明，新華指數設計是合理的，計算是正確的，從而得到國內外公眾的關注。試發布以後，為了使新華指數更具有代表性，新華指數的樣本根據股市的發展作了調整，定於一九九四年一月正式發布。

反映中國股市動態 新華指數與中國國內現有股價指數相比，最顯著的特點是進行了選擇，即從交易所上市的全部股票中，選擇若干種股票作為計算樣本。樣本股票必須具有典型性和一定的影響力，同時還需要考慮上市股票的行業分布、股票規模、發行股票的企業業績等因素。換言之，新華指數是一個全國性的股價指數，而不是簡單地將上海、深圳兩個交易所的全部股票加以匯總計算，新華指數的編制同國際上通用的選擇方法是相符合的。新華指數作為一個反映中國股市動態的股價指數，它同目前國內通常使用的上證指數、深證指數之間有着密切的關係，它們都反映中國這個政治、經濟、社會大環境下的股市動態。以A股指數來說，在一九九二年九月三十日至一九九三年四月十六日這一百四十個交易日內，新華指數與上證指數的相關係數是零點九三一九，新華指數與深證指數的相關係數是零點九七四四，上證指數與深證指數的相關係數是零點九三二。總的說，新華指數、上證指數、深證指數彼此之間的相關性都很高，在走勢上有趨同性，但新華指數與深證指數的相關性要好於新華指數與上證指數的相關性，同時，新華指數與上證指數、深證指數的相關性要好於上證指數與深證指數的相關性。

反映經濟發展趨勢 關於新華指數與上證指數、深證指數的相關性好於上證指數與深證指數的相關性，是因為新華指數編制時採用的樣本包括了上海、深圳兩個證券交易所的上市公司。至於新華指數與深證指數的相關性好於新華指數與上證指數的相關性，則是由於新華指數採用上市股票的發行量為權數，初次選擇時，深圳證券交易所上市的股票發行量大於上海證券交易所，樣本股的市價總額中深圳證券交易所的股票所佔份額較大，對新華指數的影響強於上海證券交易所的股票的影響。這種情況以後會隨着樣本的調整以及上海、深圳兩地證券市場的各自發展趨勢而有所變化。新華指數的功能，除了便於投資者及時掌握中國股市的變動信息而外，更為重要的是向國內外一切關心中國經濟走向的機構、企業、投資者個人提供中國經濟的發展趨勢。一方面，這同新華指數與上證指數、深圳指數之間有很高的相關性有關，掌握了新華指數基本上就能了解上海和深圳證券交易所的動向，另一方面，正因為新華指數選擇的是若干家有代表性的、影響力較大的上市公司股票，也是公眾較關注的公司股票，因此它們的價格變動集中反映了中國社會經濟的一般情況和股民的心理狀態。這對分析中國經濟是十分有用的。

不足之處有三點　與國外的一些著名的股價指數（如美國道瓊斯指數和斯坦達德·普爾指數、英國金融時報指數、日本日經指數、香港恆生指數等）相比，新華指數的不足之處主要反映於以下三點：一、中國證券市場還不發達，新華指數的樣本只能在有限的範圍內進行選擇；二、中國證券市場還不規範，國有股還未上市，法人股與個人股兩個市場並列，因此新華指數在編制時需要採取技術性的處理，例如限制發行量大而流通量小的股票進入樣本。三、中國證券市場上 A 股與 B 股目前無法統一，新華指數也就只好分別編制 A 股指數與 B 股指數。可以相信，隨着中國證券市場的發展與規範化，隨着人民幣匯率制度的改革與人民幣逐漸走向可兑換貨幣，上述不足之處是可以克服的。

國家公務員能否購買股票

五方面意見　黨政幹部（或者説，國家公務員）能否在一級證券市場或二級證券市場上購買企業股票，這是在證券法起草過程中遇到的另一個問題。主要有五方面的意見。一種意見是：在證券法中應當寫入凡是黨政幹部（或國家公務員）一律不准購買企業股票；不論是在一級市場還是在二級市場，都應當有此種硬性規定，這才能反映社會主義國家的證券法的特色。另一種意見是：黨政幹部（或國家公務員），既然是公民，那就應當同其他公民一樣，有購買企業股票的權利，有什麼理由把禁止黨政幹部（或國家公務員）購買企業股票呢？黨政幹部或國家公務員購買還是不購買企業股票，這是他們的自律問題，而不是違法不違法的問題。第三種意見是：防止黨政幹部（或國家公務員）購買企業股票，主要是防止他們「以權獲股」。而「以權獲股」主要表現於一級證券市場上，因為在股票發行時最容易出現這類醜聞。至於在二級證券市場上，則不必去管它，反正在二級證券市場上是公開競價交易，風險自負。第四種意見是：黨政幹部（或國家公務員）有職務高低的不同，有負領導責任的，也有大量一般工作人員，應當禁止的，是職務高的或負責證券管理的黨政幹部購買企業股票。至於職務低的和不負實證券管理的黨政幹部（或國家公務員），則聽其自便，不必用法律法規來予以禁止。第五種意見是：從理論上説，不應當禁止黨政幹部（或國家公務員）購買企業股票，這些人是公民，就應當享有其他公民所享有的權利。

以三項制度來規範　但黨政幹部（或國家公務員）同非黨政幹部（或非國家公務員）也應當有所區別，特別是在購買企業股票問題上應當對之作出特別的規定。比如説，對於處於領導層的黨政幹部或負責證券管理的國家公務員持有股票的或購買股票的，可以用以下三項制度來規範。這三項制度是：①個人財產申報制。這是指，凡處於領導地位的和在證券管理部門工作的黨政幹部（或國家公務員），應當向有關部門申報個人的財產及其變動狀況，包括個人持有的股票。②個人買賣股票行為公開制。這是指，上述這些人員如果買進賣出股票，應當向有關部門申報，而不得隱瞞。③個人持有股票托管制。這是指，上述這些人員中的某些人，比如説，在證券管理部門擔負領導職務的人，在職期間應將過去持有的股票交給有關部門集中代管，這段時間內不得再買進賣出。

取締以權獲取股票　　持有第五種意見的人認為，用上述三項制度來加以規範，比單純規定「允許購買企業股票」或「禁止購買企業股票」要好得多。以上談到了關於這個問題的五種不同的意見。各有各的道理。那麼，在證券法中究竟應當怎樣表述呢？究竟採取哪一種意見呢？我的看法是，的確，一切公民都有進行投資的權利，買股票也是一種投資權利，在證券法中是不宜於寫上禁止什麼樣的人購買股票，否則等於剝奪了這些公民的投資權利。在證券市場中，應當制止任何人違法從事證券買賣，取締任何人通過權力或種種不正當手段取得股票，禁止任何人利用職務和手中的權力損害公眾的投資利益，因此不必在證券法中單獨對黨政幹部（或國家公務員）的投資行為作出限制或不限制的規定。在中國現階段，個人財產申報制、個人買賣股票行為公開制、個人持有股份托管制尚未建立，所以目前就讓負有領導責任的黨政幹部（或國家公務員）同其他公民一樣購進賣出股票，沒有好處，既有可能為以權謀私開闢道路，又有可能助長市場上的不正當競爭。針對這種情況，限制購買股票問題，可以由國家公務員條例或守則中加以規定，也可以由黨組織對黨員的要求中作出規定，而不必寫進證券法之中。

腦體收入倒掛析

在計劃經濟轉向市場經濟的過程中，社會上對一些過去不曾出現過的新情況產生各種不同的看法。在群眾所議論的問題中，「收入分配不合理」就是熱門話題之一。對這個問題，我們不能簡單地承認當前存在着「收入分配不合理」現象，或否認這種現象的存在，需要對具體現象做具體分析。況且，對群眾的看法本身也需要作一些討論，其中有些看法是有道理的，但也有些看法可能受到過去長期存在的平均主義的影響、「大鍋飯」思想的影響。有關「大鍋飯」的問題，我在本報一九九三年十月十四日的一篇文章中已經談過了。今天，準備就「腦體收入倒掛」，即腦力勞動者的收入低於一般體力勞動者的現象作些探討。比如說:「造原子彈的人的收入不如賣茶葉蛋的」這種說法已流傳很久了。類似的說法還有:「動手術刀的不如拿剃頭刀的」、「設計汽車的下如擦汽車的」等等。該怎麼看呢？把這些現象說成是「腦體收入倒掛」的表現，並不錯。但問題在於怎樣解釋它們產生的原因，怎樣擬定治除它們的辦法。這要比單純抱怨這些現象的存在好得多。

嚴格地說，賣茶葉蛋收入是一種經營收入，不等於體力勞動者的收入。既然社會上有這種說法，那麼不妨把賣茶葉蛋的視同為一般體力勞動者，也不妨就此展開討論。如果賣茶葉蛋的小商小販是合法經營、照章納稅的，他們的收入再多，有什麼理由硬把他們的收入壓下來？有什麼根據去沒收他們的收入？沒有。「你們的月收入不能超過大學教授、高級工程師」，這不是理由。除非他們賣的是假冒偽劣的茶葉蛋，被查出了，可以沒收非法所得或處以罰款，否則只能讓他們每月有那麼多收入。可見，實質性的問題在於怎樣提高科技人員、知識分子的收入。

不妨先想一想，科技人員、知識分子的收入之所以沒有提高，或提高得不多，原因何在？主要有兩個原因。一是國家想提高這些人員的工資，但財政力量有限。試問，在國有企業三分之一明虧，三分之一暗虧，另外三分之一的企業的盈利在支撐着國家財政的主要部分的條件下，國家怎麼可能馬上拿出一大筆錢來提高科技人員、知識分子的工資？這個問題只有逐步解決。轉向市場經濟之後，企業經濟效益明顯提高了，財政力量有較大程度好轉了，國家就有能力來增加科技人員、知識分子的收入。第二個原因是：過去，在計劃經濟體制下，社會上長期不重視競爭，不重視效益，知識分子被認為同沒有知識的人差下鄉，知識分子的收入當然就不可能提高了。市場經濟是重點競爭的，競爭勝敗取決於效益高低，而競爭歸根到底是人才的競爭，因此市場經濟中必定重視人才，根據各人的能力和貢獻大小給予相應的報酬。所以科技人員、知識分子的待遇問題只有在市場經濟中才能得到解決。

關於腦力勞動者與體力勞動者的收入比較，或者，腦力勞動者與賣茶葉蛋的收入比較，從世界範圍看，請看，哪一個國家造原子彈的人的收入低於賣茶葉蛋的人的收入？發達的市場經濟國家中不會出現這種情況。計劃經濟國家中也沒有這種現象。為什麼？這是因為，在計劃經濟中如果賣茶葉蛋的人賺錢多了，就被當做資本主義尾巴，給割掉了。所以也就不會出現「造原子彈的人的收入不如賣茶葉蛋的」。這說是：無論在市場經濟國家還是在計劃經濟國家，這都是不正常的現象。

當前國內之所以出現這種不正常的情況，是因為我們正處於從計劃經濟向市場經濟的轉變階段，造原子彈的人仍在計劃體制下生活，而賣茶葉蛋的人已經在市場經濟下生活了。過渡時期才有這種「腦體收入倒掛」的怪事，將來是會逐漸消失的。比如說，當大家都知道賣茶葉蛋有機會賺較多的錢的時候，就都去賣茶葉蛋了，一競爭，賣茶葉蛋的人的收入也不會那麼多了。至於「造原子彈的」，那是高度熟練的腦力勞動者，他們的收入肯定要高於一般體力勞動者。此外，還需要考慮這樣一點，在計劃體制下，賣茶葉蛋的小商小販是享受不到政府提供的福利待遇的。他們自己租房子住，看病自己花錢，老了也沒有退休金，因此即使他們收入較多，其中也有合理的部分。轉入市場經濟後，社會保障由社會統籌，賣茶葉蛋的人同科技人員在福利上的差別也會縮小。

財稅改革與經濟發展

中共十四屆三中全會通過的建立社會主義市場經濟體制的決定，對財稅改革作了較為明確的規定。財稅改革主要有三項內容：一是實行中央與地方的分稅制，即按照不同的稅種分為中央固定收入、地方固定收入與中央地方共享收入。二是實行所得稅制的改革，包括統一內資企業的所得稅制，實行內資企業所得稅百分之三十三的比例稅率，以及統一個人所得稅制，實行超額累進的個人所得稅率。三是對流轉稅制進行改革，改革後，增值稅為主，大約佔流轉稅收入的百分之六十，消費稅大與營業稅為輔，大約佔流轉稅收入的百分之四十。

財稅改革是十分必要的。這是推進市場經濟改革的一系列措施中的重要組成部分。財稅改革將對今後的中國經濟產生什麼樣的影響？可以從兩方面進行分析。一是對經濟發展的影響，二是對經濟改革的影響。這裡先談財稅改革對中國經濟發展的影響。財稅改革對經濟發展的影響大體上有以下四點。

第一，通過財稅改革，中央財政收入可以逐漸增多，從而中央能運用集中的財力來加快經濟發展，尤其是用於基礎設施、教育與科學研究方面的投資，從而為今後持續的經濟發展創造條件。中央財力不足具體地反映於中央財政收入在國民生產總值中的比重的下降，中央財政收入在整個財政收入中的比重的下降。這種不利於經濟發展的情況可望通過財稅改革，特別是通過分稅制的實行而逐步改觀。

第二，經濟發展與市場競爭有密切聯繫。市場競爭是推動經濟發展的力量。然而，在實現財稅改革以前，由於企業所得稅率不統一，企業稅負不公平，國有大中型企業的處境不佳。國有大中型企業不僅無法在公平稅負的基礎上同其他企業地競爭，而且它們參加市場競爭的熱情不斷減少，參加市場競爭的積極性受到嚴重挫傷。企業所得稅制統一後，對國有企業、集體企業、私營企業、股份制企業都實行百分之三十三的比例稅率，而不再執行目前承包企業所得稅的做法，同時，對國有企業徵收的能源交通重點建設基金和預算調節基金將取消。這無疑有助於企業之間正常競爭的開展，有助於國有大中型企業的處境的改善，從而有利於經濟發展。

第三，分稅制的推行和企業所得稅的統一，使政府能用稅率調整來調節經濟，使經濟的發展符合宏觀政策目標。這種情況與財稅改革以前是不一樣的。在財稅改革以前，政府不可能依靠稅率調節對經濟進行有效的調節，甚至稅率調節會產生相反的結果，例如，稅率提高本來應有助於抑制經濟增長率，但在地方財政包乾制之下，由於流轉稅率的提高會使地方增加財政收入，所以這反而會刺激地方政府擴大生產規模。財稅改革後，宏觀財政調節的有效將有利於中國經濟的正常發展。

第四，在財稅改革以前，資源配置的不合理在一定程度上與稅制不合理有關。資源配置的不合理主要反映於：加工工業過大而原材料生產相對不足；小企業發展過快而大企業的發展相對緩慢；資源的浪費多和資源遭破壞的情況嚴重。財稅改革以後，資源配置將會改善。這是因為，在分稅制之下，資源稅作為中央與地方的共享收入，除海洋石油資源稅歸中央而外，其餘大部分歸地方財政，這將有利於提供資源的省份有較多的收入來發展原材料生產，改善環境，消除資源遭破壞的狀況。加之，將現行的產品稅改為消費稅，並限於對某些造成較多污染的商品和某些奢侈品征收，也將有利於資源的合理使用。從上述四點可以了解到，財稅改革對中國經濟的持續、穩定、協調發展起着促進作用。目前有這樣一種擔心，即認為分稅制將使地方的積極性受挫，進而對中國經濟發展不利。這種擔心是不必要的。財稅改革中兼顧了地方的積極性，地方可以從三方面得到收入：地方固定收入、與中央共享收入中的分成部分、中央返還收入。這樣，地方利益可以得到照顧。中國經濟發展不會因分稅制而受到不利影響。

財稅改革促進經改

中國的財稅改革不僅有利於經濟發展，而且有利於經濟改革的推進。財稅改革是中國經濟改革的一個重要組成部分，它同經濟領域內的其它改革有着相互推動和相互補充的作用。下面，準備從五個方面來說明財稅改革對經濟改革的積極影響。

第一，財稅改革有利於企業改革的推進。這是因為，財稅改革結束了企業所得稅負下公平的現狀，使企業今後處在公平競爭的位置上，從而將推動企業的公司化。要知道，以往相當一部分企業之所以不願實行公司制，原因之一是由於它們在承包制之下，感到承包制對自己的好處更多一些，放棄承包制就等於放棄了既得利益。以往，還有一部分企業難以實行公司制，原因之一是考慮到企業所得稅負擔不公平。這些企業認為，即使實行了公司制，也不能使自己在市場上有較大的發展機會。現在，財稅體制進行了改革，企業既不必留戀過去承包制所給予的某些好處，也不必擔心今後仍會處於不公平競爭的地位，於是企業改革的進程將加快。

第二，財稅改革有利於國有資產管理體制的改革。國有資產管理體制的改革以前之所以一直不易推進，一個重要的原因是稅利合一，從而國有資產管理部門與企業二者都不重視國有資產的管理與運用問題。財稅改革後，將實現國有資產按股分紅、按資分利或稅後利潤上交等做法，於是稅與利必然是分流的，國家作為管理者收稅與作為投資者取利。國有資產管理體制的改革將適應這一趨勢，而對企業來說，稅利的分流不僅反映了企業產權關係的明確，而且也增加了企業有效地運用國家投資的積極性。

第三，財稅改革對收入分配體制的改革起着積極推動的作用。收入分配體制改革應體現效率優先、兼顧公平的原則。要切實有效地打破平均主義，合理拉開收入差距，同時又要避免少數人收入過多，要重視社會收入分配的協調。這在很大程度上與財稅改革有關。在財稅改革中，統一了個人所得稅制，即將現行的個人所得稅、個人收入調節稅、城鄉個體工商戶所得稅合併，個人所得稅率採用超額累進制。與此同時，財稅改革還包括在條件成熟時開徵遺產稅和贈與稅。

第四，財稅改革與金融改革是密切有關的。這種關係主要反映於：通過財稅改革，中央財政赤字不再向銀行透支，而靠發行長短期國債來解決，這既有利於中央銀行獨立執行貨幣政策，調控貨幣供應量，保持貨幣的穩定，也有利於中央銀行運用公開市場業務來調節經濟，即在二級市場上買進賣進國債券來調節經濟。應當指出，國債券數量少、品種少、結構單一，都是不利於中央銀行在二級市場上運作的，只有通過財稅改革，才能使國債券數量增加，品種增加，結構合理。同時，中央銀行運用公開市場業務，是金融體制改革的內容之一，這將使中國的宏觀調控方式有重大的改進。

第五，財稅改革還同投資體制改革有密切關係。要知道，中國投資體制以往存在的最大問題是國家財政包攬重要建設項目的投資，實際上投資主體不承擔風險，從而造成投資效益低下的狀況。財稅改革中實際上包含了改革投資體制的內容，或者說，投資體制的改革必然涉及財稅改革。這主要是指：要建立國家財政投資融資體系，國家投資以控股、參股等方式進行生產經營性項目的投資，地方財政投資的重點則放在非盈利性的基礎設施和公益設施方面。財稅體制中所包括國家複式預算制度的推行，也同投資體制的上述改革有關，即國家複式預算制度的推行有利於在投資中採取國家資本金投入的新體制。

綜上所述，可以清楚地了解到，財稅改革將大大促進企業改革，並有利於國有資產管理體制、收入分配體制，金融體制和投資體制的改革，從而將推動中國經濟的配套改革。

財政預算赤字問題的討論

在編制財政預算時，是否容許在預算中列入赤字，有兩種不同的觀點。一種觀點認為，編制預算應當避免赤字，堅持量力而行的原則，即有多少收入辦多少事，不能依靠打赤字的辦法來搞經濟建設。否則，對經濟有治極影響，赤字越大，後果越嚴重。另一種觀點則認為，要在預算中不出現赤字或編制預算時不列入赤字，既是不現實的，也是不可取的。在中國經濟發展的現階段，要消滅財政赤字，是不可能的事情，除非不搞經濟建設，即把財政單純變成「吃飯財政」。顯然，「吃飯財政」的害處更大。所以問題不在於要不要在預算中列入赤字，而在於把財政預算赤字保持在多大程度上，使預算赤字不超過國民生產總值的一定百分比或財政收入的一定百分比。

這兩種不同的爭論由來已久，時至今日，爭論尚在進行之中。我的看法是：後一種觀點是對的，因為這符合中國當前的實際情況。從理論上説，財政應服從於國民經濟。也就是説，我們不能就財政論財政，而應當就經濟論財政，就財政論經濟。就經濟論財政是指：財政的政策目標並非財政收支平衡，而是經濟增長率、通貨膨脹率、失業率、國際收支差額的控制或有關指標的完成情況。就財政論經濟是指：財政收入的變動或財政支出的變動對國民經濟產生多大的影響，從而又怎樣反過來影響財政收入和財政支出。正是從這個角度來看，預算中不列赤字等於財政自己把自己的手腳全捆住了，財政對經濟的積極作用也就發揮不出來了。

容許財政預算中有赤字，並不意味着沒有任何限制條件。除了上面已經提到的應把財政赤字控制在國民生產總值和財政收入的一定比例之下以外，還需要注意這樣兩點：

第一，怎樣彌補財政赤字？以往，總是用向銀行透支的辦法來彌補財政赤字。這個辦法有害於經濟。較妥當的辦法是用發行國債券的辦法。國債券的發行可以使本來用於企業與個人消費與投資的貨幣轉化為政府的消費與投資，不致於增加貨幣供給量。中央銀行不得在一級市場上買入國債券，而只能在二級市場上買進賣出國債券，否則仍然難以控制貨幣供給量。

第二，如果容許財政預算中列入赤字，那麼這究竟是指中央財政預算中可以有赤字呢，還是指中央與地方預算中都可以有赤字？這個問題涉及地方財政實際困難的解決方式。一些地方的領導人認為，目前由於多種原因，貧困地區的財政收入還不能做到收支相等，赤字無法避免，如果一概不准許地方財政預算中有赤字，與實際情況不符，不如規定地方預算中的赤字也應保持在國民生產總值或財政收入的一定比例的限度內。關於這個問題，我的看法是：通過財稅改革，對於財政困難的省份，中央應有一部分返還給地方的收入，這將有助於地方改善財政狀況。地方在編制財政預算時，不應當在中央補助了地方財政之後再列入赤字，理由是中央已經對地方的財政困難給予補助了。不妨設想一下，假定中央補助之後，地方財政預算又列有赤字，全國的財政赤字不是又難以控制了嗎？總之，在我看來，在中央對地方財政困難給予補助的前提下，寧可中央財政預算的赤字稍多一些，也比容許地方財政預算各有赤字要好。

根據以上的分析，可以得出這樣的結論：為了更好地發展經濟，中央財政預算有一些赤字，是難以避免的。對於像中國這樣一個發展中的國家來說，也許只有「用財政赤字減少財政赤字」，才具有較大現實性。這是指：為了使經濟有較大的發展，目前不可能消滅財政赤字，因此只有容許財政赤字的存在（當然要使它們控制在一定限度內），等經濟發展了，財政狀況好轉了，也就有可能使財政赤字在國民生產總值與財政收入中比重下降，從而為最終實現財政收支平衡創造條件。

現階段中國就業問題的特殊性

宏觀政策目標體系中包括多項目標，就業目標是其中一項。鑒於就業問題的重要意義，因此我們有必要對現階段中國的就業目標進行研究。中國經濟正在由計劃體制轉向市場體制。在這一過程中，有兩類失業。一是過去長期存在的隱蔽失業的公開化，二是市場競爭下願意工作而又找不到工作的人，包括達到就業年齡而未能就業的城鎮青年。隱蔽失業的存在是計劃體制下的一種特殊情況。比如說，企事業單位中人浮於事，儘管一些人閒着沒有工作做，但只要有工資可領，只能算隱蔽失業，而不能算公開失業。廣大農民則被看成是全部就業的勞動者，對他們來說，不存在失業問題，而只能稱他們是隱蔽失業者。所以在現階段，討論就業問題時，我們所要注意的並非有多少人沒有工作可做，而是實際上不能取得收入的人數或不能取得全部工資的人數究竟有多少。對一般家庭來說，有沒有收入是至關重要的，保留不保留職務的名義則是次要的。換言之，在現階段的中國，什麼樣的人可以歸入失業者的行列，大體上有以下幾類人：

1、農民離開了本鄉本土，外出尋找工作而又未能找到工作，他們沒有收入。這種失業屬於隱蔽失業的公開化。

2、農民離開了本鄉本土，外出尋找工作。暫時找到了工作但後來又失去了工作，他們也就沒有收入了。這也屬於隱蔽失業的公開化。

3、城鎮居民達到了就業年齡，願意有工作但卻沒有找到工作，他們沒有收入。這屬於公開的失業。

4、城鎮居民原來在企事業單位中工作，由於各種原因失去了工作，從而也就失去了收入來源，這也屬於公開的失業。

5、城鎮居民原來在企事業單位中工作，由於各種原因，雖然仍然留在企事業單位中，有名義上的職務，但卻領不到工資或只能領到一部分工資。這可以被看成是隱蔽失業的公開化的另一種表現形式。

由現階段中國就業問題的特殊性，很自然地產生了現階段中國就業目標的特殊性。這是因為，研究就業目標的目的在於：政府在實行宏觀經濟管理時，要確定應維持什麼樣的失業率水平，不讓失業率超過社會可以承受的限界。於是就需要統計失業人數。在統計失業人數時，不能僅僅把上述第三類失業者（達到就業年齡而找不到工作的城鎮居民）和上述第四類失業者（原來在企事業單位中而又失去工作的城鎮居民）包括在內，而忽略了上述第一類、第二類和第五類失業者（他們都屬於隱蔽失業的公開化）。從有沒有收入的角度來考慮問題，要比從有沒有名義上的職務或工作場所的角度來考慮問題更有實際意義。也就是說，雖然一切隱蔽的失業可以不計算入失業人數之中，政府在制定就業目標時可以不考慮隱蔽失業狀況，但只要隱蔽的失業公開化了，隱蔽的失業者成為公開的失業者了，那麼這就成為現實的社會問題，政府就必須認真對待，務使上述第一類至第五類失業者的總數不超過一定的百分比，即不超過社會可以承受的限界。

按照這種觀點，現階段中國的失業率（把上述第一類至第五類失業者全都包括在內），是高於官方統計中所列出的失業率的。在今後一段時間內，只要農村的多餘勞動力繼續外出而又找、不到工作，失業率還會上升；只要更多的企事業單位不能使那些名義上仍留在本單位的職工得到收入或領取全部工資，失業率也會上升。我們不能不正視這一事實。怎樣解決這個問題？這將是一個長期的任務。這裡提出兩點建議：

第一，從積極的方面看，能不能通過第三產業的發展，通過私營、個體經濟的發展，多吸收一些勞動力？拓寬就業門路，可以收到一定效果。

第二，從消極的方面看，能不能設法延緩隱蔽失業公開化的進程？隱蔽失業公開化速度太快，社會是難以承受的。

「物價基本穩定」的含義

社會對物價上漲的承受力並不是固定不變的。在物價一直穩定的環境中，也許百分之四至五的物價上漲率就已經不能被社會所承受；而在物價一直以較高比率上漲的環境中，如果物價上漲率轉而保持在百分之十上下，社會也可以承受。此外，理論家們可以區分公開的通貨膨脹和隱蔽的通貨膨脹，而居民們只察覺到公開的通貨膨脹，認為這難以承受。至於隱蔽的通貨膨脹，則通常不被居民所注意，因此他們可以接受隱蔽的通貨膨脹，甚至還以為這就是物價的「穩定」。正因為物價上漲與居民承受力之間有這種複雜的關係，所以政府在制定物價基本穩定目標時，需要考慮的是：

一、零通貨膨脹率是不現實的，只有物價基本穩定才具有可行性。二、物價基本穩定是指把通貨膨脹率控制在社會可以承受的限界內。三、在制定和實施物價基本穩定目標時，應當以公開的物價上漲率為準，「隱蔽的通貨膨脹」是一種不正常的情況，不應當考慮在內。四、儘管在物價上漲中有「隱蔽的通貨膨脹」公開化的作用，也有從封閉經濟走向開放經濟時因價格比例關係按國際市場狀況而調整所起的作用，但不能因此而忽略了物價上漲的社會承受力。對一般居民來說，他們所注意的是物價上漲幅度，而不問物價上漲是合理的還是不合理的，也不管物價上漲是由哪些因素所引起的。這就是說，政府在制定物價基本穩定目標時，只應考慮社會對通貨膨脹的承受程度，而不應假定居民會較多地承受因這一因素引起的物價上漲，或假定居民對另一因素引起的物價上漲的承受力較小。五、了解當前中國通貨膨脹的特殊性質，以及盡可能弄清楚不同因素在引起物價上漲方面的作用，有助於政府採取有效的措施來抑制通貨膨脹，降低物價上漲率。換言之，政府在制定物價基本穩定目標時只應考慮社會對通貨膨脹的承受程度，而政府在實施物價基本穩定目標時，則應根據不同因素在引起物價上漲中的作用而採取相應的對策。

根據以上分析，可以認為，就現階段中國的情況而言，物價基本穩定是指社會可以承受的通貨膨脹率，由於通貨膨脹率已經高達百分之十三，今年前兩個月的通貨膨脹率達到了百分之二十，所以要把通貨膨脹率壓低到前幾年曾作為目標提出的百分之六，看來是不可能的。因此，相對於一九九三年而言，即使一九九四年的通貨膨脹率能降到百分之十，也未嘗不可以説物價基本上被穩住了。同時，還應當參照經濟增長率來確定社會對通貨膨脹的可承受程度。如果經濟增長率很低，即使物價上漲幅度不大，居民也難以承受。如果能保持百分之十的增長率，通貨膨脹率只要低於百分之十，社會仍然可以承受。

只要不是惡性通貨膨脹，問題不致於惡化。何況，假定物價上漲率一直攀高，政府用以調節經濟的常規性措施（如提高利率，控制信貸規模等）起不了作用，那麼政府在必要時可以運用應急的「挽救性措施」。這在市場經濟條件下也是允許的。為了使群眾情緒平息下來，政府可以採取的應付高通貨膨脹率的「挽救性措施」包括：一、宣布銀行存款保值，即根據物價上漲率調整利率，實行銀行存款利率指數化；二、臨時性凍結物價，或凍結某些生活資料的價格；三、實行工資收入和退休金的指數化，按物價指數調整工資收入和退休金；四、對某些生活必需品實行憑票證供應，按限價出售，由財政給予差價補貼；五、在有一定倉儲物資的條件下，拋售倉儲物資，平抑物價；六、在有一定外匯儲備的條件下，利用外匯購進國外的某些商品，在市場上銷售，以緩和供求矛盾，並由財政給予差價補貼。此外，還可以採取出售國有的房產和生產資料，轉讓土地使用權等辦法，回籠貨幣，抑制高通貨膨脹率。總之，這些應付高通貨膨脹率的「挽救性措施」全都掌握在政府手中，在政府認為必要時可以推出其中一項或幾項，社會形勢也就可以穩住了。

關於宏觀調控的爭論

在國內經濟學界，自去年十月開始，就宏觀調控問題展開了爭論。當這些爭論發生後，有人說：「現在出現了反對宏觀調控的論調」。這種說法是不正確的。據我所知，並沒有哪篇文章主張實行自由放任的市場經濟，也沒有哪篇文章認為不需要有政府的宏觀經濟調節措施。國內經濟學界普遍的看法是：在現代市場經濟中，為了使經濟運行正常化，使經濟秩序規範化，政府的宏觀調控不可缺少。那麼，經濟學界在這方面的爭論是什麼呢？爭論大體上集中於以下三個問題：

第一，用什麼方式進行宏觀經濟調節？不少經濟學者認為，儘管宏觀經濟調節不可缺少，但宏觀經濟調節不以行政干預為主，而應以經濟手段的調節為主。在市場經濟中，只有運用經濟手段進行宏觀經濟調節，才能使宏觀經濟運行符合政府的政策目標。如果以行政干預為主，豈不是又回到計劃經濟體制的老路上去了？

第二，宏觀經濟調節的方向是什麼？這裡所說的宏觀經濟調節的方向，是同對宏觀經濟形勢的估計聯繫在一起的。如果判斷後認為當前經濟中社會總需求過大，那就有必要實行緊縮措施。如果判斷後認為當前經濟中社會總需求不足，那就有必要實行擴張性政策。如果判斷後認為當前經濟中存在的主要是結構性問題，於是緊縮措施與擴張性政策就應當結合起來採用，即有必要實行「鬆緊搭配」的宏觀經濟調節。出於對宏觀經濟形勢估計的不同，因此，有些經濟學者即使讚成宏觀經濟調節，但卻不一定讚成實行緊縮措施，而可能主張採用「鬆緊搭配」的宏觀經濟調節。

第三，宏觀經濟調節的結果是什麼？宏觀經濟調節要達到什麼樣的目標，這是一個引起爭議的問題，也是學術界所討論的政策目標順序排列的問題。假定單純以物價基本穩定為首要目標，毫無疑問，宏觀經濟調節就以緊縮為方向，盡力抑制通貨膨脹。假定單純以解決就業問題為首要目標，毫無疑問，宏觀經濟調節就應以擴張為方向，盡力刺激經濟增長，以擴大就業。顯然，單一目標是片面的、不妥的。政府的宏觀政策目標是一個體系，由多項目標構成。雖然在多項目標的順利排列上有先有後，有急有緩，有主有次，但無論如何，各項目標都應被考慮到，而不能只顧其中一項而不顧其他。總的說來，政府的宏觀經濟調節的結果不應當是為了抑制通貨膨脹而把經濟增長率大幅度降低，從而犧牲了就業目標；宏觀經濟調節的結果應當是：既保證經濟以較高的速度增長，使就業問題得以在經濟增長過程中解決，又能把通貨膨脹率控制在社會可以承受的限界內。

通過以上的分析，在宏觀政策目標的順序排列上可以得出這樣的論斷：在一般情況下，應當促進經濟增長，在增長中保持物價基本穩定。為什麼這裡要說明「在一般情況下」呢？因為把特殊情況排除在外了。比如說，在近期內物價急劇上漲，連續上漲，幅度又很大，引起了居民的恐慌，那麼這就屬於特殊情況。特殊情況下應當採取特殊對策，即這時可以實行緊急的措施，把通貨膨脹的勢頭壓下來，從而由過高的通貨膨脹率所引起的社會不安的形勢就可以穩住了。世界上有些發達的市場國家在緊急情況下也曾使用類似的宏觀調控手段，它們的經驗是可供參考的。人們常說，對宏觀經濟的管理與其說是一種技術，不如說是一種藝術。客觀形勢總在不斷變化。可以認為，這一年的通貨膨脹或失業不大可能同歷史上某一年的通貨膨脹或失業一模一樣，因此照搬歷史上的做法不一定有效。這就需要宏觀調控的決策部門從具體情況出發來擬定對策。從這個意義上說，把宏觀經濟的管理說成是一種藝術，或類似於藝術，是有道理的。

職工在公司中的地位

《公司法》已於去年十二月二十九日由全國人大常委會通過，在公司法起草與討論過程中，關於職工在公司中的地位問題，曾多次徵求各界的意見。在公司法案即將提交全國人大常委會第三次審議時，中共十四屆三中全會對於建立社會主義市場經濟體制作出了重要的決定，決定中也提出了與職工在公司中的地位有關的若干重要論點。因此，究竟在《公司法》中如何規定職工在公司中的地位，需要從西方面進行考慮：一方面，要使《公司法》符合市場經濟運轉的要求，同國際慣例相適應，另一方面，要使公司法符合中國國情，能被廣大職工群眾所接受。

這裡涉及的一個主要問題是職工代表大會制度。在現有的國有企業和集體企業中，職工代表大會作為實行民主管理企業的形式，在企業中起着重要作用。那麼，這是不是意味着在按《公司法》組建的有限責任公司和股份有限公司中也要實行職工代表大會制度呢？看來，不能這樣規定。公司法第三十七條寫道：「有限責任公司股東會由全體股東組成，股東會是公司的權力機構」，第一百零二條寫道：「股份有限責任公司由股東組成股東大會。股東大會是公司的權力機構」。董事由股東會選舉產生，總經理由董事會聘任或解聘。一家公司只能有一個權力機構，這就是股東會。假定實行職工代表大會制度，由職工代表大會選舉或罷免公司領導人，那豈不是形成兩個權力機構了？公司又怎能按照市場經濟的要求運轉呢？可見，在依照公司法組建的公司中，必須堅持股東會作為唯一的權力機構的原則。

《公司法》第十六條第二款這樣寫道：「國有獨資公司和兩個以上的國有企業或者其他兩個以上的國有投資主體投資設立的有限責任公司，依照憲法和有關法律的規定，通過職工代表大會和其他形式實行民主管理。這裡僅指出國有獨資公司和全部由國有企業或國有投資主體組成的有限責任公司通過職工代表大會實行民主管理，不包括股份有限公司，也不包括有非國有投資在內的有限責任公司。這是適應市場經濟的要求的。在國有獨資公司和全部由國有投資組建的有限責任公司中，通過職工代表大會實行民主管理，有利於國有獨資公司和全部由國有投資組建的有限責任公司提高管理效率，提高經濟效益。但這仍不是指應由職工代表大會選舉或罷免公司領導人。《公司法》第六十八條規定：國有獨資公司的董事會成員由國家授權投資的機構或者國家授權的部門委派或更換;董事會成員中應有公司職工代表，由公司職工民主選舉產生;董事長、副董事長則由國家授權投資的機構或者國家授權的部門從董事會成員中指定。兩個以上的國有企業或者其他兩個以上的國有投資主體投資設立的有限責任公司的領導人，同其他有限責任公司的領導人一樣，都由股東會選舉產生。《公司法》中對職工代表大會作了上述規定，並不意味着職工在公司中的地位下降了。關於職工在公司中的地位，公司法這樣寫道：

第十五條:「公司必須保護職工的合法權益，加強勞動保護，實現安全生產。」

第十六條:「公司職工依法組織工會，開展工會活動，維護職工的合法權益。」

第五十五條和第一百二十一條規定，公司研究決定有關職工工資、福利、安全生產以及勞動保護、勞動保險等涉及職工切身利益的問題，應當事先聽取公司工會和職工的意見，並邀請工會或者職工代表列席有關會議。第五十六條和第一百二十二條規定，公司研究決定生產經營的重大問題、制定重要的規章制度時，應當聽取公司工會和職工的意見和建議。

此外，第五十二條和第一百二十四條還規定，公司監事會由股東代表和適當比例的公司職工代表組成，監事會中的職工代表由公司職工民主選舉產生。

所有這些都表明，職工在公司中的地位並不因股東會作為公司唯一的權力機構而降低。根據公司法，不僅職工的合法權益受到保護，而且職工有權選舉監事行使對公司的監督權，有權通過工會反映自己的意見和建議。如果職工入股，那麼職工作為股東而享有股東的一切權利。

勞動者與勞力市場

在中共十四屆三中全會通過的關於建立社會主義市場經濟體制若干問題的決定中，正式採用了「勞動力市場」這一提法。決定中寫道：「改革勞動制度，逐步形成勞動力市場。」與過去所使用的「勞務市場」這一提法相比，使用「勞動力市場」無疑是理論上的一大進展。要知道，「勞務市場」的含義是不確切的，勞務就是服務，就是無形產品。「勞務市場」至多只能被解釋為服務的交換，或被解釋為對服務的需求與服務的供給二者之間的關係，這與勞動力市場不是一回事。過去之所以不敢使用「勞動力市場」這個提法，在很大程度上與人們的錯誤認識有關。人們會聯想到，在社會主義制度下，勞動者不是主人翁麼？在勞動力市場上，勞動力作為商品而被交換，這豈不與勞動者當家作主有抵觸？如果人們的認識始終停留於這一水平，那是不可能在這方面有所突破的。

實際上，勞動者與勞動力不是同一個概念，二者是有區別的。在社會主義國家中，勞動者是國家的主人，國有資產屬於全體人民，這已由憲法所規定。因此，建立現代企業制度，把企業改組為有限責任公司或股份有限公司，發展市場經濟等等，都不違背勞動者作為國家的主人這一根本原則。勞動者當家作主，在政治上通過人民代表大會制度而體現出來，在經濟上通過「國有資產屬於全體人民，國有資產的收益用於為全體人民謀利益」這一原則而得到體現。

然而，當我們談到勞動力市場時，則是把勞動力當做生產要素之一來對待的。市場經濟是一個完整的市場體系，包括商品市場、生產要素市場和產權交易市場，而在生產要素市場中，包括了資金市場、房地產市場、技術市場、勞動力市場等。生產要素應當進入市場，通過市場的調節而得到有效的使用與配置，生產要素的價格也只有在市場調節中才能趨向於合理。既然勞動力是生產要素之一，並且是最重要的生產要素，那麼勞動力理所當然地要進入市場。勞動力市場的形成與發展不取決於人們喜歡不喜歡「勞動力市場」這幾個字，而取決於市場經濟發展的要求。

換句話說，勞動者作為國家的主人，這是就廣大勞動者在社會主義國家中的地位而言的。勞動力作為一種生產要素，勞動力市場作為一種生產要素市場，這是就市場經濟發展的要求和建立市場體系的要求而言的。那種認為既然勞動者當家做主，就不應當再出現「勞動力市場」之類的看法，是把作為社會主義國家的主人的「勞動者」同作為生產要素之一的「勞動力」混淆在一起了。只要從理論上弄清楚了這些，我們也就有可能對下述兩個問題有較為正確的理解。

一個問題是：勞動者是國家的主人，為什麼要使用「僱傭」、「僱傭關係」這些概念？這個問題之所以會存在，與長期以來把「僱傭」同「剝削」聯繫在一起有關。過去，在傳統理論影響下，市場經濟總是被看成是資本主義經濟，於是僱傭等於剝削，受僱傭等與被剝削。這種理解顯然不妥。在社會主義國家中，在公有制為主的企業中，僱傭只不過是合同關係，僱傭並不意味着剝削與受剝削，而意味着僱傭與受僱傭雙方按照合同辦事。在勞動力市場上，勞動力作為生產要素進行交換，僱傭合同體現了勞動力這一生產要素的交換行為。這同勞動者作為國家的主人是不矛盾的。另一個問題是：勞動者是國家的主人，為什麼社會主義社會中還容許失業的存在？這又是同長期以來傳統理論的影響分不開的。在市場經濟中，企業之間有激烈的競爭，效益好的企業成長壯大，效益差的企業停產破產，從而使一些工人處於失業狀態。這在市場經濟中是正常的現象。那種認為社會主義社會中「國家應把企業包下來，企業應把工人包下來」的想法不符合市場經濟的要求，而且必然導致企業失去活力。因此，勞動者作為國家的主人與容許失業的存在，並不抵觸。假如不顧經濟效應而讓企業把工人全部包下來，那麼最終的結果必定是生產力發展受限制，國家利益受損失。

第五章 怎樣提高生活質量

- 怎樣提高生活質量
- 鐵路與市場經濟
- 鐵路企業的公司化
- 鐵路經營中外合資
- 析國內資金供給不足
- 合理的經濟增長率
- 關於適度失業率的討論
- 效益優先 兼顧公平
- 機會均等與按效益分配
- 收入分配協調的標誌
- 通貨膨脹的多種原因
- 經濟改革兩種思路之爭
- 再論經改兩種思路之爭
- 市場經濟與國有經濟能否協調
- 個人投資的盈利目的
- 如何看待個人經營中的僱工
- 怎樣看待私營企業高收入
- 談談奢侈性消費
- 股份公司與非經營性資產的剝離
- 公司制與國有資產的保值增值
- 股份制改造中的產權界定
- 發展中國家「就業優先」的理由

怎樣提高生活質量

本世紀下半期起，生活質量成了發達國家社會各界所關心的熱點問題。生活質量包括：環境的清潔優美、居住條件的改善、教育與醫療保健設施的完備、社會秩序的良好等。在經濟發展過程中不注意生活質量，甚至使生活質量日益下降，是不符合經濟發展的目標的。中國作為一個社會主義國家，在發展中必須汲取發達國家的經驗教訓，及早注意生活質量問題。生活質量的提高需要一定的物質基礎，但這並不是說我們一定要等到經濟發達了再着手於生活質量的提高。雖然提高生活質量需要有較多的人力、物力、財力投入生活質量部門（如環境保護、教育、文化、衛生、福利、公共交通、住宅建築、社會服務部門等）。但事在人為，只要社會各界努力，生活質量仍可大大提高。這是因為：

一、即使現階段我們還不可能把較多的資源用於提高生活質量，但至少我們可以減少對生活質量的損害。比如說，現階段國家用於治理環境、改善環境的經費是有限的，但我們仍有可能制止環境繼續遭受破壞，減少或消除新的污染源的出現。又如，現階段國家由於資源有限，還不可能把義務教育的年限再延長幾年，但我們仍有可能在已經規定的義務教育的年限內，把義務教育工作做好，讓應該接受義務教育的兒童都能入學受教育。此外，像社會風氣的好轉、社會秩序的維護等等與生活質量提高有關的內容，在現階段通過社會各界的努力，都是可以實現的。

二、假定說在一定的人均國民生產總值水平上社會用於提高生活質量的資源為既定，那麼我們就應該使各種用於提高生活質量的資源發揮更大的作用，也就是說，應該提高資源使用效率。這一點是可以做到的。要知道，目前在教育、醫療保健、住房建設、社會服務設施和環境治理等領域內資源的使用效率都不夠高，既定資源的利用仍有較大潛力可以挖掘。如果我們朝着提高資源使用效率的方向努力去做，生活質量必將在現有水平上大為改善。

三、假定說在一定的人均國民生產總值水平上社會用於提高生活質量的資源為既定，那麼我們還可以通資源配置結構的調整來增加用於提高生活質量的資源。資源配置應該力求合理，用於提高生活質量的資源有可能在資源總量為既定條件下通過資源配置結構的調整而增多。問題在於資源配置結構的這種調整是不是會影響整個經濟的發展速度。一些資源被移出了經濟發展領域而轉用於生活質量部門，這是提高生活質量的需要。但只要繼續留在經濟發展領域的資源能被更有效地利用，只要它們的使用效率提高了，那麼整個經濟的發展速度並不會因此而下降。

以上的分析說明，儘管現階段可以用於提高生活質量的資源是有限的，但通過努力，未嘗不可以在現有資源的基礎上加速生活質量的提高。然而，資源使用效率的提高和資源配置結構的調整與經濟體制改革密切有關。如果經濟體制不改革，比如說，使用資源的主體不承擔低效率開發與利用資源所造成的損失，資源價格十分不合理，或資源的產權與使用權不明確，這都會使資源難以流動和重新組合，使資源使用效率繼續處於低下狀態。這表明，在現階段的中國，要提高生活質量，必須加快經濟體制的改革。

可以設想，通過經濟體制的轉軌，使用資源的立體承擔低效率開發與利用資源的損失了，資源價格合理了，資源流動與重新組合的障礙消除了，中國的生活質量完全有可能在經濟發展中大大提高。

展望下世紀，隨着中國城鄉居民收入的增長與教育水準的提高，他們的生活質量意識必將不斷增強。居民的生活質量意識增強了，他們將會自覺地維護生活質量，生活質量的提高也就越有保證。

鐵路與市場經濟

最近，我應鐵路部門的邀請，到鄭州、洛陽、南陽進行了考察。我的觀點是十分明確的：為了改變鐵路運輸現狀，技術革新和加強企業管理固然非常必要，但更為重要的是進行體制改革。只有體制改革取得了實際的成效，中國的鐵路運輸和鐵路建設才能呈現新的面貌。由於長期以來鐵路部門是受計劃經濟體制束縛最牢固的部門之一，因此在推進鐵路的體制改革，遠非易事。阻礙着鐵路體制改革進展的，主要有以下四種思想顧慮。

一是認為鐵路是一種公益事業，不適宜轉軌到市場經濟。持這種看法的人常說，鐵路運輸關係到千家萬戶的利益，必須把鐵路部門當做公益事業來辦，怎能用一般企業的標準來要求它呢？應當指出，這種看法是不符鐵路的實際的。鐵路企業是企業，不同於公益性的事業單位，如醫院、博物館等。即使以客運來說，鐵路也與市內交通有所區別。鐵路要為人民服務，這是毫無疑問的。但鐵路為人民服務應當體現於自身的高質量服務上，而並不意味着鐵路不必講究經濟效益，也不意味着鐵路不能按照市場經濟規律來經營管理。

二是認為鐵路是一個特殊的部門，只有政企合一，才能把鐵路辦好，只有實行半軍事化的管理，才能使鐵路暢通無阻。其實，這純粹是誤解。我們不否認鐵路的運輸有一定的特殊性，正如民航、郵電、電力等部門各有特殊性一樣，但這並不等於說對鐵路要實行半軍事化的管理，也不意味着鐵路部門有理由採取政企合一的體制。鐵路企業同民航企業、郵電企業、電力企業一樣，都是企業，於是都應當按照企業的模式來經營管理，並使它們自主經營、自負盈虧。如果以鐵路部門的特殊性為理由而堅持鐵路部門的政企合一和半軍事化管理，其結果必定是扼殺了鐵路企業的活力和自我發展能力，使鐵路處於遠遠落後於其它部門、其它企業的狀態，鐵路也就難以完成自己在國民經濟中的重要使命。

三是認為鐵路本身具有壟斷性質，獨此一家，因此不能像對待國民經濟中的競爭性行業和競爭性企業那樣對待鐵路企業，鐵路部門即使需要改革，那也只限於管理方式的調整或管理權限的重新劃分。要知道，這種看法同樣是不正確的。鐵路固然具有壟斷性質，但鐵路企業畢竟是企業，難道壟斷企業就不需要進行體制改革麼？體制改革是指從計劃經濟體制轉向市場經濟體制，對企業來說，是指從政企不分、不自主經營、不自負盈虧轉為政企分開、自主經營、自負盈虧，壟斷行業的企業也不能例外，否則企業將萎縮不振。再說，鐵路的壟斷不是絕對的，在交通運輸業中，鐵路同民航、船運、長途汽車相互競爭，相互替代，相互補充。鐵路企業不改革，缺乏活力和自我發展能力，技術落後，價格偏高，服務質量差，旅客和貨物都有可能轉而採取其它運輸方式。鐵路同其他運輸方式的競爭今後將會加劇，這就給鐵路部門以巨大的壓力，迫使鐵路加快改革。

四是認為鐵路在技術上和經營上有自身的特點，例如全國聯網，各個鐵路局發出的列車共同使用某些鐵路設施，各個鐵路局因地理位置不同而有不同的收入等等。因此，要進行鐵路體制改革，似乎只能建立一個統一的「中國鐵路總公司」之類的組織，而不宜像其它行業的企業一樣改組為若干個自主經營、自負盈虧的公司。要知道，這種看法的錯誤之處在於把鐵路在技術上和經營上的特點同鐵路體制改革對立起來了。任何行業都有技術上和經營上的特點，比如民航、電力行業都有不同於其它行業的技術特點與經營特點。在進行鐵路體制改革時，要考慮到這些特點，但這不等於不能進行鐵路體制改革。至於建立統一的「中國鐵路總公司」之類的建議，那更有可能的是一種翻牌公司、行政性公司，與市場經濟的要求是格格不入的。

可以深信，一旦消除了上述這些思想顧慮，認識到鐵路不僅可以同市場經濟相適應，而且必須按市場經濟的要求進行改革，中國的鐵路改革就可以切實有效地推進了。

鐵路企業的公司化

上一期我已就中國鐵路改革的認識問題發表了自己的見解，接着要討論的是鐵路企業怎樣改革？鐵路企業改革的目標模式是什麼？怎樣在鐵路體制改革過程中維持鐵路的正常運行？

以一台機器來說，要對它進行重大改造，應當讓它停止運轉。在機器運轉時對它進行重大的改進，是非常困難的。鐵路好比一台機器，但這台機器不可能停止運轉，我們必須在鐵路運行（而且是超負荷運行）的同時進行鐵路體制改革，難度顯然很大。然而，我們卻不得不知難而進，否則，時間拖得越久，國民經濟因之受到的損失就越大，鐵路改革的困難也會越多。那麼，怎樣進行鐵路改革呢？鐵路企業的公司化是改革的目標模式。為了實現鐵路企業的公司化，我想用「三先三後」來概述。「三先」是指：工副業先行，新路先行，試驗項目先行。「三後」是指：各鐵路局之間關係的調整後行，鐵路局與鐵路分局之間關係的調整後行，鐵路局與鐵道部之間關係的調整後行。也就是說，易者先行，難者後行，由於有「三易三難」，所以才有：「三先三後」。這就是今年一月三日、四日我兩次在鄭州鐵路局的講話的要點。

工副業先行，是指屬於各鐵路局或鐵路分局的工廠、商店、服務性企業可以先改組為有限責任公司或股份有限公司。現有的資產存量按投資來源折成股份，在改組過程中還吸收職工和其它企業入股，有條件的也可以向社會上的公眾招募股份。改組之後，這些有限責任公司或股份有限公司將成為有關鐵路局或鐵路分局的子公司。

新路先行，是指新建的鐵路可以一開始就按照有限責任公司的模式或股份有限公司的模式組建，資金的來源是多方面的，於是新建的鐵路公司必定是多個投資主體出資建成的。這些鐵路公司的股東會是公司的權力機構，股東會選出董事會，董事會聘用總經理。政企分開，產權清晰，自主經營，自負盈虧。成為新建的鐵路公司的特徵。同時，新建的鐵路公司有制定新線運價的自主權，或者說，新路的運輸定價權歸於這些鐵路公司。

試驗項目先行，是指在現有各鐵路局的轄區內，各自選擇一條鐵路線作為股份制改革的試驗項目，通過資產評估，把資產存量折股，並多方吸收資金參股。我曾建議，如蕭山到寧波、西安到延安、濟南到青島、瀋陽到大連、昆明到河口等鐵路線可以列為試驗項目。這些作為試驗項目的鐵路線也可以有運輸定價權，或者，國家可以給這些鐵路線的運價規定上下限，由作為試驗項目的鐵路線在這個範圍內定價。

各鐵路局之間關係的調整後行，是指各個鐵路局目前仍按原來的關係進行協作和記帳，暫不打亂這種關係。在經過一段時間的準備後，再着手按股份制的模式來改造各個鐵路局。鐵路局可以改為有限責任公司，而不是國有獨資公司。這是因為，國有獨資公司只有國家這個唯一的投資者，資金來源有限，不利於鐵路的發展。各鐵路局改為有限責任公司之後，彼此可以在相互參股的同時重新商定經濟與技術的協作關係。

鐵路局與鐵路分局之間關係的調整後行，是指在條件成熟時，把鐵路局改組為有限責任公司制的控股公司，各鐵路分局則改組為由相應的控股公司控股的鐵路公司，它們既可以是有限責任公司，也可以是股份有限公司。於是每一個鐵路局將成為傘狀結構的鐵路集團公司。頂端為控股公司，其下為各鐵路公司，再下面則是鐵路公司控股的工副業公司等。

鐵路局與鐵道部之間關係的調整後行，是指鐵道部通過改革而成為鐵路主管機構，負責制定規章制度，制定政策，協調各鐵路集團公司之間的關係等；而鐵路局改組為鐵路集團公司後，就成為名副其實的公司，遵守法律法規，依法納稅，不受政府部門的支配。鐵道部通過宏觀調控與對政策執行狀況的檢查，影響鐵路集團公司的經濟行為。「三先三後」，看來是中國鐵路改革的可行的方案。

鐵路經營中外合資

鐵路是國民經濟的重要部門。以往，中國的鐵路是國有國營的。鐵路的公司化和容許非國有經濟參加鐵路公司，曾經被認為是不可思議的事情，但通過幾年來的討論，這個問題終於得到了解決。鐵路的公司化和非國有經濟參加鐵路公司已經提上了議事日程。既然如此，鐵路公司能否中外合資也可以討論，這不僅是指新建的鐵路可以吸引外資參加，而且包括現有的鐵路可以改組為中外合資的鐵路公司。鐵路公司的中外合資，有以下四種方式。或者説，可以通過以下四條途徑把鐵路公司組建為中外合資的鐵路公司。這些方式或這些途徑各有適用性，即各自適用於不同的鐵路線，包括新線和現有的鐵路線。

第一條途徑：吸收外資建設新的鐵路線，並組成中外合資的有限責任公司。有限責任公司是由兩個以上、五十個以下股東共同出資設立的。股東可以用貨幣出資，也可以用實物、工業產權、非專利技術、土地使用權出資。股東會是公司的權力機構，由股東按照出資比例行使表決權。這是一條比較簡易的組成中外合資鐵路公司的途徑，尤其適合最新的鐵路的建設與經營管理。

第二條途徑：把原有的鐵路線中的某一條鐵路線單列出來，吸收外資，組成這條鐵路的中外合資股份有限公司。由於原有的鐵路是國有的，按照規定，國有企業改組成為股份有限公司的，應採取募集設立方式，即國有投資主體作為發起人認購公司發行股份的一部分，其餘部分向社會公開募集而設立。向境外投資者募集股份，就是向社會公開募集股份的一部分。這種募集股份，既可以採取發行 B 股的一部分。也可以採取在海外上市（如發行 H 股）的方式。像濟南到青島、瀋陽到大連、昆明到河口這樣的鐵路線，是可以按這種方式改組為中外合資的鐵路股份有限公司的。在股東大會上股東所持的每一股份有一票表決權。

第三條途徑：把原有的鐵路線中的某一條鐵路線單列出來，吸收外資，組成這條鐵路的中外合資有限責任公司。雖然組成中外合資的鐵路有限責任公司，要比組成中外合資的鐵路股份有限公司簡單些，但由於它不能像後者那樣發行股票，不能到海外上市，因此融資的局限性較大，不利於原有鐵路線的技術改造和進一步發展，從這個意義上說，第三條途徑不如第二條途徑。

第四條途徑：在新鐵路線的建設時，一開始就採取中外合資的鐵路股份有限公司形式。其好處是：可以廣泛地吸收境外的投資者參加，使建設鐵路的資金比較充裕，但困難在於：新成立的股份有限公司並無經營業績的紀錄，因而在向境外公開招募股份時缺乏足夠的吸引力。並且，即使它發行了股份，但卻缺少股票上市的條件，因為按照規定，申請股票上市的股份有限公司開業時間應在三年以上，最近三年連續盈利。與其如此，在新建鐵路線時，上述第一條途徑似乎要優於第四條途徑。

總之，根據以上的分析，我的看法是：新鐵路線的建設，上述第一條途徑較好，原有鐵路線的改組，上述第二條途徑較好。當然，這並不排除在特定的情況下和在條件成熟時，新鐵路線的建設也可以採取上述第四條途徑，原有鐵路線的改組也可以採取上述第三條途徑。有限責任公司與股份有限公司之間並不是不能轉化的。這主要指：有限責任公司在有條件時可以申請改制為股份有限公司，新建的鐵路線如果一開始成為中外合資的有限責任公司，那麼在鐵路建成並運營一段時間之後，可以憑自身的業績與未來的盈利前景，向股份有限公司轉變，包括向國內的投資者和境外的投資者募集股份。看來，這種可能性是較大的。

析國內資金供給不足

在市場經濟中，投資融資以各個投資融資主體的分散決策作為基礎。在分散的投資融資決策的條件下，投資融資活動往往帶有強烈的自發性質，資源的流動與資源的重新組合都會在各個投資融資主體的利益驅動下進行，這樣，本來就供給不足的國內資金就格外緊張。如何看待國內資金的供給不足？有兩種思路。一種思路是：既然國內資金供給不足，分散的投資融資決策又會使資金供給更加緊張，不如放慢投資融資體制的改革，依然採取計劃投資體制下慣用的做法，把資金再統管起來。這種思路顯然是錯誤的。另一種思路則是：加快投資融資體制的改革，促進資源的優化配置與重新組合，使市場經濟得以健康發展。這是正確的思路。

要知道，當前中國不僅需要提高投資效益，而且需要追加投資。增加新的投資是提高投資效益的前提之一。比如說，為了提高投資效益，增添新的技術設備，加速管理手段現代化，加強崗位培訓等等，都需要追加投資。更重要的是，要保證經濟持續增長，應當新建具有先進技術與管理水平的新興行業的企業、基礎部門和支柱部門的企業，在這方面增加投資是必要的。那麼，在資金供給不足的條件下如何籌劃資金？如何把民間的資金潛力動員出來，投入社會急需的領域？金融市場在投融資方面的重要性正在於此，從靜態看，國內可以用於投資的資金總量是既定的，超過了這一既定的資金總量，在沒有國外資金流入的情況下，投資的資金只能以此為限。這種分析當然是有根據的。然而，從動態看，問題可能有另一種解決方式。

可支配收入分解為兩部分：消費與儲蓄。這裡所說的消費是指現期消費支出。儲蓄可以轉化為投資，儲蓄本身又具有延遲消費的性質。投資作為經濟增長的第一推動力量，不僅可以帶來新的收入，而且投資可以吸收更多的投資，也就是可以把更多的儲蓄轉化為投資，把更多的現期消費支出轉化為延遲的消費支出，進而轉化為投資。只要人們既有消費意願和儲蓄意願，又有較濃厚的投資興趣或投資意願，上述轉化是有可能變為現實的。

從動態看，財富存量與收入流量之間存在着這樣的關係：財富存量產生收入流量，而收入流量又形成財富存量。在分析社會可以動員的投資資金來源時，不能只注意當年的收入流量中有多少可以被用於投資，還要注意到現有的財富存量是否也可以被用於投資。財富存量用於投資需要一個轉化過程，這要根據財富存量的類別而定。例如，居民手中的外匯積蓄、黃金製品或其它易於變為現金的物品，國家擁有的土地和非生產用的房屋，企業擁有的非生產用的房屋等等，可以通過不同的途徑轉化為可用於投資的資金。如果我們把眼光擴大到財富存量向投資資金的可能的轉化，投資的資金就不以當年的收入流量中可用於投資的部分為限。

不管怎麼說，金融市場、黃金市場、外匯市場、房地產市場都可以在新的投資融資體制下發揮積極的作用。如果説計劃的投資融資體制同市場經濟中的投資融資體制有甚麼區別的話，那麼區別之一在於：計劃體制下不需要有也不可能有金融市場、黃金市場、外匯市場、房地產市場，因為這時國家是最主要的、甚至是唯一的投資主體。可用於投資融資的資金也就成為固定數量的資金。而在市場經濟中，隨着投資融資主體的多元化以及它們自己承擔投資風險。隨着金融市場、黃金市場、外匯市場、房地產市場的成長與完善，可用於投資融資的資金的數量將會越來越多。

一種好的投資融資體制必定是善於從民間動員更多資金的體制。從這個角度看，任何想退回到計劃的投資融資體制去的打算，是笨拙的，也是注定不會成功的。

合理的經濟增長率

什麼樣的經濟增長率可以被稱為合理的經濟增長率？可以從幾個不同的角度來解釋。從投入的角度看，與國力相適應的經濟增長率是合理的，超過國力所能承受的經濟增長率則是不合理的經濟增長率。這是因為，任何經濟增長都要依靠一定的資源供給來支撐，包括依靠一定的人力、物力、財力的支撐。假定國力有限，由經濟增長所引起的社會總需求超出了社會總供給，物價就會上漲。因此，可以認為，投資規模一旦超出了國力承受的限界，引發高通貨膨脹率，就說明經濟增長率是不合理的，當然，如果一國有充足的外匯儲備，外匯儲備可以轉化為經濟增長所需要的人力、物力、財力，國內供給不足的資源可以通過進口來解決。但如果國內人力、物力、財力供給不足，外匯供給也不足，經濟增長率就必須降低，否則經濟增長難以達到預定的目標增長率，這就是從國力能否承受的角度所理解的合理的經濟增長率。

從產出的角度看，與市場容量相適應的經濟增長率是合理的，超過市場所能接受的經濟增長率則是不合理的經濟增長率。這是因為，任何經濟增長都要靠一定的市場容量來維持。也就是說，經濟增長的結果體現為向市場提供的產品與勞務的數量的增加，這些產品與勞務應當有銷路，包括國內的銷路和國外的銷路。假定國內市場容量有限，而國外的銷路又不暢，那就會出現產品與勞務供給的過剩，於是經濟增長率必須降低，否則經濟增長難以達到預定的目標增長率。因此，從產出的角度，即從市場容量的角度所理解的合理的經濟增長率，同從投入的角度，即從資源供給的角度所理解的合理的經濟增長率一樣，都是有經濟理論的根據的。

再從投入產出之比來看，導致經濟效益提高的經濟增長是合理的，反之，導致經濟效益降低的經濟增長則是不合理的。要知道，投入產出之比的變化反映了經濟效益的變化。經濟增長必須是有效益的經濟增長。伴隨着經濟效益不斷提高的現象，只有這樣，才能使經濟增長帶來增強綜合國力和提高人民生活水平的後果。以往很長時期內，中國的經濟增長不講實效，在經濟增長中不顧投入產出之比的變化，以致於經濟效益在經濟增長中不僅沒有上升，反而日益降低。顯而易見，我們需要的有效益的經濟增長，也就是伴隨着經濟效益不斷提高的經濟增長，這才是合理的經濟增長。

以上有關合理的經濟增長率的理解，不能認為與國力不相適應的經濟增長率，或與市場容量不相適應的經濟增長率，或導致經濟效益降低的經濟增長率，是合理的經濟增長率。因此，不必判斷上述三種解釋中哪一種解釋更正確些，也不必判斷其中哪一種解釋不如另外兩種解釋正確。這三種解釋各自從不同的角度作出了正確的說明。

除此以外，能不能再從就業的角度來理解合理的經濟增長率呢？這是可以的。要知道，近期內公開失業者人數是一個存量。每年年末這個存量都會增減。假定年經濟增長率足以使現有公開失業者人數有所減少，那麼這樣的經濟增長率是合理的：反之，年經濟增長率不足以使現有公開失業者人數減少，反而使之增加，那就是不合理的經濟增長率。從一年兩年來考察，問題可能不明顯，但如果連續幾年來看，那麼完全有理由把公開失業者人數的變化作為判斷經濟增長率合理與否的判斷標準之一。試問，假定社會上已有一千萬人失業了，今年因經濟增長率較低而有五百萬人加入失業者隊伍，明年、後年又各有五百萬人加入失業者，三年之後失業者豈不是達到了兩千五百萬人？社會的不穩定豈不是越來越嚴重了？難道這樣的經濟增長率還不能判斷為不合理嗎？

由此可見，從多個不同的角度來理解經濟增長率的合理性，對制定宏觀經濟政策是有幫助的。

關於適度失業率的討論

在國內學術界出現了有關「適度失業率」的討論。針對以前的「國家把企業包下來，企業把職工包下來」的模式而言，「適度失業率」的提出具有積極意義。應當指出，勞動力的供給與需求以及二者之間的協調要通過市場來解決。國家既不可能把企業包下來，企業也不可能把職工包下來。在經濟中，勞動力供過於求或勞動力供不應求都不是依靠國家或企業採取「包下來」的方式所能解決的。社會上有一部分人因各種各樣的原因而找不到工作，是市場經濟中常見的現象，社會也應當接受這一事實。

那麼，什麼是「適度失業率」呢？根據不少學者的觀點，這是指：維持在社會可以承受和經濟可以正常運行限度之內的失業率稱為「適度失業率」。

「適度失業率」概念在理論上有一定道理，但這並不等於在實際工作中可以被運用。有若干問題還有待進一步研究。其中一個主要的難題就是「適度失業率」的界定。如果所考察的是不存在隱蔽性失業的經濟，那麼只要了解到社會可以承受的失業率的限度，「適度失業率」不僅可以從數量上界定，而且在制定政策目標時易於按照數量上的界定來執行。然而，就現階段的中國而言，隱蔽性失業大量存在，既有農村中的隱蔽性失業，又有城鎮企事業單位的隱蔽性失業。在存在着大量隱蔽性失業的條件下，「適度失業率」的界定是十分困難的。

理由有三：第一，有隱蔽性失業的農村是一個大蓄水池，隨時釋放出多餘的勞動力進入城鎮，尋找工作。農村以外的隱蔽性失業也如此。只要農村的多餘勞動力進入城鎮而又找不到工作，原來定的「適度失業率」限界就被打破了。

第二，在討論「適度失業率」時，隱含着這樣一個假定，即只計算公開的失業人數。也就是說，「適度失業率」是指「適度的公開失業率」而言。同時，在討論「適度失業率」時，還隱含着另外一個假定，即認為影響社會穩定的只是公開的失業人數，而未把隱蔽的失業人數包括在內；所謂社會可以承受的失業率限度。只指社會可以承受的公開失業人數。而未把社會可以承受的隱蔽失業人數包括在內。難道只是公開的失業人數影響社會穩定？難道隱蔽的失業人數就不影響社會穩定？假定說隱蔽的失業人數在超過一定限界之後也不利於社會穩定，那麼「適度失業率」又將如何界定？

第三，從影響社會穩定的角度來看，失業之所以影響穩定，一是沒有工作，二是沒有收入，公開的失業者符合這樣兩個條件。至於隱蔽的失業者，那就很難用這樣兩個條件來判斷了。農村中的隱蔽失業者，他們是有工作的，務農就是工作，他們也並不是完全沒有收入，而是可能有微薄的收入，或相對說來較少的收入，界定農村中的隱蔽失業，用的是如下的尺度，這就是：假定從農村中抽走一定的勞動力，可以便農村的產值不變，甚至可以使產值上升，那麼被抽走的勞動力就可以被看成是隱蔽失業者。城鎮企事業單位中的隱蔽失業狀況與此相似，如果調出勞動力而不影響效率，那麼被調出的勞動力人數就是隱蔽失業人數。難點在於：如果是公開的失業，我們可以說某人失業了，但在隱蔽失業條件下，我們不可能說某某人是隱蔽失業者，某某人不是隱蔽失業者。隱蔽性失業是一種籠統的說法，很難落實到每一個具體的人的身上。此外，在存在隱蔽性失業的部門或單位，究竟抽走多少人才算是消除了隱蔽陸失業，很難精確地算出來。在技術不斷進步的條件下尤其如此。

根據以上的分析，可以得出如下的結論：在現階段的中國，還不適宜於用「適度失業率」作為制定就業政策與就業目標的依據。但這並不意味着理論界不必再就「適度失業率」概念進行廣泛的、更深入的探討。

效益優先 兼顧公平

關於效率與公平之間的關係，學術界爭論已久。有些學者把「公平」理解為收入分配的均等化。這種理解顯然是不正確的。客觀上不可能做到收入分配的均等化，而且從理論上説，收入分配均等化可能正是分配不公平的表現。因為這把收入分配的合理差距抹煞了。對「效率與公平」中的「公平」的正確理解應當是：機會均等條件下的競爭和收入分配的合理差距。根據這種理解，那麼可以肯定：如果參與經濟活動的機會不均等，那就是不公平；如果收入差距超出了合理差距的限界，那同樣是不公平。

然而，機會均等與收入分配的合理差距都不是憑空產生的。它們的實現必須有一定的物質基礎。收入差距的合理取決於生產力發展水平，這一點較易於理解，收入偏低，就不可能有合理差距。效率低下，收入水平偏低，產品的供給不充裕，無論從哪種意義上來理解公平一詞，公平都是實現不了的。就以公平等同於機會均等來説，假定效率不增長，生產力不發展，機會均等的實現仍會遇到困難。

這可以從兩方面來解釋：一方面，機會均等並不是可以脱離生產力水平而單獨存在的。市場經濟越發達，市場體系越完整，市場機制越健全，機會均等越有可能實現。生產力水平既直接關係到市場經濟的發達與否，市場體系的完整與否，市場機制的健全與否，而市場經濟的發達程度、市場體系的完整程度、市場機制的健全程度又直接制約着生產力的發展水平。比如説，在勞動力市場不完善的條件下，勞動力這一生產要素的供給者就很難做到在勞動力市場上的機會均等，從而他們之間的競爭也難以在機會均等的基礎上進行，又如，在資本市場不完善的條件下，資本這一生產要素的供給者也很難做到在資本市場上的機會均等，他們之間的競爭同樣不易在機會均等的基礎上進行。可見，機會的均等只能在市場體系發展過程中逐步實現。即使國家可以以法律、法規中規定市場參與者的機會均等（如通過反不正當競爭法、反壟斷法等），但如果市場經濟不發達、市場體系不完整、市場機制不健全、機會均等的實現會受到各種各樣的限制。這就表明，提高效率，發展生產力，完善市場體系應當被置於優先地位。

另一方面，機會均等的實現與市場參與者有沒有足夠的市場意識、市場規則意識、機會均等意識密切有關。如果生產要素供給者缺少市場意識、市場規則意識、機會均等意識，不知道怎樣參與市場競爭，不了解遵守市場規則的必要性和怎樣運用市場規則來保護自己的合法權益，也不懂得怎樣對待市場競爭過程中所出現的種種問題，或者在機會均等的場合不珍惜這種機會，在機會不均等的場合不爭取改變這種狀況，那麼即使國家用法律、法規對機會均等作了明確的規定，但這並不等機會均等已經實，不等於生產要素供給者客觀上已經在機會均等條件下參加市場經濟活動了。而生產要素供給者的市場意識、市場規則意識、機會均等意識的具備，則是以生產力的發展、市場體系的發展為前提的。從這個意義上説，提高效率，發展生產力，完善市場體系應當被置於優先地位。

看來，「效率優先」是沒有疑問的。於是我們就可以按照公平的正確含義（而不是按照「公平意味着收入分配均等化」這一錯誤含義）來理解「效率優先，兼顧公平」。「效率優先，兼顧公平」是指：在經濟生活中，要把增加效率，提高生產力放在首位，同時要注意機會均等條件下收入分配的合理差距，不要使貧富懸殊，不要使個人之間的收入分配差距超出合理的限界。如果我們把機會均等條件下收入分配的合理差距稱為收入分配協調的話，那麼「兼顧公平」應當是指兼顧收入分配的協調。

機會均等與按效益分配

在市場經濟中，各個生產要素供給者按照所提供的生產要素的數量與質量取得收入，也就是按照各自提供的生產要素產生的經濟效益取得收入。這通常被稱為按效益分配原則。但要實現按效益分配，必須有一個前提：各個生產要素供給者在機會均等條件下參與市場經濟活動。機會不均等，就無法做好按效益分配。

按效益分配與效率增長之間的關係是複雜的。一方面，按效益分配將促使效率增長。在利益的驅動下，無論是個人還是企業，作為生產要素供給者，都會盡力根據市場狀況來提供較高質量的生產要素，從而將導致效率的增長和資源配置情況的改善，有利於人均收入的提高。另一方面，我們也必須看到按效益分配原則與效率增長之間關係的複雜性。由於人的動力並非僅僅來自物質利益，效率也就不一定來自收入差距的擴大。隨着經濟發展以及人均收入水平的不斷增長，隨着在這一過程中人們的價值觀念的逐漸變化，按效益分配原則與效率之間的關係會越來越複雜，按效益分配不一定會帶來效率的增長，或者說，按效益分配原則在促使效率增長方面的作用會逐漸減少。人不是單純的「經濟的人」而是「社會的人」，在這裡可以得到證實。

下面，讓我們再對「按效益分配原則究竟是公平還是不公平」這個命題進行較深入的探討。這同樣會涉及對若干流行的觀點的再分析。

一般說來，由於按效益分配是指按生產要素供給者提供的生產要素的數量、質量及其被市場所需要的程度而取得收入，所以這體現了公平的競爭和機會的均等。人與人之間處於同一條起跑線上競爭，差距是競爭的結果，而出發點則是一致的。這表明按效益分配體現了公平。假定說在經濟生活中存在着這種不公平或那種不公平，那麼可以說，這些都在不同程度上同按效益分配原則沒有得到實施或未能被切實有效地實施有關。

再說，按效益分配是同平均主義分配不相容的。收入分配的均等。財產分配的均等，都是平均主義的體現，而同按效益分配相抵觸。平均主義不僅阻礙效率的增長，而且它本身就是不公平的。從這個意義上說，按效益分配原則是體現了公平的原則。

然而，正如我們有必要對效率與按效益分配原則之間的關係進行深入一層的分析一樣，對於公平與按效益分配原則之間的關係也有深入分析的必要。問題依然在於：不同的人在市場競爭中的條件各不相同，例如，家庭背景不同、居住地區不同等等，這將會引起實際上的機會不均等。表面上，在市場競爭中，大家都處在同一條起跑線上，但一考慮到家庭背景的不同、居住地區的不同以及由此造成的受教育的條件不同、教育程度的不同、文化技術水平的不同等等，實際上的機會不均等是客觀存在的事實。於是按效益分配的結果很可能掩蓋了實際上的機會不均等，而把表面上的機會均等突出了。不僅如此，由於市場競爭的現實條件與市場競爭的未來條件不可割斷，上一輪競爭的結果必將成為下一論市場競爭的起點，於是已有的實際上的機會不均等又為今後的實際上的機會不均等準備了前提。也就是說，在市場上，已經居於優勢的，有較大的可能繼續居於優勢（優勢循環）；已經居於劣勢的，則有較大的可能繼續居於劣勢（劣勢循環）。

以上的分析的政策含義在於：第一，我們在貫徹按效益分配的過程中，必須消除參與市場經濟活動的機會不均等現象，反壟斷，反不正當競爭，創造公平競爭條件，才能有效地按效益進行分配。

第二，要注意社會歷史條件所造成的實際上的機會不均等。這對於着手協調個人收入分配和縮小地區收入差距有現實意義。我們不要忽略不同地區和不同家庭之間「優勢循環」與「劣勢循環」的存在。

第三，既要貫徹按效益分配，又要了解「人是社會的人」，在人均收入水平增長後，按效益分配在促進效率增長中的作用將是遞減的。

收入分配協調的標誌

收入均等化不僅是不現實的，而且是有弊無利的，因為這抹煞了收入分配的合理差距，阻礙着效率的增長與生產力發展。但在宏觀政策研究中會遇到一個難題，這就是：什麼樣的收入分配差距可以被認為是合理差距？收入分配協調的標誌是什麼？生產要素供給者參與市場活動的機會均等還是不均等，生產要素供給者是不是按照各自的效益取得了收入，這些都是判斷收入分配差距合理還是不合理的標準。但是，單憑這樣兩個標準還不夠（盡管它們是不可缺少的）。還需要加上另一個判斷標準，即可以把收入分配差距的存在是否引起社會的不安定看成是這種分配差距合理與否的標準。在這裡，我們不妨以社會成員對自己的絕對收入以及與他人相比較的收入的滿意度，作為衡量收入分配的協調程度的標誌。

社會成員對自己的收入的滿意度可以簡稱為個人絕對收入滿意度；個人絕對收入滿意度是指個人作為生產要素供給者對於自己提供生產要素所得到的收入同期望值的對應程度。如果個人作為生產要素供給者在提供一定量的生產要素的情況下所得到的收入同期望值達到了對應，個人就對自己的絕對收入感到滿意。如果個人在這種情況下得到的收入大於期望值，儘管二者並不對應，但由於收入是大於期望值的，所以仍應認為個人對自己的絕對收入感到滿意。如果個人在這種情況下所得到的收入少於期望值，表明二者不對應，個人對自己的絕對收入就感到不滿意；個人在這種情況下所得到的收入越是少於期望值，個人對自己的絕對收入的不滿意程度就越大，或個人絕對收入滿意度就越小。

社會成員對自己與對他人相比較的收入的滿意度可以簡稱為個人相對收入滿意度。個人相對收入滿意度是指個人作為生產要素供給者對於自己提供生產要素所得到的收入在同他人因提供生產要素而得到的收入的實際比率同期望比率的對應程度。如果這種實際的比率同期望的比率達到了對應。個人就對自己的相對收入感到滿意。如果這種實際的比率大於期望的比率，儘管二者並不對應，但由於實際比率是大於期望比率的，所以仍應認為個人對自己的相對收入感到滿意。如果這種實際的比率小於期望的比率，表明二者不對應，個人對自己的相對收入就感到不滿意，實際比率越是小於期望比率，個人對自己的相對收入的不滿意程度就越大，或個人相對收入滿意度就越小。

社會是由眾多成員所組成的。各個社會成員的個人絕對收入滿意度不會一樣，個人相對收入滿意度也不會一樣。在任何一種分配方式之下。社會成員的個人絕對收入滿意度和個人相對收入滿意度之間的差異總是存在的，但某一個社會成員的個人絕對收入滿意度低或個人相對收入滿意度低並不會造成社會的不安定，而只有在多數社會成員的個人絕對收入滿意度低或個人相對收入滿意度低的情況下，社會才會出現不安定，於是得到一定時點上的社會平均絕對收入滿意度和社會平均相對收入滿意度。然後，根據絕對收入滿意度與相對收入滿意度各自在影響社會安定方面所起作用的大小，得出社會平均綜合收入滿意度。如果社會平均綜合收入滿意度降到臨界值以下時，社會將出現不安定。社會平均綜合收入滿意度越是低於某一數值（臨界值），社會的不安定程度就越大。

通過以上這些分析，可以認為，要協調收入分配，就應當使收入分配在機會均等與按效益分配的基礎上保持合理的差距，使社會平均綜合收入滿意度保持在臨界值之上，以維持社會的安定。政府需要運用一定的宏觀經濟調節措施（包括稅收政策和扶貧政策）來防止收入分配差距的過大，否則，收入分配的不協調將會給社會經濟的發展帶來消極的影響。

通貨膨脹的多種原因

中國實行緊縮政策已經超過一年，儘管通貨膨脹率上升的勢頭被遏制住了，但通貨膨脹率為什麼降不下來，依然是兩位數呢？這與通貨膨脹的多種原因有關。可以從四方面分析：

一、在計劃經濟體制下長期實行的是物價管制政策，造成了隱蔽性的通貨膨脹。在迅速走向市場經濟的過程中，過去實行多年的物價管制基本上都取消了，憑票證供應商品的做法不再使用了，於是物價必定上漲。這是隱蔽性通貨膨脹公開化的不可避免的結果。即使這方面的步子邁得大了些，速度快了些，但這畢竟是經濟改革的產物。除非不放開物價，否則由此引起的物價上漲是必然的。

二、在計劃經濟體制下已經造成了產業結構失調的事實，造成了某些「瓶頸」部門，如能源、原材料、交通運輸部門，「瓶頸」部門制約着經濟的增長。在從計劃經濟體制逐轉向市場經濟體制的過程中，隨着經濟發展速度的提高，瓶頸部門的制約必然越來越明顯，由此引起的某些商品（特別是關鍵性生產資料）的短缺將帶動一般的物價水平的上升。這是結構性通貨膨脹的表現。在實施物價基本穩定目標時，有必要結合經濟增長率來考慮結構性通貨膨脹的因素。

三、計劃經濟體制是一種封閉型的體制，同外部世界基本上處於隔絕狀態，中國的價格比例關係同國際市場上的價格比例關係是很不一致的。從計劃經濟體制向市場經濟體制過渡，意味着中國從封閉走向對外開放。隨着對外經濟關係的發展，中國的價格比例關係也將逐漸同國際市場上的價格比例關係相適應，這種價格比例關係的調整會帶來物價的上漲，尤其是初級產品價格的上漲。在實施物價基本穩定目標時，同樣應當把中國經濟從封閉轉向開放所造成的價格比例關係調整考慮在內。

四、市場經濟體制不是立即建成的。從計劃經濟體制過渡到市場經濟體制，需要一個較長的過程。從一九七八年底中共十一屆三中全會算起，到一九九三年十一月中共十四屆三中全會通過關於建立市場經濟體制若干問題的決定，已用了十五年，到本世紀末初步建立市場經濟體制，還有六、七年的時間。可見，計劃經濟體制只可能逐步退出歷史舞台，市場經濟體制只可能逐步建立。在相當長的一段時間內，計劃經濟體制對投資的影響依然存在。投資主體不承擔投資風險，片面追求投資規摸而不顧投資效益，重複建設，亂上項目，亂鋪攤子，這些都是計劃經濟體制對投資影響的反映。因此，在經濟體制轉軌期間，因投資規摸過大和投資效益低下而造成的物價上漲，與計劃經濟體制的影響有密切的關係。這種通貨膨脹可以稱做體制型的通貨膨脹。是在實施物價基本穩定目標時，不能不考慮到中國現階段實際上存在的體制型通貨膨脹因素。

對於政府來説，在已經發生的物價上漲中，應當了解「隱蔽的通貨膨脹」公開化對物價上漲所起的作用，經濟增長中因產業結構失調而造成的結構性通貨膨脹因素的作用，因與國際市場接軌而調整價格所起的作用，以及體制型通貨膨脹因素的作用。既然通貨膨脹有多種原因，對策也就必須多樣化。

宏觀緊縮政策只能對付因總需求過大而引起的通貨膨脹，它在治理通貨膨脹方面決不是處處適用的。比如説，因放開物價而造成的物價上漲，因與國際市場接軌而調整價格所造成的物價上漲，怎麼可能靠緊縮政策來治理？對於體制型的通貨膨脹，需要通過深化投資體制改革和企業改革來解決。即使對於因「瓶頸」制約而形成的結構性通貨膨脹，緊縮政策也不能從根本上予以消除。可見，只有多種對策才能應付現階段中國的通貨膨脹。改革，是其中帶有根本性的措施，否則就會脱離中國的國情。

經濟改革兩種思路之爭

從一九八五年起，中國經濟改革中就存在着以價格改革為主線還是以企業改革為主線的爭論。我是堅持以企業改革主線論的。這是因為，沒有完善的市場主體，放開價格只能引起物價輪番上漲，而不可能建立良好的市場環境。價格的全部放開應當是經濟改革的最終成果，而決不是經濟改革的出發點或突破口。一九八六年四月，我在北京大學舉行的經濟改革研討會上說：「中國經濟改革的失敗可能是由於價格改革的失敗，中國經濟改革的成功必須取決於所有制改革的成功，也就是企業改革的成功。」這幾句話反映了我對價格改革主線論的否定。

一九八八年夏天的價格改革闖關以及由此引發的群眾性擠提存款和搶購商品，證明了價格改革主線論的破產。一九八八年距今不過六年，人們的記憶並未消失。當時在企業改革未取得實質性進展時就匆匆放開價格，引起了通貨膨脹。為了遏制通貨膨脹，不得已而實行緊縮政策，財政抽緊，信貸抽緊，雙管齊下，通貨膨脹的勢頭受到了抑制，但付出的代價卻是經濟的緩慢發展、失業人數的增多、企業相互欠債現象的突出。主張以價格改革為主線的經濟專家，儘管主觀願望是好的，客觀上卻成了急劇通貨膨脹的促成者、緊縮政策的堅持者，這就是一九八八年歷史的教訓。經濟改革中兩種思路的爭論並未到此結束，爭論仍在繼續。

從一九九二年以來，價格改革的步伐大大快於企業改革的步伐，企業改革遠遠滯後了。不信的話，請看事實。到一九九四年春天，絕大多數商品的價格都放開了，連多年以來一直被認為是價格改革難點的生活必需品價格也都放開了。然而企業改革的進展卻那麼遲緩。那麼多的國有大中型企業中，只有極少數企業真正被改造為政企分開、產權明確、自主經營、自負盈虧的商品生產者。絕大多數企業依然處於原地而沒有挪動位置。企業改革進展的緩慢，拖了整個改革的後腿。經濟學界一些主張放開價格的人顯然忘掉了一九八八年夏天的教訓，忘掉了企業改革未能取得重大進展之前，企業與職工是不能承受通貨膨脹的衝擊的。

通貨膨脹終於又來了。一九九四年第一季度，通貨膨脹率高達百分之二十以上。這麼高的通貨膨脹率，一部分原因是投資體制、企業體制尚未改革條件下所引起的投資規模失控，另一部分原因則是價格改革大大超前於企業改革。通貨膨脹需要認真對付。有什麼辦法來對付通貨膨脹呢？由於企業改革進度過於遲緩，大多數企業既未自主經營，又不自負盈虧，所以宏觀經濟調控手段很難收效，而放開價格引起的通貨膨脹，更不是緊縮需求所能取得成效的。何況，目前能夠被政府部門所使用的，主要是行政手段。以行政手段實行經濟的緊縮，便成為用以應付通貨膨脹的基本策略，同時也就成為進一步加劇國有大中型企業困境的手段。

以行政手段應付通貨膨脹在短期內可以取得一定效果，但這是治標而決不是治本。時間久了，為此付出的代價是什麼？代價有多大？國有大中型企業的日子更加難過了，相互欠債現象又蔓延開來了，因流動資金不足而不能正常運轉的企業數目增多了，領不到足額工資的職工人數不在少數。因此，在以行政手段進行宏觀緊縮時，必須考慮力度的強弱和持續時間的長短。如果力度不適當，過猛過烈，如果時間掌握不好，持續太久，由此造成的國民經濟的損失是不可忽視的。對社會穩定而言，失業比通貨膨脹更危險，這不是我們主觀上承認不承認的問題，而是以行政手段進行宏觀緊縮力度過猛和持續時間過長必然帶來的後果。

中國經濟改革中兩種改革思路的繼續爭論，能給我們如下的啟示，只有切實轉到深化企業改革的軌道上來，使企業成為能夠適應市場經濟的市場主體，中國的經濟改革才會取得成績，宏觀經濟調控才會有效，由放開價格引起的物價上漲才能被企業與職工所承受。

再論經改兩種思路之爭

在上一篇文章中，我談到了中國經濟改革中兩種改革思路的爭論，以及這種爭論持續至今的情況。現在需要探討的是：為什麼在價格改革主線論在同企業改革主線論的長期爭論中，價格改革主線論的主張總是比較容易被決策部門所接受並得到實施呢？為什麼企業改革主線論的主張最初總是遲遲不能被決策部門所認可，後來即使被採納了，但實施時卻大大滯後於價格改革呢？這的確是一個值得深思的問題。

價格改革並不涉及計劃經濟體制的產權基礎與產權結構。價格改革可以越過產權體制的改革而進行，儘管成效不大，但不能不承認價格改革是走向市場經濟的一項重大改革，因此，即使沒有產權體制的改革，只要放開了價格，實施了價格改革，對上對下，對左對右，都可以說得過去：「怎麼沒有改革？價格不是放開了嗎？」

不僅如此。應當指出，把不合理的政府定價改為較為合理的市場供求定價，這不僅可以被市場經濟的贊成者所接受，而且也可以被計劃經濟的讚成者所同意，因為這樣可以甩掉財政包袱。顯然，價格改革的推行相對說來所遇到的阻力要比企業改革小得多。

企業改革與此不同。企業改革就是產權體制的改革，這才真正觸動了計劃經濟體制的要害，它使得政企不分、產權不明、不自主經營、不自負盈虧的傳統公有制企業改造為政企分開、產權明確、自主經營、自負盈虧的新型公有制企業。所以從爭論一開始，企業改革就被姓「社」姓「資」的爭論糾纏住了。企業改革由於涉及產權體制的改革，經常被一些不了解真相的人誤以為是「資本主義化」、「私有化」，這樣，企業改革的進程自然碰到了難以逾越的障礙。一九八八年夏天之所以在企業改革方面停步而準備在價格改革方面邁出大步，與當時社會上不少人對產權體制改革還缺乏認識和缺乏承受力有關，也與當時有關姓「社」姓「資」的無休止爭論分不開。

與企業改革有關的姓「社」姓「資」的爭論在一九九二年春季終於得到了

解決。但為什麼從那時以後，企業改革依然進展緩慢呢？這主要是因為國有大中型企業的政企分開之不易和國有資產管理體制改革之不易。要實現政企分開，要使本來不明確的產權明晰化，除了在國有資產管理體制上要有重大突破而外，還必然涉及政府職能的轉變，涉及政府部門工作人員觀念的更新。政府職能不轉換，企業經營制的轉換只是一句空話。

進一步說，政府職能的轉換又同現實經濟中利益的調整或利益的再分配有關。比如說，原來主管具體的企業的政府部門不再像過去那樣主管企業的「人、財、物」、「產、銷、供」等事務了，政府部門以及某些工作人員的利益也就會有所減少。又如，改造後的國有企業（包括國有獨資企業）的負責人不再由政府部門的工作人員兼任了，即國家公務員不再擔任企業負責人了，這勢必會引起一些人的顧慮或不滿。再如，政府職能的轉換還意味着企業的盈利的分配與使用不再由政府主管部門所決定，而是依法分配與使用，這同樣是一個利益方面的大問題。正因為如此，所以企業改革的進度大大落後於價格改革的進度，不是偶然的。

在了解了中國經濟改革兩種思路的爭論的基礎上，我們只能得出下述結論：要使經濟改革真正取得成效，非大步實行企業改革不可。

市場經濟與國有經濟能否協調

國內外學術界有這樣一種論點：一方面認為凡是屬於自然壟斷性質的行業可以保留國有制，而競爭性的行業則應該實行非國有化，另一方面又認為，市場經濟同國有制是不能相容與協調的，要實行市場經濟就必須放棄國有經濟，換言之，市場經濟與國有經濟之間只可能二者擇一。

持有這種論點的學者的理由是：自然壟斷性質的行業之所以保留國有制，是為了實行公平原則，而市場經濟之所以不能同國有經濟相容與協調，則是從效率原則來考慮的。理由是：一、國有制之下，企業之間缺乏競爭，效率必定低下；二、國有制之下，企業經營者受制於政府，不能按效率原則來經營企業；三、國有制之下，生產資料的流動受到阻礙，市場調節難以發揮作用。

怎樣看待上述這種論調？我的看法是：應當着重研究的重要問題在於，是適應於計劃經濟體制的國有企業還是適應於市場經濟體制的國有企業？在社會主義社會，以往的國有企業只是適應於計劃經濟體制的，所以政企不分，企業不自主經營、不自負盈虧，國家對企業負無限責任。因此，國有企業的種種弊病也就難以避免。我們改革國有企業，就是要把這些企業改造為適應於市場經濟體制的企業，即由政企不分改為政企分開，由不自主經營和不自負盈虧改為自主經營和自負盈虧，由國家負無限責任改為出資者負有限責任，以消除、至少大大減少上述弊病。假定有效地進行了這樣一些改革，那麼在改革之後，即使自然壟斷行業中的企業繼續維持國有制，即使重要的行業中國家控制了較多的股份，但由於企業的經營機制已經轉換了，政企分開了，企業自主經營和自負盈虧了，國家只負有限責任了，企業不是仍然可以同市場經濟相容麼？否則，按照市場經濟同國有經濟注定不能相容的邏輯，那麼不禁要問：在市場經濟體制下將會存在着兩類企業，一類是可以同市場經濟相適應的企業（競爭性行業的企業和國家雖然持股、但不控股的企業），另一類是只能同計劃經濟體制相適應的、不能同市場經濟體制相適應的企業（自然壟斷行業的企業和國家控股的企業）。這難道是我們在經濟體制方面的目標模式嗎？肯定不是。

因此，我們正在進行的企業改革是指：一切企業，不管它是競爭性行業還是自然壟斷行業的企業，也不管它是國家控股還是國家不控股的企業，都要走政企分開、自主經營、自負盈虧、出資者負有限責任的道路。國家控股的有限責任公司或股份有限公司自不待言，即使是國有獨資公司，也不能再同計劃經濟體制下的國有企業一樣，而必須成為符合上述條件的市場經濟體制下的企業。換句話説，假定自然壟斷行業要繼續保留國有企業的話，那麼這裡的國有企業也必須政企分開、自主經營、自負盈虧、國家作為出資者負有限責任。儘管這方面的改革難度很大，而且涉及國有資產管理體制的改革問題，但我們必須知難而進，通過試驗而不斷總結經驗，以完成這一改革。如果我們總是擺脱不了「市場經濟同國有制不能相容」的論點的束縛，那就只能得出以下兩個結果中的一個：

一、或者自然壟斷性質行業中的企業不保留國有制；二、或者自然壟斷性質行業中的企業保留同市場經濟不相適應的國有制，從而在市場經濟體制下保留一批只適應計劃經濟體制的企業。

我認為，上述結果之一和結果之二都是不能接受的。怎麼辦呢？唯一可供選擇的答案是：必須通過企業改革和國有資產管理體制的改革，使一切行業的國有企業都改造為同市場經濟相適應與協調的有限責任公司或股份有限公司，國家可以參股、控股，也可以不參股、不控股。即使自然壟斷行業中還保留着國有企業，它們也必須改造成為適應於市場經濟的國家控股企業或國有獨資公司。這場試驗正在進行之中，今天下結論為時過早，留待二十一世紀初的實踐來檢驗吧。

個人投資的盈利目的

個人投資問題歷來是社會主義經濟與經濟研究領域內的一個敏感問題。在計劃經濟體制下，個人作為投資者，有的活動受到嚴格限制。即使是農民，也只能在集體經濟組織中勞動，談不上有什麼個人投資。事實上，自從改革開放以後，無論農村還是城市，個人投資已經越來越多。個人投資的基本目的就是盈利，或者說，就是增加個人納稅後的收入。如果投資之後，個人納稅後收入不能增加，個人何必投資。有人也許會提出，在社會主義社會中，即使可以容許個人進行投資（例如容許農民承包耕地、荒山、荒灘、水塘，容許個人經營工商業），但不能提個人投資的盈利目的。假定肯定個人投資是以盈利為目的的行為，那就會導致社會主義社會中的成員「唯利是圖」，「利大大幹，利小小幹，無利不幹」，這豈不是與社會的基本原則相悖？據他們的看法，應當把個人投資的目的放在為社會做貢獻之上，至少不能把盈利目的視為社會主義社會中個人投資的主要目的或第一目的。怎樣看待這種議論？可以從三方面來回答。

第一，個人投資的目的是由個人自己決定的，而不是由政府部門或社會上其他組織規定的。政府部門或社會上其他組織可以作出規定，如規定個人投資的目的是為社會做貢獻，或主要是為社會做貢獻，但這並不能代表社會上許許多多個人投資者的真實的投資目的——增加自己的收入。他們也許並不把這一真實的投資目的說給別人聽，但這並不等於否認他們有這種真實的投資目的。

第二，社會上有各種各樣的人，有些人確實把為社會做貢獻作為個人投資目的，但這可能是少數人，至少在現階段是少數人，而大多數人則把增加個人收入放在投資目的的首位，我們在對社會主義條件下個人投資目的進行分析時，雖然不能忽略少數人不以增加個人收入為主要目的，但更不能忽略社會上大多數人的投資目的，即盈利目的。

第三，再就個人投資的盈利目的本身來考察，在社會主義條件下，這也是正當的、無可指責的。資金作為個人擁有的一種生產要素，在運用時應當取得相應的報酬，正如其他生產要素被使用時應當取得相應的報酬一樣。無論是個人的直接投資還是個人的間接投資，都是個人對自己擁有的生產要素的運用，所以個人由此取得相應的報酬是有根據的，也是合理的。再說，在個人擁有資金時，他究竟如何運用這筆資金，首先面臨的是消費、投資或手持現金之間的選擇。假定他不準備把這筆錢作為消費支出，那麼他將在投資與手持現金之間作出選擇。如果他選擇手持現金這種方式，所放棄的是運用資金所得到的收入，但卻能由此保持資金運用的靈活性，並且可以減少風險程度（假定物價不變）。如果他選擇投資這種方式，所得到是運用資金而帶來的收入，但不僅減少了資金運用的靈活性，而且增大了風險程度。由此可見，個人投資以盈利為目的，即以增加收入為目的，實際上含有個人已經做出了自願承擔風險與自願減少資金運用靈活性這兩種損失的決策。既然個人增加收入是付出代價的，那麼又有什麼理由說個人投資不應當以增加收入作為目的呢？當然，個人投資以盈利為目的，這只是個人作為投資者的一種主觀願望，而盈利的結果則不依投資者個人的願望為轉移。個人投資是否盈利，則取決於投資環境的合適與否，個人經營能力，以及某些不可預料的因素。那怕個人投資的結果是虧損的，那也不能否認個人投資盈利目的的存在。

目前，不僅要容許個人投資，而且要承認個人投資的盈利目的。只要個人投資是在法律容許的範圍內進行的，個人投資的盈利依法納了稅，那就應對個人以盈利為目的的投資進行保護，因為這是有利於社會生產力發展的。

如何看待個人經營中的僱工

在國內，個人直接生產經營中的僱工已不罕見。從事僱工經營的，有個體工商戶，農業養殖專業戶、山林承包戶，還有私營企業主。有人說，這是一種互助性的活動；也有人說，這些僱工經營的業主是為社會做好事，協助解決就業問題嘛；另外有人卻說，這是與社會主義社會的性質不相容的，至多只能臨時容許存在。儘管今天我們不必專門為此進行辯論，但作為學術界的一份子，談點看法未嘗不可。

為了對社會主義社會中個人作為投資者的僱工現象進行分析，讓我們依次考察下述問題：第一，個人作為投資者進行生產經營時，必定事先考慮到個人有利可得，才會僱工。如果僱工行為是無利的或者是賠本的，個人怎麼可能僱工？即使事先認為僱工將會帶來盈利，但只要事後發現這是無利的或賠本的，那麼僱工行為仍會中止，個人將辭退所僱的工人。這樣，就可以不必考慮所謂個人是為了公眾利益才去僱工的說法。個人僱工的動機是為了盈利。至於僱工行為是否有利於社會，這並不是僱工的人本人所考慮的或首先考慮的。換言之，個人的僱工行為是否有利於社會，有利於社會生產力的發展，這是個人僱工行為的客觀效果。在評價個人僱工行為時，不應從個人僱工的動機出發，而應從個人僱工行為的客觀效果出發。假定從個人僱工的動機出發，那麼只能得出「個人想通過僱工賺錢」，即把僱工創造的利潤的一部分歸於僱工的人的判斷，於是很容易得出不容許個人僱工的看法。

第二，當我們說個人僱工行為有利於社會生產力發展時，是對個人僱工行為進行總體考察的結果，而不是對某個具體的個人僱工行為的判斷。有些個人在僱工時，所經營的項目不符合國家的政策規定，這當然會產生不利於社會的後果。有些個人在僱工時，所生產的產品在市場上供過於求，不為消費者所需要，這當然也會產生不利於社會的後果。有些個人在僱工生產時，資源利用率低下，形成對資源的極不合理使用，這也很難說有利於社會生產力的發展。我們承認社會上存在着這種情況或那種情況。但在評價個人作為投資者的僱工行為時，應當從總體上考察。也就是說，假定個人在僱工生產經營時是符合國家的政策的，個人僱工所生產的產品是為消費者所需要的，個人僱工生產時並不造成對資源的極不合理使用。那麼，從總體上說，由於個人的僱工生產經營有功於提供消費者所需要的產品，有利於就業人數的增加，有利於稅收的增加，從而對社會生產力的發展有利。這就是在社會主義條件下容許個人僱工的理由。

第三，個人作為僱主，其收入的一部分是所僱的工人所創造的，僱主與僱工的收入之間存在着明顯的差距，這也是不能迴避的事實。能不能由此認定個人僱工行為的不當呢？這同樣是引起爭議的問題。應當指出，既然容許個人僱工，那就意味着容許僱主有盈利可得，也就意味着僱主和僱工之間的收入有一定的差距。否則，即使容許個人僱工，實際上個人僱工行為仍難以實現。因此，在這裡主要應考察：僱主在生產經營中是否依法納稅了？僱主是否按法律的規定向僱工支付了報酬？僱主在勞動條件、勞動安全、勞動時間長度和僱工權利等方面是否遵守了有關規定？只要僱主在這些方面都守法，就不能因為他們的稅後收入偏高而禁止他們僱工。

至於說僱工是一種互助性的行為，那就把僱工人數的多少這個界限抹煞了。假定個人在直接生產經營過程中只僱少數幾個幫手，投資者本人又是主要勞動力，那麼說這裡會有互助的成份（包括打工者學藝在內），也還說得過去。但僱工人數多的場合，是不能採取這種說法的。不採取這種說法，而直截了當地承認這是盈利活動，並不等於否定僱工行為，更不等於要取消僱工行為。

怎樣看待私營企業高收入

私營企業在發展過程中，「本生利，利轉化為本，本又生利」的情況是經常性的。於是有些私營企業主的收入增長很快，使他們與社會上一般成員在收入、財產、生活水平上形成較大差距。有些人感到，由此形成的較大差距將造成社會的心理不平衡，所以有必要對個人直接經營收入的再投入作某種限制。

怎樣看待這個問題？儘管我們不能忽略私營企業主收入增長與財富增多的事實及其對社會帶來的各種消極影響，但這是一個相當複雜的問題，需要綜合分析。

一、應當考慮到中國過去是一個小農經濟的國家，平均主義思想的影響由來已久，而在長期計劃經濟體制之下，平均主義的分配方式又使人們對於收入分配與財產分配的平均化以及生活水平上人為的拉平習以為常，把這些看成是正常的，而且是正當的做法。因此，不論在市場經濟發展過程中採取了哪些合理的徵稅（包括個人所得稅和遺產稅）辦法來限制個人直接經營者的收入的過度增長，只要打破了傳統的平均主義分配方式和容許個人直接經營者持有高於社會平均收入的稅後收入，社會成員的心理不平衡就會出現。如果我們不了解這些，誤以為社會心理不平衡僅僅或主要來自個人直接經營收入的再投入，那就未免把問題過份簡單化了。

二、社會成員的心理不平衡在一定程度上於從事直接經營的個人的收入增長有關，這是不可否認的。但如果仔細分析一下，就可以發現，這種社會心理不平衡的產生與其說主要來自個人直接經營收入的再投入，不如說主要來自個人直接經營收入向高消費、揮霍性消費的轉化。比如說，在某個鄉鎮，有兩戶直接經營者都獲取了大大超過了當地一般居民的收入。其中一戶不把直接經營的收入用於再投入，而把直接經營收入用於揮霍性的消費，生活水平也就大大超過了當地一般居民。其中另一戶則把直接經營收入的大部分用於擴大經營規模，而在生活開支上只是略高於當地一般居民。很明顯，當地的一般居民在比較這兩戶富有的直接經營者時。對前一戶的評價將低於對後一戶的評價，也就是說，社會成員的心理不平衡更側重於人們消費行為的巨大差距和生活水平的懸殊，個人把直接經營收入主要用於再投入，而在生活開支上只略高於當地一般居民的情況，並不會成為激起當地一般居民嚴重不滿的主要理由。

三、社會心理不平衡以及由此產生的對從事直接經營的個人的含有貶義的評價與看法，對個人直接經營會產生兩方面的影響。一方面，從消極的方面來說，從事直接經營的個人可能因此產生了顧慮，甚至產生了「見好就收」的念頭，不願把直接經營收入用於再投入，於是對社會生產力的發展不利。另一方面，從積極的方面來說，當地一般居民的含有貶意的評價與看法在某種程度上也是對從事直接經營的個人行為的一種約束，使他們加強自律性，不僅要遵守法律、法規，而且要協調同當地一般居民的關係，不要去追求過份高於當地一般居民生活水平的消費。「為富不仁」，這是中國民間對於富有者方譴責。「為富下仁」者既可能違了法，也可能並不違法，而違背了道德規範。富戶的違法行為，應當依法追究。如果富戶的行為並不違法，但卻違背了道德規範，這就需要依靠包括輿論在內的社會上多方面的努力，使這些富戶的行為符合（至少是不違背）道德規範。從這個意義上說，個人行為不違法的富戶也會有一種顧忌，這就是不要落得個「為富不仁」的名聲而在社會上或在本鄉本土陷於精神上抓立的境地。以上所說的消極影響與積極影響是同時存在的。這兩種影響的範圍不同，所以很難彼此抵消。我們只能說：在經濟發展過程中，要注意到社會心理不平衡給予個人直接經營的這兩種影響，盡可能減少其中的消極影響，盡可能維持或增大其中的積極影響。既然社會心理的不平衡不可能完全消失，那麼我們就只能在社會心理不平衡存在的前提下減少由此帶來的消極影響。

談談奢侈性消費

國內外報刊上經常有關於國內某些「大款」生活何等奢侈的報導，並對這種現象進行嘲諷與譴責。但我也聽到有人對此發表不同的看法，說什麼「只要不違法，他愛怎麼消費就怎麼消費，管那麼多幹嗎?」還說:「他有錢，就讓他花，富人無奢侈嘛！」

怎樣看待這種現象？難道只要一個人有錢，付得起費用，那就不管什麼樣的消費行為都是合理的麼？「富人無奢侈」這樣的邏輯難以令人信服。假定「富人無奢侈」這個命題能成立，豈不是說「凡是奢侈性消費的，都是消費者本人財力不足的」？這不是有悖於常理麼？因此，在法律容許的範圍內，還應當在個人財力能否與消費行為相適應之外，另立一個標準：公共利益標準。可以舉兩個例子來說明。

第一個例子：以水資源為例。已知淡水資源是有限的，一個城市的淡水供應是一個既定的量。某一居民戶雖然從收入上付得起水費，但如果他考慮到淡水供應的有限就應當自覺地節約用水，如果無限制地用水，就會使該城市的淡水供應更為緊張。因此，個人對水的過度消費可以被判斷為個人的奢侈行為或生活中的鋪張浪費行為。關於土地的使用、電的使用，也都可以按照同一個角度來作出是否奢侈的判斷。第二個例子：以飲食為例。無論是主食還是副食，作為農牧漁業產品，都同一定的資源條件相聯繫。在資源既定的條件下，一次宴請對主食與副食的過度消費必然造成對有限資源的不合理使用。在這種情況下，不管宴請者在收入上或財力上是否負擔得起，而從消耗有限資源方面看，過度消費可以被判斷為一種奢侈行為或生活中的鋪張浪費。

由此可見，在界定個人消費行為是否屬於奢侈性消費行為這個問題上，從個人目標方面看，有兩個判斷的依據：一、個人收入或財力與消費支出的適應程度。超出了個人收入或財力所能承受的限度的消費支出，是奢侈性消費。如果要避免發生奢侈性消費的情況，個人應當調整自己的個人目標以及根據這一目標而制定的個人消費決策。

二、消費所佔用或治耗的資源的社會供求狀況。在某種資源的社會供給量有限的條件下，居民對該種資源的過度消費可以被看成是奢侈性消費。如果要避免發生這種情況，個人應當調整自己的個人目標以及根據這一目標而制定的個人消費決策。根據上述兩個判斷標準中的任何一個標準，就可以界定奢侈性消費。

以上是從個人目標方面來說的。下面，再以社會規範進行分析。在談到消費行為的社會規範時，應當指出：個人消費行為是不是合理，以社會規範的角度來看，是以一個人的目標是不是造成對另一個人的目標的損害，一個人的消費行為是不是造成對另一個人的利益的損害作為判斷依據的。但正如前面所提到的，這一判斷標準可以被用來説明個人消費行為是合理還是不合理。儘管奢侈性消費也是一種不合理的消費，但一個人的奢侈既可能造成對另一個人的損害，也有可能不造成對另一個人的損害。比如説，一個人收入少，但花了一年的工資購買了一套名牌西服，這對於他個人來説是一種奢侈性消費，但並不構成對別人的損害。但以飲食為例，大事鋪張的宴請由於消耗了有限的資源，從這個意義上説，就會造成對社會其他成員的目標的損害，因為有限的資源被個人的這種不合理消費行為消耗了。這種奢侈性消費是違背社會規範的。

再説一個人的消費行為不僅關係到本人的目標是否實現，也不僅關係到對別人的目標和利益是否有損害，而且影響到社會的風氣。這也是消費行為的社會規範研究中所要注意的問題。消費有示範效應，而示範效應是社會性的。社會崇尚什麼，不崇尚什麼，從消費行為中可以反映出來。社會風氣的形成同消費行為有密切聯繫。影響社會風氣的消費行為不一定出於消費者本人的有意識的渲染，而可能出於消費者本人的無意。但不管怎樣，奢侈性消費會造成社會風氣的不良，所以理應受到批評。

股份公司與非經營性資產的剝離

非經營性資產的剝離與股份公司　暑假期間，我應邀到一些城市講學，題目是《公司法與現代企業制度》。聽課的人向我提出了若干問題。本篇與以下兩篇都是根據我的理解，對聽課者提出的問題的答覆。聽課者提出的一個問題就是股份公司與非經營性資產的剝離。這些非經營性資產包括職工宿舍、食堂、醫院、幼兒園、小學等。過去國營企業在這些非經營性資產上投入大量資金。因為這是穩定職工隊伍和在低工資條件下解決職工生活福利問題的必要措施，而隨着股份制改革的推行，剝離非經營性資產已變為迫切的問題。一方面，由於股份公司的吸引力在於資金利潤率，如果不剝離這些非經營性資產，資金利潤率就會下降，公司的吸引力就會減弱；另一方面，許多新建立的公司和已經上市的公司都進行了非經營性資產的剝離，假定某家國有企業不這麼做，它就會在競爭中處於不利地位。

但非經營性資產剝離並不是很簡單的事。企業必須考慮到這樣三點：第一，剝離之後，職工生活福利待遇減少了，職工怎會沒有意見？第二，剝離之後，職工生活不方便了，職工怎會沒有意見？第三，被剝離出去的非經營性資產中的職工會有什麼意見？最後一個問題在現實生活中已經出現了。例如有的企業的職工食堂，在聽到要被剝離出去後，工作人員就鬧情緒，認為「企業不需要我們了」，一段時間內，食堂的伙食質量大大下降。

在實踐過程中，股份制改造時對非經營性資產的剝離大體上有以下幾種方式，它們各有適用範圍：

一、一個企業集團之下有若干家二級企業。二級企業相繼改造為有限責任公司或股份有限公司，非經營性資產全都被剝離出去，而在企業集團之下另成立一家社會服務公司，把從二級企業剝離出去的非經營性資產統統納入社會服務公司。其好處是：非經營性資產中的職工脫離各二級企業，但不脫離本企業集團；社會服務公司同各二級企業簽定合同，繼續為各二級企業的職工服務，並收取費用，不足之處由企業集團彌補或由各二級公司分攤。

二、企業中有條件脱離企業而獨立經營的非經營性資產（如食堂、浴室、托兒所、幼兒園等），脱離企業，面向社會、公開營業。企業可投資一部分，職工也可集資，使之成為第三產業的企業。它們可以繼續為企業職工服務，並收取費用，不足之處由企業給予補助。其好處是：可以提高非經營性資產的使用效率。

三、企業的非經營性資產在資產評估後，歸當地國有資產管理部門持有，而由國有資產管理部門委託企業代管。企業定期向國有資產管理部門繳納一筆資產佔用費或租金。然後，這些由企業代管的非經營性資產照常為企業職工服務，並收取費用，不足之處由企業給予補助。其好處是：非經營性資產中的職工可以不脱離本企業，他們的情緒也就可以穩定下來，而非經營性資產又實行了剝離，不再計入企業的股本了。

四、有些不可能改為營利性機構的非經營性資產，如小學、中學、醫院等，在條件成熟時可以移交給地方主管部門管理。這對於提高教育與醫療水平是有利的。據一些城市反映，現在出現的問題是：由於某些城市的文教衛生經費有限，因此在移交給地方主管部門後，企業仍要向地方提供補助，否則地方不接受此類機構。看來，這種補助帶有過渡性質。從長期趨勢看，企業不應再向地方提供補助。

五、還有一種剝離非經營性資產的方式，這就是不把非經營性資產列入股本，而是計算在企業的公積金之內。把非經營性資產計算在企業的公積金之內，既不影響企業的股東權益，不影響企業的資金利潤率，又可以使企業繼續利用這些非經營性資產為職工的生活服務。不能認為股份制改造過程中只存在上述五種剝離非經營性資產的方式。可以相信，通過實踐，各地一定會創造出適合本身情況的新的剝離方式。

公司制與國有資產的保值增值

在公司法第五條中寫道：「公司在國家宏觀調控下，按照市場需求自主組織生產經營。以提高經濟效益、勞動生產率和實現（資產保值增值為目的）。」如果國家在公司中有投資，很明顯，公司實現資產的保值增值就包含了國有資產的保值增值。然而在實際經濟運作過程中，國有資產的保值增值卻存在着若干漏洞。據初步調查，國有資產在公司制之下可能通過如下途徑流失：

一、企業在改制為股份公司時，對國有資產按低價折股；相形之下，其它投資主體的資產則按市價折股。

二、企業在改制為股份公司時，一部分本來應當折成國有股的經營性資產不予折股。

三、企業改制為股份公司後，不給國有股送股、配股，或者少送股，少配股，而其它投資主體則按正常標準送股、配股。

四、企業改制中，國有資產是按存量折股的，因此不出現資金不到位的問題。而其它投資主體則是按增量認股的，有的投資主體的投資遲遲沒有到位，卻參加分紅。這就使國有資產的收益受損失。

五、企業改制前，有些國有資產被集體名義的機構無償佔用，在企業改制過程中，並未把這些國有資產計算在內，或者聽任集體名義的機構繼續無償佔用，或者聽任集體名義的機構變賣，而變賣所得歸變賣者所有。

因此，要使企業在改制為股份公司的過程中實現國有資產的保值，首先應當杜絕國有資產流失的渠道。先不讓它們流失，然後才能談得上股份公司建立後在運作中使國有資產保值增值。

在這方面，有這樣兩種並不正確的看法。一種看法是：只要改制為股份公司，總有國有資產流失的漏洞，防不勝防；不改制為股份公司，反而好些，因為國有資產至少可以保值。這種看法之所以不正確，原因在於：只要措施得力，監督檢查嚴格，上述各種導致股份制企業國有資產流失的漏洞都是可以堵住的。國有資產必須合理評估，同股同權同利，一切投資主體的資金必須切實到位，被無償佔用的國有資產必須清理，這些並不是做不到的事情，主要看有關部門是不是認真監督檢查。

再說，企業不改制為股份制，並不等於國有資產不會流失。假定國有資產管理部門不採取有效的措施進行監督，即使企業保留國有國營的體制，企業不提折舊，少提折舊；高價估算庫存商品；變賣國有資產；有帳無貨：折舊基金不用於固定資產更新改造，而用於職工獎勵或福利支出：一部分盈利被轉入「小金庫」等等情況仍會發生，這些都表明國有資產在流失。可見，企業不改制為股份制，國有資產流失的情況是不容忽視的。而只要有關部門認真監督檢查，改制為股份公司的過程中和改制以後，國有資產反倒有可能不再流失。

另一種不正確的看法是：既然公司法中規定股份公司應以資產保住增值為目的，那麼在公司運作過程中，公司就必須「只賺不賠」，原則就違背了公司法。應當指出，企業改制為股份公司，這意味着企業朝着適應於市場經濟的道路上邁出了一大步，但這並不保證企業在市場經濟的激烈競爭中只賺不賠，只許成功，不許失敗。市場環境是不斷變化的，許多因素並非個別公司的努力所能控制。沒有哪一家公司的領導人能保證自己的公司不會在競爭中遇到新的對手的挑戰。

因此，在股份公司的運作中，重要的是要讓公司重視股東們的合法權益，不應讓資產被侵吞或流失而使股東們受損失。國家作為投資者之一，理應同其他投資者一樣，其合法權益應受保護。但經營中的虧或盈，完全有可能出乎公司領導人的預料。經營不善，公司甚至會倒閉、破產。不能認為這種情況就違背了國有資產保值增值的宗旨。所以我們不能把國有資產保值增值問題絕對化。我們只能說：根據公司法，公司的經營狀況與財務狀況應向股東們公開，接受股東們的審查，以防止股東的合法權益被侵佔，而不能要求公司今後「只賺不賠」。

股份制改造中的產權界定

在股份制改造中，產權界定確實是一個難點。難就難在以下五個方面。第一，有些企業的最初投資主體是誰？不明確。籠統地説，企業最初是由國家投資的或者是由集體投資的。但具體地考察，就會發現投資主體不確定。是中央投資的還是地方投資的？是哪一個具體部門或單位投資的？找不到投資主體。集體投資這個概念尤其模糊。簡直找不到確切的投資人。第二，有些企業找不到最初的投資主體，或者説，並沒有哪一個投資主體真正對該企業投了資。企業是靠貸款發展壯大的，貸款早就還清了，產權如何界定？第三，有些企業不僅找不到最初的投資主體，而且從賬面上看早已資不抵債了，但企業依然存在，甚至照常生產經營。照理説，債主應當是企業的主人了，然而債主們卻不承認自己已經擁有了企業，唯恐背上這個包袱。這種情況下，產權如何界定？第四，近年來，在一些企業內部出現了產權交叉重疊的情況，例如國有企業中有集體的集資所形成的資產，或集體企業中有個人投資的部分等。第五，某些企業在建立後的最初幾年內有減免税收的優惠，在股份制改造過程中，有的地方提出要把給予企業的減免税折合成國有股，並為此爭論不休。

股份制改造中產權界定的困難雖然不僅限於上述五個方面，但這五個方面無疑是主要困難所在。怎樣解決這些困難呢？我想談談個人的看法。

一、關於最初投資主體的確定，要區分國有企業和集體企業，採取不同的辦法。國有企業總是由各級政府部門最初投資而建成的。追根溯源，一直往前尋找，總可找到源頭。源頭找到了，投資主體明確了，產權也就可以界定了。在這裡，找不到具體的最初投資單位，這並不重要。重要的是找到經費來自哪級政府部門。集體企業的最初投資主體的確定則比較困難，因為追根溯源也不一定能找到源頭，很可能是在當時集體經濟組織的領導之下動員農民們出資出力創立的，現在已經無帳本可查，變成一筆糊塗賬了。解決的方式，一是作為集體基金，把集體基金作為最初的投資主體，二是把集體的資產分解到個人，按照各人歷年來貢獻的多少確定產權。有的地方提出：「老母雞不能殺掉，老母雞下的蛋可以分」。這是指：儘管集體資產已分解到個人，但誰都不能抽走股本，而每股應得的紅利則可以由各人取走。

二、在缺乏最初的投資者而靠銀行貸款發展起來的情況下，應當明確當初的銀行貸款是誰作擔保的，誰承擔投資風險的。擔保者、風險承擔者，有理由成為產權的持有人，至少是產權持有人之一。這時，還應當考慮經營者運用貸款的業績。如果沒有經營者的努力，光靠擔保者承擔了風險，企業也不可能發展壯大。經營者不是指個人，而是指企業職工集體，從理論上説，他們也應成為產權持有人之一。

三、如果企業既缺乏明確的最初的投資者而又已經負債纍纍和資不抵債，那麼就應當採取特殊的方法來處置。比如説，可以把銀行的債權折成產權，或把企業先確定為國有企業，由國家承擔債務，債務並不一定立即償還，而可以分期償還。假定企業從建立之時起就與國家無關，那就不應由國家承擔債務，而可以通過破產、拍賣等方式來處理。

四、產權的交叉重疊是目前企業中常見的現象。要進行產權的界定，必須還各種經濟成份以本來的面目：是國家所有就是國家所有，是集體或個人所有就是集體或個人所有，不能在一種經濟成份的掩蓋下包含着另一種經濟成份。同時，要分清母公司與子公司，要按照控股狀況來確定子公司的產權。

五、不能把減免税作為國有股，否則就等於取消了當初給予企業的優惠。這樣的做法實際上是很不嚴肅的。今後，國家仍需要根據產業政策給企業減免税，難道今後也要把給予的減免税以國有股的形式再歸還國有嗎？可見，把減免税折成國有股的做法既不符合國家的產業政策，又會損害投資人的積極性。

發展中國家「就業優先」的理由

「就業優先論」是我的經濟發展理論的重要組成部分。我提出這個命題是有充分依據的。發展中國家在經濟發展過程中都面臨着從農村釋放大量多餘勞動力的問題。即使在城市中，隨着技術的進步和勞動生產率的提高，也有相當一部分勞動力被釋放出來。因此，任何一個發展中國家，只要轉上了從傳統經濟走向現代經濟的軌道，勞動就業問題就會提到突出的位置上。如果政府不設法為大批多餘的勞動力找到合適的出路，不僅社會難以穩定，而且持續的經濟發展也會因城市秩序的混亂而受到嚴重挫折。

從歷史上看，各國在經濟發展過程中曾經有過不同的解決就業問題的方式。一是在移民可以前往國外的條件下，用勞動力外流的辦法來緩解本國的就業壓力。但這樣的時代已經過去了，至少對中國的現代化來説缺少現實意義。二是限制勞動力，把勞動力就地安置在農村與工廠中，以隱蔽性失業代替公開失業的辦法來解決就業問題。由於隱蔽性失業要比公開失業對社會安定的威脅小一些，所以有些國家也採取過這種方式，但這種方式頂多可以維持一代或兩代人的表面的安定，時間長了，問題依然會爆發出來。何況，中國在走向改革開放以後，這種緩解就業問題的方式再也不適用了。三是用加快本國經濟發展的辦法，增加就業崗位，以緩解就業問題。經濟中取得較顯著成就的發展中國家和地區，幾乎都是依靠這種辦法既解決了多餘勞動力的出路，又逐步實現了從傳統經濟向現代經濟的過渡。其中有些國家和地區，論資源，要比中國少；論人口，要比中國密；論經濟發展的起始水平，也不比中國高，為什麼它們基本上解決了本國或本地區現代化過程中產生的多餘勞動力的就業呢？為什麼有些發展中國家和地區如今還感到勞動力不足，而準備從外國引進勞動力呢？可見，經濟發展是關鍵所在。

「就業優先」，實際上就是「發展優先」，也就是説，發展中國家必須把發展問題擺在政策目標的首位，通過經濟的加速發展來擴大就業，吸收多餘勞動力就業。人們常説，不怕社會上有人找工作，就怕社會上沒有工作崗位。這句話一點不假。社會上有人找工作，這表明社會對於找工作的人將有一定程度的挑選，找工作的人必須有本事，能勝任工作，不偷懶，否則誰會來選擇他呢？而社會上沒有工作崗位，這就麻煩了。這表明經濟的停滯，表明就業問題難以得到解決。因此，只有加快經濟發展，提高人均收入水平，才能創造出更多的就業機會，容納更多的人就業。

「就業優先」，「發展優先」，通貨膨脹來了，怎麼辦？通貨膨脹當然是需要認真對付的。但通貨膨脹分兩種，一是一般性的通貨膨脹，二是惡性通貨膨脹。發展中國家應當竭力避免或制止惡性通貨膨脹。假定出現了惡性通貨膨脹，經濟發展就會停頓，社會就會混亂。在這種情況下，無疑應以抑制通貨膨脹為首要任務，這是不在話下的。沒有人認為在出現惡性通貨膨脹時不需要抑制通貨膨脹。假定只是一般性的通貨膨脹，固然要防止它轉化為惡性通貨膨脹，但更重要的是，仍應突出經濟發展，突出就業問題。試看，在取得顯著經濟發展成就的發展中國家和地區中，有哪一個國家和地區是在沒有通貨膨脹的條件下發展經濟的？找不到這樣的例子，至少在經濟發展的前期是沒有這樣的例子的。經濟發展了，人均收入提高了，問題就易於解決，其中包括了農村釋放出來的多餘勞動力的就業問題。

常言說得好，兩害相衡取其輕。惡性通貨膨脹最有害，當然要全力以赴，克服它。而失業與一般性通貨膨脹相比，應當說，失業對社會穩定的害處更大些。因此，「就業優先」「發展優先」作為發展經濟學的一個原則，不僅可以成立，而且有廣泛的適用性。

第六章 科學技術是寶貴的資源

· 科學技術是寶貴的資源
· 對「民工潮」的新認識
· 「超前消費」或「早熟消費」
· 談談「炫耀性消費」
· 消費習慣與「消費陋俗」
· 局部與全部的「冷熱」
· 農村市場有待開發
· 重視產品質量低下問題
· 「吝嗇」的經濟學含義
· 產權交易有利於公有企業
· 產權交易有利公有經濟
· 防止公有資產的流失
· 析「公有經濟為主」
· 建立教育銀行的必要性
· 鼓勵私人辦學
· 職工持股制的前景
· 從職工持股到勞動股權
· 判斷經濟形勢的依據
· 教育與扶貧工作
· 資源代際分配的原則
· 資源代內分配的原則

科學技術是寶貴的資源

一切用於經濟增長的資源都是有限的。經濟增長的代價，從資源供給的角度來看，就是各種有限資源使用的代價。假定資源的使用不顧後代人的利益，使後代人無足夠的資源可用，這豈不是為經濟增長付出的代價過大？所以人們在使用資源時，必須考慮這種代價的大小。經濟增長的收益反映於社會平均物質文化生活水平的提高。經濟增長的收益有可能對經濟增長的代價給予直接意義上的彌補，這是指：經濟增長帶來了社會物質文化生活水平的提高；只要社會物質文化生活水平提高的幅度較大，那就可以彌補為經濟增長付出的代價了。但問題在於：本代人可以因社會物質文化生活水平的提高而受益，後代人卻會因資源的匱乏而受損失，本代人並非後代人，本代人的受益與後代人的受損失是不能抵消的，本代人不能因此而產生「只要經濟增長了，資源消耗再多也無所謂」的想法。因此，直接意義的彌補的局限性表現於經濟增長的收益與經濟增長的代價分別落在本代人與後代人的身上，不可能相互抵消。於是我們必須進行有關另一種意義的彌補的探討。另一種意義的彌補，可以稱做間接意義上的彌補。

間接意義上的彌補的範圍是廣泛的，肯定不是只有一種方式。這裡只舉一種間接意義上的彌補方式，即科學技術進步的彌補。

假定經濟增長的收益體現於科學技術的進步上，而科學技術的進步能為後代人提供較舒適的生活環境或生活條件，那麼有限資源的匱乏就不會使後代人的社會平均物質文化生活水平停滯或下降，於是經濟增長的收益足以從間接意義上彌補了經濟增長的代價。比如說，淡水是一種有限的資源，本代人對淡水的耗費過多，以致於留給後代人陸地上可供使用的淡水資源越來越少，從而影響了後代人的生活。但只要經濟增長帶來了科學技術的進步，後代人可以憑借當時的科學技術把海水廉價地變為可供使用的淡水，問題不就解決了嗎？又如，石油的過多耗費使後代人可供使用的石油資源越來越少，從而影響了後代人的生活。但只要經濟增長帶來了科學技術的進步，後代人可以憑借當時的科學技術開發了不亞於石油的新能源，問題不也就解決了嗎？

可見，這種間接意義上的彌補方式是通過伴隨着經濟增長的科學進步而給後代人的彌補，使後代人的生活環境和生活條件較為舒適，而不致於因本代人對有限資源的過多耗費而降低社會平均物質文化生活水平。

從這裡可以得到的一個啟示是：要實現這種意義上的彌補，經濟增長過程中的科學技術進步是非常重要的。沒有科學技術的巨大突破，也就談不上經濟增長收益對經濟增長代價的間接意義上的彌補。

關於經濟增長的收益體現於科學技術進步，以及科學技術進步對經濟增長代價的彌補問題，還可以用更富於想像力的方式來回答。例如，土地資源是有限的，照目前這種增長速度來使用有限的土地資源，也許若干代之後，後人確實沒有多少土地資源可利用了。然而，經濟增長所帶來的科學技術進步，是不是創造出我們至今還難以想像的奇跡呢？後人是不是有可能從合成中取得所需要的食物而不必用土地來生產食物呢？後人是不是有可能找到比陸地上更適合居住的場所而不必再佔用土地呢？如果將來某一天真的發生這些科學技術奇跡的話，因資源匱乏而給後代人造成的損失不就可以通過科學技術的進步而得以彌補了嗎？

科學技術是生產力，而且是第一生產力，這個道理已經被越來越多的人所懂得，但科學技術是一種寶貴的資源，而且是取之不盡、用之不竭的資源，這個道理未必被人們所懂得。前代人的努力所造成的科學技術的進步，不僅為後代人提供了豐富的資源，而且為後代人的社會平均物質文化生活水平的提高提供了可靠的保證。不可再生的資源，一方面可以通過科學技術的進步而找到代用品，另一方面可以通過科學技術的進步而增加可使用的數量。這樣，經濟增長收益與經濟增長代價的比較問題與彌補問題也就可以順利得到解決。

對「民工潮」的新認識

最近，我到福建沿海進行考察。在泉州作調查的結果，使我對「民工潮」的認識深入了一步。以往，只是單純從經濟的角度來思考這一問題。從經濟上看，雖然「民工潮」給交通運輸部門帶來不少麻煩，並造成某些城市的管理混亂問題，但總的說來，大量民工湧往沿海城市支持了這些城市的經濟建設，使它們的經濟得以按較高的速度發展，同時，民工們向家鄉寄回的錢又支持了家鄉的經濟，使市場活躍起來，使家庭的收入增多，生活改善。因此，在當前，「民工潮」是利多於弊，利大於弊的。

這次在福建泉州對「民工潮」考察後，感到單純從經濟的角度來思考這一問題是太狹窄了。從社會的角度，也就是以比經濟更加廣闊的角度來對「民工潮」進行思考。泉州市內有外來民工七十多萬人，主要來自安徽、江西、湖南、湖北、四川等省，也有來自福建西部山區各縣的。民工們分布於建設、工業、商業、服務各個部門。今天的民工們可以稱做第二代民工，他們同八十年代外出打工的民工（第一代民工）在觀念上已經有巨大的差異。十年前，第一代打工仔、打工妹到沿海一帶來打工時，人們詢問他們，「你們出來打工，為了什麼?」當時，多數人不好意思回答這個問題，少數人回答說：「為了賺錢，好結婚。」的確如此。

男的為了娶老婆，女的為了置些嫁妝。而今天，第二代打工仔、打工妹到沿海一帶來打工時，想法改變了。問他們「打工是為了什麼?」不少人直言不諱地說：「為了學本事。」他們這麼說，也這麼想：「你們能開店，能辦工廠，為什麼我們不能？學了，不就會了麼？這是多麼巨大的變化！市場經濟是一所大學校，山區的、偏僻縣城的打工仔、打工妹們都先後被捲進了市場經濟的大潮中，他們在這裡學到了技術，學到了本領。葉落要歸根，他們遲早有一天要回老家去。哪怕將來只有幾分之一的民工回到了原籍，對於家鄉來說，真是不了起的事。記得今年六月初我在湖南，一位省領導人告訴我，湖南零陵地區的鄉鎮企業發展很快，興辦、管理、經營這些鄉鎮企業的，不少是第一批到廣東打工的人，他們學到了本事，回到家鄉，就放手大幹起來。我想，全國肯定不會只是湖南零陵地區才這樣，類似的例子一定很多。

中國農村長期受到封建思想的統治。婦女的地位是低下的。婦女在農村總是受壓。然而，年輕一代的農村姑娘們找到了一條使自己地位提高與處境變化的新路，這就是到沿海去打工，自食自力，還掙錢寄回來。儘管我們從報紙上看到有些工廠苛待女工的報道，但可以相信通過勞動法的頒布與實施，情況將會好得多。對大多數到沿海打工的農村姑娘來說，一走出山區和本村，一進入沿海的工廠中，觀念也就隨着改變，打工的時間越久，在沿海逗留的時間越長，受市場經濟的影響越大，觀念的轉變也就越明顯。即使她們再回到家鄉，她們已不再等於過去的自己，別人也不把她們當做過去的她們看待了。這不正是民工潮對於社會的深刻影響嗎？

把民工說成是「盲流」，這是不對的。他們不是「盲流」，而是在有目的地流動。什麼目的？尋找自己的發展機會。這是從傳統經濟到現代經濟過程中的外出勞動力的大好機遇。民工們在尋找發展機會的過程中，自覺地或不自覺地打破了以往存在多年的觀念，如依賴家族的觀念、害怕遷移的觀念、封閉保守的觀念、溫飽就已滿足的觀念等，代之而來的是自立、拚搏、進取、競爭等觀念。已經出來的民工們觀念的轉變對中國農村中尚未外出的勞動力（特別是青年人）的影響是不可忽視的。沒有農民的積極參與，市場經濟體制難以最終建成。而當廣大農民們從已經外出的民工們身上得到有益的啟示之後，不管他們留在本鄉本土，還是相繼外出，他們都將為中國的市場經濟建設發揮重要的作用。有眼光的觀察家，應當從民工潮中看到中國農村的希望。

「超前消費」或「早熟消費」

奢侈性消費被認為是個人的事情。「超前消費」或「早熟消費」則是就全社會而言的，它是指社會的消費增長幅度超過了生產增長幅度而長期形成的資源配置不正常格局。「超前消費」或「早熟消費」不應被用於衡量某一戶居民的消費行為。我們不僅不能判斷某一戶居民的消費是否屬於「早熟消費」，而且也不能說某一收入檔次的居民家庭的消費是否屬於「早熟消費」。這種說法缺乏科學依據。

「超前消費」或「早熟消費」作為發展中國家中出現的資源配置格局，不利於這些國家經濟的持續發展。這是因為，一方面，它導致社會的儲蓄率下降，投資下降，以及外匯儲備的減少，另一方面，它使得發展中國家把人力、物力、財力資源中的較多部分用於發展新的消費方式方面，從而限制或阻礙了經濟發展。因此，發展中國家應多避免出現「超前消費」或「早熟消費」。

現在需要探討的是：個人的奢侈性消費與社會的「早熟消費」之間有什麼關係？也就是說，個人的奢侈性消費是否影響或如何影響社會的「早熟消費」？社會的「早熟消費」是否影響或如何影響個人的奢侈性消費？根據這些分析，我們可以加深對「早熟消費」危害性的認識。

正如前一篇文章中已經提到的，個人的奢侈性消費的特徵之一，是個人的消費支出過多地超出了收入水平或財力狀況；特徵之二，是在社會的資源供給量為既定的條件下，個人的消費支出過多地佔用或消耗了該種資源。從這兩方面看，個人的奢侈性消費都會對社會的「早熟消費」發生影響。當然，如果有奢侈性消費的個人是社會成員中的極少數，而且他們的消費行為的示範作用很小，那麼個人的奢侈性消費對社會的「早熟消費」的影響也就很小；反之，如果社會上有較多的人以這種方式或那種方式進行奢侈性消費·而且他們的消費行為有較顯著的示範作用，那麼個人的奢侈性消費對社會的「早熟消費」的影響必定是較大的。

在這裡，需要進一步說明這樣一個問題：「早熟消費」既然作為社會資源配置的不正常格局或不合理格局，那麼它是怎樣產生的？肯定與個人消費行為有關。假定社會上的絕大多數成員的消費行為都是合理的，即使個別社會成員有奢侈性消費，這不會扭曲社會的資源配置格局。從這個意義上說，沒有較多的社會成員的奢侈性消費，社會的「早熟消費」也就不可能出現。除非這時政府的行為有偏差，比如說，政府的公共消費支出大大超出社會生產所容許的限度，實行了過高的福利支出，從而使社會的資源配置格局發生扭曲，否則社會是不可能形成「早熟消費」的。雖然對政府的公共消費支出的評價不在本文考察之列，但我們仍然可以認為，這種情況下政府的高福利政策對經濟發展是有害的。

再說，如果社會上已經出現了「早熟消費」，這又會對個人消費行為產生什麼樣的影響呢？有兩種可能性。一種可能性是：由於「早熟消費」使社會的資源配置格局扭曲，經濟發展受損失。於是社會上不斷有人出來要求消除已經出現的「早熟消費」現象，調整資源配置格局，個人消費行為也因此受到影響，奢侈之風逐漸被煞住，合理的個人消費行為逐漸佔了上風。另一種可能性是：個人的奢侈性消費支出將因社會的「早熟消費」而增多。這主要是因為：社會的「早熟消費」必將對社會的消費風氣產生消極影響，個人的奢侈性消費行為的示範作用將擴大，從而社會的「早熟消費」不利於資源配置與經濟發展的作用也會增大。在弄清楚個人奢侈性消費同社會的「早熟消費」之間的相互關係後，就可以懂得宣傳、鼓勵個人合理的消費行為的重要意義。

談談「炫耀性消費」

「炫耀性消費」是美國經濟學家凡勃侖（T.B Veblen）在一八九九年出版的《有閒階級論》一書中提出的。他認為：這種消費的目的是炫耀自己，擺闊氣：它來自社會的有閒階級；社會上其他成員的消費行為受到了這種來自有閒階級消費行為的影響，因此也講究穿着，講究排場。

凡勃侖的分析有一定道理，但也有局限性或不足。在考察現階段中國的社會消費風氣時，我們既要參考凡勃侖的分析，又要從中國的實際情況出發，對於「炫耀性消費」進行實事求是的研究。「炫耀性消費」與個人的奢侈性消費有相似之處，也有相異之處，不要簡單地混為一談。

「炫耀性消費」與個人的奢侈性消費相似之處在於：一者都超出了生活必需品消費支出的範圍，都佔用或消耗了某些供給有限的資源的較多部分。此外，與個人的奢侈性消費一樣，「炫耀性消費」的示範效應也不可忽視，它們有可能對社會風氣產生不良影響。

「炫耀性消費」之所以同個人的奢侈性消費有相異點，主要由於：第一，根據凡勃倫關於「炫耀性消費」的論述，「炫耀性消費」的目的在於向外界顯示消費者本人的身份、地位等等。以取得周圍的人對自己的尊重、好感等等。而個人的奢侈性消費並不完全這樣。個人的奢侈性消費中，有一部分用於炫耀性目的，它們等同於「炫耀性消費」，但也有一部分只是為了個人的享受，所以不能説個人的奢侈性消費都是「炫耀性消費」。第二，在實際生活中，除了社會上的貧困戶以外，幾乎所有的家庭都有程度不等的「炫耀性消費」，或者説多多少少都有些帶有炫耀性質的消費支出，如穿着打扮方面的支出、招待客人的支出等。這樣，我們就不能説「炫耀性消費」來自有閒階級，而社會其他成員只不過是受到了有閒階級的影響。同時，我們也不能認為「炫耀性消費」必定都是過多地超出了本人收入水平或財力狀況的消費支出。對社會上的許多家庭來説，「炫耀性消費」是本身收入水平或財力狀況所能承受的，或者，只是稍稍超出了某一時期的收入，而在下一時期就可以彌補的，因此，不能認為

「炫耀性消費」都是個人的奢侈性消費。

從上面的分析可以看出，儘管個人奢侈性消費與「炫耀性消費」都可能對社會風氣產生不良的影響，但仍應當區別對待。對於個人奢侈性消費的評價，以前已經談過了。這是應當批評的。對於「炫耀性消費」中的奢侈性消費，無疑也在可以批評之列。但對於「炫耀性消費」中還不能列為奢侈性消費的那些消費，則應當視為正常的消費行為。要知道，不管是古代社會還是現代社會，人作為社會的成員，總要同外界交往。在同外界交往時，即使不談如何通過消費行為來表現自己，至少不要讓別人對自己有所輕視或誤解，這也是正常的狀態。因此，一個家庭在安排家庭內部的消費時過得節儉一些，而在同外界交往時寬綽一些，大方一些。屬於人之常情，何必去過問呢？一個人在同外界交往時，為了不想被別人譏笑為吝嗇，從而有比家庭內部消費時較多的支出，這也是人之常情，何必去過問呢？既然如此，我們完全有理由不把一般家庭中帶有社交性質的消費支出稱作「炫耀性消費」。

生活需要美化，人們在穿着打扮、飲食、娛樂等方面不應當、也不可能強求一律。一位男士，有幾套西服，有的平時穿，有的名貴些，留待社交時穿，就算這是擺闊氣吧，這又有什麼不妥？一位女士，有一些首飾，有的平時戴，有的豪華些，社交時才戴，這種擺闊氣，講排場，也沒有甚麼可非議之處。社會消費風氣的好壞，不表現於「人們在家裡節儉，外出時闊綽」。因此，這些問題還是讓每個家庭自己去決定吧。

消費習慣與「消費陋俗」

關於消費問題，我已一連寫了三篇文章。這第四篇文章專談目前中國的「消費陋俗」。不久前，我到貴州、湖南進行考察，對此深有感觸。我認為，在注意防止個人奢侈性消費的同時，千萬不要忽略「消費陋俗」對中國社會經濟的消極影響。

社會的消費習慣是多年形成的，它們的形成有社會經濟、文化等方面的原因。它們一旦形成，就會保持相當長的時間。它們的改變有一個緩慢的、逐漸的過程。個人的消費習慣要受到社會的消費習慣的影響。大多數家庭在消費中要受到已經形成的社會消費習慣的制約。想擺脱並且在實際生活中確實擺脱了社會消費習慣制約的家庭，畢竟是少數。雖然個人消費也要受到個人收入變動的影響，但這種影響在一段時間內並不顯著。個人消費習慣的變化往往落後於個人收入的變化。

「消費陋俗」是指已經過時的、不合理的社會消費習慣而言。比如說，在現階段中國的農村和某些城市居民中，為死者大辦喪事，修造墳墓，請僧道做法事，焚燒紙錢，甚至為活着的人預修墳墓，這些就屬於「消費陋俗」。婚前大肆置辦嫁妝，送彩禮，嫁娶之日大擺宴席，耗資巨大；這些消費支出中，有的也應歸入「消費陋俗」一類。「消費陋俗」的一個特徵是：消費者本人本來已經意識到這些消費支出是不合理的，是超出了本人收入水平或財力狀況的，從而不願意支出這些款項，或者只願出支出其中一部分被認為必要的款項，但若於社會環境的壓力，擔心周圍的人的譏笑或責備，於是不得不屈從於「消費陋俗」，這種消費行為可以被稱為個人奢侈性消費，但它卻是一種被迫的奢侈性消費，不同於本人自願的奢侈性消費。「消費陋俗」影響下的消費行為，雖然帶有「炫耀性消費」的性質，但也同一般生活中的「炫耀性消費」不一樣，它不僅是一種被迫的「炫耀性消費」，而且由於這種消費支出過多地超過了消費者本人的收入水平或財力狀況，甚至消費者為此陷入了長期不能解脱的債務之中，所以它的危害性要大大超過一般生活中的「炫耀性消費」。還應當指出，前面曾提到，在實際生活中，社會上的貧困戶通常是沒有「炫耀性消費」的，因為他們的收入或財力不允許這樣做。然而，社會上的貧困戶有時卻不得不屈從於「消費陋俗」，從而他們也有可能在婚喪等消費行為方面按照「消費陋俗」所要求的去做。

消費本身代表着一種文化。過時的、不合理的消費行為，尤其是帶有強迫性質的奢侈性消費（如「消費陋俗」影響下的超過本人收入與財力的消費行為），即使不違法，但卻是落後的文化的表現。體現了落後文化的「消費陋俗」，與時代是不相容的，也是阻礙社會進步和生活質量提高的。如果說通過對個人消費行為的評價而對消費行為有褒有貶的話，那麼首先應多遭到批評和反對的，便是這種「消費陋俗」。接着，將是一般的個人奢侈性消費，包括以「炫耀性消費」形式表現出來的奢侈性消費。

對於種種不違法的個人奢侈性消費行為，包括「消費陋俗」影響下的個人奢侈性消費行為，怎麼辦？一方願買，另一方願賣，誰也沒有強迫誰，不能下令禁止出售高價但不違法的消費品，更不能禁止人們購買並不高價的、但超過本人生活實際需要量的消費品。對此只能加以引導。引導，不僅指引導消費者，也包括對輿論的引導，對經營者的引導。個人的日常消費中常常摻雜了非理性的因素。對消費行為的引導，對消費風氣的引導，實際上就是讓人們盡可能使自己的消費行為理性化，減少盲目性。這既有利於消費者本人，也有利於良好的社會風氣的發揚。對「消費陋俗」的抵制，正有賴於良好的社會風氣的形成與發揚。

局部與全部的「冷熱」

關於經濟發展中局部與全部的關係，學術界有不少研究。在這裡，我想討論一個迄今尚未被學術界注意的問題，這就是局部的「冷熱」與全部的「冷熱」之間的關係。我根據最近十年來中國經濟的實際，提出了如下的觀點：局部的「熱」不會引起全部的「熱」，而局部的由「熱」變「冷」卻會引起全部的「冷」。這裡所說的「冷」和「熱」，是指經濟的萎縮與經濟的膨脹。這裡所說的局部和全部，是指國內的某一個地區的經濟與整個國民經濟。局部的「熱」之所以不會引起全部的「熱」，主要由於以下三個原因：

一、國內各個地區的經濟發展是很不平衡的。比如說，沿海省份與內陸省份的差距很大，沿海省份的經濟環境不同於內陸省份的經濟環境。因此，沿海省份出現經濟「過熱」時，內陸省份的經濟可能還剛剛由「冷」轉「熱」，甚至繼續處於「冷」的狀態。地區之間經濟發展的不平衡性，使得經濟落後地區經濟的起步要比經濟發達地區慢好幾拍。

二、各個地區的產業結構、產品結構的差異很大。沿海省份經濟「過熱」時，主要是其中某些產業發展過快，某些產品生產增長率較大。但這並不等於說內地省份有着與沿海省份相同的產業結構、產品結構。因此，各地區經濟的「冷熱程度」也就不一樣。

三、由於「瓶頸」制約的存在，經濟「過熱」地區向經濟「偏冷」地區的傳導渠道不是順暢的，而且在市場經濟還沒有充分發育的條件下，經濟中的傳導機制也是不完善的。這樣，沿海省份的「熱」不一定能迅速傳導到內地省份去。

局部的由「熱」變「冷」之所以會引起全部的「冷」，則主要由於以下四個原因：

一、在企業產權體制未進行切實有效的改革，而且法制建設相對滯後的大環節中，一旦某個地區的經濟「冷卻」了，相互欠債的現象必定發生，各個地區的企業都被「債務鏈」拴住了，誰也擺脫不了相互拖欠的困境。於是，局部的由「熱」變「冷」通過「債務鏈」就傳導出去了。

二、當經濟中出現「熱」的現象時，儘管國內有些地區（主要是經濟落後地區）的經濟還沒有「熱」起來，但如果政府這時採取了緊縮措施，把貨幣閘門關緊了，那麼這就會對整個國民經濟發生影響，局部地區的經濟的由「熱」變「冷」就會變成整個國民經濟的「冷」。

三、勞動力的跨地區流動是現階段中國經濟中的重要事實。主要的流動趨勢是：經濟落後地區的勞動力向經濟發達地區流動，內陸省份的勞動力向沿海省份流動。只要沿海省份的經濟由「熱」變「冷」，勞動力就可能回流，或者準備外流的勞動力停止外流，由此帶來的效應將是整個國民經濟的「冷」。

四、一個地區由「冷」轉為「熱」，主要依靠資金投入的增長。資金來自不同方面：或者是財政部門，或者是銀行，或者是民間集資，或者是外資引入。假定經濟中某些地區由「熱」變「冷」了，並且這時宏觀經濟政策已經轉為緊縮，那麼來自財政與銀行的資金投入必然減少，來自民間的集資也會減少，而如果沒有國內資金投入配套，外資的流入同樣受到限制。這就是說，局部的資金緊張將有連鎖反應，使得其他地區的資金也會相繼緊張起來。由於缺少資金的投入，整個經濟也就自然而然地變「冷」了。以上的分析告訴我們：經濟政策的制定與推行不能採取「一刀切」的做法。「一刀切」的結果只會使國內不同地區的經濟發展更加不平衡，只會使沿海省份與內陸省份的差距越拉越大，該緊則緊，該鬆則鬆，鬆緊搭配，因地制宜，這才是有效的宏觀經濟管理之道。

以上是把局部與全部作為地區經濟與國民經濟來理解的。假定把它們分別理解為某個行業與國民經濟的話，上述分析基本上適用。一個重要行業的「熱」不會引起其他行業的「熟」，而一個重要行業的由「熱」變「冷」卻會引起其他行業的「冷」。研究當前中國經濟的人，應當懂得這個道理。

農村市場有待開發

不久前我曾到湖南汨羅、湘陰、瀏陽等地調查，訪問了一些農村居民家庭，並到農村集市上詢問營業狀況和商品價格。我感到，農村是一個很有潛力的大市場，正有待於大力開發。農民們各有自己的消費支出目標和消費計劃，可惜他們的目標與計劃尚未被企業界充分了解。

老年農民一般比較保守，他們對我說：「最擔心的是孩子們一個個長成了，他們要房子住，要結婚。要家具，沒有錢買，怎麼辦」？他們對自己的生活要求比較低，只要求有一台電視機就行了。年輕的農民的想法完全不同。他們種田，做工，做買賣，想改善自己的消費狀況。他們的眼界寬，知道城市裡的生活水平，凡是城市裡青年夫婦所擁有的消費品，他們都想購買。農村市場的潛力主要在他們這一代那裡。所以了解中國農村居民的消費願望是十分必要的。

如果仔細地進行分析，不難發現，目前中國農村居民的家用電器的保有量很少。以電視機來說，黑白電視機在農村尚未普及。電冰箱、洗衣機更沒有普及到農村。只是在沿海的一部分農村以及內地的大中城市的近郊，才能看到農民家中有彩色電視機、電冰箱和洗衣機。這說明家用電器的市場相當大，而且這一龐大的市場會持續許多年。

更重要的是農村的建築市場和摩托車、汽車市場。中國農村居民消費的一個明顯特點是：收入增多後，首先想到的是拆舊房，蓋新房，致力於改善住房質量。而在新房建成或舊房翻修後，農民無論如何也會動用一部分積蓄來購買家具。這也是一個廣闊的市場。至於摩托車和汽車，在廣大農村居民看來，這些並不純粹是消費品，而首先是生產資料。農民可以用它們來運輸商品，或載運客人。儘管摩托車、汽車的銷售量在客觀上會因為道路條件和維修條件的不佳而受到限制，但這些條件都會因農村經濟的發展和農民收入的增長而改善。因此，摩托車和汽車的市場同樣有很大的潛力。除此以外，我們還應當注意到，隨着農村居民住房條件的改善，諸如電話、廚房設備、衛生設備等也會有很大的市場。

農村居民的儲蓄率隨收入增長而提高後，在經濟改革與開放的形勢下，農民作為投資者的積極性將充分發揮出來。農民將有較多的資本用於組建鄉鎮企業或擴大農牧漁業生產。這必然促進生產資料市場的興旺。農村消費品市場和生產資料市場的共同發展，將使城市經濟的繁榮得到來自農村的有力支持。

當然，我們不能忽略這一事實，即中國農村經濟的發展是極不平衡的，東部沿海城市的郊區和西部山區的農村的差別很大，富裕的農戶同貧窮的農戶之間的差別也很大。同時，農村市場的擴大也只可能是逐步的，東部省市的農村市場的擴大在先，而西部廣大農村消費水平的提高和耐用消費品的普及只可能是下一世紀初期的事情。但即使只有三分之一或四分之一的農戶先提高了收入，那就向企業界展現了一個有兩億人左右的大市場，這一廣闊的市場將對建築材料工業、家用電器工業、汽車工業、服裝業、傢具業等產生巨大的吸引力。

問題在於：誰來大力開發農村這個廣大的有潛力的市場？農民通過多種經營取得收入，這只是問題的一方面。問題的另一面應當在於企業界。企業界流行這樣一句話：要抓緊機遇，開拓市場。這句話是有道理的。抓住機遇，包括抓住農村人均收入提高和農民消費結構改變這個大好機遇。開拓市場，包括開拓農村的消費品市場和生產資料市場。有眼光的企業領導人不要錯過這個機遇和忽略這個市場。誰走在前面，誰就能取得別人所取不到的潛在利潤。有眼光的企業領導人應當深入到某些省、市、縣的農村作一些考察，掌握資料，然後根據當地情況，面向農村市場，進行營銷。這樣，農村這個潛在的大市場就會變為現實的大市場。

重視產品質量低下問題

上一篇談到農村市場有待於大力開發。在這一篇，我想就產品質量問題談些看法。在湖南農村調查期間，有些人向我反映：現在產品質量不高，尤其是銷往農村的商品，質量問題更大。劣質化肥農藥，劣質生產工具，劣質消費品，坑害了不少農村消費者。這確實是一個值得引起注意的問題。今後不僅應當杜絕這類坑農現象，而且應當廣泛宣傳產品質量問題的重要性，説明產品質量低下給經濟造成的損失。

生產者買到劣質的商品作為生產資料，並用以製造自己的產品。其結果，不外兩種情況。一種情況是：以劣質生產資料製造出來的產品是劣質的，形成對資源的浪費。另一種情況是：生產者必須追加一定的投入，以避免生產出劣質的產品，而追加的投入也是資源的浪費。可見，無論是前一種情況還是後一種情況，都説明了生產者因此遭到損失。如果這些生產者所生產出來的質量低下的產品依然是供其他生產者所使用的生產資料，那麼上述損失將會在下一個生產過程中出現。

再就最終消費者由此受到的損失來討論。最終消費者購買產品是為了滿足自己的物質文化生活需要。他們購進了質量低下的消費品之後，同樣面臨着兩種可能性。一是無法使自己的物質文化生活需要得到滿足，並因此受到損失。二是為了克服所購進的消費品的質量低下問題，不得不追加一定的投入（如修理支出），從而也將因此受到損失。假定最終消費者購進的是無法滿足自己的物質文化生活需要的消費品，那麼這無疑是資源的浪費。假定最終消費者必須追加一定的投入才能使購進的消費品滿足自己的物質文化生活的需要，那麼追加的投入是多支出的資源，這同樣是資源的浪費。

因產品質量低下而造成的資源浪費仍然不以此為限。讓我們再作進一步的分析。

當我們談到產品質量低下而給生產者和最終消費者造成損失時，必須區分兩種損失，一種是一般性的損失，另一種是不可挽回的損失。一般性的損失包括經濟上的損失，或者是其他方面的損失但可以通過經濟上的賠償而補救。對於這種損失，只要建立嚴格的產品責任與賠償制度，基本上可以得到解決。至於不可挽回的損失，主要是指因產品質量低劣而使消費者身體受到損害，甚至失去生命。對於這種損失，即使產品責任與賠償制度建立了，消費者所受到的損失仍是難以彌補的，在一切資源中，人力資源是最寶貴的資源。人力資源由此遭到的不可挽回的損失，顯然是十分不利於國民經濟的。

不可挽回的損失的承受者不僅是消費者個人，而且也包括國家或社會在內。這是因為，因產品質量低下而引起的生態環境惡化、居民身體素質下降、患病率或死亡率上升、資源存量的減少等等，主要的受損失者是國家或社會。在對外貿易方面，因出口產品質量低下而造成的信譽的損失，也不僅僅由具體的生產者承擔，國家或社會可能在更大程度上承受了這些損失。

有人簡單地把產品質量低下的主要原因歸結為企業所有制性質。或者說，公有企業生產的產品質量不行；或者說，私營企業貪圖利潤、不顧產品質量。這些說法都不妥當。有的公有企業的產品質量為企業的生命，而有的公有企業則不顧產品質量，粗製濫造。有的私營企業的確貪圖利潤，以劣質產品坑害消費者，但也有一些私營企業重視招牌，重視信譽，重視產品質量。可見，關鍵不在所有制，而在於產品質量檢查制度是否嚴格執行，賠償制度是否嚴格執行，以及企業怕不怕被罰，有沒有把產品質量放在重要位置的主動性、積極性。只要嚴格執行產品質量檢查制和賠償制，對生產劣質產品的企業真正給予處罰，那麼不管是私營企業還是公有企業都會重視產品質量。假定公有企業不怕罰，生產劣質產品的狀況不會消失。假定私營企業易於躲過檢查與處罰，那麼私營企業不顧產品質量的狀況也不會消失。至少在現階段，這是中國解決產品質量低下問題的關鍵所在。

「吝嗇」的經濟學含義

在日常生活中，人們經常使用「吝嗇」一詞，用以嘲笑那些捨不得花錢的人。日常生活中所使用的「吝嗇」一詞，能否在經濟學中被應用呢？如果要在經濟學中使用「吝嗇」一詞，它的含義究竟是什麼？這個問題是可以探討的。

能不能認為一個收入達到了社會平均收入水平，而消費支出卻低於社會平均消費支出水平的人，就是吝嗇呢？不能這麼說。這是因為，平均數往往掩蓋了社會成員之間的差距，並不能準確反映各個社會成員的具體情況。

再說，假定把這種人稱作「吝嗇」的人，而「吝嗇」又含有貶義，那就要弄清楚：這種被稱為「吝嗇」的消費行為，對於社會的其他成員有什麼損害？如果沒有什麼損害，為什麼要斥責它呢？一個收入達到了社會平均收入水平，而消費支出卻低於社會平均消費支出水平的居民，在消費方面究竟有什麼錯誤？為什麼要像譴責奢侈那樣譴責吝嗇呢？

的確，「奢侈」與「吝嗇」是不一樣的。儘管二者都有貶意，但性質卻不同。第一，奢侈性消費通常表現為消費者本人的消費行為超出了自己的收入或財力所能承擔的限界，這可能引發負債或其他社會問題，而吝嗇則表現為消費者本人的收入或財力大大超過了自己的消費支出，不會引發負債或其他社會問題。第二，奢侈性消費通常佔用或消耗過多的資源，在該種資源的社會供給量有限的條件下，這樣的消費行為對社會是不利的，而吝嗇則不會佔用或消耗較多的資源，從而與奢侈性消費不一樣。第三，以對社會風氣的影響而言，奢侈性消費將帶來較大的消極影響，吝嗇則不一定如此。由此看來，不能把奢侈與吝嗇置於相對稱的位置上，決不能像譴責奢侈一樣地譴責吝嗇。

也許只有從以下兩個方面來考察，「吝嗇」一詞才具有真正貶意，或者說，只有在以下兩種情形之下，「吝嗇」一詞才能被應用。

一、一個人，儘管收入很多，財力充裕，但對公益性事業態度冷漠，不願出資、捐款，或只拿出很少的錢。

二、一個人，儘管收入很多，財力充裕，但對親戚中生活困難的，不願幫助，或只拿出很少的錢。

這兩種情形都不違法，但卻難以逃脫道義上的責難，而且對於社會風氣也有消極影響。因此，只有在符合上述兩種情況之一時，才能使用「吝嗇」一詞。至於個人的其它各項消費行為，本人願意少花錢就少花錢，願意選擇最廉價的消費就聽其自便，扯不上什麼吝嗇還是不吝嗇的問題。

應當說，這是兩類問題，不必把它們混淆在一起。一個收入很多，財力充裕的人，不願為公益性事業出資、捐款、或者不願對親戚中生活困難的人進行幫助，這涉及這個人對公益性事業的態度與對親戚的態度，他在這方面的表現可以被認定為吝嗇，而且應當受到道義上的責難，這是沒有疑問的。至於他個人的消費支出，究竟可以還是不可以被稱作「吝嗇」，這是社會對某個人的消費支出或消費行為的評價問題。正因為這是社會對某個人的消費支出或消費行為的評價，所以有人會認為這是吝嗇，是不值得效仿的。如果說「吝嗇」一詞被用於對個人消費支出或消費行為的評價上，那麼這同被用於對個人在公益性事業中態度的評價有所不同。把一個不願意為公益性事業解囊的人、不願意幫助窮苦的親戚的人稱做吝嗇的人，含有道義上責難的意思。這時，「吝嗇」一詞明顯地具有貶意。把一個在個人消費方面支出過少而同其收入、財力極不相符的人稱作吝嗇的人，儘管「吝嗇」一詞也多少有貶義，但這並不含有道義上責難的意思，而主要帶有嘲笑的味道。比如說，周圍的人會譏笑他：「攢那麼多錢幹什麼？自己過得這麼差，何苦呢」？嘲笑，也是評價的一種表示，但這同道義上的責難是不一樣的。人們之所以不能從道義上責難在個人消費方面支出少而同其收入、財力極不相稱的人，正因為這種所謂的「吝嗇」既不損害社會其他成員的利益，又不妨礙社會其他成員實現自己的消費行為。

產權交易有利於公有企業

產權交易是當前中國企業改革的一項重要的配套措施。公有企業可以通過產權交易來改善自己的處境，這已經成為國內外經濟學界的共識。然而，在這個問題上，並不是沒有疑慮的。有些人不了解產權交易的性質和功能，以為公有投資主體通過產權交易是受損失者而不是實際受益者。因此，仍有必要就此進行較細致的探討。本文論述產權交易是有利於參加產權交易的公有企業的，下一篇論述產權交易是有利於公有經濟整體的。

產權交易，對公有企業或公有經濟整體來説，無非是資產形態的轉換，即把實物形態的資產變為貨幣形態的資產，價值上並沒有改變。為什麼要進行資產形態的轉換？這是為了提高資產的使用效率，使一定的資產發揮更大的作用。要知道，公有資產閒置是一種損失，公有資產的使用效率低同樣是一種損失。公有投資主體通過產權交易而得到的實際利益，首先就在於使資產的使用效率提高，使收益增加。這就是通常所説的「盤活資產存量」的含義。

當然，我們不能排除這樣一種情況的發生，即某些公有投資主體由於事先考慮不周或對經濟形勢的變化缺乏足夠的估計，或由於受到對方或中介方的欺騙，從而不但沒有在產權交易之後得到實際的利益，反而受到了損失。但這是例外的情況。在任何交易中都不能保證不會出現這種事情。私人與私人的交易中也會有這種情況發生。我們在考察公有投資主體通過產權交易而使自己實際受益時，主要應當從一般情況出發。此外，特別是像公有投資主體通過有價證券買進賣出的方式而進行產權交易時，風險通常是不能避免的。不能認為由於有價證券的轉讓有風險，公有投資主體的產權交易就必須拒絕這種交易方式。只能説，每一個公有投資主體在進行產權交易時要對風險作出估計，盡量避免損失，爭取得到更大的利益。所有各種例外情況的出現或交易中風險的存在，都不能否定公有投資主體將通過產權交易而提高資產使用效率這一事實。

公有投資主體在產權交易中還能得到哪些實際利益？除了普遍地提高資產使用效率和增加收益而外，公有投資主體還可以從下列三方面得到實際的利益。

一、產權交易有助於公有投資主體進入新的經濟領域和新的行業，而且可以大大節約「進入成本」。「進入成本」是指一個企業從某一個行業進入另一個自己從未涉足過的行業所必須付出的費用。但通過產權交易，這種「進入」就方便得多，而且為此支付的費用也會大為減少。多元化的經營、跨行業和跨地區的經營，成為有活力的企業的發展趨勢，公有投資主體也不例外。因此，產權交易給予公有投資主體的這一實際利益是不容忽視的。

二、產權交易有助於公有投資主體擺脱計劃經濟體制所遺留的困難，有助於它們在市場競爭中同其它企業處於公平競爭的位置上。具體地說，一些公有制企業在計劃經濟體制下長期經營失誤，負債纍纍，繼續經營只會造成更多的虧損，因此在轉入市場經濟軌道後，它們寸步難進。假定通過產權交易而能使這些企業擺脱困境，使過去的債務得到清理，豈不有利？產權交易的形式是多種多樣的，包括全部出售企業資產，部份轉讓企業資產，合資合營等等。某一個企業適合採取哪一種形式就採取該種形式，不必強求一律。目的是相同的，這就是使公有制企業較好地處理歷史遺留下來的問題，迅速轉到市場經濟中來，並有一個新的起點。

三、產權交易有助於公有投資主體適應市場經濟環境，不斷改善自己的經營。這是因為，一個公有企業既可以去兼併其它企業，又有被其它企業兼併的可能。只要國有股、法人股同個人股一樣進入流通領域，只要公有投資主體所持有的資產中有相當一部分以有價證券形態體現出來，那麼企業的收購、兼併、控股就會被視為正常現象。這就給效益差的企業一種壓力，迫使它們提高效益。

產權交易有利公有經濟

上一篇談到了產權交易有利於參加產權交易的公有企業。本篇論述公有經濟整體在產權交易中的受益。這表現於以下四個方面：

一、公有經濟的優勢之所以至今未能充分發揮，一個重要的原因是產業結構、產品結構失調。公有投資主體進行的產權交易，有利於優化資源配置和調整產業結構、產品結構，促進生產力發展，發揮公有經濟的優勢。

二、非公有經濟參加產權交易的受益，同樣是公有經濟整體的受益。這是因為，非公有經濟是社會主義經濟的有益的補充，社會主義經濟整體將因非公有經濟的發展而增加稅收、就業人數和產值。由此可見，非公有制企業在產權交易中的受益，既是它們本身的受益（如提高了資產使用效率），也是以公有經濟為主體的整個社會主義經濟的受益。只要站得高些，看得遠些，就會得出這一結論。

三、讓我們把眼光轉到廣大職工、廣大就業者方面來。公有經濟和非公有制經濟一起，使職工得到收入，使就業者有收入。職工收入的增長，就業者人數的擴大和他們收入的增長，對他們本人來說，當然是實際受益，而對社會主義經濟來說，這也是一件好事，因為社會安定，購買力增長，人均實際收入水平上升等等都使整個社會受益，也使作為經濟主體的公有經濟受益。產權交易的作用正在於使廣大職工、廣大就業者的收入和就業機會隨着經濟的活躍和企業活力的增強而增多。這主要因為：第一，有些企業過去有一部分資產處於閒置狀態或低效率運轉狀態，通過產權交易，這部分資產得到了有效利用，從而使職工收入增長了，使就業機會增多了；第二，有些企業過去長期負債纍纍，甚至已經無法繼續經營下去，職工面臨失業的危險，或者有些職工已被裁減，現在，通過產權交易，通過生產要素的重新組合，組成了新的企業，或者說，企業被收購了，合併了，改組了，於是職工又得到了再就業的機會，他們的收入也相應地提高了；第三，不少現有的企業通過產權交易而取得了用以擴大規模的資金，從而使企業規模擴大了，這就為準備轉移到城鎮中來工作的農民們創造了就業機會。中國是一個人力資源豐富的國家，而農村的人力資源尤其豐富。但如果大批勞動力被窩在舊村之中而未能找到發揮自己才能的場所，那麼人力資源的豐富不僅不是國家的一筆財富，而且還可以變為社會的不安定的源泉。從這個意義上說，通過產權交易而導致的企業規模的擴大和新建企業的增多，以及由此所引起的就業機會的增加，必然使整個經濟受益，使公有經濟整體受益。

四、關於公有經濟整體在產權交易中的實際受益問題，還可以從產權交易同經濟運行機制轉換之間的關係的角度來分析。在計劃經濟體制下，由於缺乏產權交易（更談不到產權交易市場的存在）。因此經濟運行是極其不順暢的。投資以後所形成的企業固定資產是一潭「死水」，每年新增加的投資即使可以被看成是「活水」，但只要形成了企業固定資產，就又變成「死水」了。這樣，「活水」本來就有限，而數量有限的「活水」卻不斷地變成「死水」？經濟運行怎麼可能順暢呢？不僅如此，計劃經濟體制下經濟運行之所以極其不順暢，還同在產權不清晰和缺乏產權交易條件下，政府身上的包袱越來越沉重和越來越大有關。這裡所說的政府身上越來越沉重和越來越大的包袱，是指虧損纍纍、資不抵債而又無法破產的國有企業，是指在「國家把企業包下來，企業把職工包下來」的體制下，政府必須不斷地向虧損企業輸入無法償還的資金，還指企業歷年來拖欠國家很多的龐大金融債款（所謂呆賬、壞賬）這些包袱越來越沉重和越來越大，經濟運行怎麼可能順暢呢？而經濟運行的極其不順暢又必然使整個經濟缺少生氣，缺少活力，缺少轉機。儘管這些困難並不是僅僅依靠開展產權交易或設立產權交易市場就能解決的，但至少，開展產權交易後，讓公有制企業能夠通過產權的轉讓而轉入新的發展道路，經濟運行就會順暢得多。這也是公有經濟整體的實際受益。

防止公有資產的流失

產權交易意味着參加產權交易的投資主體所持有的資產形態的轉換。資產形態大體上有三類。甲是貨幣形態，乙是實物形態，丙是有價證券形態。交易雙方進行交易後，一方以甲種形態的資產換成乙種或丙種形態的資產，另一方則以乙種或丙種形態的資產換成甲種形態的資產。

我們也可以把有價證券形態的資產看成是一種特殊形態的資產，因此實際上，資產就只有兩種基本的形態，即貨幣形態和實物形態。任何一個公有投資主體參加產權交易，不是通過交易把實物形態的資產轉換為貨幣形態的資產，就是把貨幣形態的資產轉換實物形態的資產。

公有投資主體讓出產權，就是把實物形態的資產轉換為貨幣形態的資產。資產形態的這種轉換，並不等於資產的某一個持有者、即投資主體喪失了所持有的資產的價值。但在公有投資主體參加產權交易的實際過程中，有時卻會看到如下的現象：公有投資主體讓出實物形態的資產，取得相應數額的貨幣，然而該公有投資主體的管理者並未把由此取得的貨幣按規定歸入該公有投資主體的帳戶，而是全部或部分地挪作他用，包括落入私人的腰包，或作為職工獎金與福利支出等等。結果，受損失的是該公有投資主體，也就是公有經濟。也有可能發生如下的情形：公有投資主體讓出實物形態的資產，取得相應數額的貨幣後，雖然該公有投資主體的管理者並未把這筆款項落入或部分落入私人的腰包，也未用於支付職工獎金與福利費用，而是用於彌補該公有投資主體的經常性開支結果，該公有投資主體所持有的資產減少了，即實物形態的資產被轉讓出去了，而貨幣形態的資產卻流失了或減少了。以上這些情形的發生，就使得一些人認為公有投資主體不應該參加產權交易，他們把公有資產的流失或減少看成是產權交易所造成的結果。

怎樣看待這些現象？毫無疑問，這些都是侵蝕公有資產的行為。把讓出公有資產所得到的錢納入任何私人的腰包固然是違法的，即使把它們用於職工獎勵和福利支出，或把它們用於彌補公有投資主體的經常性支出，也是錯誤的、損害公有資產的行為。但這些都屬於公有資產管理方面的問題，如規章制度不健全、不完善，對公有資產管理的不嚴或缺乏必要的監督檢查，或某些管理人員的違法行為或失職等。因此，對於這類問題，今後應當從加強對公有資產的管理方面着手，並通過立法來明確公有資產管理機構與管理人員的職責，對於各種違法行為要嚴肅處理，而不能由於發生了這類現象而對公有經濟中的產權交易採取否定的態度。

其實，只要管理不嚴，不僅在產權交易中會發生這類侵蝕公有資產的現象，而且在公有企業日常生產經營過程中也同樣會發生侵蝕公有資產的現象。例如，公有企業在銷售產品的過程中，某些管理人員把銷售收入的一部分落入私人腰包，或不入賬而計入公有企業的「小金庫」。這種情況當然是需要追究的，但不能因此而否定該企業銷售產品的必要性。又如，公有企業在生產經營過程中，有時因為多購買了一些原材料，後來由於生產情況的改變而發現這些原材料的需要量沒有那麼大，於是有必要再轉讓出部分，但管理人員卻把轉讓這些多餘的原材料所得到的款項私分了，或不入賬而計入公有企業的「小金庫」。這種情況當然也是不對的，需要查處，但也不能由於發生了這樣的事而否定該企業轉讓多餘的原材料的必要性。轉讓出一部分多餘的原材料，實際上與轉讓企業的一部分固定資產的性質是相同的，即把閒置的物質資源變換為可以靈活運用的貨幣資源，把閒置的實物形態的資產變換為可以靈活運用的貨幣形態的資產。在產權轉讓過程中出現了管理人員的違法事件，是改進公有資產管理工作的理由，是加強對公有資產管理人員教育與約束的理由，而不是取消產權轉讓的理由。

析「公有經濟為主」

公有經濟為主，這是中國在進行市場經濟改革中必須恪守的原則。但在日常生活中，有時聽到人們有這樣一些議論：

「最近我到某某省去看了，那裡的公有經濟的比重正在下降，公有經濟為主恐怕保不住了！」「某某市，哪裡有什麼公有企業呢？滿街都是個體工商業戶、私營企業、小攤小販。『公有經濟為主』的影子都沒見着！」

「某某縣，只剩最後幾家公有企業了，聽說最近還要賣掉，公有經濟完了！」怎樣對待人們的這種議論？它反映的是事實嗎？究竟應當如何理解以公有經濟為主？不把這些問題弄清楚，難免有糊塗觀念。

社會主義經濟中，公有制應當佔主體地位，對這一點，基本上是認識一致的。不同的理解在於：公有經濟為主，這是指全國範圍而言呢，還是說，每一個地區，甚至每一個縣，都必須做到以公有經濟為主。應當承認，從全國範圍來理解公有經濟為主，是正確的。這體現於：國民經濟命脈部門掌握在國家手中，特殊產品生產經營的企業、特殊行業的企業由國家所有，基礎產業和支柱產業的骨幹企業由國家控股；此外，礦藏、水流、森林、山嶺、草原、荒地、灘塗等自然資源屬於國家所有，城市的土地屬於國家所有；農村和城市郊區的土地除由法律規定屬於國家所有的以外，屬於集體所有；宅基地和自留地、自留山，也屬於集體所有。因此，公有經濟在中華人民共和國經濟佔據主體地位，是毫無疑問的。

至於說到某一個具體的地區，比如說，某一個省，某一個市，某一個縣，公有經濟是不是佔據主體地位，這要看我們從哪一個角度來考察問題。

首先，我們應從礦藏、水流、森林、山嶺、草原、荒地、灘塗、城市與農村土地的歸屬來看，這些都是國有的或集體所有的。資源的公有性質，具有十分重要的意義，所以用不着擔心非公有制經濟會超過公有經濟。如果我們從企業資產的角度來看，那麼很可能出現如下這種情況：比如說，某一個省、某一個市、某一個縣，過去這麼多年內國家或集體經濟組織並沒有在這裡投很多資，因此公有經濟持有的企業資產本來就為數不多，但由於當時該地區落後，所以問題並不突出。然而近年以來，該地區的經濟發展起來了，由於公有投資主體沒有多投資，該地區的發展主要依靠的是各種非公有制投資主體的投資。公有投資主體沒有多投資，而該地區的經濟又要發展，勞動者要就業，人民的收入要提高，不依靠非公有制投資主體的投資怎麼行呢？但這樣一來，公有經濟投資所形成的企業資產在該地區企業資產總額中的比重就會下降。這一比重的下降引起了一些人的關注。

不錯，在該地區，企業資產中公有經濟的確沒有佔據主體地位。但一方面，這種情況是可以改變的，只要公有投資主體增加投資，公有經濟投資形成的企業資產在企業資產總額中的比重就上升了。如果不是這樣，而是用限制該地區非公有制經濟發展的辦法來提高公有經濟投資形成的企業資產在企業資產總額中的比重，不是好辦法，並且肯定是阻礙該地區生產力發展與人均收入水平增長的。另一方面，對於非公有制投資主體還需要作進一步分析。比如說，中外合資企業往往被看成是非公有制經濟，實際上，中外合資企業中的資產不是接近一半或超過一半是屬於中方的麼？屬於中方的資產，不是主要屬於公有投資主體的麼？又如，鄉鎮企業有時也被看成是非公有制經濟，這是不妥的。實際上，鄉鎮企業的情況很複雜，既有屬於私人投資的，但多數屬於鄉鎮集體投資、城鄉勞動者集資。後面兩類不是屬於公有經濟範圍麼？

這說明，即使從企業資產的角度來看，也應當注意到新的公有投資主體的出現，而不能用傳統的公有經濟概念來判斷某一個省、某一個市、某一個縣的公有企業資產在企業資產總額中的比重及其變化趨勢。

建立教育銀行的必要性

在全國教育工作會議上，中央已原則同意建立中國教育銀行。廣大教育工作者都為此感到興奮。要知道，教育經費主要有兩大來源，一是各級財政撥款，另一是由其它渠道來的經費，包括學校自身收入、社會集資、捐贈、企業給的補助等。兩個來源的經費合到一起，由學校使用，但學校在使用時，由於時間上的差距而不得不讓資金暫時閒置，形成資金使用效率的下降。在教育領域內，經費總額不足和資金的暫時閒置是並存的。成立教育銀行，有助於融通資金，使總量有限的教育經費得到更好的利用。

教育銀行有助於把某些教育經費（如科技開發費等）由無償使用變為有償使用，以節省教育經費。教育銀行還可以運用差別利率等調節手段來提高教育經費的使用效率。在這裡，一個重要的原則是破除教育貸款中的平均主義。不能把教育銀行看成是教育領域的「扶貧」機構。教育銀行對待申請貸款的教育單位的態度，應當根據科技開發項目的效益的高低。這將督促各個教育單位努力提高教育經費的使用效率，轉變「吃大鍋飯」的格局。應當承認，在國家財政收支的現實條件下，要想在近期內大幅度增加對教育的財政撥款，是不符合實際的。至於教育經費使用效率的提高，雖然大有潛力，但這畢竟還不能代替教育經費的投入。在這種情況下，建立教育銀行可以利用所吸收的各種存款和發行教育銀行債券等方式籌集資金，以支持學校進行科技開發和興辦校辦企業等。教育銀行作為金融機構和經濟信息、科技信息的中心，還可以通過諮詢服務等活動來促進各個學校的科技開發事業、校辦企業的發展。在教育銀行的支持下，只要學校的科技開發事業、校辦企業發展起來了，學校的教育經費就會增加，教師的集體福利事業也有可能得到發展。

建立教育銀行問題早在八十年代後期就已經由教育學界與經濟學界一些人提出來了。但為什麼直到今年。中央才原則上同意建立教育銀行呢？這裡既有一個認識過程也有若干實際的問題需要處理。

一九九二年以來，建立市場經濟體制已成為人們的共識。教育銀行的建立是符合市場經濟的要求的。因此，人們逐漸從不認識教育銀行的作用轉到了認識教育銀行的作用。這一認識的提高是建立教育銀行的重要前提。

從實際的操作方面看，一個具體的問題是，教育銀行究竟是政策性銀行呢，還是商業銀行？如果是政策性銀行，教育貸款應當是低利和長期的，那麼教育銀行如何持續經營下去？不依靠國家的扶植，它能長期運作麼？如果是商業銀行，那麼它和其它商業銀行之間的關係就應當是公平競爭的關係，這對教育銀行有利還是不利？這些問題都有研究的必要。我的想法是：教育銀行應朝着商業銀行的方向發展。教育銀行的業務範圍以教育領域為主，但又不限於教育領域。它可以在國家法律和政策容許的範圍內經營各種金融業務。教育銀行發放的貸款是否一定是虧本的，那也不能一概而論。有些教育貸款可以是長期的、低利的貸款，但也有一些貸款．如給予科技開發事業的貸款，給予校辦企業的貸款，則可以按照商業原則辦理。只要教育銀行建立了自我約束和激勵的機制，管理科學化，銀行工作人員的素質不斷提高，項目評估力求科學，這樣，教育銀行不僅能長久維持，而且一定會越辦越好。

還有一點需要強調：不應當把教育銀行看成是單純的「部門銀行」，也不應辦成單純的「部門銀行」。假定把它當做「部門銀行」來辦，行政的色彩、部門的色彩太濃了，也就表明計劃體制的影響尚未擺脱，教育銀行是辦不好的。教育銀行是市場經濟體制下的銀行，它應當具有新的內容、新的形式。

鼓勵私人辦學

國內要求採取措施鼓勵私人辦學的呼聲已經越來越高。但從經濟學方面來論證鼓勵私人辦學的理論文章卻不多。因此，我準備對鼓勵私人辦學問題作一些經濟學的分析。

我想分五點來説明。

第一，人們常把政府提供的教育服務稱做公共產品，把私人提供的教育服務稱為私人產品，把個人組成的團體提供的教育服務稱為準公共產品。由於公共產品沒有排他性，因此政府提供的僅限於義務教育、特殊教育、公開教育（廣播電視教育）。其餘教育可以以私人產品或準公共產品形式出現。

第二，公共產品性質的教育有賴於政府投資，但政府教育經費有限。政府不可能把一切教育服務的費用都承擔下來。例如，要想把高等教育變為公共產品性質的教育，規定任何人都應接受高等教育，那就要增加多少校舍、教學設備、高等學校師資，這樣一來，來自財政的教育投資總額就需要增加若干倍。即使政府要把各種目前不由政府提供經費或不由政府提供主要經費的教育（如團體辦學和私人辦學）改為由政府提供主要經費，政府的教育投資總額也將大大增加，這是政府的財力所不及的。在既定的政府教育投資總額的前提下，為了較好地使用這些投資，政府承擔的任務宜於集中而不宜分散，經費的使用宜於保重點，而不宜鋪攤子。因此，讓教育服務全都成為公共產品，是不現實的。

第三，某些等級和類別的教育在性質上不同於義務敎育、特殊教育或廣播電視形式的公開教育，它們是適合特定需求者的特定教育服務。以成人教育為例，其中既有文化補習性質的成人教育，又有專業培訓性質的成人教育，還有豐富人們的文化生活、培養人們多方面興趣的成人教育。不同的人有不同的需求、不同的偏好。這就不宜於一律作為公共產品，而由政府負擔經費或經費的主要部分。或者説，其中有些成人教育可以作為公共產品，有些則可以作為準公共產品或私人產品。

第四，公共產品的費用是由國家財政負擔的。如上所述，不同的人承擔不同的稅負：有人多納稅，有人少納稅，有人免徵。而對公共產品的享用則又因人而異。假定把公共產品性質的教育服務限制在義務教育、特殊教育、廣播電視形式的公開教育這樣一些方面，人們不會有意見，都會認為這是合理的。假定把高等學校某些專業的教育、某些專業的中專和職工技術教育的費用基本上由財政承擔，人們考慮到這些專業的特殊性，意見也不會很多，也會認為這樣做有合理性。然而，如果把所有的教育費用（包括高等教育中非特定專業的學習費用，參加各種類型的補習班、進修班的費用等等）全都由財政負擔，不僅財政負擔不起，而且這也是不公平的。一個人希望在義務教育以外接受什麼樣的教育，與個人的偏好有關，如果要讓納稅人為這樣的教育付費，那就會被認為既不合情，又不合理。

第五，某一種教育服務究竟採取什麼類型，還同效率高低有關。義務教育採取公共產品類型，是為了更好地組織這種教育，使其有較大的成效。但即使是義務教育，採取準公共產品或私人產品性質的教育服務，也可以提高資源利用效率，使義務教育有成效。並不是所有各種教育的公共產品化都能提高效率的。只被某個團體的成員所享有的某種教育服務，由該團體供給，與由政府供給相比，效率會更高一些。這就是說，在這種情況下，使之具有準公共產品性質要比使之具有公共產品性質更好一些。至於私人產品性質的教育服務，也有一定的適用範圍，而且比較靈活、方便，對供給者與需求者雙方都有利。以學齡前教學為例。如果全由政府提供經費，這一方面會使資源得不到充分利用，另一方面還會使供求矛盾擴大，使學齡前教學供不應求。

總之，以上從五個方面說明了不可能讓教育服務全都成為公共產品的理由，也就說明了應當容許和鼓勵私人辦學的理由。

職工持股制的前景

在西方國家，職工持股制作為近年來企業經營管理改革的一項新的嘗試，有日益發展的趨勢。這主要因為：

1. 職工持股制有利於調動職工的積極性，使他們能通過購買股票，成為本企業的股東，從而更關心本企業的經營業績；

2. 職工持股制使職工作為企業的股東，能選派自己的代表參與企業的高層決策，對影響職工收入和福利的決策施加有力的影響，同時也使得企業的管理民主化；

3. 職工持股制推行後，由於企業經濟效益上升，利潤增加，並且由於職工除工資收入以外還分享到利潤，因此職工收入提高了，生活狀況也改善了。

那麼，在中國企業改革的過程中，職工持股制的前景如何？我們能否設想在大中型企業中推進職工持股制呢？已故的著名經濟學家蔣一葦教授，一直是職工持股制的倡議者，他曾同我多次討論過中國實行職工持股制的必要性和可行性。我是贊成他的觀點的。贊成蔣一葦教授的觀點的，還有許多積極參與企業改革的人士。我們大家全都持有這樣一種看法：與西方國家相比，中國更有條件、也更有理由實行職工持股制，並且這不是指在小型企業中推進職工持股制，而是在大中型企業中貫施它。

在小型企業中推進職工持股制，幾乎是沒有爭議的。集體所有制的小型企業，本來就類似於職工持股制。全民所有制的小型企業，如果採取把企業賣給職工的做法，那就等於走向職工持股制。這方面的例子已不罕見。

大中型企業怎樣實行職工持股制？這正是目前要探討的重點。職工入股，這是正在實行的帶普遍性的做法。這種做法雖然也可以被看成是實行職工持股制的途徑之一，但需要注意的是以下兩點：第一，職工入股只涉及企業資本的增量，即企業改制為股份有限公司後，新增資本的一部分為職工股，然而企業資本的存量，即現有的企業資產，則依然是國有的，它們折成國有股。這樣，職工股在企業總股份中的比重是相當小的，與職工持股制的要求不符合。

第二，正因為職工股在企業總股份中的比重相當小，職工代表進入董事會的可能性也就不大。即使董事會中可能有職工代表，但決策權依舊掌握在國有股等大股東手中。於是，調動職工積極性和促進企業民主管理等職工持股制的優點也就顯示不出來了。由此看來，要切實有效地實行大中型企業的職工持股制，必須從企業資本存量上着手改革。假定依舊着眼於企業資本增量，那就解決不了實質性問題。根據國外的經驗，為了使職工能購買企業資本存量，可以通過銀行貸款來進行職工持股化。具體的方式是：成立企業職工持股計劃信托基金，由基金會向銀行取得貸款，向企業資本存量的持有者購買資本存量所折成的股票，用利潤償還貸款，並把股票逐步轉讓給職工。看來，這種方式在中國國有大中型企業的職工持股化過程中是可以借鑑的。

銀行在這裡起着兩方面的重要作用：

1、銀行以放款人的身份，直接參與了大中型企業的職工持股化，使企業資本存量的轉讓得以實現。

2、銀行可以監督企業經營管理的改進，企業也因此感受到壓力。這是因為，企業必須盈利，才能以利潤陸續償還欠銀行的貸款。同時，職工也給企業以壓力，因為只有隨着企業償還銀行貸款的進度，職工才能得到股票。換言之，銀行與職工一起，監督企業，促使企業提高效益，增加盈利，使職工持股計劃成為現實。

可以設想，按照上述方式在一些國有大中型企業中進行職工持股的試驗，前景將是樂觀的。將來，一部分改制為股份有限公司的國有大中型企業不妨繼續採取資本增量職工股份化的做法，一部分國有大中型企業則走職工持股（即資本存量職工股份化）的道路。兩種模式可以並存。

從職工持股到勞動股權

在八十年代後半期，我在湖南長沙調查期間，發現當地正在進行「泛股份制」試驗。「泛股份制」之「泛」，是指股東們不僅以資金入股，而且也把勞動、技術、知識等生產要素折成股份。這是十分有意思的一項試驗。儘管「泛股份制」不是規範化的。但職工對此相當積極，把這看成是職工參預企業的有效形式。進入九十年代以來，一些地區的鄉鎮企業也正在按類似的方式進行改組，並稱之為「勞動股權制」，即把職工的技術水平、受教育程度、對企業的貢獻等與勞動有關的生產要素都折成股份，並參與分配。職工持股，在這類企業中，成為廣義的職工持股；包括持有資金股和持有勞動股。

股份制改革要求規範化。我認為，這首先是指國有企業改制為股份有限公司而言的。股份有限公司的不規範，對持股人，對社會公眾，對競爭對手，都是極其不利的。市場競爭應當公平。不規範的股份有限公司參預市場競爭，必定有悖於公平競爭的原則。從這個意義上說，「泛股份制」是不適合國有企業向規範的股份有限公司的轉變的。

但鄉鎮企業或集體所有制企業的股份制改革，思路不妨寬一些。對這些企業，既可以按規範的有限責任公司或股份有限公司的模式來重組，也可以根據企業的具體情況來設計新的、但可能是不規範的企業重組模式。「泛股份制」或勞動股權制未嘗不可以作為一種試驗。

事實上，「泛股份制」或勞動股權制更類似於合作制或合夥制。在合作制企業中，只要經全體參加者（或多數參加者）同意，可以在資金入股分紅以外，也採取勞動入股分紅的做法。而在合夥制企業，合夥人可以自己決定分配方式，既包括按資全分配，也包括按勞動貢獻程度或出力程度分配。這就與「泛股份制」沒有多大的差別。何況，所謂勞動股權制從來就不是單純按勞動計算股份或單純按勞動分配收入。這是因為，股權一向是同資金入股聯繫在一起的，實行勞動股權制只不過在資金入股以外再加上勞動入股，所以勞動股權制實質上是資金入股與勞動人股並存的一種股份制形式，與「泛股份制」是同一回事。

國有企業是不是絕對不可能實行勞動股權制呢？並非如此，但需要一個前提，這就是先實行職工持股制，即先改為狹義的職工持股制企業。這時，股份仍是按資金投入計算的。在此基礎上，可以再改為廣義的職工持股制，即「泛股份制」或勞動股權制。這樣，分兩步走，國有企業就有可能實行勞動股權制。此外，把國有企業賣給職工集體，由職工集體決定是否實行勞動股權制，這也是可供選擇的一種做法。

但總的説來，職工持股制、特別是勞動股權制，對小企業要比對大企業更為適合，對不上市的公司要比對上市的公司更適合。這是因為，小企業有較大的可能改為職工持股制的、特別是勞動股權制的企業，而大企業，即使按照同樣的方式來改革，職工持股的比例也不會很高，因為資本存量過大。至於上市的公司，如果職工憑投入了資金而持有股份，那麼他們與社會上其他人因購買股票而持有股份，並沒有什麼差別，所以股票上市是合適的；如果職工靠知識、技術、勞動而持有股份，那麼他們就不同於社會上其他人因購買股票而持有股份，從而難以符合同股同權同利的原則。

假定實行了勞動股權制，接着還會出現新的問題，這就是勞動股權能否轉讓，職工退休後能否永久享有勞動股權，職工離開企業後能否帶走勞動股權等問題。如果這種股權能夠轉讓、永久享有或被帶走，那就等於一般的資金股權了，這對於社會上因購買股票而持有股份的公眾來説就是不公平的。然而，如果一開始就確定這種股權不能轉讓，不能永久享有或被帶走，那麼又有可能挫傷職工的積極性，達不到通過勞動股權制而調動職工積極性的目的。看來諸如此類的問題，還需要結合企業與職工的具體情況進一步研究。

判斷經濟形勢的依據

在談到中國大陸當前經濟形勢時，我曾聽到有些人這樣議論道：日本、韓國、中國台灣、馬來西亞經濟起飛時，通貨膨脹率都不高，高則百分之六、七，少則百分之三、四，中國大陸現在的通貨膨脹率達到了百分之二十以上，太高了。言外之意是認為中國現在的通貨膨脹率過高，從而經濟形勢不妙。

我不這樣看待中國大陸的經濟形勢。把中國大陸現階段的通貨膨脹率同日本、韓國、中國台灣、馬來西亞經濟起飛時的通貨膨脹率相比，不一定恰當。要知道，發展中國家和地區在起飛階段只有一項基本任務，這就是實現現代化。發展，是使這些國家和地區實現現代化的手段。而中國大陸現階段卻有兩項基本任務，一是發展，二是體制轉軌，即由過去的計劃經濟體制轉到市場經濟體制的軌道上來。因此，當前中國大陸的通貨膨脹不僅同發展直接有關，而且同體制轉軌直接有關。如果要為現階段中國大陸的經濟尋找參照系的話，那就不能僅僅把只有單一發展任務的國家和地區作為參照的對象，而應當把具有體制轉軌任務的國家也作為參照的對象。

最近幾年內，在由原來的計劃經濟體制轉向市場經濟體制的國家中，有哪一個國家通貨膨脹率能維持在百分之二十左右？它們在相當長的一段時間內，通貨膨脹率不是百分之幾十，而是百分之幾百，百分之幾千。同它們相比，現階段的中國通貨膨脹率竟是如此之低，這不能不承認是一個奇蹟。

體制轉軌時期物價的上漲是不可避免的。這叫做「受壓抑的物價的釋放」。或叫做「隱蔽的通貨膨脹的公開化」。不轉軌，物價受管制，通貨膨脹率當然很低，但計劃經濟體制依然存在，這無疑是對經濟發展的阻礙。所以說，即使價格放開後物價會上漲，也只能這樣做。陣痛，總是免不了的。在考察中國經濟形勢時不能忽視這一事實。不久前，我在接待英國《金融時報》記者採訪時，有如下的對話。當記者問到通貨膨脹形勢時，我說：「您到北京已經好幾天了，在街頭，您看見有人擠提銀行存款嗎？有人排隊搶購商品嗎？」沒有。「商店裡貨架上東西多不多？」多。這就不必把通貨膨脹的形勢看得過於嚴重了！

不言而喻，我說這番話，並不意味着我們不應當重視通貨膨脹問題，而只是指：在面臨着發展與體制轉軌兩大任務的條件下，目前我們還難以實現低通貨膨脹與高經濟增長並存，而只能盡力使通貨膨脹不至於過猛過高。「就業優先，兼顧物價穩定」，或「發展優先，兼顧物價穩定」，正是這個道理。

要判斷中國現階段經濟形勢的好壞，更為重要的依據是企業實際經濟效益的增減和農業情況的變化。企業虧損面的增大，企業盈利率的降低，企業停產和領不到足額工資的職工人數的上升，無論從哪一個角度來看都不是無足輕重小事。真正影響中國經濟前進步伐的，是企業的實際經濟效益，而不是百分之二十左右的通貨膨脹率。即使經過努力，把通貨膨脹率壓到百分之十或十二，但如果企業狀況仍然沒有起色，我們還是不能認為經濟形勢根本好轉了。

同樣的道理，農業生產停滯，農民收入增長緩慢，甚至不增長、負增長，農業生產者不願種田，城市中的主食副食品供應緊張，無論從哪一個角度來看也都不是可以等閑視之的事情。真正影響中國經濟前進步伐的，既是企業的實際經濟效益，又是農業的情況。只要農業不擺脫困境，持續、穩定、協調的發展也就成了問題。

綜上所述，要使中國經濟形勢根本好轉，必須抓緊企業經濟效益與農業狀況這兩個主要環節，推行改革，促進發展。隨着體制轉軌的實現，隨着企業改革的深化與農業狀況的改善，通貨膨脹也將自然而然地趨於平穩，並且會逐步下降。

教育與扶貧工作

在現階段的中國，低收入戶分兩類。一類是低收入地區（貧困地區）的低收入戶（貧困戶）；另一類是一般收入、甚至高收入地區的低收入戶（貧困戶）。這兩類低收入戶都是從絕對意義上來説的，而不是從相對意義上來説的。也就是説，這兩類低收入戶都是指年人均純收入不足以維持基本生活需要的家庭。這些家庭的溫飽問題還沒有解決，生活是困難的。低收入戶的收入之所以低，有不同的原因。

一般收入、甚至高收入地區的低收入戶，可能是由於家庭缺乏主要勞動力，或家庭主要勞力文化技術水平過低，也可能是由於家庭遭到某種變故（如家中有人長期患病、自然災害、家庭主要勞力死亡）而負債，等等。

低收入地區的低收入戶，則除了上述原因而外，還可能由於本地區自然條件太差、經濟落後或交通閉塞而難以增加收入。

因此，政府對於低收入戶的扶助應當分別按兩種不同類型的低收入戶的特點，採取相應的措施。教育在導致低收入戶收入增長方面所起的作用，也因兩類不同的低收入戶的情況差別而有所不同。

對於一般收入、甚至高收入地區的低收入戶，政府除了可以通過直接發放救濟金和提供信貸幫助等方式給予扶植而外，更重要的，是結合每個低收入戶的具體情況，加強職業技術培訓工作，或組織生產技術的傳授，以便低收入戶的有勞動能力的成員能增加收入或取得就業機會。教育部門在這方面可以發揮有力的作用，例如，舉辦農業生產與經營技術的培訓班，吸收低收入的農民參加學習，或舉辦城鎮失業青年的技術培訓班，使這些失業青年有一技之長，便於就業，增加收入。

至於低收入地區的低收入戶，對他們除了可以採取類似的措施，使他們脱貧而外，政府更應當把工作的重點放在改變這些地區的落後面貌，為地區經濟的發展創造條件之上。這裡所説的改變地區經濟的落後面貌和為地區經濟發展創造條件，是同轉換地區的經濟運行機制密切有關的。在低收入地區經濟發展中起主要作用的，是經濟運行機制，而不是單純的補助款項或單純的優惠政策。這並不是說低收入地區不需要政府給予的補助款項和優惠政策，而是說，如果低收入地區缺少一種可以導致內部資金積累和產業結構調整的運行機制，缺少一種可以提高資金利用率和合理組合生產要素的運行機制，那麼來自政府的補助款項或優惠政策往往只被用來緩和眼前的困難，卻不足以使地區經濟持續、穩定、協調地發展，不足以使低收入地區真正脱貧致富。因此，政府對於低收入地區以及這些地區的低收入戶的有效的扶植措施，就是促進這些地區的經濟運行機制的轉換。

在討論教育在促進低收入地區的低收入戶收入增長時，除了應當指出教育在提高低收入勞動者的文化技術水平和增加就業機會等方面的作用而外，還應當強調教育在促進低收入地區經濟運行機制轉換中的作用，即在轉變整個低收入地區的落後經濟面貌中的作用。教育在這些方面所能起到的作用，主要反映於：教育所給予廣大受教育者的，不僅僅是某些技術知識、技術能力或可以增加個人收入和增加個人就業機會的本領，而且包括有關發展經濟，深化經濟體制改革，組織生產要素以發掘地區經濟潛力等方面的知識與才能。如果各級幹部從觀念上、知識上在這些方面有較大轉變，這對於地區經濟的發展、地區經濟運行機制的轉換將有十分重要的作用。如果廣大群眾對此有新的認識，他們的觀念將轉變，從而會積極投身於地區落後經濟面貌的轉變工作之中，這將大大加速地區經濟的發展。因此可以認為，在教育起着積極作用的條件下，地區經濟運行機制的轉換的後果必然是地區人民群眾收入的普遍增長，必然是地區普遍性的脱貧致富。對教育的這種作用，我們是不應該忽視的。

資源代際分配的原則

資源代際分配的含義是：在資源有限的條件下，本代人與後代人都需要該種資源，本代人耗費多了，可供後代人耗費的資源就少了，於是出現資源在不同代的居民之間分配的原則與比例等問題，以供本代人在資源使用方面加以考慮。

從數率的角度來看，資源的代際分配應符合如下要求：本代人在利用有限資源時，要把推動科學技術的進步放在重要位置上，而不能僅僅從本代人享受的立場來利用有限的資源。假定科學技術的進步還不可能在本代人的期間達到足以使下一代人取得所需要的足夠資源的程度，本代人就有必要留下適當比例的資源讓下一代人利用。下一代人同樣如此，如果他們不能在自己這一代期間把科學技術發展到足以便再下一代人取得所需要的足夠資源的程度，他們也必須留下適當比例的資源給再下一代人。總之，以資源投入取得科學技術的進步，科學技術進步就是產出，資源代際分配的效率就體現於這一投入與產出的比率。能以較少的投入取得較多的產出，這是最合理想的。資源的代際分配中應當考慮投入與產出比率。

下面，再從公平的角度來考察有限資源的代際分配問題。在這裡，可以不按照可再生資源與不可再生資源來進行分類，而按照生活必需的資源與非生活必需的資源進行分類。這樣，總的原則將是：生活必需的資源的代際分配應當較多地考慮留給後代人的部分，不能使後代人因缺乏生活必需的資源而陷入難以生存的境地；而非生活必需的資源的代際分配既可以較多地考慮留給本代人的部分，並適當地留給後代人一部分，也可以使本代人和後代人能同等程度地滿足非生活必需的需要。

為什麼在生活必需的資源代際分配中應當較多地考慮留給後代人的部分，而非生活必需的資源代際分配中，則可以較多地考慮留給本代人的部分，並適當地留給後代人一部分呢？這是由兩類資源性質的不同所決定的。在保證人的生存方面，假定科學技術的進步並不能保證在可以預見的將來使下一代人或再下一、兩代人取得新的資源，那麼本代人就應當較多地考慮留給後代人的部分，讓後代人有生活必需的資源可以利用，否則後代人的生存就會出現問題。本代人有權生存下去，後代人同樣有權生存下去，這就是資源代際分配的公平性的體現。

非生活必需的資源的代際分配與此有所不同。無論本代人還是後代人，雖然都有對於非生活必需的資源的需要，但由於這些資源畢竟是非生活必需的資源，因此在代際分配中可以讓本代人與後代人都有一定的部分可以利用，而不必像生活必需的資源的代際分配那樣較务地考慮留給後代人的部分。這是因為，既然這些資源是非生活必需的資源，本代人可以多使用一些，而讓後代人也能利用一部分，這並不妨礙後代人的生存。換句話說，對於本代人來說，這裡存在一種交替關係：本代人多留一些生活必需的資源給後代人，而以多使用一些非生活必需的資源作為替代或作為補償，這同樣體現了資源代際分配的的公平性。

更直截了當地說，為什麼非生活必需的資源可以讓本代人多使用一些，而生活必需的資源則必須讓後代人有充足的供給量呢？這主要因為：沒有生活必需的資源，後代人的生存問題就突出了。後代人與本代人一樣，都應當有權生存下來。至於非生活必需的資源，則可以多使用些，也可以少使用些，這無關人們的生存問題，而且這方面的需求也是可以選擇的，有替代性的。非生活必需的資源滿足人們非生活必需的需求，本代人有本代人在這方面的需求，後代人有後代人在這方面的需求，上一代人與下一代或下幾代人的愛好不同，興趣不同，對非生活必需的需求的評價不同，因此這方面的需求不妨讓下一代或下幾代人自己去考慮如何選擇，如何替代。本代人既然要節制自己在生活必需的資源方面的需求，所以讓本代人多使用一些非生活必需的資源，也是合情合理的。當然，這並不排除本代人中有些人多考慮些後代人的利益，既在生活必需的資源方面節制消費，又在非生活必需的資源方面節制消費。

資源代內分配的原則

在資源有限的條件下，如果本代人與後代人已經按各自的需要進行了資源代際分配，那麼留給本代人的資源，究竟以何種方式分配為宜？這就是資源代內分配問題。從效率的角度來看，資源在本代人之間的分配應有利於科學技術的進步，而科學技術的進步將有助於使本代人和以後各代人取得更多的資源或代用品。為此，資源，特別是與科學技術進步有關的資源，應實現傾斜式的分配。這樣就涉及如何實現資源的傾斜式分配問題由政府主持資源的分配，能否保證政府主持下的資源分配一定是有效率的？由市場來自發性地進行資源的分配，那麼，資源的價格能否使資源的分配符合傾斜分配的要求？這些問題都需要根據資源的供給狀況而具體分析。理想的分配方式是：通過市場的自發調節，能使有利於科學技術進步的部門從市場中取得較多的資源。如果真的能這樣分配，那麼資源的價格該如何形成？價格怎樣才能達到所要求的上述水平？這些問題也是需要探討的。

下面，再從公平的角度來考察有限資源的代內分配問題。在這裡，仍同以上在討論資源的代際分配那樣，把資源分為生活必需的資源與非生活必需的資源兩類。總的原則將是：生活必需的資源的代內分配應當以平均原則為主，不應使任何人因缺乏生活必需的資源而陷入難以生存的境地，而非生活必需的資源的代內分配，則不必強調平均原則，而可以主要按市場調節的方式來進行分配。資源分配的平均原則是指：資源（這裡指的是生活必需的資源）按照本代所有人的需要平均分配給每一個人。比如說，某一地區的飲用水資源供給非常緊張，而飲用水又是每一個人賴以生存的資源，這樣，飲用水的分配只能以平均原則為主，否則就可能使一部分人因為得不到必需的飲用水而無法生存。資源代內分配的公平性體現於此。

平均分配原則應當僅僅適用於供給十分緊張的生活必需資源。如果擴大了適用的範圍，那麼很可能不利於資源的有效使用。例如，食物也是生活必需的資源。一個地區，如果食物供應比較充足，平均分配原則不僅是難以實行的，而且還會引起資源使用效率的降低。只有在該地區食物供給十分緊張，不實行平均分配就無法保證一部分人的生存的條件下，實行平均分配才成為必要。甚至可以説，一個地區，只要食物供給還沒有短缺到必須實行平均分配才能使所有的人都有食物的地步，平均分配仍然可以暫緩實行。總之，平均分配的方式是備用的：必要時採用它，不必要時可以備而不用。這符合資源分配的公平性。

非生活必需的資源的代內分配之所以不必強調平均原則，而可以主要按市場調節的方式來進行分配，是因為平均分配方式有相當大的局限性，使用不當反而會造成資源使用效率的降低，而且這也不能適合每一個居民的特殊需要。人與人有差別，包括興趣、愛好的差別，這是不容迴避的。因此，在本代人之間分配那些非生活必需的資源，應當同分配那些並非短缺到不平均分配就無法使所有的人生存下去的生活必需資源那樣，要通過市場來進行分配。市場分配的公平性體現於機會的均等，即一切參加市場的分配的人都站在同等的起跑線上。

市場調節方式的資源代內分配當然是有償分配。對於並非短缺到不平均分配就無法使所有的人生存下去的地步的生活必需資源，以及那些非生活必需的資源，既然要依靠市場調節方式進行分配，所以這些資源的代內分配無疑要採取有償分配。至於需要採取平均分配方式的生活必需資源的代內分配，那麼可以根據情況，或採取有償分配，或採取無償分配，而有償分配時，或採取市場價格分配，或採取低價分配。無償分配和低價分配，就需要政府或其他機構的補貼。低價分配也體現了生活必需資源的代內分配的公平性。

第七章 對效率的正確理解

· 對效率的正確理解
· 環保中的倫理學問題
· 再談環保中的倫理學問題
· 經濟增長的合理程度
· 企業破產與企業重組
· 破產企業職工再就業
· 城鎮土地使用的市場調節
· 農村土地使用制度的改革
· 合理增長與均衡增長
· 關於社會平均消費水平
· 如何看待個人投資的虧損
· 個人非盈利目的的投資行為
· 跨國經營的股權設置
· 企業兼併與債務清償
· 農村勞動力外流以後
· 讓農民成為農產品的營銷商
· 論合資企業的虛虧實盈
· 三論中國的投資基金
· 企業重組的國有資產評估
· 企業重組的商譽評估

對效率的正確理解

國內經濟界已經越來越重視效率。這是一個可喜的變化。但根據我最近到外省市考察的體會，對效率的理解未必全都正確。有人說：重視效率，就是重視利潤，利大效率高，利小效率低。還有人說：產值就是效率，效率高產值才多，效率低產值就少。甚至我還聽到這種說法：「我們這個企業養活了多少人，這就是給社會做貢獻，這就是我們的效率。」應當承認，這些理解都是片面的，不符合效率一詞的本來的意義。效率反映投入產出之比，反映生產率的變化。人盡其才，物盡其用，貨暢其流，表明資源配置合理、有效，這就代表效率。人盡其才和物盡其用，意味着資源得到充分利用。貨暢其流，意味着流通速度的加快和閒置商品數量的減少。這些才是真正意義上的效率提高。

簡言之，在經濟學中，效率的高低升降是根據資源使用或配置的效率的變化來計算的。關於效率這一概念正確的含義，可以從以下四方面來理解：

第一，按照一定的投入就會有一定的產出的觀點來看，不管投入多少，總會有一定的產出，於是就要考慮：難道不管生產出什麼樣的產品，都等於社會生產有一定的效率嗎？假定生產過程中會使社會遭受嚴重污染，社會會受到重大損失，難道就表明生產有效率嗎？不生產這些產品，效率不更高嗎？

第二，投入是投入者自行決策的，投入者只要願意投入，並且有能力投入，他就可以如願以償，然而產出決不取決於投入者本人的意願，也不取決於投入者本人有沒有投入的能力，而要取決於產出是不是被社會所需要。社會如果不需要所生產出來的產品，這些產品積壓在那裡，銷不掉，又有什麼效率可言呢？不生產這些產品，效率不更高嗎？

第三，任何資源都是有限的，所投入的資源都是有限的資源。投入某一種資源，可以有不同的產出。社會對這些不同的產出，有不同的需求程度。從這個意義上說，某一種資源投入結果的效率是不一樣的。不生產這一種產品而生產另一種產品，效率可能較高，也可能較低。因此，不能認為同一種投入的不同產出會有相等的效率。

第四，正如前面所說的，任何資源都是供給有限的資源。同一種產出，可以利用不同的資源投入。由於社會上各種資源的稀缺程度不等，所以對某一種產出所需要的投入，社會有不同的評價。不利用這些資源投入而利用另一些資源投入，儘管產出是相同的，但效率卻不一樣。在討論投入產出的效率時，是不是也應當把這個問題考慮在內呢？

以上所談到的，都是與正確理解效率這一概念有關的問題，也就是對效率本身的判斷問題。儘管這些分析都不涉及效率與個人收入分配之間的關係，也不涉及效率與地區收入分配之間的關係，但它們已經表明，效率的科學含義已經很值得我們認真探討了。

由此我們認識到，我們不可能僅僅按照利潤高低和產值大小來理解效率。生產過程中有嚴重污染，利潤再大，產值再高，也不等於有效率。產品生產出來以後如果積壓在倉庫中，這決不意味着有效率。國內一些企業負責人和經濟部門工作人員，應當懂得這個道理。

至於一個企業能養活多少人，這更不足以説明效率的大小。吃大鍋飯，是無效率的同義語，這恰恰表明資源未能得到充分利用，資源配置不合理。有效率的企業必定有競爭能力。它們究竟僱用多少工人，取決於本企業的規模、技術水平和競爭能力。冗員多，難道能説明效率高嗎？肯定不能。國內在經濟改革中如果不端正對效率的認識，不但無法提高效率，而且有可能增大經濟改革的阻力。

環保中的倫理學問題

前兩篇關於資源的代際分配與資源的代內分配，都是環境經濟學研究的熱點問題。本代人致力於環境保護，致力於珍惜資源，都是在為後代人着想。

然而，在這些問題上並不是沒有不同意見的。這一代人是不是必須保護環境和必須節制資源的使用，有過各種各樣的異議。其中，一種懷疑是：不同代的人對於事物的評價標準可能是不一樣的。某種生活方式，甚至某種生產方式，對這一代人是重要的，很可能對另一代人並不重要。比如說，若干年前人們所喜歡的某種消費行為，卻是我們這一代人所不以為然的。同樣的道理，我們這一代人所珍視的東西，再過若干年，就不一定是後代人所珍視的了。價值觀念的變化引起了對經濟增長意義的看法的變化，也引起了對資源節約問題的看法的變化。有人說，如果用本代人的評價標準看待後代人的生活方式和生產方式，會不會引起後代人的嘲笑呢？後代人會不會說：「你們過得太不自在，太不瀟灑了，我們有自己的評價標準，誰希罕你們的那一套清規戒律呢？」假定真的發生了這一切，豈不是意味着本代人為後代人的操心是多餘的嗎？本代人在某些資源的使用方面的克制也是不必要的嗎？「兒孫自有兒孫福，不為兒孫做馬牛」的說法不正由此找到了根據嗎？

怎樣看待這個問題？這是經濟學研究者不得不思考的。

我們不否認本代人與後代人的價值觀念會發生變化。我們也不否認將來（也許是許多年以後）可能出現這一代人所珍視的恰恰是另一代人所不珍視的，或這一代人所不珍視的恰恰是另一代人所珍視的等情況。

但這些情況的出現並不會推翻一個基本的原則，這就是：後代人與本代人一樣，都必須依靠足夠的資源才能生存；後代人與本代人一樣，都有着生存下去的不可剝奪的權利。對經濟增長代價的分析，以及對資源代際分配的探討，正是以上述基本原則為出發點的。

本代人應當是理智的一代。如果說前代人或以前若干代人在環境、資源方面不夠理智，以致產生濫用資源、破壞資源與環境的現象，從而給本代人的生產與生活帶來了一定的困難的話，那麼本代人作為理智的一代，不應當懷有「上代人已經這麼做了，我們為什麼不這麼做？」及「上代人在哪些方面為我們着想了？我們何必要為後代人多着想？」等想法。

為後代人多着想，這既是本代人的責任，也是本代人超越前代人的表現。至於下一代人是不是也像本代人這樣理智，是不是也為再下一代的人多着想，雖然這是下一代人自己的事情，但並不是説本代人對此不負有任何責任。本代人作出榜樣，對後代人會有示範作用。

退一步而言，即使後代人的價值觀念變化了，本代人珍視的不被後代人所認可，那麼這也是生存以外的考慮。生存，無論對於以後哪一代人，都同樣會受到珍視。如果認為以後哪一代人的價值觀念會變化到不再珍視生存的程度，那是不切實際的。至於生存以外的考慮，比如説，怎樣享受，怎樣消遣，怎樣待人接物，後代人可能有不同的評價標準。本代人不必對這些過份操心，操心也是白費。

正因為如此，所以我們在為後代人着想時，首先應當想到環境保護、想到生活必需資源的代際分配。生活必需資源的代際分配是從保證後代人生存的角度出發的。非生活必需的資源的代際分配，則可以把後代人對生產方式和生活方式的評價標準的變化考慮在內。關於這些，以前已經談過了。所謂「兒孫自有兒孫福，不為兒孫做馬牛」的説法，從任何人都有權生存下去這一點來看，是不正確的。

前代人不努力創造，不為後代人的生存問題多着想，後代人能生存下去嗎？即使最近幾代的後人還有可能在已經破壞的環境中生存下去，那麼再往後若干代呢？資源耗竭了，環境破壞了，而科學技術又沒有重大進步，他們怎能生存下去？上一代人作為理智的、負責任的一代，不能不為後代人的生存問題多多考慮。

再談環保中的倫理學問題

環境保護中的一個重要方面是必須合理地、有節制地開發與利用資源。但在這方面，還存在着如下的看法。有人說，經濟在不斷增長，人均收入水平在不斷提高，人們平均擁有的消費品越來越多。因此，從相對的意義上說，上一代人與下一代人或再往後幾代人相比，要算是較貧窮的一代，而下一代人與上一代人或再往前幾代人相比，要算是較富裕的一代。既然如此，上一代為什麼要克制自己，節約資源，把享受留給後代人呢？上一代作為較貧窮的一代，值得為較富裕的後代人在資源使用方面作出犧牲嗎？

這種論點在社會上也有一定的影響，但卻是經不起推敲的。

這裡直接涉及以下三個問題：

第一，不管下一代人或以後若干代的人的人均收入水平比我們這一代人高出多少，生存權利卻是同上一代人一樣的。既然後代人的生存與前代人留給後代人的生活必需資源的數量多少有必然的聯繫，所以前代人有必要節制自己對生活必需資源的耗費，而不能無節制地耗費這些資源。

第二，經濟的確在不斷增長，人均收入水平的確在不斷提高，人們擁有的消費品的確越來越多，這些事實是有目共睹的。當然，這是指近兩、三百年來的歷史。以往漫長的歷史時期內，經濟的增長、人均收入的提高、人們擁有越來越多的消費品，很難說是明顯的，甚至在某些歷史時期，生產力有所倒退、下降。這表明，生產力不發展，勞動生產率不提高，科學技術沒有進步，那麼後代人的生活不會比前代人好，後代人相對於前代人來說未必是較富裕的一代。可見，要使後代人的日子過得比前代人好，要使後代人比前代人富裕些，前代人必須積累，必須投入，以便發展生產力，提高勞動生產率，使科學技術進步。換言之，後代人成為比前代人富裕的一代，以前代人的努力發展經濟和科學技術為前提。假定這一代人懷有如下的想法：「反正後代人會過上比我們好的生活，會比我們富裕，我們何苦作出自我犧牲呢，何苦要這麼節制消費呢？」那麼後代人的生活是不可能好起來的。說得絕對一些，如果這一代人盡量耗費資源，又不發展科學技術，後代人的生存都成為問題，還怎麼談得上變得比前代人富裕呢？

第三，毫無疑問，後代人的生活較為富裕，固然要靠後代人自身的努力，但同時也要依靠前代人為後代人發展經濟和科學技術所創造的環境與物質文化條件。這兩者是統一的、不可分的。假定前代人並未為後代人發展經濟和科學技術提供適當的環境與物質文化條件，後代人就必須為此付出更大的努力才能使自己的生活好起來。後代人自身不努力，那麼前代人為後代人發展經濟和科學技術創造的環境與物質文化條件再好，後代人的生活仍然難以好起來。在這些方面，前代人可以為後代人作些什麼呢？前代人努力發展經濟和科學技術，這就為後代人改善生活提供了適宜的環境與物質文化條件。但僅僅靠這一點還不夠。前代人應當為後代人做出良好的榜樣；要節制資源的耗費，要保護環境，要努力工作，要增加投入等等，這對後代人將起到有益的作用。如果這一代人認為「後代人比我們富裕，我們不必為他們做出犧牲，不如盡情消費吧」，那麼給後代人留下的將是什麼樣的榜樣呢？這樣的榜樣有利於後代人努力發展經濟和科學技術嗎？肯定不能。

無論對本代人還是對後代人，都應當樹立這樣的社會風氣；多為他人着想，多為下一代着想。社會上總有一些人貪圖享樂，盡情消費資源。但社會不可能主要由這些人構成。社會上大多數人是勤奮工作的。社會的發展依賴着大多數社會成員的努力。即使後代人有一些人成了專門享樂的人，那也只是極少數而已。

總之，在環境與資源問題上，必須牢牢記住：資源是人類的共同財富，而不僅僅是本代人的財富，因此必須珍惜資源，節制使用。

經濟增長的合理程度

經濟增長率合理還是不合理？合理或不合理到何種程度？由誰來判斷？怎樣檢驗？這是不少關心中國經濟增長的人所注意的問題。

政府是經濟增長計劃的制定者和執行者。政府工作人員對經濟增長計劃制定情況與執行情況的檢查必然涉及自己的業績，所以他們有可能掩飾自己的失誤，誇大自己的工作成效，甚至炫耀自己的預見性。結果，政府所認可的經濟增長率通常高於或低於合理的的經濟增長率。

經濟學家在堅持自己的學術威信方面，並不稍遜於政府工作人員對自己的權威性的堅持。如果經濟學家經過估算而確認的合理經濟增長率受到懷疑的話，他們不一定聽得見別人的意見，而會把這歸因於所謂「學派之爭」、「門戶之見」。何況，經濟學家通常不可能收集到全部必需的資料，他們的論斷與實際會有所出入。

公眾能否裁定經濟增長率的合理與否呢？從理論上説，公眾既是經濟增長的受益者，又是經濟增長代價的承擔者，他們是有資格成為經濟增長率合理還是不合理的判斷者的。但實際上卻很難做到這一點。公眾更有可能是事後的判斷者而不是事前的判斷者。過了一段時間之後，公眾從自己的親身感受，可以評論前一階段的經濟增長率是合理的還是不合理的。比如説，公眾會根據實際收入的變動和生活質量的變動來衡量前一階段經濟增長是否給自己以實惠，公眾也會根據這些變動來評論經濟增長率合理到何種程度或不合理到何種程度。但這是事後的判斷。要公眾同政府及其工作人員一樣，或者同經濟學家一樣，事前就認為某種經濟增長率是合理的，某種經濟增長率是不合理的，幾乎是不可能的。公眾，是由許許多多普通的居民所組成的，他們所掌握的信息非常有限，他們只能根據個人所掌握的信息，通過個人的粗略的分析，對經濟增長問題表現了一些個人的看法，僅此而已。他們還缺乏可以表達自己意見的適當渠道，特別是表達匯總了各方面的意見的適當渠道。

事後對經濟增長率合理與否的檢驗和認定，雖然是不可缺少的，但這畢竟不能代替事前對經濟增長率合理與否的判斷。在討論合理的經濟增長率時，事前的判斷可能更有必要，因為這樣才有助於避免宏觀經濟決策的失誤，避免因經濟增長率的不合理而給國民經濟帶來的損失。事前的判斷者是誰？事前的判斷依據什麼？事前的判斷如何反饋給經濟增長計劃的制定者和執行者？這些都有討論的必要。

讓我們從實踐是檢驗真理的標準談起。經濟的實踐可以説明所制定與執行的經濟增長率的合理性或不合理性，以及究竟合理或不合理到何種程度。邊實踐，邊檢驗，當然也是可行的。但由於經濟學的檢驗往往是滯後的，甚至要滯後較長的時間，所以邊實踐、邊檢驗的做法來判斷經濟增長率合理與否時難免有局限性。更為適合的是事後的檢驗，也就是事後根據經濟的實踐來判斷當初擬定與執行的經濟增長的合理與否。

事前的判斷同樣來自實踐，但這是前一階段的實踐，也只能是前一階段的實踐。實踐檢驗前一階段的經濟增長率的合理程度，同時也為判斷下一階段預定的或計劃的經濟增長率的合理程度提供依據。於是問題歸結為：誰對實踐進行總結？誰運用從實踐總結的經驗來判斷下一階段預定的或計劃的經濟增長牽的合理與否？毫無疑問，只能是代表了公眾意見並集中了公眾意見的政府工作人員和經濟學家。他們是可以勝任此項工作的判斷者和檢驗者。重要之處在於：他們必須真實地總結實踐的經驗，而不是僅憑拍拍腦袋就作出判斷。這種判斷的準確程度取決於他們是否對公眾的實踐經驗進行了準確總結與集中，以及總結與集中的準確程度。

以往中國的計劃經濟增長率之所以與合理經濟增長率相差甚大，不正由於對前一階段的實踐經驗總結得很不夠麼？

企業破產與企業重組

虧損企業的情況是比較複雜的。有的虧損企業仍有扭虧為盈的前景，關鍵在於如何注入資金，改造技術，推出有競爭力的產品。有的虧損企業即使投入資金也無濟於事，因為產品結構不當，沒有轉虧為盈的希望，只好破產倒閉。還有的虧損企業，目前已被沉重的債務拴住，繼續維持存在只可能造成更大的虧損與負債，於是也只得破產清理。因此，企業破產問題已經越來越被國內學術界、經濟界所注意，有人甚至把一九九五年視為「大批企業破產的一年」。這句話儘管聽起來有點不順耳，但也有一定的道理。

國外有些報紙把中國國有企業的破產稱作「壽終正寢」，並提出要盡量使這些企業「安樂死」。我想，對這個問題還需要從多方面考察。單純看企業的破產倒閉，似乎有些片面。應當把企業破產同企業重組結合起來。「舊的不去，新的不來」。一些企業破產了，但如果這能引起一些經過重組的企業的新生，那麼壞事將變成好事。與其稱之為「安樂死」，不如稱之為「脱胎換骨」。所以在這裡，我想探討一下企業不破產與企業重組之間的關係應當指出，瀕臨破產的企業，不管它有多少資產，都已成為一堆「死錢」。欠別人的債務，無法償還；別人欠自己的債款，也難以收回。產品積壓，固定資產無法流動。在這種情況下，唯有破產才是出路。只要按照國家的法律、法規實現了破產，債權債務得到了清理，固定資產也得以拍賣，變為可以再度啟用的資金。企業重組可以在以下兩方面被推行。一方面，效益好的企業為了滿足自己擴展業務和調整產品結構的需要，收購破產企業的資產是可以達到這一目的。這就是，沒有一些企業的破產，就談不到企業的重組。另一方面，瀕臨破產的企業在破產以前，可說是寸步難行，整日困於絕境。只有在破產之後，如果投資者仍想在業務上一層身手，那就等於使投資者甩掉了包袱，以便輕裝上陣。這種情況不但適用於個體的企業，而且適用於企業集團。這是因為，假定某個企業集團中有一個子公司已經瀕臨破產，集團公司只有在清理了這個子公司的債權債務後，才能有效地重新配置資源，調整產品結構，形成新的生產能力。否則，企業集團內部的資源重組是困難的。

企業破產是生產要素重新組合的新起點，也是企業重組的前提之一。當然，這並不是說唯有先讓企業破產，才能實現企業重組。企業重組也可以不經過企業破產而實現，這方面的成功的例子不在少數。但在某些情況下，企業破產確實有利於企業重組，並且能推動企業重組。可以從三個方面來加以說明：

第一，企業重組中所遇到的一個困難是有些企業的產權不明確和投資主體不清楚。這樣，要實現企業的重組，必須界定產權和確定投資主體。這是必不可少的一項工作。雖然產權的界定與投資主體的確定不一定與企業破產有直接聯繫，但如果企業破產了，那麼經過清理，產權必然清清楚楚，投資主體也必然得到確定。這豈不有利於今後的資源重新配置與企業重組？

第二，企業重組中所遇到的另一個困難是有些企業的債權債務關係不清，或拖欠其他企業的債款不還，或其他企業所欠的債款不還。於是企業的重組難以實現。虧損企業的破產清理，使債權債務糾葛得以解決，企業重組也就有了較好的條件。

第三，企業重組過程中，往往需要變賣一部分固定資產，或者需要購進一部分固定資產。如果企業重組過程中所遇到的是一些固定資產已經變成「死錢」的企業，那麼重組工作必定困難重重。從這個意義上說，一些企業的破產也就為固定資產的轉賣創造了條件。

總之，根據以上的分析可以了解到，企業破產對於資源的重新配置和產業結構、產品結構的調整而言，未必是一件壞事。企業破產完全可以被看成是生產要素重新組合的一個起點。

破產企業職工再就業

就現階段的中國社會經濟形勢而言，企業破產後所碰到的最棘手問題之一就是如何安置破產企業的職工。破產企業職工之所以不安，主要有三個方面的原因。一是生活上沒有保障。工資停發了，救濟金為數不多，難以維持家庭的生活，於是陷入困境。再加上養老、醫療等考慮，破產企業職工更感到生活沒有着落。二是再就業的途徑不寬。職工失業以後，如何才能找到新的工作，把握不大。這就加重了這些失業職工的顧慮。三是心理上的壓力。由於企業破產了，破產企業職工面臨着生活上沒有着落和再就業把握不大的壓力，很容易產生「沒有臉面見人」的想法，而在街坊鄰居收入增加和生活狀況改善的情況下，他們更會產生類似的念頭。這樣，破產企業的職工安置問題便具有重要的社會經濟意義。

「安置破產企業職工」究竟是指什麼？不能像過去勞動用工制度下那樣，認為國家有能力、也有責任把精簡下來的職工全都安排到其他工作崗位上。這是做不到的，而對國家來說，這種做法必然造成效率進一步降低和財政赤字進一步增大。應當把「安置破產企業職工」理解為這樣四點：

一、加快社會保障制度的改革，減輕養老、醫療方面的顧慮，並使生活上有一定收入，減輕家庭的困難。具體的做法應當是：失業保險基金由全社會統籌，而不能依靠每一個行業自籌自用，更不能讓每一個企業自行解決。否則，一些經濟效益較好的行業或企業將會退出社會統籌，使得失業保險基金缺乏可靠的資金來源。至於養老保險基金和醫療保險基金的建立，情況與失業保險基金多少有些差異，容許採取比較靈活的方式。例如，養老保險可以採取先全縣統籌，再全省統籌，將來再全社會統籌的辦法，逐步解決。醫療保險還可以從改革公費醫療制度，逐步增加個人付費比例，以及實行定額內個人不付費，超定額部分個人按比例負擔的做法。

二、國家積極創造條件，通過產權交易和重組企業等辦法，使破產企業的職工在生產要素重新組合的基礎上得以找到新的就業機會。在這方面，國家可以採取的措施是：建立和完善產權交易市場，制定必要的政策來推進破產企業的固定資產的拍賣；鼓勵國內外投資者收購、租賃破產企業，實現資源重組；一部分技術工人和管理人員可以隨企業的固定資產的流動而流動，這對於盡快形成新的生產能力是有好處的。

三、國家提供就業信息，開展破產企業職工的職業培訓工作，引導他們到新的工作崗位去從事適當的工作。政府可以撥出專款，建立再就業培訓基地，使失業者在這裡接受轉業訓練或提高文化技術水平。同時，向用人單位提供信息，以便在「雙向選擇」的前提下使失業者獲得就業機會。

四、國家採取政策，鼓勵破產企業的職工自謀職業，包括鼓勵他們從事個體工商業經營或家庭服務等。對破產企業職工來說，這裡存在一個需要轉變就業觀念的問題，即不一定非要到企事業單位去工作才算是就業，從事個體經營，甚至從事家庭服務，都是就業。

破產企業職工的再就業是一項龐大的工程，要求全社會都來關心這件事。最後我想指出一點，有人在文章裡說，國家應舉辦公共工程來解決破產企業職工的再就業問題。這種設想並不錯，但脱離中國的實際。修公路，大規模植樹造林，修運河等等，固然可以吸收不少人就業，但在中國目前的條件下，這主要吸收來自農村的多餘勞動力。城市中的破產企業職工一般不願意去從事上述這些公共公程。因此，即使在國家財力允許的前提下，公共工程對於緩解城市破產企業職工的失業起不了很大的作用，但這不失為緩解農村多餘勞動力就業問題的有效對策。

城鎮土地使用的市場調節

中國的土地資源是有限的。如何珍惜土地資源？如何使有限資源發揮更大的效率？如何利用有限的土地資源來促進中央與地方經濟更健康地發展？這是人們關心的重大問題。在國內，有這樣一種看法，即認為在土地使用方面不適宜採取市場調節，而應當統一管起來。甚至有人說：如果說商品市場、資金市場、技術市場、勞動力市場，那是可以接受的。至於房地產市場，那就應當把「房產」與「地產」分別開來，「房產」可以有市場，「地產」怎麼能有市場？言下之意是：在土地使用方面，計劃調節是基本的手段，也許是唯一的手段。我是不同意這種看法的。我認為這種看法不僅不了解房地產市場的確切含義，而且把土地使用的統一管理同土地使用的市場調節對立起來了。下面，以城鎮土地使用為例。

中共中央十四屆三中全會的決定中指出，「國家壟斷城鎮土地一級市場。實行土地使用權有償有限期出讓制度，對商業性用地使用權的出讓，要改變協議批租方式，實行招標、拍賣。同時加強土地二級市場的管理，建立正常的土地使用權價格的市場形成機制。」這一段話非常重要，它體現了土地使用制度的改革方向與對土地管理的要求。可以從以下四個方面來加以論述。

第一，對城鎮土地，要區分一級市場與二級市場。一級市場是國家壟斷的。這種壟斷之所以必要，正是為了防止土地資源的流失和濫用。壟斷一級市場體現於對土地的統一規劃、統一徵用、統一開發、統一出讓，並且由國土管理部門統一管理。這不是單純地用計劃手段來管理一級市場，而首先是依法管理問題。符合法律、法規，是一級市場得以正常運行的前提。在一級市場中，也應當考慮市場的供求。這就是說，要按照市場實際情況，必要時可以多審批一些或少審批一些。這樣，一級市場的運作也就同市場供求相適應了。

第二，土地二級市場有序是在國家壟斷土地一級市場的前提下實現的。土地二級市場同樣需要依法管理。但同樣重要的是，對於二級市場上的土地使用權轉換，政府起的是管理者、監督者的作用，而讓市場供求規律進行自我調節。市場對進入二級市場的土地的有效配置，將使得土地的開發和房地產的銷售有明顯的效率。

第三，土地使用市場調節與統一管理之所以不是矛盾的，在土地價格的形成問題上充分表現出來。關於地價，統一管理必不可少。但應當認識到，土地價格的形成離不開市場機制的作用。地價隨土地市場供求比例的變化而上升或下降，這將有助於地價趨於合理。即使是根據計劃而屬於定額之內批准轉讓的土地，通過投標、招標、拍賣的方式來進行，這同樣意味着統一管理與市場調節的結合。

第四，土地使用制度的改革是市場取向的。對土地的統一管理在市場取向的改革前提下進行，這不同於傳統的計劃經濟體制下的做法。區別在於：在傳統的計劃經濟體制之下，土地的使用是無償的、無期限的，而現在則是有償和有期限的；過去，土地市場不存在，而現在，則有一級市場、二級市場之分。

更重要的是，過去，城鎮土地的使用沒有同整個以市場為取向的改革結合在一起考慮，因為在當時的條件下根本不可能有市場取向的改革；而現在，土地使用制度的改革已成為整個市場取向的改革的重要組成部分，離開了市場取向的改革也就談不到新的土地使用制度了。

總之，城鎮土地使用制度的改革決不意味着恢復計劃經濟體制。不信的話，請看一看香港、英國、美國、日本的土地使用制度，不都是強調統一管理、依法管理的麼？不都體現了土地管理部門的權威性麼？但這又是同市場經濟體制密不可分的。在現代市場經濟條件下，找不到對土地的使用放任不管的例子。對土地使用的放任不管只能給社會經濟帶來混亂，給市場經濟以嚴重的損害。

農村土地使用制度的改革

關於土地使用制度的改革，上一篇談到了城鎮土地使用問題，這一篇準備談農村土地使用問題。珍惜和合理使用土地資源，保護耕地，嚴格控制農業用地轉為非農業用地，這是中國對待農村土地的基本原則。然而，農村土地使用制度必須進行改革。傳統的農村土地使用制度已遠遠不能符合農業發展和農村建設的要求。在討論農村土地使用制度的改革時，我們應該注意到以下三點：

第一，隨着經濟的增長與農村人口的增加，農村勞動力向城鎮的轉移、農業勞動力向非農產業的轉移，都是不可阻擋的趨勢。其中，有些農村人口是全家遷移的。因此，農村土地使用制度要隨着上述情況而調整。

第二，國家的建設和城市範圍的擴大，同樣是不可逆轉的。只要這種趨勢持續下去，農業用地的減少不能避免，只不過減少的速度可以適當調節而已。為了使農村土地使用制度同國家建設與城市範圍擴大的趨勢相適應，農村土地使用制度也有必要進行改革。

第三，以往，在市場不發達的條件下，農業分散經營、農產品商品率低和農業勞動生產率低。這種情況對市場經濟的發展足不利的。今後，在改革農村土地使用制度時，必須考慮農業由分散經營向集中經營、規模經營的過渡，以及農業勞動生產率的提高和農產品商品率的上升。

由此可見，農村土地使用制度應當加速改革。這是沒有疑問的。需要討論的主要是：怎樣進行改革，以便在保護與合理使用農村土地資源的同時，符合上述農村中的新變化？首先仍應強調對耕地的保護，要實行各級政府的耕地保護目標責任制。廣東省在改革農村土地使用制度的過程中，制定了三個重要指標，一是建設用地控制指標，二是農業用地和新耕地的開發指標，三是耕地保有指標，並把這些指標層層分解到市縣、鄉鎮政府，直到村委會，逐級考核。同時，還提出了滾動式的開發與利用土地的辦法，即把「造地、開發、出讓、再投入造地」作為一項系統工程來抓。這就把擴大建設用地與保護土地資源二者結合在一起了。

從農業經營體制方面看，農業家庭聯產承包責任制將長期不變。農業的集中經營、規模經營也將在維持家庭承包制的基礎上進行。總的做法可以是：大體上穩定現有體制，局部進行調整。也就是説，家庭承包制仍然不變，但承包經營者可以轉包所承包的土地；轉讓承包合同；承包經營權可以入股和繼承。只要土地的農業用途不變，轉包土地，轉讓承包合同，以承包經營權入股，以及繼承承包經營權都由承包經營者自己決定，各級政府和村委會都不得干涉。通過上述改革，一方面有利於保護耕地，有利於穩定農業生產大局，另一方面又有利於推進集中經營、規模經營，有利於提高農業勞動生產率。

在土地資源比較充裕而人口數量不多的偏遠地區，農村土地使用制度的改革步伐可以邁得稍大一些。在分配給每個農村居民足夠的承包田之後，可以把多餘的農田統一發包，通過競爭的方式包給適當的經營者。這樣，後者就有條件採取規模經營了。

此外，農村土地使用制度的改革還應包含這樣一個重要內容，即容許家裡有勞力外出做工經商的農戶把所承包的土地租賃給別人耕種。這時，不僅土地所有權依然是公有的，而且土地使用權的歸屬依舊不變。承包經營者出租土地，並不影響承包經營者的地位。租賃是有期限的。條件是租賃之後土地不能荒廢，也不能改變農用土地的用途。這既可以解決農村閒置勞動力無田可種的問題，又可以促進農業勞動生產率的增長。綜上所述，農村土地使用制度的改革現在還剛剛開始，還有許多工作等待着我們去做。決不要以為家庭承包制的實施等於農村土地使用制度的改革的完成。

合理增長與均衡增長

經濟運行中會出現波動。從實證研究的角度看，經濟的均衡增長是指波動的幅度較小經濟增長率大體上保持穩定，經濟的不均衡增長則指波動的幅度較大，經濟增長率起伏升降較顯著。合理的經濟增長是從規範研究的角度考察的結果。比如說，資源供給狀況、市場銷售狀況、就業變動狀況等可以表明何種增長率是合理的，何種增長率是不合理的。

理想的情形當然是：從規範研究上說，經濟增長率是合理的，從實證研究上說，經濟增長是均衡的。這是我們應當盡力去實現的經濟增長率目標。

最不理想的情形無疑是：從規範研究上說，經濟增長率是不合理的，從實證研究上說，經濟增長率是不均衡的。在經濟發展過程，必須竭力避免這種最不理想情形的發生。那麼，介於兩者之間的是什麼樣的組合呢？由於前面已經提到經濟增長率合理與否主要是規範經濟研究的對象，經濟增長率均衡與否主要是實證經濟研究的對象，分析的角度不同，二者不一定相吻合，於是還會有兩種情況：

一是，從規範的角度看，是不合理的經濟增長率，但從實證的角度看，則是均衡的經濟增長率。比如說，連續幾年內，年經濟增長率一直徘徊於 4% - 6% 之間，這可以被認為是均衡的經濟增長率，但很可能合理的經濟增長率是 8% - 10%，所以 4% - 6% 的經濟增長率偏低了，從而是不合理的經濟增長率。又如，連續幾年內，年經濟增長率一直保持 12% - 14% 上下，這也可以被認為是均衡的經濟增長率，但都高於合理的經濟增長率幾個百分點，所以也是不合理的經濟增長率。

二是，從規範的角度看，是合理的經濟增長率，但從實證的角度看，則是不均衡的經濟增長率。比如說，由於連續幾年內經濟情況的變動，經濟增長率的起落較大，因此這是一種不均衡的經濟增長，但具體地結合每一個年度來看卻都是合理的經濟增長率：經濟增長率高的年份，經濟增長率是合理的；經濟增長率低的年份，經濟增長率也是合理的。在這裡，經濟增長率的合理與否是根據當時的國力承受程度、市場容量、就業吸收狀況等而綜合作出判斷的，所以不一定與均衡增長率相一致。

擺在我們面前的是兩種情況。前一種情況：不合理的經濟增長率、但卻是均衡的經濟增長率；後一種情況：合理的經濟增長率、但卻是不均衡的經濟增長率。如何選擇？如何判斷這兩種情況中，究竟哪一種較好些？看來，應當作出如下的選擇：

在一般情況下，寧肯選擇合理的經濟增長率。至於是否均衡增長，相對說來要處於次要的地位。這是因為，均衡本身並不是目標，為均衡而均衡是沒有意義的，而合理的經濟增長率則有助於實現預定的經濟發展目標。「合理」一詞既然具有規範的意思，所以它應當比「均衡」更重要。

在特殊情況下，則可以先不考慮合理的經濟增長率，而選擇均衡的經濟增長率。那麼不禁要問：什麼樣的情況可以被視為特殊情況？大體上說是這樣的：由於考慮到經濟增長的持續性，所以既要把這一年的經濟增長率同下一年或再往後幾年的經濟增長率聯繫在一起進行分析，又要把這一年的經濟增長率同前一年或再往前幾年的經濟增長率聯繫在一起進行分析。假定考慮到資源供給的變動趨勢，或市場容量的變化趨勢，或勞動力供給的變動趨勢，暫時把經濟增長率壓低一些會更有利於今後的經濟增長，那麼即使經濟增長率低於合理的經濟增長率，也是可行的。又如，假定考慮到前些年的積壓物資較多和閒置資源較多，暫時把經濟增長率提高一些會更有利於今後的經濟增長，那麼即使經濟增長率高於合理的經濟增長率，同樣是可行的。

關於社會平均消費水平

在討論國內消費問題時，有的文章和書籍中使用了社會平均消費水平一詞。使用社會平均消費水平一詞的用意是：由於社會上人們收入高低不同，消費支出也不相同，為了扼要地説明當前中國的社會經濟狀況，所以就用社會平均消費水平來加以概括。這一時期與前一時期相比，社會平均消費水平的上升或下降，以及上升幅度或下降幅度，就可以視為社會經濟狀況的改善或惡化。

這種研究方法當然是可以理解的。問題在於社會平均消費水平本身還有一些模糊之處或不確切之處，用以説明社會經濟狀況未必十分恰當。加之，現階段中國的社會經濟狀況比較複雜，在擺脱計劃經濟體制，走向市場經濟體制的過程中，社會平均消費水平不一定能把問題講清楚。尤其是，在分析當前個人消費是否合理時，把社會的平均消費水平作為判斷個人消費行為合理性的標準的説法，至少有三個有待於進一步明確之處：

第一，社會平均消費水平上下多大的幅度內可以被稱為是合理的，多大幅度以外則可以被視為奢侈的消費行為或吝嗇，這些都是一種籠統的提法，在具體地進行判斷仍然有很大困難。

第二，社會平均消費水平雖然可以把過高於這一水平的個人消費行為視為奢侈，並把過低於這一水平的個人消費行為視為吝嗇，但這種單一的判斷標準卻把實質性問題排除在外。關於吝嗇的判斷和奢侈的判斷，無論如何不能單純從消費本身着眼。以社會平均消費水平作為標準，恰恰迴避了社會、文化、心理方面的評價。

第三，假定社會上個人之間收入差距不很大，社會平均消費水平這一判斷標準也許是有用的。但社會上個人收入差距不很大可能有兩個截然不同的原因，一是由於平均主義分配方式的作用，特別是低收入條件下平均主義分配方式的作用，二是過於嚴厲的政府收入調節措施（如高額累進制的個人所得税、遺產税、繼承税、贈予税等）而產生的結果。因此，可以認為，假定社會上個人收入差距偏大，以社會平均消費水平作為個人消費行為的判斷標準，未免把複雜的問題過於簡化了，從而難以解釋高收入家庭的消費行為的合理性，甚至也不易說清楚最低收入家庭的消費行為的合理性。假定社會上的個人收入差距小是由於平均主義分配方式而形成的，那麼在這種情況下，作為個人消費行為判斷標準的社會平均消費水平很可能帶有平均主義的色彩。假定社會上的個人收入差距小是由於政府收入調節措施的過份嚴厲而形成的，那麼在這種情況下，作為個人消費行為判斷標準的社會平均消費水平對於社會上一部分人而言，又含有抑制性消費的因素。無論是帶有平均主義色彩的社會平均消費水平還是含有抑制性消費因素的社會平均消費水平，都不能真實地反映居民的個人消費意願，從而也就為判斷個人消費行為的合理與否增添了困難。

既然社會平均消費水平本身有上述這些不確切之處，所以用它來說明社會經濟狀況的改善或惡化，也有較大的局限性。就當前中國的情況而言，考慮到：一、平均主義的影響尚存在；二、地區之間、城鎮與鄉村之間的收入分配與消費水平的差距相當大；三、消費結構正在較快地改變之中。因此，社會平均消費水平不一定能夠反映實際情況。在我看來，要了解國內的消費狀況和社會經濟狀況，最好是進行分組研究，即按地區、城鄉或收入水平分組，找出每一組的平均消費水平，並以此進行各組的歷史比較。假定說有必要提出一個全國平均指標的話，那麼，在有可能確定各組的收入和消費支出的權數的條件下，用加權平均的社會消費水平也許比較好一些。

如何看待個人投資的虧損

在討論社會主義社會中是否容許個人直接經營或個人投資問題時，通常是不把個人投資的虧損考慮在內的。如何看待個人投資的虧損，是一個新問題。比如說，有人投資辦企業，但企業經營失敗了，個人變成了負債纍纍的人。有人投資買股票，但股票價格一直下跌，個人賠了不少錢。這些都是社會上存在的事實。

甚至還發生個人投資虧損後自殺的例子。有的報紙刊登了這些消息，使一些人議論紛紛，一些人嗟嘆不已。 於是出現了如下的論調：個人投資要碰運氣，禍福難卜，與其將來虧損了，還不如不要容許個人投資，顯然，這種看法是不全面的。目前，政策之所以容許個人投資，是從個人投資對社會經濟的意義着眼的，而並非從某一個是否發財着眼。因此，從增加個人投資有利於增加產品與勞務供給、增加就業人數、增加稅後收入的角度來看，得不出所謂「個人投資如果發生虧損，還不如當初就不應容許個人投資」的論斷。

關於個人投資的虧損問題還可作進一步分析。要知道，假定個人所從事的是直接投資，或者個人所從事的是間接投資中的購買股票、投資基金券、以及公司債券等活動，虧損是可能出現的。如何評價個人上述投資中的虧損？總的說來，虧損是個人從事上述投資活動的一種結果，對虧損的評價首先涉及對個人投資行為的評價。假定個人投資行為是違法的，那麼不管其結果是盈利還是虧損，都應當受指責，這裡不存在「個人投資盈利才應受到指責，而個人投資虧損則可以免於受指責」的問題。

如果個人的投資行為符合法律的規定，同樣地，不論其結果是盈利還是虧損，都屬於正常情況，這裡也不存在「個人投資盈利可以被肯定，而個人投資虧損則不能受到肯定」的問題。

問題的焦點在於如何理解容許個人投資無損於或有利於社會主義社會？應當指出，當我們說個人投資不應有損於社會利益時，是指個人投資必須合法而言。違法的個人投資，將損害社會利益，所以應當禁止、取締。至於個人投資的虧損，原因很多。這也許是由於個人投資決策不善或缺少經營的經驗與能力，也許是由於客觀經濟環境發生了變化。但一般說來，總是有人投資盈利，有人投資虧損，不能要求所有的個人投資者都盈利而不虧損，這是辦不到的。因此，即使我們說合法的個人投資符合社會利益，然而並不否認總有一些個人投資者會受到挫折，會有虧損，這不妨礙我們作出合法的個人投資有益於社會的論斷。

那麼，個人投資的虧損是不是會使社會受到損失呢？假定個人投資虧損使社會受到了損失，這是不是意味着不符合個人投資應當無損於社會利益這一判斷標準呢？可以肯定地說，對個人投資的虧損不應當有這樣的評價。對於個人投資的虧損，要從經濟全局來分析。在市場經濟中，即使虧損，也無非是生產要素重新組合的新起點，因虧損而造成的損失將在生產要素重新組合後得到補償。再說，如果個人投資虧損是由於產品積壓滯銷，在這種情況下，個人投資虧損固然會給社會帶來某種損失，但由此而引起了產品結構調整或產品質量改進，那對社會也是一件好事。

最後還需要指出，證券市場是靠眾多證券投資者的積極參與而走向成熟的。如果個人全都不投資於證券，證券市場的成熟就會拖延很久，這對於社會經濟發展是不利的。既然個人參與證券市場，那麼有人賺，有人賠，是正常的現象。大家都為證券市場的完善與發展作出了貢獻。盈利的個人投資者與虧本的個人投資者在這方面起了相同的作用。如果社會上只有盈利的個人投資者而缺少虧本的個人投資者，證券市場怎能一天天走向成熟呢？

個人非盈利目的的投資行為

這裡所說的個人非盈利目的投資行為，包括以下這些內容：一、個人出於熱愛家鄉的目的，在家庭進行生產性投資，如建立工廠、農場、交通、服務企業等，盈利用於再投入，或部分用於家鄉的公益事業；二、個人出於對某種事業的興趣，投資於所鍾愛的事業，盈利用於再投入，或部分用於發展公益事業；三、個人進行某項投資，指定把盈利用於資助公益事業。非盈利目的的個人投資，既不同於以盈利為目的的個人投資，也不同於個人的捐贈。據我在廣東、福建沿海的調查，這些非盈利目的個人投資有不斷增加的趨勢。這是可喜的。

要知道，個人之所以進行投資，目的是為了盈利，即增加個人可支配的實際收入。至於個人某項投資的結果是否給投資者本人增加了可支配的實際收入，那是另一回事。反正個人投資的目的是為了增加個人可支配的實際收入。非盈利目的的個人投資行為與此不同。個人投資的基本目的不是為了增加個人收入，而是想把所增加的收入用於公益事業或振興家鄉經濟等方面。當然，以盈利為目的的個人投資行為的結果，可能使個人增加了可支配的實際收入，這時，個人也可能把所增加的收入的一部分或大部分用於公益事業或振興家鄉經濟等方面，但這並不是個人投資的動機，而是在個人投資有了成果之後的一種分配收入的方式，這與這裡所討論的個人投資不以個人盈利為目的是有區別的。

個人的捐贈行為也有其特點，這是指個人對自己的收入的一種分配方式，它可能來自個人投資的結果，也可能來自與個人投資無關的收入（如工資收入、繼承財產而得到的收入、個人提供勞務而得到的收入等）。即使個人的捐贈來源於個人的投資收入，那麼既可能是來自盈利目的的個人投資所得的收入，也可能來自不以盈利為目的的個人投資收入。非盈利目的的個人投資，則是一種投資，而不是捐贈。只有在個人投資取得了收入並進行分配時，才能反映出投資行為的非個人盈利性。捐贈通常是一次性的，個人投資的收入則是按期取得的，只要投資有利可得，那麼對公益事業的資助就可以繼續進行。至於投資的資本（本金）則可以持續運轉而不致於減少。如果個人投資收入中有一部分用於再投入，那麼投資規模還可以擴大。因此，在一些個人投資者看來，用投資所獲得的收入來長期資助某項公益事業，要比單純捐贈一筆錢更加高效。

在社會主義市場經濟中，隨着個人直接經營者收入的增加和規模的擴大，個人有可能增加用於社會公益事業的支出。儘管不可能所有先致富的個人投資者都有類似的想法，但我們相信，在先致富的個人投資者當中會有越來越多的人願意為社會公益事業和家鄉的文化教育事業多做些貢獻。

在現實生活中，有些人在一段時間內按盈利目的進行投資，等到有一定的財富之後，非盈利目的的投資會日益增多。這就是說，個人的投資目的會隨着個人經濟狀況的改善而發生變化。我以前曾多次講過，一部分人可能是「財大氣粗」，也有一部分人可能是「財多氣順」。財多了，氣順了，這時，已致富的個人會設法幫助家鄉發展經濟，發展文化教育，幫助家鄉的貧困戶早日脱貧。當然，這並不是説那些願意為公益事業與家鄉建設做貢獻的個人投資者會把自己所有的投資項目都變為非盈利目的的投資項目。但投資者只要有一部分投資項目，哪怕只有一兩個投資項目轉為非盈利目的的項目，貧困地區的社會面貌也會因此發生變化，因為榜樣是有號召力、感染力的。我相信，今天在廣東、福建沿海所看到的非盈利目的的個人投資行為，不久以後在其他省市也能看到。

跨國經營的股權設置

中國一些大公司正積極從事海外經營業務。以前，這些公司對於產權問題是不注意的。既然國內的公司過去一直不重視產權的設置與明晰，它們又都進行了海外直接投資與經營，那麼何必去為海外子公司、分公司的產權問題操心呢？因此，跨國經營的股權設置過去不受注意，是完全可以理解的。

當前，形勢發生了變化。變化來自兩方面。一方面，隨着《公司法》的頒布與實施，國內的公司正面臨着改制為有限責任公司或股份有限公司的任務，一些大公司準備改為控股公司。另一方面，過去那種產權不明晰與投資主體不確定的海外子公司、分公司在經營與業務擴展過程中碰到了一些障礙，迫使它們考慮改制為有限責任公司或股份有限公司的問題。這樣，跨國經營的股權設置也就自然而然地提上了議事日程。

中國公司除非是國有獨資公司，否則就不可能擁有全資子公司。這是因為，子公司是獨立法人，本身或者採取有限責任公司形式，或者採取股份有限公司形式，投資主體都必須在兩個或兩個以上。全資子公司不符合這一要求。所以說，如果採取全資經營，那就只能是分公司，而不是子公司。分公司不是獨立法人，這是它同作為獨立法人的子公司的區別。

中國在跨國經營中，可以按與東道國合資形式設置海外子公司，由母公司持有一定的股權，或持有控股權。這種設置股權的方式在現階段是比較適用的。理由在於：1、有利於降低在東道國投資的風險；2、有利於利用東道國合夥人的熟悉本地情況與市場營銷的優點；3、有利於在當地進行融資；4、在某些場合下還便於取得東道國政府給予合資企業的優惠。對中國的母公司而言，如果跨國經營中採取的是持股或控股的合資經營形式，至少會有以下三個好處。1、母公司可以通過適當的股權設置，在海外合資的子公司董事會佔有相應的地位，從而可以在一定程度上貫徹母公司的意圖；2、由於產權明晰，投資主體確定，所以母公司不會在利潤分配方面與子公司之間產生分歧，從而影響母公司的收益；3、產權明晰後，子公司的積極性被充分調動起來，子公司自身也有了約束機制，這對作為母公司的中國公司顯然是有利的。

當然，中國公司在跨國經營中，並非在任何情況下都能找到東道國的合夥人的。因此，正確的對策應當是：能夠找到合適的東道國的合夥人的，就按照與東道國合資的方式來開展跨國經營業務；如果找不到，那就在國內尋找合作夥伴，採取聯合到國外直接投資的做法。與某家中國公司單獨到國外直接投資相比，國內幾家公司聯合到國外直接投資有兩個好處：第一，由於是兩個投資主體或兩個以上投資主體的合資經營，所以就可以按照有限責任公司或股份有限公司的形式來組建子公司，使之成為自主經營、自負盈虧的獨立法人，便於開展業務；第二，各個投資主體在具有共同利益的前提下，可以發揮各自的優勢，並增加子公司的實力，避免出現在國外競爭中勢單力薄的現象。

以上所討論的是中國公司的子公司的形式在國外開展投資業務問題。除此以外，還可以採取先組成中外合資公司，並以此為母公司，再對外直接投資，以子公司或分公司形式進行經營。這種形式之下，股權設置也是清晰的，並且由於母公司有中外合資的背景，所以在擴展海外投資業務時，會有某些有利條件。

總之，在跨國經營中，究竟子公司採取中外合資形式而母公司仍然是中國的公司為宜，還是母公司就改制為中外合資公司，子公司也是中外合資公司為宜，很難籠統地作出判斷。這需要根據公司的規模、行業的性質與東道國的實際情況而定。

企業兼併與債務清償

企業兼併目前已經成為深化企業改革中的一項重要內容。企業兼併的形式是多種多樣的。有的企業經濟效益好，於是就收購了另一些經濟效益差的企業。有些企業聯合組成集團公司，把效益差的企業包括在內。還出現幾家企業聯合投資，收購一家企業，按照各自出資額的多少，設置新被收購的企業的董事會，依據股權大小派出董事。但無論哪一種企業兼併形式，都迴避不了被兼併、被收購的企業的債務清償問題。

這裡要區分兩種不同的情況。一種情況是：被兼併、被收購的企業雖然欠下了不少債務，但也有債權，即其他企業欠它的債務，只是由於目前資金緊張，無法償還。債權債務在帳面上相抵之後，依舊有賸額，所以不能被看成是資不抵債的企業。另一種情況則是：不管是否有債權，但總的説來，債權不足以清償債務。因此，被兼併、被收購的企業是資不抵債的企業。這兩種情況下，都需要在企業兼併過程中清償債務。

兼併方事先應當了解被兼併、被收購的企業的資產負債情況。在上述第一種情況下，兼併方可以同有關債權人進行協商，擬定分期償還債務的辦法。而對於被兼併、被收購的企業的債權，兼併方也可以同有關債務人進行協商，擬定分期償還的辦法。預料實在難以收回的債款，也應當早作處理。只要兼併方對企業兼併後的運行情況有把握，使兼併後的經濟效益提高，那麼債務的清償是可以解決的。

困難之處主要在上述第二種情況下。被兼併、被收購的企業已經資不抵債了，因此，這種資不抵債的企業希望被兼併，以便早日脱離困境。那麼，誰來兼併這種資不抵債的企業呢？除非兼併方是經濟實力相當強大的企業，並且兼併方看中了被兼併方的廠房、土地，這樣，兼併方才有能力並有願望來兼併這種資不抵債的企業，承諾被兼併方欠下的債務，否則，很難有合適的兼併方。

要解決資不抵債的企業的兼併問題，可以根據國內某些城市的經驗，選擇以下四種具體做法之一。1、先讓準備被兼併的企業歪宣告破產，清償債務，而由債權人或主要債權人接管它，實行兼併。

2、把這種資不抵債的企業併入某個大型的集團公司，由該集團公司統一使用其廠房、土地、設備，而該被兼併的企業的債權人把債權變為集團公司的一部分股權。如果集團公司本身是該被兼併的企業的最大債權人或主要債權人，那麼問題就會簡單得多。

3、如果這種資不抵債的企業主要債權人是銀行，而銀行又不可能直接對該企業持股經營的情況下，可以按照一定的申報審批程序，把債款作為長期掛帳處理，或作為壞帳處理。然而，再按照一般的企業兼併規定來處理企業其他債務。

4、由若干家企業共同收購這種資不抵債的企業，共同承擔債務的清償。這種做法主要是避免兼併方的負擔過重，力不勝任。兼併後，被兼併的企業成為幾家兼併方共同持股、聯合經營的獨立法人。

要知道，在市場經濟中，通過協議而實現的企業兼併應當是自願的。兼併方要自願，被兼併方也要自願。雙方自願，這當然是最理想的情形。我們也希望中國的企業兼併能在雙方自願的條件下進行。然而在現階段，由於國有企業中有不少是虧損的，甚至是資不抵債的，因此有一部分企業的兼併就需要在國有資產管理部門與地方政府的策劃下推動，甚至強制進行。這是不得已而為之。在從計劃經濟體制轉向市場經濟體制的過渡期間，對國有虧損企業的改造，有時也需要由國有資產管理部門與地方政府來策劃與推動。這一點是可以理解的。

農村勞動力外流以後

關於「民工潮」的作用，我在以前發表的文章中已經作過分析。我的基本觀點是：「民工潮」利大於弊，要積極對待和引導。在談到「民工潮」的弊端之一時，人們都感到，農村青年勞動力外出了，農村中的田由誰來種？農業生產前景頗令人擔憂。看來，對於農村勞動力外流以後的農業生產前景，還需要做進一步的探討。

先談我在幾個省農村調查後所得出的一個初步印象。廣東一些縣的農村勞動力進城工作去了，但耕地並沒有閑着，而是由江西、四川來的農民來耕種。湖南岳陽市的農村勞動力南下深圳做工去了，湘贛湘贛邊境山區的農民來到岳陽市的農村，填補了外出勞力的空位。山區本來就耕地少、勞力多，所以流出一些勞力並不影響那裡的農業生產，這叫做「階梯式補充」。而這種「階梯式補充」並不是哪一級政府有計劃地安排的，全都由市場自行調節。利益導向是十分明顯的。

那麼，為什麼有些地方的農村確實存在耕地撂荒、耕作粗放的現象呢？據我的調查，關鍵不在於這裡的農村是不是有勞動力外出，而在於當地的農業生產有利可得還是無利可得。不妨設想一下：農業生產資料漲價，糧食生產收入菲薄，人均負擔沉重，即使那裡的勞動力不外出，難道他們真的願意出力氣來種田？這不是「人多熱氣高，人多生產積極性高」，而恰恰是「人多窩工多，人多平均收入更少」。那種以為只要把農村勞動力禁錮在現有耕地之上就可以保證農業情況好轉的想法，似乎帶有不少「計劃經濟」的味道。

農業的比較利益低下，才是問題的核心。只要農業的比較利益上升了，務農是有利可得的，不愁沒有人種田。本地的勞動力有可能不那麼想外出了，而且，即使他們外出了，留下的空位也不愁沒有人來補充。「階梯式補充」將會長期起作用，因為中國農村人口這麼多，地區發展又很不平衡。湘贛邊境山區農民到岳陽市農村來受僱種田，就是一個很好的例子。農業生產本身也會講究規模效益。如果多餘的勞動力外出了，或者他們在農村中轉入農業生產以外的領域去工作，那麼只要農業生產有利可得，留下的勞動力會較好地經營這塊土地，規模經營將出現，農業勞動生產率會提高，甚至可以說，只有把農村中多餘的勞動力轉移出去，中國的農業生產才會出現有效的規模經營，才能實現「科學種田」。

再說，農村勞動力外出並不意味着從此一刀切斷了外出勞動力與本鄉本村的關係。他們外出掙錢，將有一些收入從外地匯回本村，既提高了家庭的收入水平與消費水平，還可能轉化為農業的生產資金。即使他們把家屬也接走了，但總有親戚朋友留在本鄉本村，他們或者寄錢回來，或者捎回信息。在經濟體制轉軌時期，農村勞動力的外出或農村人口的轉移，並不是迅速同本鄉本村脱離關係的。外出者總是把本鄉本村當成「老家」，當成「安全點」。這就是說，他們在外地，一旦遇到了挫折，工作與生活都沒有着落了，他們就會想到，「老家」仍是一個「庇護所」，「老家」仍有親戚朋友可以依靠，於是在萬不得已時就又回到了本鄉村。這等於說：即使農村勞動力外出了，在相當長的一段時間內，他們只不過是「暫時外出者」。他們在外面的收入的增長應當被看成是農村收入增長的一個組成部分，他們收入的增長對農村只有好處。

以上所說的這些，着重在於説明：不要把農業生產不振看成是由於農村勞動力外流所造成的，而應當從農業生產比較利益低下的角度進行分析。同時，這也不排除這樣一種觀點，即應當加強對農村勞動力外流的引導，多給予外地勞動力供求市場的信息，盡量減少農村勞動力外流的盲目性。總之，發展中國家現代化過程中，農村勞動力向非農業領域的轉移，是不可遏制的趨勢。採用限制農村勞動力外出的辦法，既收不到效果，又不利於農業的現代化。這是我們必須懂得的道理。

讓農民成為農產品的營銷商

記得我以前在訪問丹麥、澳大利亞歸來時，曾回答學生們提出的一個問題：「您所留下的最深的印象是什麼？」我說：「農民不僅是農產品的生產者，而且是農產品的營銷商。這是保證農民家庭收入不斷增長的關鍵。」我的這種看法至今未變。

中國的農民人均收入低，這固然同工農業產品比價不合理有關，但在很大程度上也由於農民只是單純的農產品生產者，農產品營銷與農民們基本上沒有關係，因此，在城市居民所付出的價格中，農民只能得到其中一小部分，他們的收入當然不能提高了。人們常說：「養豬的不如販豬的，販豬的不如賣肉的。」這句話是符合當前中國的實際情況的。

據我在丹麥和澳大利亞的考察，那裡的農民已組織起來，集資建立了農產品運輸、銷售、加工的一系列企業，自己選舉管理者，收益按出比例分享。這就是合作經濟性質的生產和運銷一體化的組織。效率高，不受中間商盤剝，農民的生產積極性也就大大高漲。中國的農村，至少沿海、沿江、沿交通幹線的農村，可以仿照此例，在農產品營銷體制方面進行大膽的改革。

農民需要組織起來，以便進入流通領域。應當注意到，儘管這種組織具有合作社的性質，但最好不要採用「合作社」、「合作化」這樣的名稱。為什麼？中國的農民最害怕的就是「合作社」、「合作化」，因為從五十年代起，中國農民經歷了「合作化」的過程，直到建立了人民公社，農民們受了不少苦，至今仍然心有餘悸。可以用「農產品運銷公司」、「農產品加工公司」之類的名稱，或者再加上「股份制」、「股份合作制」之類的稱呼，這樣，農民們才會感到新的組織同五十年代那種組織根本不是一回事，他們才收心。

具體地說，要讓農民們成為農產品的營銷商，需要採取以下四方面的措施：

一、對現有的農村供銷合作社進行改革，使它們成為農民集資組成的農產品營銷組織。有兩種做法：

第一，把供應農村的生活資料的那一部分業務分離出去，使它們以商店的名義繼續存在，而把收購農產品和供應農村生產資料的部分業務，連同房屋、設備、車輛等一起折成股份，同農民集資的股份一起，組成新的農產品運銷與加工公司；

第二，仍然保留農村供銷合作社，但把它們變成對農民新組織的農產品運銷與加工公司進行參股與提供幫助的機構。可以根據各地不同的情況，或採取前一種做法，或採取後一種做法。

二、農民集資組成的農產品運銷與加工公司由農民作為股東所選出的理事會（或董事會）管理，聘任總經理，自主經營，只接受工商行政管理部門、稅務部門的監督，而不附屬於任何一級政府機構。公司的理事會（或董事會）定期向作為股東的農民報告財務狀況。利潤按章程規定，在提取公積金、公益金之後，按股分配，讓股東得到現金。

三、農民入股純粹是自願的，不得強迫農民集資。有些農民可能比較窮，他們一下子拿不出那麼多股本，但不要緊，可以由農村金融機構或農村基金會之類的機構貸款給貧困的農民入股，由每年的股利攤還。股本不搞平均化，有錢的農民可以多入股，貧困的農民可以少入股（或借錢給他們，讓他們入股）。只需規定每人的最低股本額就行了。

四、農村金融機構在流動資金方面提供貸款，商業部門經常向農民的營銷組織提供信息，並提供必要的幫助。農民的營銷組織可以購置或租用汽車或船舶，把農產品直接運往市場銷售，還可以在農產品集散中心設立銷售點，銷售所運來的農產品。

這樣，農產品從生產到銷售就形成了一條龍式的作業線，農民收入可以大幅度提高，農民再也不愁「賣糧難」、「賣豬難」或「賣瓜難」了。

論合資企業的虛虧實盈

經常聽到這樣一種說法：「中國的國有企業中，有一些『虛盈實虧』，而合資企業中，則有一些『虛虧實盈』。」關於國有企業的「虛盈實虧」，經濟學界討論得比較多，這主要是國有資產不斷流失的一種表現，應通過加強對國有資產的監督和實行政企分開、產權界定來解決。至於一些合資企業的「虛虧實盈」，討論的文章還不多。在這裡，我想根據我在沿海幾個省市的調查，談一點看法。

外商到國內來投資，基本目的是獲得實際的利潤。賬面上的利潤究竟是多是少，或者說，賬面上是賺是賠，雖然也會影響公司的信譽，但畢竟是次要的問題。只要實際上賺了錢，賬面上虧了也無所謂，這才是主要問題所在。合資企業的「虛虧實盈」，正是指賬面上虧損而實際上盈利而言。「虛虧實盈」，不僅偷漏了稅金，而且給中方投資者以損失。從偷漏稅金的角度來看，如果合資企業只是帳面上虧損而實際上卻盈利，那麼它們既可以免徵本年度的所得稅，還可以把「尚未盈利」作為理由繼續享受我國政府所給予的稅收優惠。從中方投資者遭受損失的角度看，這主要是一些外方投資者在國外可以獲得實際利潤，而中方投資者則由於帳面上虧損而得不到應該得到的利潤。由此可見，所謂一些合資企業的「虛虧實盈」，實質上虧的是中方投資者，獲取實際利潤則是外方投資者。

外方投資者究竟是怎樣獲取實際利潤的呢？大體上有以下六種手法：

1、從國外有關聯的企業那裡以高價購買原材料，這樣，合資企業的一部分利潤就轉移到國外有關聯的企業的手中。

2、從國外有關聯的企業那裡以高價購買機器設備和零部件，與上述高價購買原材料的道理一樣，合資企業的一部分利潤也就轉移到國外有關聯的企業的手中。

3、以低價把產品銷售給國外有關聯的企業，於是利潤也就向這些有關聯的國外企業轉移。

4、向國外有關聯的企業支付業務費用。例如，同國外的廣告商串通，高價支付大筆廣告費。又如，同國外的諮詢公司有默契，高價支付巨額諮詢費，等等。

5、向國外有關聯的企業支付本來屬於不必要開支的協作費用，或者把銷售收入中的一部分作為提成，付給國外的所謂「協作單位」。

6、從國外增聘一些不必要的人員，向他們本人和他們所屬的單位支付勞務費、顧問費等。

一部分合資企業通過上述各種手段，把利潤轉移到國外有關聯的企業或有關的人員手中，於是供中國政府和稅務部門檢查的帳本上的利潤就減少了，甚至變成了零利潤或虧損，中方投資者應當分得的利潤也減少了，或者無利可得。

要知道，類似的現象不僅發生於中國，其他國家和地區也存在，所以美國、日本、韓國都制定了相應的法律法規，以防止合資企業向國外有關聯的企業轉移利潤的行為的發生。其中一項重要措施就是確定關聯企業的界限，例如股權控制的比例、董事互兼的狀況、利益滲透的狀況等。在確定了關聯企業之後，應規定合資企業與關聯企業之間的交易所遵守的原則，避免購銷中定價的隨意性。中國關於合資企業的稅法中也對合資企業的關聯企業作了界定。但為什麼仍然出現上述轉移利潤、隱瞞實際盈利的現象呢？主要有兩個原因：

第一，在合資企業中，境外設備購置、原材料買進、產品銷售等渠道由外方掌握，從而形成中方依賴外方的局面，以致於外方有可能隨意定價。

第二，在合資企業中，中方的管理人員素質不高，業務不熟悉，或不能堅持原則，甚至有人收受外方賄賂，「睜一隻眼，閉一隻眼」。

因此，在今後的工作中，合資企業的中方投資者和管理人員都應提高素質，減少在境外業務中對外方的依賴性，努力擁護中方的合法權益，並嚴格依法納稅。

三論中國的投資基金

在《大公報》上，我已經寫過兩篇討論中國投資基金的文章。第一篇刊登於一九九三年八月二十三日，主要內容是認為當前有必要大力發展公共投資基金。第二篇刊登於一九九四年三月二十四日，主要內容是分析封閉型基金與開放型的難易與利弊。這裡刊出的是第三篇準備討論中國建立投資基金的問題或障礙何在。

經濟學界和金融界的不少人近兩年來一直呼籲要發展中國的投資基金，以便眾多投資者購買投資基金券，把零散的資金匯總，進行有價證券投資和實業投資。但為甚麼迄今為止，中國已經發行的投資基金券的效果並不明顯呢？新的投資基金券的發行仍然困難重重呢？有人曾經預言，一九九四年是中國的「投資基金年」，然而一九九四年結束了，中國的投資基金卻沒有熱起來呢？綜合而言，這主要是由於存在着以下五個有待於解決的問題：

第一，這與去年中國證券市場的長期低迷有關。證券市場的長期低迷是由若干因素（如銀根緊縮、股民缺乏信心、缺少機構投資者等）造成的，而證券市場的低迷又使得人們對投資基金的信心不足，如此交叉影響，使得已經購買了舊的投資基金券等證券的個人投資者懊惱不已，從而使新的投資基金券難以樹立良好的聲譽，這就大大影響了新的投資基金券的發行。

第二，中國的證券業缺少人才，投資基金管理與這行的人才尤其稀缺。而人才的不足必然使投資基金的成本上升，收益下降。我曾同一些經濟界的人士談到這個問題。他們同意我的看法。這是因為目前有些人以為投資基金是簡便的融資手段，不需要熟悉此中業務的事業人才來管理和運作。這就錯了！正由於投資基金要依靠專家來經營管理，在這裡，專家的知識、眼光與經營才幹便顯得比甚麼都重要。如果缺少這方面的專家，投資基金券的發行也難以獲得成效。

第三，中國有關投資基金的法律法規建設嚴重滯後，至今仍缺少統一的投資基金管理辦法，投資基金的主管部門也不明確。有的地方，單純為了籌集資金，爭相建立投資基金。然而，無論是基金的發起、發行、托管、運作還是上市、信息披露，都不夠規範。這就使投資基金券的風險增大，也使得人們對於新的投資基金券的發行產生疑慮。

第四，投資基金建立後，基金的投向與運作需要有一個較好的宏觀經濟環境。這是保證投資者有較好收益和保證投資基金經營機構不斷發展壯大的重要條件。但由於一九九四年整個經濟環境並不理想，投資基金的運作相當艱難。具體地說，有些投資領域雖然是短線，效益看好，然而由於價格還沒有理順，短期內還不能保證足夠的盈利率。另有一些投資領域，目前的效益頗佳，然而又同國家的產業政策不符，不符合發展投資基金的本意。此外，在證券市場低迷的情況下，證券投資的風險也嫌過大。這種特殊的宏觀經濟環境，對建立與發展投資基金是不利的。

第五，最後還應當提到廣大購買或準備購買投資基金券的個人投資者的投資意識問題。要知道，投資基金券不同於股票，購買投資基金券的人所獲得的收益是綜合的、平均的收益，可以避免股票投資的風險。然而，在現階段，相當多的投資者不僅把投資基金券同股票一樣看待，而且更看重短期的炒買炒賣，而不注意長期投資收益。當他們一旦發現投資基金券不同於股票，並且短期炒買炒賣之不易以後，對投資基金券的興趣便大為降低。這也是阻礙投資基金發展的重要原因之一。

由此看來，要使中國投資基金的發展加快，必須針對以上所提到的五方面的問題，採取相應對策，如抓緊投資基金的法律法規建設，大力培養熟練的人才，培育投資者的投資意識等。此外，證券市場逐步走出低迷狀態與整個經濟環境的改善，也是有利於投資基金發展的不可缺少的條件。

企業重組的國有資產評估

企業重組過程中，無論是否涉及企業破產問題，國有資產的評估都是一件十分重要的事情。而破產企業的資產評估則尤為重要，因為最容易出問題的，就是這些企業的資產評估的不當。據我在福建、浙江、湖南等省的調查，企業重組中國有資產評估工作遇到的主要問題大體上有以下四點：

1、有些劣勢企業為了急於想通過重組而卸下自己所背的沉重包袱，在國有資產評估方面不按照規定的程序去做，以致於資產評估的結果偏低。而這些企業的主管部門抱着相同的趁早甩掉包袱的想法，或者暗中鼓勵虧損企業、破產企業這樣做，或者不聞不問，聽之任之。

2、有些優勢企業利用自己的實力或地位，在對虧損企業、破產企業進行兼併、改組時，以「不達到預定的價位就作罷」來要挾，以致於在企業重組時不按照規定的程序進行，使國有資產評估隔低。

3、資產評估機構的行為不規範，從業人員的素質不高，遷就企業，或迎合上級主管部門的意圖，使資產評估失真。造成這種情況的原因是多方面的。除了中國國內資產評估工作開展較晚和人員缺乏嚴格培訓等原因外，還由於以下三點而造成資產評估不當。一是，它們掛靠在某個行政主管部門，於是在評估工作中不客觀，唯長官意志是從。二是，它們出於增加收入的原因，利用資產評估而牟取不正當的收益。三是，它們之間缺乏相互競爭，壟斷地位使它們有可能實行地區封鎖和行業封鎖，從而影響資產評估的公正性。

4、在產權交易市場不發達、不完善的條件下，國有資產的評估帶有相當大程度的隨意性，標準不易被掌握。特別是在國有資產的帳面價值與市場價格有較大出入時，資產評估機構即使主觀上想把資產評估工作做好，但由於評估沒有科學的依據，結果也容易失真。從上述分析可以得出這樣的論斷，在現階段的中國，要在企業重組中使國有資產評估合理化，首先要使國有資產的評估工作趨於規範。只有國有資產評估規範化了，產權的轉讓、企業兼併、甚至企業的租賃與股份制改革才能規範化。

要使國有資產評估規範化，必須健全資產評估機構和產權轉讓的中介機構。資產評估機構和產權轉讓的中介機構應當突出客觀、公正和獨立執行業務的原則，不受政府部門和企業的干擾。同時，對資產評估機構的工作人員應當加強業務培訓，提高他們的業務水準，並通過一系列規章、制度來加以約束。產權轉讓的中介機構是為企業重組服務的，不能以盈利為目的。這樣，企業重組中的若干弊端就可以避免。

國有資產評估的規範化包含了這樣一個重要的內容，這就是必須打破地區封鎖和行業封鎖，防止出現壟斷。防止壟斷的出現與加強對國有資產評估的統一管理，是不矛盾的。加強統一管理，是指消除政出多門和不依法辦事的現象，也是指國家必須制定有關的法律、法規、規章制度，使各個資產評估機構有法可依，有法必依。防止出現壟斷，則是指打破人為分割，實行公開招標評估，公平競爭。

資產評估的收費標準也應當規範化。要堅決消除那種亂收費、漫天喊價等與行業壟斷有聯繫的不正常情況。不能容許現實生活中存在的「不從事實際的評估工作，只憑蓋圖章收費」的現象的出現，以及「按客戶要求，議價評估」現象的出現。可以預料，只要在國有評估中實行統一管理和反對壟斷，資產評估中的不合理收費問題是可以得到解決的。

企業重組的商譽評估

《中華人民共和國公司法》第二十四條中有這樣的規定：「股東可以用貨幣出資，也可以用實物、工業產權、非專利技術、土地使用權作價出資。對作為出資的實物、工業產權、非專利技術或者土地使用權，必須進行評估作價，核實財產，不得高估或者低值作價。這裡沒有提及以商譽作價出資和對作為出資的商譽評估問題。事實上，在國內的股份制改革中，也不把商譽評估作價列入資產評估工作之列。但這並不意味着商譽不可能評估，或不應該評估。商譽是企業的無形資產之一，它儘管不是實物，不是工業產權或非專利技術，然而商譽的好壞確實能給企業帶來或正或負的經濟收益。在市場經濟中，商譽是非常重要的。商譽的評估照理説應是無形資產評估的一個方面。目前不以商譽出資，不等於將來永遠不能以商譽出資。

這裡首先應當説明商譽評估對於企業經營的積極意義。這主要體現於以下四方面：

1、商譽代表着一家企業的業績。儘管業績只能説明過去，但至少它表明業績好的企業有較好的發展前景，能使企業的投資主體贏得利潤，所以商譽評估也在相當大的程度上表明企業今天後的獲利情況。

2、商譽同企業是不可分割的。離開了某一家具體的企業，也就談不到商譽的維持。而這家具體的企業，又是某一個或若干個投資主體的財產，因此，商譽評估是對投資主體的利益的承認與維護。侵害商譽就是侵害投資主體的合法利益。

3、既然商譽同企業及其投資主體的利益密切聯繫在一起，因此每一個投資主體必須關心企業，投資主體同企業必須珍視已有的商譽，使企業經營不斷改進，使企業的商譽不斷增輝。從這個意義上説，商譽的評估與維護起着督促企業加強經營管理的作用。

4、商譽意味着一種凝聚力。這是因為，商譽是企業全體職工長期努力的結果，也是企業的主要投資者長期關心企業的結果。但商譽是不可能脱離企業而單獨存在的，也不僅僅同企業的某一部分相聯繫。因此，要維護商譽，必須保持企業的完整性，而企業完整性的保持要求企業內部增強凝聚力。商譽實際上已經成為企業的一種精神，成為鼓勵全體職工協力同心的一種手段。

下面，讓我們把討論的對象移到企業重組方面來。一家企業，如果處於正常經營過程中，商譽的高低好壞固然同企業的盈利狀況有關，然而對商譽的評估卻沒有現實意義。由於商譽並不代表現實的財產，評估商譽後，難道能多分給投資者以利潤或少分給投資者以利潤麼？多分或少分都是不可能的。而在企業重組過程中，問題涉及其他投資者，涉及其他企業，這時，商譽評估的意義就突出地表現出來了。不妨舉兩個例子。

例子之一：一家商譽好的企業將被另一家企業所購買或兼併。這時，被購買或被兼併的企業的商譽將歸於另一家企業。如果不對前者的商譽作出合理的評估和作價，那麼商譽良好所代表的利益將無償地歸於後者，這對於前者就是不公正的。

例子之二：假定有兩家同一行業的企業都在調整結構，擴大規模，吸引新的投資者。其中，甲企業的商譽大大優於乙企業。如果不對甲乙兩家企業的商譽進行合理的評估（這種情況下，評估之後可以不考慮作價問題），不讓新的投資者了解這兩家企業的商譽以及它們對未來收益的影響，對於投資者提供的就不是充分的信息，從而會對投資者產生誤導。當然，商譽評估不當同樣是對投資者的誤導。

這兩個例子都表明商譽評估同企業重組的密切關係。

第八章

國家控股公司的作用

- 國家控股公司的作用
- 國家控股公司的模式
- 實行國家控股制的步驟
- 金融擔保法有必要制定
- 保險業需加快立法
- 擔保法與三角債
- 再談完善金融期貨市場
- 尖端科技開發誰承擔
- 國家控股公司與軍品生產
- 再論軍品與民品的分線管理
- 民工外出與觀念更新
- 生態農業與就業
- 環境保護與就業
- 再談環境保護與就業
- 窄軌鐵路並未過時
- 增加地方鐵路貨運量
- 農村養老保險的設想
- 關於老年人的再就業
- 社會救濟制度的改革
- 彈性退休制度

國家控股公司的作用

在國有企業改革中，國家控股公司的建立被學術界看成是可供選擇的措施之一。這主要出於以下兩種考慮：

第一，根據中共十四屆三中全會的決議，基礎產業和支柱產業中的骨幹企業應由國家控股，並吸收非國有經濟入股。國家控股究竟以何種形式存在？建立國家控股公司，由國家控股公司實現國家控股的職能，是較好的選擇。

第二，從中國的現實情況來看，一些重要的行業已經建立了行業性的總公司。行業性的總公司是在《公司法》頒布與實施之前建立的，它們面臨着按照公司法進行改革的任務。如果把這些行業性的總公司一一改造為國家控股公司，並在此基礎上組成企業集團，既可以符合公司法的要求，又有利於這些重要行業的進一步發展。

因此，在一些重要的行業建立國家控股公司，在現代企業制度的建立過程中具有十分重要的意義。

那麼，什麼是國家控股公司呢？控股公司是指持有其他公司相當份額（理論上應佔百分之五十一以上，實際上根據股權分散情況可以低於百分之五十一）的股份，從而能對那些公司進行控制與管理的企業法人。控股公司也稱持股公司，國家控股公司則是指國家作為投資主體所成立的控股公司，對它所持有相當份額的股份的其他公司進行控制與管理。

像中國航空工業總公司、中國石化總公司、中國有色金屬總公司等行業性的總公司，目前都應按照國家控股公司的模式進行改革，以便建立現代企業制度。

關於建立國家控股公司的問題，學術界也有一些疑慮。在北京召開的幾次學術討論會上，大體上有三種疑慮：

一、有人認為，如果國家控股公司的董事會成員和高級管理人員由政府任命，公司的決策與政府的決策的區別就不大，這又如何減少政府對公司業務活動的行政干預呢？政企分開不就成為一句空話了嗎？

二、有人認為，有了國家控股公司這一組織形式，等於給企業關係中增加了一個新的層次，而層次越多，管理的效率就越不容易提高，決策也必定遲緩。所以有人認為國家控股公司這一層次是多餘的，不如取消它。

三、有人認為，國家控股公司所控制的子公司不止一家，這些子公司中，有的盈利，有的虧損，國家控股公司從全局利益出發，很可能把盈利的子公司的利潤抽走，用於補貼虧損的子公司。這樣，不又形成新的「大鍋飯」了嗎？這怎麼可能促進子公司改善經營、提高效益呢？應當承認，這些疑慮不是沒有道理的。在建立國家控股公司的過程中，一定要注意上述問題，設法解決。但總的説來，無論從中國的現實狀況出發，還是從大型企業的長遠發展的角度着眼，建立國家控股公司都有積極的作用。在目標模式上，不必再有疑慮。

下面，讓我們結合上述三種疑慮，進一步闡明國家控股公司的作用。

首先，關於政企分開問題。建立國家控股公司正是為了轉變政府職能，政府依法管理經濟而不再干預企業的生產經營活動。國家控股公司的董事、監事、經理不得由國家公務員兼任。公司本身不再套用行政級別，也不再享有政府管理的職能。這就可以保證政企分開。

其次，關於企業管理層次問題。控股公司的建立是不是一定降低效率和決策遲緩，這不取決於是否存在控股公司這一層次，而在於正確處理各個管理層次之間的關係。

假定集中熟悉的管理人員進入控股公司，形成人才優勢，並建立相應的制度，那就可以做到及時決策、科學決策。

最後，關於新的「大鍋飯」問題。對這一點，需要從中國現實狀況出發。原有的行業性總公司之下，有些企業經營不佳，原因是多種多樣的。怎麼辦？難道統統令它們倒閉，把它們甩出去？這不利於整個國民經濟。在一段時間內，有必要採取過渡措施，並抓緊結構調整與企業重組。國家控股公司為此提供了較好的條件，並能在結構調整與企業重組方面發揮積極作用。

國家控股公司的模式

上一篇分析了國家控股公司的作用。本篇在上一篇討論的基礎上，就國家控股公司的模式進行論述。學術界在討論國家控股公司的模式時，有三種主張。第一種主張：建立國家獨資控股公司。這是指：以原有的行業性總公司的國有資產作為國家的股權，控股公司是國家獨資的，它對於過去行業性總公司的下屬公司實行控股，並把後者改造為子公司。控股公司同子公司、孫公司一起，形成上下有控股關係的企業集團。在這種情況下，國家是控股公司的唯一股東，國家委派董事參加董事會，董事不再是國家公務員，但國家不直接干預公司的日常經營活動。

由於國家控股公司已成為獨立的企業法人，受它控制的子公司中不存在國有股，控股公司在子公司中持有的股份以法人股（國有法人股）形式存在。

第二種主張：建立多元投資主體的國家控股公司。國家是控股公司的大股東，控股公司的其他股東包括大企業、基金會等。由於股東人數至少二人，所以可以組成國家控股有限責任公司，各個投資主體按出資比例建立董事會。國家控股公司究竟以國家獨資建立為好還是以多元投資主體建立為好，主張後一種模式的人認為，多元投資主體的國家控股公司有三個好處：

1、由於多方出資，新增投資多，有利於技術更新，增加競爭能力，擴大市場份額 。

2、由於多方出資，董事會的成份多樣化，從而政府的行政干預少，董事會的獨立性大。

3、由於多方出資，多個投資主體關心公司的發展前景，因此便於公司擴展業務，同各方建立良好的協作關係。

但面臨的一個主要困難是：行業性的總公司都是資產數額龐大的特大型國有企業，要找到實力相當的合作夥伴來進行投資是不容易的。特別是，某些行業性的總公司目前的經濟效益並不好，盈利水平低，誰願意投入這麼多的資金來充當一個不佔據控股者地位的合作夥伴呢？

第二種主張：組成環形持股或交叉持股的國家控股公司。這裡所說的環形持股或交叉持股是指：若干家行業性的總公司在改革過程中，彼此滲透，相互持股。由於這些行業性的總公司原來都是國家獨資的，產權全都屬於國家，因此只要國家作出決定，讓它們相互交換股份，就可以達到環形持股或交叉持股的要求了。用這種方式建立的國家控股公司，既可以成為多元投資主體的國家控股公司，又不至於改變控股公司的國家所有的性質。

以上三種主張各有理由。我認為，目前國內行業性總公司有若干家，可以根據不同行業的具體情況，選擇其中一種主張來制定方案。不能簡單地說其中這一種主張必定優於另外兩種主張。但如果綜合地進行比較，也許可以作出如下的判斷：

從籌集資金，增加投入，以便更新技術，增強競爭能力的角度看，第二種主張是最佳的。按第一種主張和第三種主張去做，那就只能在子公司、孫公司的層次上增加投入。

從阻力較小，改革較易於推進的角度看，第一種主張比較可行，因為第二種主張和第三種主張都涉及多元投資主體介入的問題，既比較複雜，又不易找到合適的合作夥伴。

至於上述第三種主張，也有其優點，這就是：一方面可以造成多元投資的格局，形成有較大獨立性的董事會，擺脱政府的直接干預，另一方面又可以維持國家的股權不變。儘管如此，我的傾向是：在條件許可時，第二種主張對於公司的長遠發展會更有好處。

實行國家控股制的步驟

北京大學工商管理學院（現改名為北京大學光華管理學院）與中國航空工業總公司合作，在一九九四年就中國航空工業總公司深化改革問題進行了研究，對於組建中國航空工業控股公司的方案，提出了各種設想。我是這個課題組的負責人之一，下面，準備圍繞實行國家控股制的步驟與措施談些看法。

首先是各級幹部轉變觀念的問題。這是因為，把原來的行業性總公司改組為國家控股公司，把原來行業性總公司的下屬公司分別改組為國家控股公司之下的子公司、孫公司，是一項涉及面廣、影響巨大的改革，如果各級幹部認識不清，認為「改不改無所謂」，甚至認為「改還不如不改」，那麼國家控股公司的組建、集團的建立都是一句空話。所以有必要先組織各級幹部學習、討論，轉變觀念，這樣，國家控股制才有實行的條件。

接着，應當對總公司之下所有企業進行清產核資，界定產權，清理債權債務，對資產作出合理的評估。這是一件十分繁重的工作，但卻是不可缺少的步驟。經過上述工作，就可以確切地了解國有資產的實際數額、國家控股公司作為法人的財產佔有量，然後，下屬公司股權的設置也就有了依據。

在進行了上述工作的基礎上，制定國家控股公司章程。如果確定為國家獨資的控股公司模式，公司的組建比較簡單。如果確定為多元投資主體的控股公司並由國家作為最大的股東，公司的組建相對說來要複雜得多。在這個問題上，不妨先按國家獨資的模式建立，這樣就可以加速改革的進程。同時，積極籌劃如何由國家獨資的控股公司向多元投資主體的控股公司過渡。也就是說，可以分兩步走：第一步，先把行業性總公司改為國家獨資的控股公司；第二步，在國家獨資控股公司運作一段時間，條件成熟之後，再改為國家作為最大股東而由多元投資主體組成的控股公司。

再考慮是否在國家控股公司之下設立次一級控股公司的問題。要知道，我們所要改組的是某一個行業的全部國有企業，其數目可能多達一百家以上。要國家控股公司對所有的國有企業實行全行業的控股，可能難以有效管理。一種可行的做法是：在建立國家控股公司的同時，按專業或按地區分設幾家次一級的控股公司，再由次一級的控股公司對生產經營性的企業實行控股。於是次一級的控股公司成為子公司，由後者控股的生產經營性企業便是孫公司。當然，有些生產經營性的企業也可以直接成為國家控股公司控股的子公司。

所有上述各個子公司、孫公司，可以改建為有限責任公司、股份有限公司，也可以改建為國家獨資公司。一切根據具體情況而定。

國家控股公司、子公司、孫公司之間的關係理順後，符合現代企業制度原則的企業集團公司就建成了。但要發揮企業集團公司的優勢，還必須進行人事制度、勞動用工制度、工資福利制度的相應改革，使公司的效率不斷提高。相對而言，這些改革並不一定容易，也許更難些。這是因為，只要資產評估合理，產權界定清晰，行業性總公司的體制轉換要容易些，而公司人事制度、勞動用工制度、工資福利制度的改革則涉及一系列複雜的問題，所以要難一些，所需要的時間也會長一些。

尋找合作夥伴的工作，自始至終不應停頓。如果確定為多元投資主體的國家控股公司模式，那麼一開始就要尋找願意投資參股的合作夥伴。即使確定為國家獨資的控股公司模式，不僅子公司一級需要尋找合作夥伴參加投資，而且以後在由國家獨資控股公司向多元投資控股公司過渡時，也需要尋找合作夥伴參加投資。籌資集資有助於更新技術和增強競爭能力，從而使改革後所組建的企業集團順利地發展。因此，有必要把這項工作列入實行國家控股制的整個規劃之中。

金融擔保法有必要制定

企業拖欠銀行貸款長期不還，甚至企業當初向銀行借錢時就不準備還錢的現象，在現階段的中國是屢見不鮮的。這固然同現存的企業體制和金融體制不合理有關，但也在較大程度上與法律不齊備、對信貸資金缺乏依法保護有關。據一些地方的調查，在企業破產或企業債務糾紛的案件審理中，發現依法借貸與依法保護銀行作為債權人的合法權益的法律意識是十分淡薄的。由此涉及從速制定擔保法的必要性。

制定擔保法的主要目的是保證債權的實現，維護債權人的合法權益，保護銀行信貸和商品交易的安全。雖然我們不能認為只要有了擔保法，銀行的呆帳、壞帳就會從此消失，但無論如何，可以認為，有了擔保法並嚴格按照擔保法實行後，銀行的呆帳、壞帳將大大減少，企業與銀行間的信貸關係也將逐漸趨於正常。

保證是擔保方式之一。保證是指：保證人和債約人約定，當債務人不履行債務時，保證人按照約定，履行債務行為。但在實際生活中，卻容易在下述兩方面產生問題。一是，究竟什麼人可以作為保證人？二是，政府能否命令某人或某個單位為他人提供保證？這兩個問題正是擔保法中迫切需要解決的。

制定擔保法，將明確上述兩個問題。第一，國家機構不得成為保證人，因為國家機關的財產屬於全體人民，不得被用於為某個債務人還債，而國家機關的經費是用於履行政府職能的，也不能被用於為某個債務人還債。這個原則一經確定，不僅有助於債權債務關係的明確，而且也有利於國家機關履行其應有的政府職能。第二，政府不得要求銀行或企業為他人提供保證，因為在市場經濟中，銀行或企業必須考慮自己的利益，他們在承擔保證責任時，負有履行保證的義務。如果政府強迫他們為他人提供保證，這是違背銀行或企業作為自主經營的市場主體的意願與利益的，其結果必定因政府的強制而使銀行或企業的利益受損。

抵押是另一種擔保形式。在這種形式下，債權人有權以所抵押的財產折價或者拍賣來得到補償。以銀行貸款來說，過去中國的銀行貸款主要是信用貸款，抵押貸款不多。這正是造成銀行受損失的原因之一。今後，抵押貸款將越來越多，因此在擔保法中必須對抵押作出明確規定。

作為抵押的財產，不僅應當是抵押人所有的和有權處分的，而且必須是法律允許轉讓的。比如說，如果把耕地、宅基地、自留地、自留山、水庫、農田水利設施等等作為抵押物而向銀行貸款，那麼在債務人不履行債務時，銀行又怎能把這些財產拍賣來獲得補償呢？又如，有爭議的財產也不能作為抵押物，否則銀行作為債權人將捲入這場爭議之中，銀行的利益又如何得以維護？

正如前面已經指出的，中國的銀行呆帳、壞帳不是僅僅依靠擔保法的制定與實施就能消失的，但一旦實施了擔保法，銀行作為債權人的合法權益將得到保障。這對於正常的金融秩序的維護非常有利。然而，要真正促使銀行的資金順暢地流通，即使實施了擔保法，還必須迅速使產權交易市場和拍賣市場完善與發展。如果一家企業以廠房與機器作為抵押物而向銀行貸款而又無法償還，根據擔保法，銀行可以將該廠房與機器折價或拍賣，如果拍賣市場不完善，銀行即使得到廠房與機器，又有什麼用？如果一家林場以大片樹林作為抵押取得貸款而又無法向銀行還債時，銀行該怎麼辦？難道把樹木砍掉變賣折價嗎？在這種情況下，可能需要通過產權交易來解決。再說，銀行在依據擔保法而取得工廠這樣的抵押物之後，該如何處理工廠職工這一問題呢？如果處理不妥，銀行甚至有可能遭受更大的損失。

由此看來，制定擔保法是必要的，而為了將來使擔保法順利實施，在企業改革、金融體制改革與市場培育方面還有大量工作需要去做。

保險業需加快立法

最近幾年來，中國的保險業取得了較大的發展。計劃體制下中國保險業務一直由中國人民保險公司獨家經營的格局已不再存在。到今年二月底，已有二十多家保險公司，其中包括外國保險公司的分公司三家。保險服務的領域越來越廣，承保的金額也增長很快。這些成績都是不容忽視的。

但同樣不容忽視的是，中國的保險業發展過程中存在一些急待解決的問題。一個問題是有關保險業的規章制度不健全，對保險業的監督管理比較薄弱，主管機關的職責不清晰，以致於該管的沒有管好，保險市場的秩序也因此有些混亂。另一個問題是保險市場不完善，有的保險公司用不正當競爭的手段擴大保險業務，有的地方未經批准擅自成立保險機構，從事保險業務，還有的地方實行保護主義，干預保險公司的業務經營，其結果也造成了保險市場的混亂，並損害了投保人的利益。此外，保險業缺乏公平競爭的環境，同樣是一個值得注意的問題。

據了解，目前中國境內的保險公司按不同的稅率繳納所得稅：中國人民保險公司為百分之五十五，太平洋保險公司和平安保險公司作為股份制企業，為百分之三十三，外國保險公司分公司作為外資企業，為百分之十五。這種情況是不利於保險業的正常發展的。

為此，從速制定保險法十分必要。保險法的制定和實施有助於保險市場的完善化、保險業公平競爭環境的創造，以及保險業的統一管理。更重要的是，我們需要制定的是一部適應市場經濟環境的保險法，這樣的保險法實施後，必定會推進保險業的體制改革，並促使保險業在國民經濟發展中發揮越來越大的作用。

具體地說，保險法應當解決以下三個主要問題：

一、明確保險業的市場主體　保險公司究竟是什麼性質的？怎樣組織？怎樣經營？這些問題必須有明確的規定。由於保險企業的性質不同於一般工商企業，因此保險企業的設立應同設立金融企業一樣，有嚴格的規定，包括在貨幣資本金最低限額上有很高的要求，基本上只容許成國家獨資的保險公司和股份有限公司形式的保險公司。在保險公司的經營中，應當遵循公平競爭原則。除依法設立的保險公司外，任何單位和個人都不得經營保險業務。

二、保險市場秩序的維護　保險公司的保險業務只能在主管機關核定的業務範圍內從事，而不能超出主管機關核定的範圍。保險公司應當按照規定提取未到期責任準備金、未決賠款準備金、公積金或總準備金，以保證保險業務的安全與投保人的利益。保險公司應當使購買各類有價證券、不動產投資、委托信托公司投資的總額不超過主管機關規定的各佔保險公司資金的最高比例。保險公司在業務活動中不得有欺騙行為，不得向投保人等給予保險合同規定以外的保險費用回扣或其他利益。這樣，保險市場的秩序就可以依法得到維護了。

三、對保險業監督管理的法制化　目前中國保險業所存在的許多問題都同對保險業的監督管理缺乏法律依據有關，因此在制定保險法時，必須使得對保險業的監督管理走上法制化的軌道。這裡包括，要明確國家保險業主管機關的職責，主管機關核準保險公司擬訂的主要險種的基本保險條款和保險費率，主管機關可以制訂示範保險條款和基準保險費率。還包括：主管機關有權檢查保險公司的業務狀況、財務狀況及資金運用狀況；在保險公司嚴重危害被保險人利益、社會公共利益的情況下可以對保險公司進行整頓、改組；主管機關還有權對違反保險法的行為實行行政處罰等。

擔保法與三角債

國內存在着難以解開的「債務鏈」，這是事實。在「債務鏈」中，既有企業拖欠銀行不還的債務，也有企業相互拖欠的債務。擔保法的制定與實施，對於解決企業之間的相互拖欠問題是有利的。

擔保方式大體上可分為下列五種：（1）保證（指保證人和債權人約定，當債務人不履行債務時，保證人按照約定履行債務）；（2）抵押（指債務人或第三人不轉移財產的佔有，將該財產作為債權的擔保；債務人不履行債務時，債權人有權以該財產折價或以拍賣、變賣該財產的價款受償）；（3）質押（指債務人或第三人轉移財產的佔有，將該財產作為債權的擔保；債務人不履行債務時，債權人有權以該財產折價或以拍賣、變賣該財產的價款受償）；（4）留置（指債權人按照約定佔有債務人的財產，債務人不按照合同約定的期限履行債務的，債務人有權留置該財產，以該財產折價或以拍賣、變賣該財產的價款受償）；（5）定金（指當事人可以一方向對方給付定金作為債權的擔保。付定金的一方不履行債務的，無權要求返還定金；收定金的一方不履行債務的，應加倍返還定金）。

這五種擔保方式中，無論哪一種都有功於企業之間清償債務，並導致企業之間經濟往來的正常化。

其中，對於清理企業之間相互拖欠問題尤其有效的，是留置這種擔保方式。這是因為，在目前的中國，企業之間的拖欠在許多場合來自下述幾種情況：

一、一方為另一方運輸貨物，但貨主在運輸合同完成後因各種理由而拖欠運費，以致於運輸企業因不能按照合同規定收到運費而陷於資金困難境地。在制定並實施擔保法以後，凡因運輸合同而發生的債權，運輸企業有權留置運送的貨物，以貨物折價或者以拍賣、變賣該貨物的價款得到補償。

二、一方為另一方進行加工，但在加工完畢後，加工承攬的一方卻不能按照合同規定收到加工費，從而陷入資金困難境地。在制定並實施擔保法以後，凡因加工承攬合同而發生的債權，加工承攬的一方有權留置加工承攬的物品，並以此折價或以拍賣、變賣它們而得到補償。

三、倉庫經營者因收不到保管費用而資金困難，這樣，根據擔保法的規定，倉庫經營者有權留置所保管的物品，折價或拍賣、變賣。

可見，實施了擔保法，運輸企業、加工企業、倉儲行業有可能大大減少債務上的麻煩。此外，企業在交易過程中，一方可以根據另一方的資信狀況，要求以擔保方式來保證另一方的如期償付貨款。擔保的形式可以選擇，比如說，一方把某一商品賣給另一方，另一方應按照合同規定如期支付貨款。這時，雙方在訂立主合同以外，可以訂立擔保合同，擔保合同是主合同的從合同。如果雙方選定的是質押這種方式，而且是權利質押，那麼另一方可以把匯票、支票、本票、債券、存款單、倉單、提單、依法可轉讓的股份或股票、依法可轉讓的專利權、商標專利權等。如果選定的是定金這種擔保方式，一方向另一方要求先付一部分定金，作為債權的擔保。這樣，交易過程中的債務糾紛也就可以減少。目前，中華人民共和國擔保法草案已经提交全國人大常委會審議。常委們普遍認為擔保法的制定有利於完善市場秩序，保護債權人的合法權益，減少企業與企業之間的相互拖欠，減少企業欠銀行的貸款逾期不還等現象。但學術界有人擔心，擔保法雖然非常必要，但實行起來將會遇到不少困難。

如果國有企業依然是政企不分、產權主體不明確的，甚至是資不抵債的，債權人能依據擔保法中有關保證、抵押等規定，而把作為債務人的國有企業中的財產作為折價或拍賣、變賣的對象麼？關鍵始終在於深化經濟體制改革、企業改革，這個問題不解決，即使通過了擔保法，也只能在一部分市場主體之間起作用。

再談完善金融期貨市場

金融期貨市場是否適宜於中國現階段，在上一篇文章中，我們已經作了一些分析。這裡，準備在上一篇討論的基礎上再作進一步的討論。在國際金融市場上，各種不同的金融期貨之所以被推出並得到廣泛利用，決不是僅僅由於它們能給少數投機者帶來暴利才受到重視的。如果某種金融期貨純粹是一種禍害，對經濟的穩定和金融市場的活躍沒有幫助，它就不可能有生命力。金融期貨有沒有用處，是一個問題；人們會不會運用金融期貨這種工具，則是另一個問題，二者不可混淆。

由此很自然地得出一個看法，像中國這樣一個正在從計劃經濟向市場經濟轉變的發展中國家，在金融期貨市場方面，最重要的問題是完善這個市場，使之規範化，而不是禁止它，扼殺它。完善金融期貨市場，是必要的，也是可能的。在完善金融期貨市場的工作中；交易所的監督管理作用需要進一步加強與發揮。這方面的作用，可以歸結為：

1、對金融期貨交易過程進行有效的日常監督管理。這主要是及時發現並糾正經紀公司違反規定的操作，對於投訴要迅速調查處理，對於經紀公司處理客戶定單的狀況也要按時檢查。只要日常的監督管理有序地進行，金融期貨交易中的混亂狀態可以減少或防止。

2、要控制風險，確保金融期貨交易的安全，避免因一方違約而使另一方交易者受到損失，至少應減少另一方交易者可能遭受的損失。為此，交易所要嚴格按照所規定的保證金制度、風險基金制度，要求經紀公司遵守。這是預防金融期貨交易中發生重大震盪的有效措施之一。交易所作為監督管理者，不能放鬆自己的職責。

3、要投入較多的力量開展金融期貨市場現狀與今後走勢的調查研究。金融期貨市場變化快。影響面大，而且會不斷出現新問題。交易所由於自身所處的地位，是有條件進行這些調查研究的。當前尤其重要的是這樣四項調查研究：

（1）對於有影響的經紀公司與客戶展開調查研究，掌握它們在金融期貨市場上的運作情況與遵照或違反規定的情況，以便交易所在監督管理工作中有較大的發言權和主動權；

（2）對於已經存在的金融期貨品種（如國債期貨）在交易中出現的問題或可能發生的問題，展開調查研究，為解決它們或預防它們的出現提出對策，供有關部門參考；

（3）研究新的金融期貨品種出台的可能性；在可以推出時，研究出台的適宜時機，以及需要注意的問題。在這方面，應隨時向金融期貨主管部門匯報研究成果；

（4）對國外金融期貨市場的走勢展開調查研究，特別要研究國外金融期貨交易中發生的重大事件，研究其經驗教訓；還要研究國外金融期貨新品種的推出情況，結合中國的國情進行分析，研究其是否適用於現階段的中國；此外，對於國外金融期貨交易對中國金融與經濟的影響，也要心中有數。

金融期貨是二十世紀七十年代以來世界金融界的重大創新。使用得當，有利於經濟的穩定與發展：使用不當或管理不力，會給經濟與社會帶來巨大損失。最近霸菱銀行的事變在國際上引起了高度重視。金融期貨交易中為什麼會出現這樣那樣的風波，以致於使一家歷史悠久的大銀行如此難以挽回地倒閉了，這的確是值得深思的。普遍的觀點是必須加強對金融期貨的監督管理，包括來自證券與金融主管機構的監督管理、公司內部的監督管理、同業公會的監督管理，也包括來自交易所的監督管理。但不能因為發生了霸菱銀行事變而得出金融期貨交易是一大禍害的結論。事在人為，管理得力還是不得力，是關鍵所在。慎重行事，不等於拒絕金融期貨與金融期貨交易。我想，這是對於金融期貨的應有的科學態度。

尖端科技開發誰承擔

在中國以前的經濟體制之下，行業性總公司原來都是政府部門，政府部門下屬若干科研機構，它們承擔國家和本部門的科研任務，開發科研產品。這些科研機構是在行政編制之內的，經費由政府提供。

經濟體制改革過程中，一些政府部門分別改制為行業性總公司了。這時，科研機構的歸屬與管理就已經出現了若干問題。問題之一是：長期工業與技術發展規劃由誰來制定？過去，這是政府部門的任務，政府部門改制為行業性總公司以後，原政府部門就不存在了，行業性總公司是否也就承擔了這一任務呢？這是不明確的。問題之二是：為了使科研工作有所突破，必須對基礎性科研大量投資，而基礎性科研是沒有經濟收入的。原來這種投資由政府部門承擔，改為行業性總公司以後，基礎性科研投資由誰承擔？行業性總公司願意承擔嗎？

可見，行業性總公司的體制在維持和發展科研事業方面存在一定的局限性。今後，如果把行業性總公司一一改為國家控股公司，那麼對於現有的科研機構如何處置？未來的尖端科技開發工作由誰承擔？這些問題都需要探討。

應當明確，國家控股公司以及由它控股的若干子公司、孫公司所組成的集團公司，是營利性的企業。這樣，國家控股公司與科研機構之間的矛盾要比行業性總公司與科研機構之間的矛盾更為突出。與此同時，應當看到無論在政府部門管理時期還是在行業性總公司管理時期，有些行業長時期內科技投入不足和科技投入的結構不合理，再加上未能充分調整科技人員的積極性，所以使得科技力量不足和科技力量分散，影響了尖端科技產品的開發。這一問題也需要在建立國家控股公司的過程中一併解決。

國家控股公司建立以後，可以根據科研的性質與任務的不同而採取以下四種方式來處理公司與科研機構之間的關係：

1、某些帶有社會性的基礎科研項目，或通用型的基礎科研項目，可以採取科研基金的方式，由科研基金予以補助。科研基金除了一部分由政府撥款或社會各界資助以取得資金外，國家控股公司和由它組成的集團公司，也可以從每年的收入中提取一定比例作為科研基金的資金的一部分。

2、某些為全行業服務的基礎科研項目，可以在國家控股公司所組成的集團公司之下，成立一個行業基礎性科研機構，由集團公司從每年的收入中提取一定比例作為研究經費，集團公司應當認識到，行業基礎性的科研成果雖然不能直接給本集團公司帶有收益，但對於應用性的科研卻有幫助，應用性科研成果必將對本集團公司的發展有利，因此集團公司就有必要扶植行業基礎性的科研。

3、本行業的應用性的科研項目，可以由國家控股公司所組成的集團公司或集團公司控股的相關子公司、孫公司承擔。具體的做法是：或者成立科技開發子公司、孫公司，或者在集團公司、子公司、孫公司之下成立科研事業部。這樣，一個集團公司之下可能有不止一家科技開發公司。同時，也不限於只有某一家子公司才設立科研事業部。應用性的科研和技術開發是有商業利益的，因此集團公司及相關的子公司、孫公司會有足夠的資金投入。

4、為了充足調動科技人員的主動性和積極性，並且為了調整集團公司內部的人員結構，容許一部分科研和技術開發的人員離職或停職，自行組織民辦科技企業，自主經營，自負盈虧。集團公司可以把某些產品的研製作為課題，委托它們去做，也可以購買它們的科研成果。這些民辦科技企業不屬於本集團公司，而是本集團公司或其下屬的子公司、孫公司的協作單位，或者是參股（而不是控股）的企業。參股的目的在於充實這些民辦科技企業的資金與設備。這種做法對本集團公司有兩個好處：一是可以獲得所需要的科研成果；二是精簡了集團公司的編制，節省了經費。

國家控股公司與軍品生產

國防工業是一個範圍很廣的產業，具體地說，其中包括了許多行業或工業部門。過去，有好幾個部是從事軍品生產的，它們都是國防工業部門。在改建為行業性總公司之後，一些部撤消了，相應的行業性總公司建立了，這種情況維持了幾年之久。然而，正如以前我在文章中談過的，行業性總公司還不是符合現代企業制度的、自主經營、自負盈虧的企業，把行業性總公司改制為國家控股公司以及由後者組成的集團公司，是大勢所趨。現在需要研究的一個問題是：國防工業性質的行業性總公司在改為國家控股公司與集團公司之後，軍品生產怎麼辦？放棄軍品生產，既不符合社會利益，也不符合國防工業性質的行業性總公司的改革方向，那麼，究竟如何處理國家控股公司與軍品生產之間的關係呢？

據我在湖南、貴州、陝西等地的考察，我認為，這類行業性總公司在改制為國家控股公司和集團公司後，可以按以下三種方式來妥善處理軍品生產問題。

1、在集團公司之下成立軍品全資子公司和民品子公司。這裡提到的軍品全資子公司，是按國家獨資公司模式組建的，全部資金來自國家控股公司。而民品子公司，則既可以是合資子公司（即也按國家獨資公司模式組建，資金完全由國家控股公司投入），也可以是多元投資主體的子公司，包括來自其他投資主體的資金投入，其形式或是有限責任公司，或是股份有限公司。這樣，軍品全資子公司專門從事軍品生產；如果盈利狀況不佳，或者由國家定期定額補助，或者由國家控股公司動用收入的一部分予以補助。如果軍品全資子公司有盈餘，則作為自我積累，供進一步發展用。

2、不分軍品生產和民品生產，而是按照現有企業的實際情況，在國家控股公司控股的基礎上，成立兼生產軍民用品的子公司。在每一個子公司中，繼續實行「以民品養軍品」的做法。儘管「以民品養軍品」不是一種理想的方式，但考慮到在一個企業（某個子公司或孫公司）內軍品生產和民品生產難以截然分開，所以有時只能採取上述這種不理想的方式。

3、把各個行業性總公司的軍品生產分離出來，再把相關的行業的軍品生產重組為少數幾個專門從事軍品生產的國家獨資公司，由國家資助，於是每一個行業性總公司基本上成為民品生產的集團公司。這樣的集團公司可以由多元投資主體的國家控股公司所控股。這三種方式中，究竟哪一種更有現實意義或有較大的可行性呢？我的看法是：

上述第三種方式似乎過於理想化了。首先，把各個行業性總公司的軍品生產分離出去固然不易，而要把相關的行業的軍品生產重組為幾個專門從事軍品生產的國家獨資公司，則更為困難，因為這涉及不同部門或不同行業性總公司的利益問題。其次，即使有可能組成專門從事軍品生產的國家獨資公司，但這樣的公司怎樣運營？怎樣提高效率？國家的補貼是不是無底洞？這些都需要認真研究。

上述第二種方式的好處是照顧現狀，從而改革的阻力小，但其缺點也不容輕視，這就是：「以民品養軍品」的結果可能成為每個兼營軍品與民品的子公司的越來越沉重的負擔，結果軍品生產既難以維持，民品生產也不易發展，軍品生產和民品生產的規模優勢更無法形成。

相對而言，上述第一種方式的可行性更大些。由於軍品生產同民品生產被分開了，軍品生產和民品生產由不同的子公司所經營，它們有較大發展前景。同時，軍品生產不脫離本集團公司，而是作為一個全資子公司保留在本集團公司之內，這就明顯地優於上述第一種方式，因為這不需要調整不同行業性總公司之間的關係。加之，本集團公司可以用盈利的一部分來資助生產軍品的子公司，這有利於軍品生產的維持與發展。如果把這種方式也稱做「以民品養軍品」的話，那麼這是本集團公司範圍內的「以民品養軍品」，也要優於上述第二種方式。

再論軍品與民品的分線管理

上篇文章中談到了軍品生產與民品生產分線管理的三種方式中以第一種方式比較可行。這裡，我準備就第一種方式（在集團公司中分別設立專門生產軍品的子公司和生產民品的子公司）實行過程中可能遇到的幾個問題談些看法。

第一，軍品生產與民品生產的劃分以什麼作為標準？是以產品作為標準還是以固定資產作為標準？這是需要探討的。要知道，產品供軍用還是供民用，有些產品可能要根據買主才能確定，有些產品則可能只有軍方才會購買。同時，產品的性質與固定資產的生產效能有一定關係，有些設備只能生產軍品，有些設備則既可以生產軍品，又可以生產民品。考慮到問題的複雜性，所以企業的固定資產不妨按其生產效能來劃分。凡是只能生產軍品的，劃歸專門生產軍品的子公司。凡是既可生產軍品，又可生產民品的，劃歸生產民品的子公司。這樣，企業的固定資產分開了，兩種類型的子公司也就可以建立。生產民品的子公司，也可以根據軍方訂貨而生產軍品，因為它的設備有這種生產效能。假定沒有軍方訂貨，那就生產民品。

第二，與上述問題有聯繫的是：軍品生產與民品生產分線管理後，軍品生產能否長期維持下去，能否進一步發展？生產民品的子公司能否維持與發展，取決於其生產的民品是否符合市場需要，是否有足夠的競爭能力。至於這類子公司所生產的軍品，則應根據同訂貨方簽訂的合同，按合理的價格銷售。如果國家認為在軍品價格上應當有所優惠，那麼國家就應在稅收、信貸等方面給予一定照顧。專門生產軍品的子公司能否維持與發展，既依賴於國家的資金投入和集團公司的支持，也依賴於軍品價格是否合理。如果軍品價格能以成本加成計算作為基礎，軍品子公司是可能不斷發展壯大的。

第三，歷年來離退休人員的安置問題。各個行業性總公司都有為數甚多的離退休人員。離退休人員的退休金照理說應由社會保障基金統籌解決，但目前還做不到。現實條件下，可以採取的做法是：按照企業固定資產的劃分原則，「人隨資產走」，過去從事某種生產的人員退休後，固定資產如劃歸某一軍品子公司，就由該軍品子公司支付退休金；固定資產如劃歸某一民品子公司，就由該民品子公司支付退休金。還有一部分退休人員的歸屬難以確定，可以由集團公司支付退休金。

第四，學校的歸屬問題。行業性總公司及其下屬公司，不僅辦了普通中小學，而且還辦了中專和高等院校。以前，辦這些學校的費用是由政府部門或企業支付的。在政府部門改為行業性總公司之後，行業性總公司跟過去一樣，承擔了教育支出。今後，按照集團公司模式以及軍品生產與民品生產分線管理的原則，這些學校該怎樣處置？中小學問題比較簡單，這可以根據各個子公司、孫公司的不同情況與學校所在的位置，或者移交給地方政府，或者暫時仍由子公司、孫公司支付經費，待條件成熟後再移交給地方政府，較複雜的是中專或同等院校的歸屬。

這些學校當初是作為國防工業或國防科技院校而歸有關的各部管理並提供經費的，其畢業生由各部分配，進入國防工業或國防科技系統工作。政府部門改為行業性總公司後，上述院校的管理體制照舊。但目前出現了一個新問題，這就是：行業性總公司改為國家控股公司和由此組成的集團公司，並且軍品生產與民品生產分線管理後，上述院校在管理體制上應如何改革？大體上有三種可供選擇的方式。一是從集團公司分離出去，歸教育部門管理，集團公司以獎學金的方式提供給這類院校，並招聘合格的畢業生前來工作。二是採取社會辦學方式，以集團公司為首，組成校董會，多方籌集教育經費，實行校董會管理體制。三是對某些純屬軍事科學技術性質的院校，由有關行業的集團公司撥付一定的教育經費，予以支持，促進其發展，但不納入集團公司的建制，而形成院校與集團公司合作的新體制。

民工外出與觀念更新

今年一月下旬到二月初，正值春節前後，我是在雲南度過的。在這期間，我除了在滇南地區考察外，還到過西雙版納與大理市。這時，全國各地都被民工的返家與再度外出這一熱點新聞所關注，然而在我看來，雲南也許是個例外。在公路車站與火車站，我沒有看到多少雲南籍的民工在流動。在西雙版納的景洪市和勐海縣，我看到在這裡餐館打工的有不少四川人，而在街頭小攤販與開店的小業主中，有若干四川人和浙江人，還有一些湖南人。雲南本省的打工仔與流動攤販，卻不多。這個問題引起我的注意。

四川人口多，浙江人口密，這當然是這兩個省份外出謀生人數眾多的一個原因。相形之下，雲南平均每個農民所擁有的土地面積顯然多於四川與浙江。但這可能不是導致雲南人不外出打工的主要因素。有趣的是，四川與浙江的鄉鎮企業比雲南發達，鄉鎮企業不也吸收許多農村多餘勞動力麼？雲南既然鄉鎮企業不如四川與浙江發達，為什麼外出打工的還是不多呢？

可能有人會説，雲南的旅遊業發展很快，許多雲南本省的民工在與旅遊相關的領域內找到了工作。這是事實。但人們不禁要問：雲南的與旅遊相關的領域內所吸收的勞動力，也有相當多的人來自四川（特別是飲食業與工藝品銷售業），而雲南的民工究竟有多少人到外省與旅遊相關的領域內就業呢？

我想，影響雲南省民工外出的一個重要原因是市場經濟觀念還不普及，雲南省廣大農村中的觀念尚有待於更新。雖然民工潮的出現有利有弊，但總的説來，仍是利多弊少，利大於弊的。農民本身有一種留戀自己的一小塊耕地，守着故土，不願離家外出的心理。窮，無所謂，只要與家人聚在一起，大家一起熬過去，不也心安理得麼？這種傳統的觀念是與自然經濟相適應的，而與市場經濟則格格不入。在浙江，這種觀念很早就被更迭了，那怕在計劃經濟統治的六十年代內與七十年代前半期，浙江人就開風氣之先，走遍全國。四川、湖南，農民觀念的變更稍晚一些。大約從八十年代起，四川、湖南的民工也都南下或東去。而雲南，在這方面的變化要晚得多，也許可以説，迄今尚未開始。就這一點而言，雲南還不如貴州與甘肅。

我曾經說過，民工外出最大的好處是：學習技術，積累資金，轉變觀念，這三者是緊密聯繫的。雲南鄉鎮企業不發達，在一定程度上與民工外出少有關。民工下廣東，不少人到合資企業、外資企業中工作，這樣，既學到了技術、轉變了觀念，也多多少少攢了一些錢。葉落要歸根，相當一部分民工幹了幾年就回本省本縣了，本省本縣的鄉鎮企業也就有可能迅速發展起來。湖南的經驗充分證明了這一道理。在這方面，雲南已經比四川、湖南、甚至貴州慢了一大步。慢了一步，等於錯過了好幾年的發展機會，這個損失是不容低估的。

雲南是一個大有希望的省份。在河口、開遠、建水、楚雄、大理、景洪、打洛，我看到處處都在施工建設。至於昆明，那更是繁榮興旺的景象。然而在鐵路沿線、公路沿線的農村，則與城市有所不同。農村（除了城市郊區而外）似乎尚在沉睡之中。這是有待開發的大省，這是有待喚醒的農村山寨。

民工潮已經在中國的遼闊土地上產生了改革過程中的陣痛，它既帶來一些人的喜悅與希望，也令一些人為此焦慮不安。但我仍然認為，要是民工潮把雲南省也包括進去，要是雲南省的農村多餘勞動力也能東去上海，南下廣東，北上四川，那該多好！雲南民工的跨省流動，不但會使雲南的市場進一步繁榮，而且會對本世紀末、下世紀初的雲南經濟騰飛起到積極的作用。這是我確信不移的。

生態農業與就業

以上兩篇對環境保護與就業之間的關係作了分析。現在，再就這個問題進行討論。所要考察的是：如果農業朝着生態農業的方向發展，不僅環境質量可以大為改善，而且也為農村的多餘勞動力找到了發揮自己才能的場所。

我曾在湖南省湘潭市郊區訪問過一個生態農業村。這個村的各個農戶有一個共同的特點，就是每個農戶都自成一個單元：養豬，豬糞用於生產沼氣，沼氣用於農戶家庭用的燃料：魚塘養魚，塘邊搭成瓜棚豆架；農田中所用的是農家肥料，由於少用或不用農藥或化肥，所以青蛙很多，稻田處處蛙鳴，莊稼生長良好；由於家用燃料問題解決了，山坡上樹木緊密，沒有人砍樹作為劈柴；屋前屋後種了不少果樹桑樹；村中居民收入豐裕，生活舒適。把這樣的農村稱做生態農業村，是名副其實的。訪問之後，我想：可惜這樣的生態農業村在國內太少了，希望今後有更多的生態農業村出現在各個省市。

生態農業是集約型的農業。這種農業不僅需要有較多的資金投入，而且也需要有較多勞力投入。農戶養雞，養魚，養豬，養牛羊，這需要較多的勞力。農戶種糧食，種瓜豆，種菜，種樹木，收果品，也需要較多的勞力。此外，農產品的商品率將大大提高，雞、魚、豬、蔬菜、糧食、瓜豆、果品等要運往市場銷售，同樣需要投入勞力。這表明，要使生態農業真正取得成效，勞動力投入的增加是不可避免的。相形之下，越是粗放的農業，農村閒置的勞動力就越多，閒置的農村勞動力必然尋找機會外出，也就給社會就業問題增添了壓力。所以生態農業是吸收農村多餘勞動力的場所，只要生態農業發展了，農村多餘勞動力將會在農村找到就業機會，而不一定非流向城市不可。這豈不是既有利於環境保護，又有利於就業？

生態農業是中國農業發展的方向。它除了有利於環境保護並為農村多餘勞動力找到用武之地而外，還能大大增加農戶的收入，改善農民的生活狀況。農民收入水平的提高將會帶來三個既有利於環境保護，又有利於就業的後果：

1、農民收入水平提高後，他們將會改變自己的消費結構，增加食物以外的支出，從而將導致市場的繁榮和第三產業的發展，這將會增加社會的就業人數。

2、農民收入水平提高後，他們將會逐漸注意自己周圍的環境質量，這包括：一方面他們會使自己生活在較為舒適、較為潔淨的環境中，他們會花費一部分支出用來購買可以使環境變得較舒適、較潔淨的商品（如較符合環境保護要求的炊具、取暖設備、排水裝置等），另一方面他們對於造成周圍環境質量惡化的工廠所排放的污水、有害氣體等，要比過去敏感得多，於是就為社會推進環境保護事業準備了較好的條件。

3、農民收入水平提高後，政府就有可能實現小城鎮的發展規劃，即發展小城鎮，把鄉村的小工廠遷移到小城鎮周圍，並鼓勵一部分農民家庭遷移到小城鎮居住。這種措施如果能逐漸生效，對於環境保護是大有好處的。這是因為，把分散於農村廣闊地區的小工廠盡可能地集中於小城鎮周圍，有利於環境保護與污染的防治，而把一部分農民家庭遷入小城鎮，對於防止水土流失和保護樹木也能起到積極作用。加之，小城鎮發展起來了，居民人數增多了，第三產業也有可能相應地發展，並吸收人們就業。

根據以上的分析，我們不難得出這樣的結論：生態農業的發展與環境保護產業的發展一樣，都是既有利於環境保護，又可以增加就業的。這就從另一個角度說明了環境保護與就業之間不一定對立，而且有可能協調一致。

環境保護與就業

環境保護與就業之間究竟存在着什麼樣的關係？這是一個相當複雜的理論與現實問題。由我負責的北京大學環境經濟學課題組近年來圍繞這個問題進行了調查研究，深深感到這個問題大有進一步研討的必要。

問題是這樣提出的：在某些些城市與農村，有一些工廠的環境污染防治工作很差，它們不斷排放污水、有害氣體、廢渣，使周圍的環境受到破壞。當地的居民向政府提出申訴，要求關閉這些工廠，但所得到的答覆往往是：把這些工廠關閉了，工人失業了，那就會造成社會問題，還不如維持這些工廠的存在，慢慢治理環境，減少污染，以免工人失業，這是就已經建成的工廠而言的。至於準備興建的新工廠，由於要求一開始就有環境保護方面的設施，於是將增加較多的投資。有人認為，每家工廠所需要的投資增多了，在總投資為既定的條件下，可以興建的工廠數目就少了，可以吸收的就業人數也就少了。這似乎表明：環境保護與增加就業是矛盾的。環境保護工作抓緊了，失業人數會增多，新增就業人數會減少。

果真如此嗎？顯然，問題並非這麼簡單。關於環境保護與就業量增減的關係，要從近期與長期兩個方面分別考察。

先從近期考察。從近期看，如果要嚴格推行環境保護政策，加強環境的治理，那就必須狠下決心，關閉一批給環境造成破壞而又無法在很短時期內消除污染源的工廠，這樣就會有一批工人失業。同時，要嚴格按照規定來建設新的工廠。凡是不符合環境保護要求的項目，必須增加投資，達到規定的要求，否則就不得興建。這樣，也會有一些新建的項目要停止，就業人數難以增加。因此，從近期看，環境保護工作的開展是不利於就業的增加的，甚至會加劇失業現象。一些人之所以認為環境保護與就業之間存在着難以協調的矛盾，正是由於他們僅僅着眼於近期的考察。

如果從長期看，所得出的結論與此截然不同。

首先應當指出，假定忽略環境保護，聽任工業建設與發展過程中污染的存在與擴大，那麼即使近期內可以避免因某些造成污染的工廠的關閉而維持一定數量的工人的就業，以及可以繼續少花些投資而建設一些環保設施不完善的工廠，增加一定數量的就業；但長此下去？污染越來越嚴重，環境越來越受到損害，經濟發展受到的不利影響也越來越大，其結果，必然阻礙着經濟的增長與就業量的增加。這表明，在忽視環境保護的情況下，短期內就業的維持或增長，是以犧牲長期的就業維持或增長作為代價的，不能不認為這是一種短視的做法。其次，假定重視環境保護，不容許現有工廠繼續對環境產生破壞作用，不容許造成污染的新建工業項目的投產，那麼儘管近期內確實會因一些工廠的關閉而使得一部分工人失業，儘管近期內確實會因一些新工業項目未能興建而減少了若干個就業機會，但必須懂得這正是有利於長期經濟增長和增加就業的措施。也就是說，只有在短期內採取堅決的、推進環境保護工作的措施，才能使就業量在長期內穩定地、持續地增長。

經濟政策制定中所面臨的問題之一就是近期利益必須服從長期利益。就業問題同樣如此。那種只圖眼前的利益，以為只要能減少失業和增加就業機會，即使造成環境污染也無所謂的看法，顯然從根本上是損害中國經濟和阻礙就業增加的。我們當然要把解決就業問題看成是導致中國社會經濟穩定的一個重要方面，但應當以有利於環境保護，有利於經濟的持續協調發展作為先決條件。只要我們端正了有關環境保護與就業之間的關係的態度，中國的環境保護工作就可以排除障礙，順利展開。

再談環境保護與就業

上一篇已經從近期與長期的角度考察了環境保護與就業之間的關係。實際上，環境保護與就業之間的關係要比上一篇所考察的複雜得多。語猶未盡，值得再進行探討。在這一篇，我們想討論如下的問題：即使在近期內，推進環境保護工作，也是有可能不僅不減少就業，而且增加就業機會的。

讓我們從環境保護產品市場的發展談起。

環境保護工作的開展，特別是通過嚴格的環保監測措施，迫使那些不符合環境保護規定的現有工廠停產、關閉和新建工業項目下馬，環境保護產品市場的迅速擴大是必然的。許多工廠將添購環境保護產品，包括消除污染的設備、監測環境質量的儀器、以及有關的化工產品等。對環境保護產品的需求將促進環境保護產業的發展。環境保護產業是一個有前途的產業，它將提供市場所需要的各種環境保護產品。需求帶動供給，這是可以預料的前景。

環境保護產業的發展將提供眾多的就業機會。這包括三個方面：一是製造環境保護產品的工廠，由於銷售量的增長而增加了職工；二是為環境保護產品的銷售、維修、裝置與運輸等服務的機構，也會增加職工；三是添置了環境保護產品的工廠和新建工業項目，為了使這些環境保護產品正常發揮使用效率，需要增加一定數量的職工，使用這些設備或從事環境保護的監測等工作。因此，只要切實加強環境保護，環境保護產品市場的迅速擴大必然會增加就業。

其實，環境保護產業是一個龐大的產業，它有狹義、中義與廣義三種不同的解釋。以上所談到的環境保護產業都不包括廣義的環境保護產業在內。製造環境保護產品（包括消除污染的設備、監測用的裝置與儀器、有關的化工產品等）的工業，可以被稱做狹義的環境保護業，它也就是環境保護產品的製造業。前面所說的增加就業的三個方面中的第一個方面，是指狹義的環境保護產業、即環境保護產品製造業所吸收的職工。

中義的環境保護產業除了把環境保護產品製造業包括在內而外，還包括專門為環境保護工作服務的一些行業，例如裝置環境保護設備、維修環境保護設備、為環境保護工作提供技術諮詢與服務等行業。中義的環境保護產業的範圍既然比狹義的環境保護產業寬一些，所以它所吸收的職工人數也必定比狹義的環境保護產業多一些。

什麼是廣義的環境保護產業呢？如果說狹義的和中義的環境保護產業的含義並未引起多大爭議的話，那麼廣義的環境保護產業的含義就很不明確，爭議也比較多。我的看法是：應當把一切有助於環境保護的物質生產部門都包括在廣義的環境保護產業之內。例如，改良土壤、植樹造林、整治河道、清理工業的與生活的垃圾、淨化城鄉環境等等，都可以歸入廣義的環境保護產業範圍之中。為什麼這裡只提及物質生產部門，而不提及非物質生產部門呢？這主要因為非物質生產部門中的環境保護宣傳、教育、出版、行政管理等工作難以界定為環境保護產業，所以不把它們列入為宜。假定只把有助於環境保護的物質生產部門視為廣義的環境保護產業，那麼這就為增加就業提供了許許多多機會。單以改良土壤或植樹造林而言，就可以增加大量就業崗位。至於沙漠化的防治和河道的整理，同樣是吸收大批就業的場所。可見，問題不在於環境保護工作能否吸收就業，而在於在現實條件下有沒有這麼多資金來發展廣義的環境保護產業，以及人們是否對廣義的環境保護產業的意義及其同就業的關係有足夠的認識。

總之，無論是狹義的、中義的還是廣義的環境保護產業，只要我們重視它，發展它，就可以既推進環境保護工作，又增加就業人數。

窄軌鐵路並未過時

很久以前我就聽説，窄軌鐵路除了作為礦山專用線以外，幾乎沒有多大經濟作用了，今後要修鐵路，就應當修標準軌鐵路；如果能修高速鐵路，那就更好了。最近我到雲南考察，對國內僅有的窄軌鐵路（昆明到河口線，以及碧色寨到石屏線）的運營狀況作了調查，我感到目前還得不出窄軌鐵路已經過時的結論。窄軌鐵路仍然大有發展餘地。

昆河線和碧石線都歸成都鐵路局開遠分局管轄。窄軌距為一米（簡稱米軌）。窄軌與標準軌鐵路運載的貨物在昆明換裝過軌，並與全國鐵路聯網運營。由於滇南山多坡陡，窄軌鐵路與當地的地勢地形相適應，所以滇南的經濟發展與貨物運輸在很大程度上依靠着現有的窄軌鐵路。

要知道，在世界範圍內，窄軌鐵路至今仍起着重要作用。非洲的鐵路主要是窄軌的，東南亞一些國家的鐵路也以窄軌鐵路為主。窄軌鐵路雖然運輸量受限制，火車速度受限制，但投資少，建設快，而且適宜於在叢山峻嶺之中修建，因此優點依舊是明顯的。不能認為在任何情況下標準軌鐵路必定優於窄軌鐵路。

由於國內的鐵路絕大部分是標準軌鐵路，所以今後在修建窄軌鐵路時，似乎應當考慮以下四點：

1、窄軌鐵路應當作為地方鐵路而被修建與運營。投資少，建設快，適合於地方鐵路的修建。

2、窄軌鐵路由於要通過換裝過軌才能與國內鐵路聯網運輸，所以在設計窄軌鐵路線路時，應當把沿海港口或沿大河的港口作為終點站。這樣，窄軌鐵路作為地方的對外聯繫通道，就可以發揮較大的作用。

3、窄軌鐵路與窄軌鐵路之間可以聯網。這主要指兩個方面：第一，以現有的窄軌鐵路（昆明到河口線、碧色寨到石屏線）作為出發點，向周圍延伸修建。第二，新建的地方窄軌鐵路之間可以彼此連結，以擴大窄軌鐵路在發展地方經濟中的作用。當然，如果在目前條件下，各個省市新建的窄軌鐵路還無法連結，那也不要緊，仍可以通過換裝過軌而與標準軌鐵路聯網運營。

4、在有些場合，可以修建一定距離的標準軌與窄軌共用的線路，以解決聯網問題。

總之，窄軌鐵路的修建應服從於地方經濟發展與財力負擔這一前提。至於窄軌鐵路與國內標準軌鐵路的聯網，則是可以設法解決的。

目前關於是否修建窄軌鐵路的議論中，持懷疑態度的人主要有兩種看法：

第一種看法是：由地方籌資集資來修建窄軌鐵路，儘管與修建標準軌鐵路相比，投資少，建設快，但如果與修建公路相比（不包括高速公路），窄軌鐵路未必有優越性，因此還不如先由地方籌資集資修建公路。這種看法有一定道理，但未必處處適用。這主要取決於待運輸的貨物種類與貨運量的多少。某些物資（如煤炭、礦石、木材等）由火車運輸可能優於汽車運輸，長距離運輸尤其如此。所以我們不能認為修公路一定優於修窄軌鐵路，這一切都需要因地制宜，並以貨運量多少與貨物種類為準。

第二種看法是：公路修成後不需要沿途設站進行管理，而窄軌鐵路修成後則需要沿途設站，佔用許多人力，管理費用較多，不一定能保證盈利。而公路修成後，如果採取收費制，只需設卡收費，投資便可陸續收回。這種看法也有些道理。但歸根到底，這仍然取決於窄軌鐵路修成後貨運量的多少。假定地方籌資集資修建的窄軌鐵路可以自訂運價，並且貨運量有保證，那麼即使沿途設站，管理費用較多，窄軌鐵路的運營依舊可以獲利。

由此可見，事先充分論證，反覆比較修建公路與修建窄軌鐵路的成本與收益，是地方當局作出修建窄軌鐵路的決策的主要依據。

增加地方鐵路貨運量

上一篇談到修建地方窄軌鐵路與地方貨運量之間的關係。據我最近在昆明到河口的窄軌鐵路沿線調查的結果，發現這條鐵路目前確實處於貨運量不足的狀態。但這種情況是由下述特殊因素所造成的，它們是：

1、滇南經濟不發達，鄉鎮企業不多，而且鄉鎮企業規模小，所以運出與運入的貨物數量都不能滿足鐵路貨運的要求；

2、滇南過去有一些傳統的外運產品，如錫礦石，但目前的運輸量大減，這是同生產這些外運產品的企業（如錫礦企業）不景氣有關的。

3、昆明到河口的鐵路過去是通往越南河內、海防的，貨物直接運到海防出口，而進口商品則可以從海防直達昆明。但目前，由於中越雙方的有關談判尚未達成協議，因此中國的列車只能開到河口，越南的列車只能開到距老街不遠的地方，兩地之間尚需依靠汽車運輸。這樣，就使得中國境內的窄軌鐵路的運輸量的增長受到限制。

那麼，怎樣才能增加窄軌鐵路的運輸量，以減少目前因運輸量不足而導致的鐵路部門的困難呢？上述三個引起貨運量不足的因素中，第三個因素與昆明河口線的特殊情況有關，而第一個因素與第二個因素則具有普遍意義，即它們不僅適用於滇南地區，而且也適用於其他地區，包括現有標準軌鐵路的某些線路和準備興建的某些地方鐵路。

就第三個因素而言，如果中越雙方的談判取得進展，國際聯運必然使昆明河口線的運輸量有較大增長。這意味着，鐵路線最好能以沿海沿河的港口作為起點或終點站，這樣就會使貨運量增加。今後，在修建地方鐵路時應多把這一點考慮在內。

從第一個因素和第二個因素來看，要使鐵路有源源不斷的貨源，必須使地方經濟蓬勃發展，必須使地方的企業、尤其是大型企業重新具有活力。這是任何地方與任何鐵路線都必須重視的問題。

如何才能發展地方經濟以增加鐵路的貨運量呢？我們可以根據滇南的情況

作如下幾點判斷：第一，滇南是資源豐富的地區，但資源仍未被有效地開發。如果聽任效率不高的個體經營者或私營小廠去隨意開發，一方面造成資源的濫採濫伐，甚至會破壞資源，另一方面也難以形成足夠多的鐵路貨運量。較為可行的做法是採取多方籌資集資，組織實力較雄厚的有限責任公司或股份有限公司，從事有效的開發與經營。這既能提高資源的利用率，又可以使鐵路有穩定的、持續增長的貨運量。第二，滇南的鄉鎮企業是不發達的。據我在開遠、建水兩地的調查，這裡的鄉鎮企業無論在數量上、規模上還是在經營範圍上，與湖南相距甚遠，而同江浙閩粵四省就更無法相比了。但據説，開遠和建水還是滇南經濟較好的縣市，滇南其它縣市的情況還要差些。因此，有必要大力發展滇南各縣市的鄉鎮企業。可以進一步放寬政策，並在技術與資金方面給予較多的支持。只要鄉鎮企業發展起來了，市場活躍了，貨運量的增長也是沒有疑問的。第三，滇南的農戶庭院經濟有很大的發展潛力。這裡氣候溫暖，雨量充沛，對蔬菜水果生長十分有利。只要運輸條件改善，一年四季都可以有大量蔬菜水果運往國內外。這樣，既可以增加鐵路的貨運量，又可以大大提高農戶的收入，而農戶收入的增多又為市場繁榮與貨運量增長創造了條件。

現階段，鐵路部門應把眼界放遠一些，放寬一些。要利用鐵路部門的力量來幫滇南地區發展鄉鎮企業，支持農戶庭院經濟的壯大，並參與資源的開發利用。鐵路部門除了可以通過多種經營的獲得收入，彌補因貨運量不足而導致的收入減少而外，對於今後貨運量的持續增長也會大有好處。

我想，上述這些對於其他因貨運量不足而感到苦惱的鐵路線同樣有參考價值。

農村養老保險的設想

在中國的養老保險制度改革中，農村的養老保險是一個特殊的問題，它不僅不同於企事業單位職工的養老保險，而且也不同於城鎮的個體經營者和私營企業主的養老保險。特殊性質的農村養老保險看來只有採取特殊的方式才能解決。

家庭聯產承包制推行後，農村一家一戶成為基本生產單位，也成為家庭成員的保障實體。但另一方面，隨着觀念的改變，農村家庭中子女與老人分居的現象也逐漸普遍。多子女家庭中，老人通常只同家中某一個孩子共同生活，其餘子女則另立門戶。當然，也有如下這種情況，即老人獨居，而由各個子女分攤贍養費用。這使得農村的養老保障有必要採取多種方式，並應有較大的靈活性。

北京大學工商管理學院（現改名為「光華管理學院」）幾年前承擔了國家教委文科博士點基金研究課題，與國家計委經濟研究所共同進行有關中國社會保險制度的研究。研究成果已由上海人民出版社出版（厲以寧主編：《中國社會福利模型—老年保障制度研究》）。書中對農村養老保險制度的改革提出了基本構想。我認為這是比較符合中國現況的。

應當指出，考慮到農村與城鎮在經濟上的差別以及農民收入水平的不同。農村養老保險可以採取自我平衡的互助性基金形式。農民自己儲蓄，自己養老，比如說，從二十歲起開始繳納養老保險費，從五十五歲（女）或六十歲（男）起開始領取養老金。自我平衡是指：同年開始領取養老金的農民作為一個平衡群體，早逝者與晚逝者之間、男性與女性之間互助互濟，所積累的養老保險費與所領取的養老金之間保持收支平衡。由於農民收入水平不同，所以可以把農村的養老金標準分為若干檔次（三檔或五檔），農民可以選擇檔次，參加養老保險。

在這裡，重要的問題在於資金的管理與增值。對於農村的養老保險，需要設立專門的機構來負責這項事業，該機構既要管理農村養老金的籌集和發放，又要加以有效的運用，使養老保險基金保值增值，防止受通貨膨脹之害。

而要對養老保險基金有效運用，除了應有懂得金融業務的專門人才來操作以外，農村養老保險金籌集的範圍就必須寬些，而不能狹窄。例如，一個鄉鎮範圍內統籌農村養老保險金，固然比較方便，但範圍過窄，所籌集到的資金過少，不便有效運用。甚至可以說，如果縣級範圍內統籌，也是較小的。從目前中國的實際出發，不妨以地區級的市作為一個統籌區域為宜。假定縣級市的條件較好，也可以此作為一個統籌區域。從長遠看，農村養老保險金的籌集範网可以逐漸擴大。

農村養老保險基金的運營應按照國家的有關規定，力求穩妥可靠與靈活。穩妥可靠是為了不使參加養老保險的農民受到損失，靈活是為了能夠按時支付人們的養老金。養老保險基金的增值率一般應介乎銀行零存整取利率與社會平均資金利潤率之間。假定低於銀行零存整取利率，則參加養老保險的農民會認為參加養老保險還不如存款於銀行。

要使之高於社會平均資金率，不是絕對不可能之事，而是風險過大，違背養老保險基金的運用原則。這樣，農村養老保險基金的投資方向可以首先用於購買國庫券或收益穩定、風險較小的金融債券，一部分用於購買效益好的公司的股票。

農村養老保險與城鎮養老保險相比，還有一個明顯的特點，這就是：在相當長的一段時間內，農村人口外流的比例要比城鎮大得多。中國正處於現代化過程中，農村人口逐年向城鎮遷移。

因此，農村的青年在參加農村養老保險後，以後將遷入城鎮，該如何處理已繳納的養老保險金或是否繼續參加農村養老保險的問題？如果他們繼續參加農村的養老保險，問題還不大。如果他們遷出農村後，不願再參加農村養老保險了，該怎麼辦？在農村養老保險依然按社區籌集並且城鄉養老保險基金分設的條件下，一種可供選擇的辦法是按退保處理。但這又會給參加者帶來某種損失。看來，今後應研究跨城鄉的轉移養老保險金的方案，以適應農村人口流動的要求。

關於老年人的再就業

在國內一些省市調查時，發現老年人的再就業已成為一個新問題。一些企事業單位剛退休的老職工，紛紛被某些鄉鎮企業、私營企業聘用。甚至有些老職工還未到退休年齡，就有用人單位來「挖人」。原因是：這些老職工在技術上和管理能力上有專長，剛好填補了用人單位的空位。如果這些人沒有專長，當然也就不會發生「挖人」之類的事情了。

對於上述情況，我聽到兩種截然不同的反映。一種意見是：老年人再就業是一件好事，表明中國市場經濟的發展對技術人才和熟練勞動力的旺盛的需求。另一種意見則不以為然，主要提出下列四點疑問：

1、社會中的過剩勞動力已經為數不少，而且多半是青年人，現在這些退休的老人又出來就業，豈不是同青年人「搶飯碗」？

2、一些用人單位往往因高薪聘請退休人員前來工作，甚至在他們尚未退休時就用高薪來「挖人」，由於收入差距大，使一些在職的職工不安心工作，影響工作效率。

3、有些老職工被用人單位聘走後，他們不僅給新單位帶去了技術，而且還帶走了一些技術訣竅或營銷關係，使原單位蒙受損失。

4、由於有的退休人員退休後無人來聘，無事可做，光靠退休金維持生活，而有的退休人員則被聘到新單位，有高薪收入，於是形成鮮明對照，苦樂不均，甚至影響團結。諸如此類的疑難，歸結到一點，就是主張退休人員不應再就業，即使找到工作，也不能拿高薪，而應以盡義務為主。

兩種意見之中，哪一種較有道理？我是傾向於第一種意見的。

關於老年人是否與青年人爭奪飯碗的問題，應當這樣看；經濟生活中確實存在一些職業空位，如果這些職業空位是側重體力性的、不要求熟練技術的，顯然老年人不如青年人。沒有哪一個用人單位會排斥青年人而吸收老年人來填補職位空缺，於是就不存在「搶飯碗」的情況。假定這些職業空位需要熟練勞動力而青年人又不能勝任，那麼用人單位聘請退休人員就無可非議，這也稱不上「搶飯碗」。雖然勞動力結構的不協調也可以通過對青年人的職業培訓來解決，但需要時間，而且青年人唯有加緊學習技術，掌握技術，才能被用人單位歡迎。然而無論如何，單位採取限制老年人再就業的辦法，並非明智之舉。

關於高薪聘請退休人員是否引起在職人員不安心工作問題，需要具體分析。在雙方自由選擇的勞動力市場上，工資是由雙方議定的。既然用人單位願意出高薪聘請退休人員，一定考慮到聘人後會有更多的收益，所以不能因此而否定退休人員的應聘問題。至於尚未達到退休年齡的在職人員不安心工作之類的情況，可以通過勞動合同來約束，即在職人員不能違背勞動合同而隨意離職，否則要支付一定的賠償費或其他款項。這也許是緩解這一矛盾的辦法。

退休人員到新單位工作後把技術訣竅或營銷關係一併帶過去，倒是一個值得注意的問題。技術訣竅，要弄清性質。如果屬於商業秘密，那就應多依靠本單位的規章制度加以保護，限制職工洩密。如果不屬於商業秘密，並且是同退休者本人的技術結合在一起的，就很難進行約束。營銷關係，比較複雜，在實際生活中幾乎找不到有效的措施來制止退休人員把它們帶走。這個問題看來一時不易解決。退休人員中有一部分人收入多，一部分人因無人來聘而收入少，從而形成不平衡，這是客觀事實，在現階段是難以避免的。今後可以用徵收個人所得稅的辦法來協調這一矛盾。我們不能以「退休人員應多盡義務」為理由而違背市場經濟規律行為。

總之，退休人員的再就業對熟練勞動力依舊不足的中國經濟而言，是一件有利的事情。由此所引起的若干問題，可以採取相應的措施來解決。況且，這種情況決不是靠行政手段就能禁止的。以行政手段予以禁止，只能造成地下的熟練勞動力市場，其弊端肯定要多得多。

社會救濟制度的改革

社會保障制度是一個龐大的體系。它包括社會保險、社會福利、社會救濟這樣三個領域。社會保險包括：養老、失業、工傷、醫療保險等。社會福利包括：住房補貼、食品價格補貼和其他各種生活補貼。社會救濟包括：對生活在貧困線以下的居民戶的救濟、鰥寡孤獨者的救濟、殘疾人的救濟、災民救濟等。社會保障制度的改革不僅包括社會保險制度和社會福利制度的改革，而且包括社會救濟制度的改革。

在社會保障體系中，社會救濟具有特殊的性質和特定的適用範圍。簡略地說，社會救濟是一種特殊的社會保障，它是指社會對於因各種原因而造成的低收入家庭和貧困者給以生活困難補助，以便這些家庭或個人能維持生活，並盡可能使他們早日脫離貧困狀態。社會救濟有臨時性的救濟與長期性的救濟之分。對於災民的救濟，通常是屬於臨時性的。對於缺乏勞動力與謀生能辦而處於貧困之中的低收入家庭、鰥寡孤獨者和殘疾人，社會救濟應是長期性的。

社會救濟制度將如何改革？根據國內學術界多數人的意見，這一改革將着力於以下三個方面，即（一）國家在承擔社會救濟主要責任的前提下，建立社會救濟基金；（2）擴大社會互助共濟性質的社會，救濟的作用，鼓勵成立社區性的社會救濟機構；（3）鼓勵民間組織慈善困體，積極發揮這些團體在社會救濟中的作用。我認為，這三個方面都是重要的、不可缺少的。現論述如下：

第一，國家在承擔社會救濟主要責任的前提下，建立社會救濟基金。應當指出，無論是在計劃經濟體制下還是在市場經濟體制下，國家都義不容辭地負有社會救濟的責任。縱觀世界上各個發達的市場經濟國家，無一不是由政府承擔社會救濟主要責任的，因此不能認為從計劃經濟向市場經濟過渡就可以減輕國家在這方面的責任。在國家預算的事業發展和社會保障支出中，列有撫恤和社會救濟費項目，其金額是隨國家財政收入的增長而增長的。在中央與地方的預備費支出中，也有一部分可用於緊急救濟。但這些措施似嫌不足，國家應設立社會救濟基金，並運用這筆基金來增加社會救濟支出。這尤其適合於災民的救濟。

第二，擴大社會互助共濟性質的社會救濟的作用，鼓勵成立社區性的社會救濟機構。這主要是指：在改革社會救濟制度方面，今後應當大力發展社區組織的社會救濟事業。以社區為單位，建立孤兒院、養老院、殘疾人福利院之類的機構，把本社區範圍內的需要救濟的人容納在內，作為社區的一項公益事業，是可行的。由於各市縣鄉鎮的發展水平不一，因此每個社區可根據自己的經濟狀況來組織社會救濟，不應當求其一律，社會救濟的範圍與內容也應當有所差異。

第三，鼓勵民間組織慈善團體，積極發揮這些團體在社會救濟中的作用。這無疑是隨着市場經濟的發展而出現的新事物。在市場經濟發展過程中，不僅會出現一些致富的個人和他們經營的企業，而且也會有一些雖然致富但又對公益事業有熱心的人。在個人所得稅制與遺產稅制的影響下。如果政府頒布慈善事業捐獻可以免稅的規定，民間慈善團體的建立將會十分自然。所以可以預料，民間慈善團體將會發揮越來越大的作用。

國家救濟、社區救濟、民間慈善團體救濟三者相互配合，各自發揮應有的作用，一定會使中國的社會救濟事業呈現新的局面。同時，不管是來自哪一方面的社會救濟，都需要盡可能地把社會救濟同扶植低收入家庭的工作結合起來。除了對那些確實缺乏勞動力與謀生能力的低收入者實行純生活補助性的社會救濟之外，對於仍有勞動力與謀生能力的低收入者，應當着眼於扶植，使他們獲得增加收入的本領與機會，而不是純生活補助。這將使社會救濟費用的使用效率大大提高。

彈性退休制度

就世界範圍而言，由於經濟的進步、科學技術的進步和醫療水平的提高，一些經濟較為發達的國家的人口平均壽命有延長的趨勢。加之，受教育年齡也在延長，有較高學歷的人參加實際工作的年齡在向後推，於是他們的工作年限也有往後退移的傾向。老年退休制度作為一項社會保障，是必須實行的。但不同學歷的工作者究竟以何種年齡為適當的退休年齡，歷來有不同的看法。男性工作者一律六十歲退休、女性工作者一律五十五歲退休的做法，被人們稱做不合理的「一刀切」措施，並不是毫無依據。彈性退休制度的提出，正與上述各種情況有關。

對中國而言，彈性退休制度被認為另有兩種特殊的意義。第一，中國雖是一個勞動力資源豐富的國家，但熟練勞動力、高技術水平的勞動力卻又大大不足。如果普遍推行男性六十歲退休和女性五十五歲退休的制度，考慮到熟練勞動力、高技術水平的勞動力的不足，那麼這種硬性的退休制度勢必導致熟練勞動力不足現象的加劇。然而，如果一律推遲退休年齡，那麼考慮到大批青年將進入勞動力市場的情況，這又會使就業問題更加緊張。所以及早研究彈性退休制度，尤其必要。第二，中國仍是一個發展中國家，經濟實力還不雄厚，加之，全社會統籌的養老保險制度尚在開始試行之中。一個勞動者，如果中小學階段受教育十二年，大學階段受教育四年，參加工作時約二十二歲，到五十五歲或六十歲退休，實際工作不過三十多年。假定生命可延續到八十歲，那麼社會將為此支付長達二十至二十五年的養老金。如此年復一年，社會上積累的領取養老金的人數將越來越多，社會為此支出的金額也越來越龐大。這對於作為發展中國家的中國的經濟發展，的確是一個十分沉重的負擔。因此，研究彈性退休制度非常必要。

什麼是適合中國現階段國情的彈性退休制度？關鍵在於對於「彈性」二字如何理解。在我看來，可以從以下三個角度來理解在中國現階段具有可行性的彈性退休制度：

1、按照勞動者的文化技術水平與學歷、職稱高低制定不同的退休年齡。具體地說，高學歷者、有高級技術職稱和有特殊技能的人，可以根據情況推遲退休年齡。這樣，既可以發揮有較高文化技術水平的人在原工作崗位上的作用，還可以鼓勵青年人努力鑽研技術，提高文化技術水平。至於推遲的年限，也不應作統一規定，而可以分為幾個不同的檔次，區別對待。

2、把退休分為半退休、準退休、正式退休三類。正式退休指到達應退休年齡後，即成為正式退休人員，靠養老金維持生活。半退休，是指職工在到達應退休年齡時，由於需要該職工繼續承擔一部分工作，用人單位在徵得職工本人同意後，可以暫時列為半退休人員，其收入一半來自用人單位減半發放的工資獎金，一半來自養老金（退休金），職工在用人單位的工作量也減半（如每日工作半天，或一周工作三日左右，一月工作半月左右等）。準退休，是指職工在到達應退休年齡時，由於需要該職工繼續承擔諮詢、顧問等方面的工作，用人單位在徵得職工本人同意後，可以暫時列為準退休人員，基本收入仍為養老金（退休金），但用人單位可以根據該職工出力的多少與工作佔用時間的多少，給予適當補助。半退休和準退休都有一定期限，期滿後仍按正式退休對待。用人單位在這方面應有一定的自主權，以利於工作。

3、彈性退休制度中的彈性一詞，是指勞動者對自己的退休年齡的選擇。比如說，規定工作三十三年或三十八年為有資格領取養老金的年限，但這三十三年或三十八年不一定連續計算，而可以歷年累積而成。如果一個人在工作期間因某種原因（如參加工作後出國留學，或婦女生育和撫養年幼子女等）而請假，那就可以在假滿後再來工作，工作年限可累計，但假期最多不得超過十年，否則就要影響養老金的數額。這種彈性退休制度對於高學歷的人、特別是高學歷的婦女，可能更有適用性。

對有關彈性退休制度的上述建議，我認為是可以進一步研討的。

第九章 管理是科學還是藝術

- 管理是科學還是藝術
- 國企依然負擔過重
- 論社會集團消費的膨脹
- 論政策性銀行
- 對困難企業職工的救濟
- 完善存款準備金制度
- 積極發展公共市場業務
- 養殖業與農村致富
- 增加農業投入的迫切性
- 牧區草場承包責任制
- 城市飲用水的資源保護
- 消費品滯銷與科技投入
- 利用科技開發投資
- 關於「靚女先嫁」的討論
- 體制轉軌時期的市長與市場
- 國有資產管理機構的設立
- 加快國有資產管理的立法
- 國家控股企業的人事改革
- 談談國有企業的合資
- 創造機遇與抓住機遇
- 轉型發展的雙重任務

管理是科學還是藝術

國內的報紙上最近就管理是科學還是藝術這一問題有所討論。問題是這樣提出的：有些人認為管理必須是科學，也只能是科學，所以在管理工作中有必要提出科學管理或管理科學化的原則；另一些人則認為，管理主要是指領導管理，而不是僅指下級人員的管理，下級人員的管理完全按規章制度去做，但領導的管理是決策性的，這應當被看成是一種藝術，簡稱為領導藝術。因此，把管理看成是藝術是有道理。

在討論中還有一種看法，即認為管理既是科學，又是藝術。中國科學院系統科學研究所的劉源張教授就是持這種看法的代表者之一。他在《科技日報》上寫道：「如果多從管理科學的一面看，這就更多要求它的科學性。因為只有這樣，管理科學才能傳授、交流和發展。如果多從管理實踐的一面看，這就更多要求它的藝術性。而這藝術性又多是依賴經營者和管理者自身的經驗……兩者相輔相成，管理科學才能對管理實踐起到應有的作用，管理實踐才能對企業的效率和效益作出應有的貢獻。」我是同意劉源張教授的觀點的。在這裡，劉源張教授着重討論的是企業管理問題，我想就宏觀經濟管理問題作一些闡述。

在宏觀經濟管理中，政府處於高層次調節者的位置上。市場調節是基礎性調節，時時處處存在，政府對高層次調節可多可少，可有可無。需要政府調節時就調節，不需要政府調節時政府就不必調節。政府不調節，不等於政府不進行日常的管理。政府管理所依據的是法律、法規。總之，政府調節與政府日常的管理不是同一回事。政府不管理，市場無秩序可言。政府不調節，市場照常進行，經濟可以照常運轉。

廣義的宏觀經濟管理是把政府調節包括在內的，即既有日常的政府管理，又有政府在認為有必要時所進行的調節。狹義的宏觀經濟管理僅指日常的政府管理而言。日常的政府管理是一種程序化的管理，一切按規章制度辦理，而政府調節則要比日常的政府管理複雜得多。我們知道，經濟運行有一定的警戒線，越過警戒線後，政府有必要進行調節。如果通貨膨脹率或失業率只是稍許越過了警戒線，問題並不突出，政府只需要進行微調，那麼這也具有程序化管理的性質。如果通貨膨脹率或失業率大大超越了警戒線，或國民經濟中發生了重大的變故，或社會穩定因某種事件而受到威脅，那麼在這種情況下，政府需要採取非常的、特殊的調節措施，這就屬於非程序化的管理了。非程序化的管理來自非程序化的決策，這時，政府既不能遵照固定的、標準的操作程序，也不能按習慣辦事，而主要依靠經驗、洞察力、甚至直覺，並由此作出判斷。人的創造能力在這裡起着重要的作用。

此外，在政府的非程序化決策與管理中，政府還必須考慮到經濟生活中存在的機動性而不宜走向絕對化，要充分注意信息的不充分、不及時與不精確，要清醒地認識到每一個微觀經濟單位的經濟行為的可變性，因此，在採取非常的、特殊的調節措施時，需要審時度勢，運籌得法，掌握火候，恰到好處。這正是宏觀經濟管理的藝術性的表現。

於是我們可以對宏觀經濟管理是科學還是藝術的問題下一結論。就整個宏觀經濟管理來說，它是一門科學，是管理科學、決策科學。日常的政府管理和程序化的政府調節，要嚴格地按規章制度辦事，這時賦予政府管理人員的機動性較小，從而管理的藝術件表現不出來，或較少表現機會。非程序化的政府調節，雖然也應有科學性，即必須遵循經濟規律，但政府管理人員、特別是高層管理人員有較大的機動性，他們的創造能力可以充分反映出來。非程序化的政府調節具有較大的藝術性，這是沒有疑問的。正是從這個意義上說，宏觀經濟管理既是科學，又是藝術。

國企依然負擔過重

北京參加了幾次有企業主管人員參加的座談會，聽到一些國有企業的廠長、經理的反映。他們異口同聲地說：改革了這麼多年，如今國有企業依然負擔太重，簡直把企業壓得喘不過氣來。據我在雲南、湖南、湖北、河南等省調查後的體會，這些廠長、經理的抱怨不是沒有道理的。

國有企業負擔過重由來已久。為此，中國進行了稅制改革。稅制改革原來的意圖主要有三點：一是減輕國有企業的負擔，使國有企業與非國有企業處於平等競爭的位置上；二是集中一部分財政收入於中央，逐步增加中央財政收入在整個財政收入中的比重；三是增加整個財政收入，逐步增加財政收入在國內生產總值中的比重。現就上述第一個意圖的實現情況來說，很難認為國有企業的負擔已經減輕了，也很難說國有企業與非國有企業在稅收負擔方面已經一致了。當然，這並不是說一九九四年所進行的稅制改革沒有成效，而是說國有企業負擔過重是一個難解的問題，絕非在稅制改革的開始階段就能解決的。

根據中國國家統計局的資料，一九九四年間，集體企業的流轉稅負大約是國有企業流轉稅負的百分之六十，鄉鎮企業大約是國有企業的百分之五十六，三資企業大約是國有企業的百分之五十七。這表明公平競爭的環境仍未形成。

不僅如此，國家統計局和財政部門對國有企業一九九三年與一九九四年的流轉稅負的統計數據還說明，一九九四年國有企業的流轉稅負要比一九九三年提高一點六個百分點左右。國有企業稅負減輕的願望同樣未能實現。

如果再把國有企業稅收以外的負擔包括進去，可以認為，所謂國有企業依然負擔過重的說法是符合實際的。

因此，需要研究的是三個問題。

第一，為什麼國有企業的負擔未能因稅制改革而減輕？

這裡又包含兩個方面。一方面，稅收負擔沒有減輕，這主要是因為稅率的調整以及實行了增值稅制度，各個行業和各個企業之間的差別較大，有的行業和企業的稅負有所減輕，但較多的行業和企業的稅負卻加重了。另一方面，由於企業體制改革滯後，國有企業在稅收以外的負擔一直沒有減輕，而且也不容易減輕，這就使得國有企業的處境依舊艱難。

第二，國有企業負擔過重現象的持續將對中國經濟產生什麼樣的影響？

關於這個問題，可以毫不掩飾地說，將使中國經濟發展受阻。理由是：市場經濟的微觀基礎應是有活力的企業，如果企業因負擔過重，自我改造與自我發展能力有限，虧損多，債務沉重，那麼很難擺脱目前的困境，更談不上有充沛的活力去開拓國內外市場了。企業的命運關係到整個國民經濟的興衰。我們不能設想中國經濟會在企業處境十分艱難的條件下振興起來。有人説，企業總是有生有死、有興有衰的，該破產的就讓它們破產嘛。這句話並不錯。問題是：破產的只能是少數，或只能是一部分。假定有較多的企業因負擔過重而無法生存與發展，那就是另一回事了。如果減輕稅負就能使一大批企業情況好轉、恢復生機，為什麼不這麼做呢？

第三，解決國有企業不負擔過重問題的出路何在？

對於稅收以外的負擔，主要通過兩條途徑來解決。一是加快社會保障體制的改革，使養老、失業、醫療等保障由社會統籌解決，同時使非經營性資產同經營性資產剝離，使企業擺脱「辦社會」的困境。二是真正實現政企分開，使企業的一切繳納有法律法規可循。至於國有企業的稅收負擔，則應當在完善新稅制的過程中，使國有企業同非國有企業處於公平競爭的地位，並使某些稅率按行業的情況進行適當的調整。

論社會集團消費的膨脹

社會集團消費在中國的體制下，是指黨政機關、社會團體、企事業單位用公款購買供集體消費的非生產性商品的支出。例如，這些機關、社會團體、企事業單位購買藥品及醫療器械、非生產用的燃料、小轎車、大轎車、傢俱、空調器、錄像機、地毯、複印機、電傳機、打字機等支出，都列入社會集團消費的範圍內。當然，社會集團消費的定義並不是很清晰的，其範圍的界定也不一定科學，但分析一下社會集團消費的變動狀況，對於了解中國經濟卻頗有好處。所以本文並不打算討論怎樣劃定社會集團消費的界限，而想專就近年來社會集團消費膨脹問題談點看法。

社會集團消費的膨脹是一個明顯的現象。通常所說的公款吃喝、公款旅遊、公款送禮等支出，就是社會集團消費膨脹的例證。通常所見到的用公款購買高級營養品和高檔傢俱，以及各單位購買高檔轎車、空調器、錄像機、冰箱等支出，同樣是社會集團消費膨脹的例證。為什麼社會集團消費的膨脹一直未能得到抑制呢？為什麼儘管社會上普遍斥責社會集團消費的膨脹，而社會集團消費的膨脹卻依然持續未已呢？我想，不妨從體制、法律、社會風氣三個方面來尋找原因。

首先，從體制方面尋找原因。

機關、社會團體和企事業單位為了正常地進行工作，需要購買商品，也需要有一定的勞務支出。如果我們稱之為社會集團消費的話，那麼不能認為社會集團消費是不必要的、應當取消的。應當強調的是社會集團消費的合理性。這個合理性有兩個含義。第一，就社會集團消費的內容來看，為社會集團消費主體正常工作所必需的消費支出是合理的支出，否則就是不合理的支出。社會集團消費膨脹包含了這樣一層意思，即把許多不合理的支出也納入社會集團消費之內。第二，就社會集團消費同國民收入的比例、社會集團消費同居民在消費的比例來看，社會集團消費的總量是否超過了一定的限度。在限度以內的，社會集團消費是合理的；超出限度，就是不合理的，也就是社會集團消費膨脹。

社會集團消費膨脹的體制原因，主要在於作為社會集團消費主體的各個單位缺乏自我約束的機制，其負責人不承擔由於集團消費膨脹而導致的經濟後果。至於社會集團消費主體內部成員，則謀求福利和待遇的最大化，同樣不承擔由於集團消費膨脹而導致的經濟後果。正因為如此，所以抑制社會集團消費膨脹惟有依靠上級部門或主管機構的行政手段。正如用手在水缸中把皮球往下壓一樣，用力猛些才能壓下去，手一鬆，皮球又冒出來了。其次，從法律方面尋找原因。

政府機關的購買商品支出應當嚴格地受到預算的控制。如果違背預算的規定而擴大社會集團消費支出的現象得不到追究，那麼預算又有什麼意義呢？再說，禁止公款吃喝、公款旅遊、公款送禮，禁止社會集團消費主體揮霍公款購買高檔轎車和傢俱等等，都應當有法律法規作出明文規定，執法必嚴，違法必究。然而迄今為止，這方面的法制建設仍是滯後的。應當承認，這同社會集團消費膨脹的持續有密切關係。

再次，從社會風氣方面尋找原因。

這是一個比較複雜的問題。在從計劃經濟體制向市場經濟體制轉變的過程中，新建立了許多公司，不少政府官員到公司任職，於是相應地出現了在生活設施上相互攀比，擺闊氣、講排場等情況。這是一種不良的社會風氣，應當引起社會的關注。此外，社會集團消費中，有一部分屬於福利、待遇性質，所以各個社會集團消費主體也相互攀比，以公款購買消費品發給消費主體的成員。在這些成員看來，「不拿白不拿」，認為這是理所當然的事情；而在一些消費主體的領導人看來，這既是安撫本單位成員的辦法，又可以借此緩和與堵住本單位成員對自己揮霍公款吃喝玩樂的批評。這樣，久而久之，社會集團消費膨脹的事實就被一些人看成是無所謂的事情了。如果不扭轉這種不良的社會風氣，社會集團消費膨脹就可能持續存在。

論政策性銀行

《中華人民共和國商業銀行法》對商業銀行的性質與作用作了明確的規定，即商業銀行是指吸收公眾存款、發放貸款、辦理結算等業務的企業法人，它自主經營，自擔風險，自負盈虧，自我約束。但對於在金融體制改革過程中建立的政策性銀行，商業銀行法不可能對此作出規定。政策性銀行與商業銀行是不同性質的銀行，各自在經濟中起着不同的作用。迄今為止，學術界就有關政策性銀行的討論還不多。我想借此發表一些有關政策性銀行的觀點。商業銀行可以有不同的投資主體，而政府性銀行只能是國家投資建立的。這是因為，既然政策性銀行是政策性的，它就不能像商業銀行那樣把經濟效益放在首位，以盈利為目的，也不能像商業銀行那樣展開公平競爭。政策性銀行的主要任務是根據國家的產業政策和對外貿易政策，以及根據長期建設的需要，發放政策性貸款。這些政策性貸款包括國家專項儲備貸款、重點基本建設項目貸款、經濟開發貸款、重點技術改造貸款、扶貧救災貸款等。貸款期限通常較長，利率低，風險性也較大。商業銀行從自身的經濟利益考慮，不可能從事政策性貸款，所以政策性貸款的任務就落到政策性銀行的身上。

為了使政策性銀行能更好地發揮自己在國民經濟中的作用，同時又要使政策性銀行能夠在保本微利的前提下得到適當的發展，有以下四個問題值得進一步研究：

（一）政策性銀行必須把降低成本和提高效率放在重要的位置上。這既是貫徹國家產業政策、對外貿易政策和長期經濟建設計劃所必要的，也與保本微利經營有關。為了降低成本和提高效率，政策性銀行應當精簡編制，切忌亂鋪攤子和冗員充斥。政策性銀行的工作人員應當精幹，營運費用可以節約很多，效率也可以提高。那種認為可以把專業銀行改組為商業銀行過程中多餘出來的人員統統安排到政策性銀行工作的想法，對政策性銀行的發展是不利的。

（二）政策性銀行儘管從事政策性貸款業務，但要使得政策性銀行做到保本微利經營，不致於給國家財政增添負擔，應當給予政策性銀行一定的經營自主權。關於這一點，有必要指出現在中國的政策性銀行是社會主義市場經濟體制下的政策性銀行，而不是計劃經濟體制下的政策性銀行。國家不應像計劃經濟體制下那樣給政策性銀行下達直接的指令，即直接命令政策性銀行貸款，而應當容許政策性銀行在一定範圍內通過嚴格的項目評估而有選擇權。比如說，同樣是重點技術改造貸款或農業開發貸款，政策性銀行應當有權從中擇優進行貸款。

（三）政策性銀行同商業銀行之間的關係既不是隸屬關係，也不是競爭關係，而應當是互補關係。這種互補關係主要表現於兩個方面。一方面，在貸款業務中，例如對技術改造項目或開發項目的貸款，商業銀行主要提供短期貸款，政策性銀行則以中長期貸款為主，甚至提供超長期貸款，這樣就體現了兩類銀行的互補作用。另一方面，這種互補關係表現為：某些重點基本建設項目在剛開始興建時，由於對盈利前景不明確，所以商業銀行不願從事貸款，這時可以由政策性銀行進行貸款。在工程進行到一定階段，盈利前景逐漸明朗後，商業銀行願意進行貸款了，政策性銀行就可以讓出一部分地盤，讓商業銀行進入。正由於互補關係的存在，所以政策性銀行與商業銀行之間應保持密切聯繫，不斷交流信息。

（四）政策性銀行不是臨時性的金融機構，而應是長期存在的金融機構。因此，應當制定有關政策性銀行的法律。政策性銀行的法律的宗旨是規範政策性銀行的行為，保障政策性銀行的健康運行與發展。政策性銀行所提供的貸款，儘管在利率上有優惠，貸款期較長，但仍應當實行有借有還的原則，這在法律中應有規定。此外，政策性銀行的設立、組織機構以及對政策性銀行的監督管理，同樣需要用法律加以確定。

對困難企業職工的救濟

最近一段時間，我同一些國有工廠的廠長交談，他們深為本廠低收入職工的生活困難擔憂。他們說，某些國有工廠由於停產減產、開工不足、訂單下降和虧損嚴重，使職工家庭收入大大減少，工廠不能按期足額發放工資，而只能發生活費。湖南邵陽市、婁底市的情況正是如此。

這是一個直接關係到社會安定的大問題。據說，湖南邵陽市、婁底市的情況還不是最突出的，遼寧省、黑龍江省一些國有工廠低收入職工的生活困難尤為突出。假定物價水平能夠穩定，情況可能稍好一些，但物價的漲勢並未煞住，只是漲幅有所減少而已。

社會救濟可以被看成是低收入職工家庭的最後屏障。然而，如果把低收入職工全都推給社會來救濟，是不現實的。第一，社會救濟通常有特定的對象，主要是指喪失勞動能力的窮人、鰥寡孤獨的窮人或災民等，不能把開工不足或停產的工廠職工都包括在內。第二，社會救濟的經費主要來自國家財政收入，而目前中國的國家財力有限，不可能把低收入職工都列為社會救濟的對象。至多只能認為，破產倒閉後生活沒有着落而又不能靠勞動謀生的貧困職工，可以得到一定的社會救濟款的補助。

由社會養老保險和失業保險基金來解決低收入職工的生活保障，顯然是有道理的。問題是：社會保障體制的改革正在逐步推進，預計要經過幾年的努力，大體上在本世紀末基本建立起適應市場經濟的社會化養老保險和失業保險體制。一旦這樣的社會保險體制建立起來了，低收入職工的生活保障問題基本可以解決。但目前仍處於逐步推進改革的階段。籌集數額足夠多的社會保障基金，有一個過程。改革思路是正確的，這不等於目前已能按照新的社會保障體制的要求把低收入職工的生活保障問題統籌解決。我們也只能說，在有條件的城市和企業，破產倒閉後的企業職工可以通過統籌的社會保障基金解決生活的困難，但覆蓋面還不能包括所有的國有企業職工，更不能把全部企業職工都包括進去。

那麼，現階段應該如何對待困難企業中的低收入職工的生活困難問題呢？

特別是對待那些並未真的失業的（主要是由於企業經濟困難而領不到足額工資的）低收入職工的生活困難問題呢？這是一個特殊性質的問題，不能不引起我們的重視。

根據各地各企業的不同情況，有以下幾個辦法在目前可以用來緩解那些不屬於社會救濟範圍、尚未真的失業但收入極少、甚至完全領不到工資的困難企業職工的生活困難：

一、凡是夫婦兩人都在困難企業中工作的，政府應盡量想辦法讓其中一人轉到有收入的場所去工作，或者介紹職業，或者給予技術培訓。只要夫婦兩人中有一人能有一定的工資收入，家庭的生活困難就可以緩解了，因為當前最困難的，是夫婦兩人都沒有工資或都領不到足額工資的家庭。

二、凡是夫婦兩人都在困難企業中工作的，可以設法讓其中一人辦離職或提前退休手續，並保證發給一定的安置費，讓其從事個體經營或自由職業，並由此取得一定的收入，緩解家庭困難。

三、由困難企業出面，在停產減產、開工不足的條件下，組織職工從事廣泛範圍的、帶有自助自救性的工作，以便使這些職工能增加收入，緩解家庭困難。

四、困難企業把低收入職工家庭的實際情況如實地通知有關的學校，使這些家庭的子女有條件得到助學金、獎學金，或使他們得減免學費。

五、地方政府在醫療、住房等方面給予這些低收入職工家庭以適當的照顧。

總之，這些都屬於緩解困難的辦法。而要真正使困難企業的職工擺脱困難，還有待於企業改革的深化、產業結構的調整和新的社會保障體制的建立。

完善存款準備金制度

《中國人民銀行法》已於一九九五年三月十八日第八屆全國人大第三次會議通過，並自公布之日起施行。在第二十二條寫明：中國人民銀行為執行貨幣政策，可以要求金融機構按照規定的比例多存存款準備金。這是一項十分重要的規定，對於建立和完善中央銀行宏觀調控體系有着積極的意義。

《中國人民銀行法》上有了關於存款準備金制度的明確規定，並不等於在實際經濟生活中就一定能夠按照法律規定的要求，使存款準備金制度有效地起作用。為此，中國還必須在以下幾個方面進行不懈的努力。

首先，中國必須使中央銀行與商業銀行的關係正常化，而不能再像過去那樣把國有的商業銀行同中央銀行之間的關係看成是特殊的關係。商業銀行就是商業銀行，國有的、混合所有制的、非國有的商業銀行全都一樣。國有的商業銀行再不能是政企合一的金融機構。如果這些銀行在貸款上依舊嚴重依賴中央銀行，年年爭取多一點貸款指標，而中央銀行又不得不一再擴大給這些銀行的貸款額度。這樣，存款準備金制度的效果必定大為減弱。

其次，從貨幣流通量調節的手段上看，目前在中國起主要作用的是信貸計劃中的貸款規模控制，而不是商業銀行本身的資金量。換句話説，要增加貨幣流通量，中央銀行就擴大貸款規模，而要抑制貨幣流通量，中央銀行就嚴格限制貸款規模。至於商業銀行本身的資金充裕程度或資金緊張程度，在這方面所起的作用是不顯著的。這種情況不改變，即使中央銀行運用存款準備率的調整這一手段，也很難直接影響整個經濟的貨幣流通量的變化。

還應當注意到，中國目前各個地區經濟發展是不平衡的，各個地區的資金供求狀況差別很大，而存款準備金制度則是全國統一的，存款準備率的調整也是統一的，這樣，運用存款準備率的調整這一手段來調節經濟時，勢必對各個經濟發展水平不同的地區造成不同的後果。資金本來短缺的地區將受到很大的衝擊而可能陷入困境，資金力量雄厚的地區則可能不受存款準備率調整的影響，從而貨幣流通量的變化也不大。當然，假定資金市場完善，商業銀行網絡發達，資金流通渠道通暢，統一的存款準備率調整就可以收到較好的效果，但至少在現階段的中國，仍缺少這樣的條件。

最後，需要指出，存款準備金的交存方式受到中國傳統金融體制的限制，從而不易很好地發揮作用。這是因為，按照中國的實際情況，各專業銀行的中央銀行交存存款準備金，農村信用合作社向農業銀行交存存款準備金，城市信用合作社等其他金融機構向中央銀行直接上交一部分存款準備金，向專業銀行交存一部分存款準備金。這樣一種金融體制不僅使得中央銀行難以對整個金融體系的存款總額作出準確的估計，而且也使得存款準備金制度的效力下降。

中國的金融體制改革正在進行之中。存款準備金制度作為中央銀行的調節貨幣流通量的手段，將在金融體制改革過程中發揮較大的作用。正如以上所述，這一方面要使中央銀行真正成為「銀行的銀行」，要求現有的專業銀行迅速轉變為名副其實的商業銀行，另一方面則需要對存款準備率的運用進行一些必要的調整，例如，把單一的存款準備率改為多種比率的存款準備率，以適應不同情況，尤其是需要把活期存款同定期存款區分開，對二者分別規定不同的存款準備率，以便較精確地調節貨幣量。此外，在現有的專業銀行改為商業銀行之後，一切金融機構的存款準備金都應上交給中央銀行，而不再讓中央銀行以外的金融機構接納其他金融機構交來的存款準備金。這也有助於中央銀行較精確地調節貨幣量。

可喜的是，現在國內越來越多的人認識到運用經濟手段（包括運用存款準備金）調節金融的重要性。在新的金融體制下，我們可以預見存款準備金制度在穩定貨幣供應量增長率方面的日益顯著的作用。

積極發展公共市場業務

在《中國人民銀行法》中，第二十八條規定：中國人民銀行不得對政府財政透支，不得直接認購、包銷國債和政府債券。第二十二條規定：中國人民銀行為執行貨幣政策，可以在公開市場上買賣國債和其他政府債券及外匯。這兩條規定清楚地告訴人們：中央銀行不得參與國債一級市場，但可以參與園債二級市場，並以此作為調節貨幣供應量的手段之一。

關於公開市場業務問題，我在發表於一九九四年一月二十七日《大公報》上的《國債市場與宏觀調控》一文中已經作了論述。在那裡，我針對着社會各界的種種顧慮，進行解釋，指出中國人民銀行發展公開市場業務是完全必要的。關於這一點，我想不必再談了。本篇文章中，我想談談中國發展公開市場業務的難點所在。

首先遇到的困難是證券市場還不完善。證券市場不完善，使中央銀行的意圖不易實現。比如說，股票價格的下跌會引發國債券買賣的熱，接着，股票價格的稍微回升又會使得國債券買賣大為冷落。這麼密切的聯繫反映了證券市場的不完善，反映了機構投資者的缺乏和證券市場上資金的不足。由於缺少大的機構投資者入市，所以單靠分散的個人投資者是無法使股票市場和國債市場一並活躍起來並轉入正軌的。

中國人民銀行目前之所以難以開展公開市場業務還同企業與金融體制改革的滯後有關。只要中國的國有企業還依賴銀行貸款為生，即使中央銀行成為獨立的金融機構，想要自主地行使貨幣政策，那麼中國對經濟中的貨幣的調節還只能依賴指令性配額，公開市場業務的開展就會有很大的局限性。加之，如果現有的專業銀行還沒有成為自主經營、自負盈虧、以經濟效益為主的商業銀行，公開市場業務的開展同樣會因此受到阻礙。

最後，還必須看到中央銀行的公開市場業務的開展是同整個經濟改革的進程密切相關的。比如說，利率的市場調節就是中央銀行有效地開展公開市場業務的條件之一。如果利率不能隨資金市場供求變化而調節自如，利率由政府規定得死死的，那麼中央銀行的公開市場業務很難操作。又如，為了使包括國債市場在內的整個證券市場活躍起來，中國在進一步經濟改革的過程中必須湧現出更多的機構投資者、更多的證券自營商，以及更多的商業性金融機構，這些都只可能隨着市場經濟的發展而逐漸增多。目前，中央銀行開展公開市場業務的這一條件也還有所欠缺。

以上談到了影響中央銀行公開市場業務操作的幾個重要因素。但另一方面，我們必須看到，公開市場業務的運用是勢在必行的，暫時的困難阻擋不了經濟改革與發展的趨勢。針對上述各個因素，需要採取如下的措施：

一、改革國債的結構，並增加短期政府債券的發行，使中央銀行在公開市場業務的操作方面有較好的基礎。

二、加速法律的建設與配套。除中國人民銀行法和商業銀行法而外，證券法、國債法、期貨法也是為開展公開市場業務所必不可少的法律。有些法律尚未出台，應盡快通過並付諸實施，有關的行政法規也應完善。

三、金融體制繼續加快改革。為了使中央銀行能有效地開展公開市場業務，除中國人民銀行成為真正的中央銀行和各個專業銀行成為真正的商業銀行而外，還應鼓勵建立更多的股份制商業銀行和其他金融機構。

四、大力培育證券市場。這裡，最重要的是培育大的機構投資者，規範證券交易，並使分散的股民逐漸增加理性投資的成份，減少證券投資的非理性行為。政府應當積極採取措施，降低證券交易成本。除了繼續完善集中競價的證券交易而外，非集中競價的證券交易也因隨着各地統一報價系統的完善而開展起來。

我們相信，有了上述這些措施，中央銀行的公開市場業務就可以在中國經濟中開始發揮較大的調節作用。當然，僵硬的利率仍將是一個有礙於中央銀行公開市場業務的障礙。鑒於目前狀況，利率市場化只能逐步實現。為開展公開市場業務，現階段實行有限度的彈性利率，還是可行的。這將有利於公開市場業務的活躍。

養殖業與農村致富

農村養殖業的發展是最近幾年來東部與中部農村的新現象。經濟界雖然已經注意到這種新現象，但從市場經濟理論的角度對此進行分析的文章，為數還不多。

近年來農村大力發展的養殖業的範圍是廣泛的。除傳統的養殖業，如養魚養蝦，養雞養鴨以外，還出現了特種養殖業，如養牛蛙、養甲魚、養蛇、養貂，甚至養蝸牛、養蠍子、養刺猬、養豚鼠等。不少農戶成為養殖某一種動物的專業戶，並由此致富。有些農村以「一村一品」為宗旨，全村在一兩戶或幾戶帶動下，致力於養殖某一類動物，以該種產品而獲得名氣，從而全村富裕起來了。

為什麼在中國的東部和中部的農村近年來會出現這種新現象呢？這是一個值得我們深思的問題，因為發展農村養殖業有助於農村的脱貧致富。能使農民致富的，不僅有傳統的、一般的養殖業，也有特種養殖業。

這些養殖業的產品，不管是供食用的、藥用的，還是供高級服裝材料的，或是供家庭作為寵物的，都反映了以下三種情況：

第一，這反映了市場經濟意識已經深入農村，深入一些農民的心中。過去那麼多年，農民生活在計劃經濟體制之下，行政部門要農民種植什麼，農民就種植什麼，農民同市場之間的聯繫是微弱的。然而，近年來，在市場經濟大潮的衝擊下，一些農民懂得了為市場而生產，為消費者而生產的道理。市場信息不斷傳人農村，農民之間相互傳遞市場信息，這表明農民同市場之間聯繫的加強。市場是一個大學校，農民從這裡學習到過去從來不知道的東西。各種養殖業正是在這種大環境中發展起來的。而一些農民因特種養殖而致富的例子，使更多的農民得到啟示。看來，特種養殖業的前景更加令人樂觀。

第二，這反映了中國國內市場的變化。要知道，雖然這些養殖業的產品中有一部分以外銷為目的，但國內市場對這此一產品的需求量正日益增大。魚蝦、蛇、牛蛙、甲魚、蠍子、家庭寵物等等的國內銷售量隨着人民的收入增長和消費結構變化而增長的情況，在國內某些大中城市已經相當明顯。這是在十年前想像不到的事情。

第三，這反映農產品流通領域內的改革已經取得了一定的成績。過去，在中國農村中經常聽到「賣糧難」、「賣豬難」。現在，由於農村中對商品的銷售渠道進行了改革，糧食和生豬的銷售困難狀況已有所減輕。然而，養殖業、尤其是特種養殖業的產品，卻沒有遇到類似的銷售困難。這些養殖業產品，有專門的收購者（包括公司和個人）到養殖地進行收購並運往市場，養殖戶自己也擁有各種運輸工具把產品運往市場，可見，重要的問題在於產品的生產與運銷是否有利可得。農村養殖業的許多產品是可以帶來較多盈利的，於是就會出現專門的收購者，或者養殖戶自產自銷。這也說明，只要種植糧食和飼養生豬使生產者和運銷者有較多盈利的話，銷售也就不會有什麼困難了。

以上是通過養殖業的發展來説明中國一部分農村正在發生的變化。發展特種養殖業需要有專門的知識與技能。一些特種養殖戶之所以能夠致富，是同他們學習有關的知識與技能，掌握這方面的訣竅有密切的關係。可以預料，在今後幾年內，中國農村的養殖業將進一步發展，可能還有更多的動物會被作為養殖對象，而靠此致富的農戶也會越來越多。

東部和中部農村發展養殖業的事例是不是對西部農村有借鑑意義？我想，應當承認西部農村有自然條件等方面的限制。缺水、氣候惡劣、飼料不足、交通不便等，都有一定影響。但最缺少的也許是資金、技術與市場意識。啟動資金來自何處？懂得科學養殖的農民有多少？市場意識夠不夠。這些問題如果不能解決，再加上自然條件的制約，西部省區的農村養殖業顯然不易發展。為此，就需要政府在多方面給予西部農村的特殊的扶植、照顧與優惠，否則農村養殖業是發展不起來的。

增加農業投入的迫切性

糧價和蔬菜價格的上漲引起了國內外各界對中國通貨膨脹問題的關注。雖然我們承認價格的放開而引起的農產品價格上漲，在從計劃經濟轉軌到市場經濟期間不可避免，但我們不能忽略的是：農業投入不足所導致的農產品供給不足，在推動農產品上漲方面起着十分重要的作用。

糧價放開以後，糧食價格上升了，農民因此得到了好處。然而與此同時，化肥、農藥、柴油、塑料薄膜、農用機械及其零配件等農用生產資料的價格也上升了，甚至上升幅度更大。加之，農產品中間流通環節多，中間經營者得到的好處多。於是消費者要為農產品支付更多的貨幣，作為生產者的農民並不能因此獲得較多的收入。

上述這些固然是農業問題的症結之一，但究其根本，可以認為農產品供給不足的原因是農業投入的不足，而農業投入不足的原因則在於農業的比較利益太低。這正是關鍵之所在。有人說，現在中國的人均年糧食消費量比過去少多了，糧食總產量也比過去增產了，中國的糧價主要是流通領域中的問題，流通渠道不暢，所以一些地區糧食供應緊張，流通領域中的經營者賺了錢，而生產者和消費者兩頭都吃虧。這種説法有一定道理，但並沒有抓住中國當前糧食問題的要害。其實，生產中的問題比流通中的問題重要得多。

以人均年糧食消費量來說，農村中比過去下降得不多，主要是城市居民的糧食消費量減少了，但豬肉、家禽、蛋的消費量卻不斷上升，沒有飼料，怎麼可能使豬和雞的產量增長？何況，中國的糧田面積在減少，人口則每年淨增一千多萬人。如果不增加糧食產量，糧食市場的供求將失去平衡，這時無論怎樣疏通流通渠道，也難以使糧價穩定下來。使流通渠道暢通是必要的。改進流通領域內的工作，使生產者和消費者都受益，這也是必要的。但不管怎樣，當前迫切的任務是增加農業投入，保證糧食增產，以便從根本上穩定糧價。

增加農業投入要依靠五方面的努力。

第一，政府應當承擔起建設大型水利工程，大面積改造低產田，增加灌溉面積，加強抵禦自然災害的能力的投資任務。向農業傾斜的投資政策，有利於農業生產形勢的好轉。

第二，要讓農民有增加農業投入的積極性。這首先是落實中央有關農業的政策措施的問題。中共十四屆三中全會通過的決定中明確指出，要延長耕地承包期，允許繼承開發性生產項目的承包經營權，允許土地使用權依法有償轉讓，而且還可以採取轉包、入股等多種形式發展適度規模經營。只要這些政策落實了，農民就會增加農業投入，提高農業勞動生產率和土地生產率。

第三，依靠鄉鎮企業增加對農業的投入。雖然目前鄉鎮企業中有一些因產業結構、產品結構不合理和經營不善而難以承擔較多的農業投入，但也有一些鄉鎮企業是有這種能力的。從較長期來看。隨着鄉鎮企業的發展與經營機制的完善。來自鄉鎮企業的農業投入必將在穩定糧食生產中發揮更大的作用。

第四，農業中要大力推廣新技術，讓新技術導致農產品產量增加與質量提高。應當強調，農業勞動生產率低下依舊是中國農業的大問題，而新技術之所以推廣遲緩，或由於農民在觀念上保守，或由於資金缺乏。因此，增加資金投入和推廣新技術是密不可分的。

第五，農用生產資料的供給要相應增加，農用生產資料的成本要相應降低，這樣，農民才能得到實惠。這同樣需要投入技術改造的資金。我們不能以為農用生產資料生產的效率低無關緊要。可以認為，這方面仍存在很大的潛力，有待於生產農用生產資料的企業的努力。

牧區草場承包責任制

近年來，我在國內一些牧場進行調查，認為某些地方實行的草場承包責任制，是很有意義的。草場承包責任制是一種對草場有償使用的制度。過去，由於草場的使用吃「大鍋飯」，農民亂放牲口，過度放牧，造成草場退化、沙化，每畝草場的載畜量逐年下降，草畜矛盾日益尖銳，而且農民與農民之間爭草放牧的矛盾也很突出。實行草場承包責任制之後，責任明確了，承包人和使用人從不重視草場資源的保護轉而自動保護草場資源，放火燒荒和任意毀壞草地植被的現象已被制止，農民還自行控制放牧牲畜的數量，淘汰老弱病殘的牲畜，從而使草畜矛盾趨於緩和。

由於草場實行有償使用，承包人要按照合同支付承包費，承包費同打草量的多少掛鉤，草資源越豐富，承包費就越高。此外，還根據農民飼養的牛馬羊的頭數徵收草場使用費。草場使用貴，有的地方實行限額飼養與收費的辦法，即限額以內的，收費很少，超過飼養的，則增加收費額，目的是防止草場的過度放牧。這種做法對提高草原質量和保護資源是有一定效果的。

這種有償使用草場的辦法對草原建設提供了可靠的資金保障。政府可利用徵收來的草場承包費和使用費用於草原的建設，農民是草原建設的受益者。

農民的放牧收入由三部分收入所構成。一是出賣所飼養的牲畜的收入，二是賣草收入，三是副業收入。農民保護草場的積極性增加了，其中包括了種草的積極性。一些沙化的草場經過培育後，變成了產草量大大增加的、使承包人獲得較多的賣草收入的草場。

政府有了來自草場承包與使用的收入後，除了大部分用於草場建設的投資之外，還利用一部分收入來維持一支管理草場的職工隊伍。這些職工包括：草場管理人員、護草人員、放牧監管人員等。護草人員和放牧監管人員的職責是制止不按規定的濫打草、濫放牧、過度打草和過度放牧。由於責任明確，又有收入保障，所以草場管理可以走上正軌。

在實行草場承包責任制的地方，我也聽到農民的直接的或間接的反應。農民是願意草場得到保護和草資源日益豐富的，因為這是他們的收入來源，但他們對於收費的看法不一。歷來草場都是無償使用的，草場的有償使用需要農民在觀念上有所變化，農民應當了解草場有償使用的必要性。在這方面，長期的舊觀念應當更新。另一方面，收費標準應當適度。收費偏低，對草原的建設與資源的維護起不到應有的作用。如果收費偏多，農民負擔加重，這同樣不利於草原建設與農民收入的提高。

還有人反映，要草場使用者交費，是可以的，但要求公開承包費和使用費的收支狀況，人們擔心所交納的承包費和使用費未被用於草場建設和草場管理，或被幹部佔用，或被挪作他用。其實，這個問題是可以解決的。草場有償使用制度的堅持，有賴於農民代表參加監督管理，使經費收支狀況及時被農民了解。

關於農民飼養限額與按飼養頭數收費的辦法，倒是一個可以探討的問題。我認為，在目前某些草場確實存在載畜過度的情況下，對農民放牧的牲畜數目實行限額，並按限額內和限額外採取不同收費的辦法，具有必要性和可行性。這是防止草場退化的措施。但需要同調整畜牧業內部結構和促進農民飼養科學化結合起來，使限額的規定較為合理，而且收費的差別也要合理，要盡可能符合當地的實際情況，不宜一刀切。對某些條件較差的草場，可以暫緩實行這一辦法。

從這裡，我們可以得到一個啟示：中國的地域如此廣闊，各地的差別很大，任何政策措施都要從當地實際情況出發，這才有利於生產力的增長。

城市飲用水的資源保護

一些大中城市的飲用水要依靠水庫供給，而水庫的蓄水則依靠流入水庫的河流。以北京市和天津市為例，密雲水庫是北京市的主水源，潮河是流入密雲水庫的主要河流。潘家口水庫位於灤河中游，是天津市的主要水源。如何保護城市飲用水資源，這涉及流入水庫的主要河流的水資源涵養與水質保護問題，而這一問題又涉及河流上游地區的經濟開發狀況與環境保護狀況。

要知道，流入水庫的河流位於山區，山區的經濟相對說來是落後的，當地的人均收入水平較低。經常可以看到這樣的現象，山區農民貧窮，生活沒有着落，又缺少燃料，於是經常發生濫伐樹木、草地與山坡地被濫開荒種植，以致於水土流失，風蝕沙化嚴重，泥沙隨河水流入水庫，造成淤積。也許過若干年之後，水庫就會報廢，城市用水也就得不到保證。

問題還不限於水土流失與泥沙淤積。山區人均收入低和產值少必然使地方財政收入偏少，地方政府沒有足夠的財力來改善山區居民的居住條件和村鎮的公共衛生設施，雨水把廁所和村頭路邊垃圾堆中的污物沖入河流的情況無法避免。地方政府財力不足。缺乏用來大面積治理上游河岸坡地的資金，這同樣影響着流入水庫的水質。

山區的貧窮迫使當地的群眾尋找致富之路。小礦山、小打石場、小煤窰、小工廠正是在這種條件下建立與經營的。這樣，既可以增加就業，增加農民收入，又可以增加地方財政收入。然而這一切又同上游水質的保護發生尖銳的矛盾。如果聽之任之，環境破壞，水質惡化，下游城市的用水就必然受到影響。如果為了保護水質而使工礦企業的發展受限制，那就只能使當地人民收入與財政收入處於低水平，而人均收入低是不利於上游的水土保護和水資源涵養的，地方財政收入少則不利於對已經造成的工礦業污染和生活污染進行治理，也不利於大規模治山治坡，解決水土流失問題，山區貧困縣和鄉鎮的上述困難處境，反映了向下游城市供應豐富的優質水之不易。怎樣解決這個問題？據我在潮河、灤河上游地區的調查，要保護城市飲用水的資源，應當採取如下的措施：

第一，切實幫助山區農戶解決燃料問題。例如，應着重推廣節柴灶、風力發電、太陽能灶、沼氣池等。地方政府派出技術人員幫助山區各鄉鎮建立施工隊，舉辦技術培訓班，使農民能較快地掌握這方面的技術，減少亂伐樹等現象。

第二，地廣人稀的山區農村，農民居住分散，他們的收入少，往往就地開荒砍樹。因此，可以適當地使他們集中到村內居住。這樣不僅有助於山坡的保護，制止亂開荒，而且有利於計劃生育工作的開展和便利學齡兒童入學。

第三，下游用水的大中城市應當在資金、技術、人才方面對上游鄉鎮的企業進行幫助，包括：以聯營、參股的方式在上游地區建立一些無污染的工廠，改造那些仍向河流排放污水的工廠，建立生活垃圾處理場和生活污水處理場等。應當指出，上游本來是貧窮地區，自己沒有力量來實現這些，而要它們把造成河水污染的工廠全都關閉，那麼當地的人民的生活就會更加窮困。城市在飲用優質水方面是受益者，由它們來幫助上游治理環境是合理的。

第四，國家應當把供應各個大城市的水庫的水質優化和水資源涵養問題列入重點治理項目。有時可以採取三方聯合治理的辦法，即國家投資一部分，水庫及其上游地區投資一部分，下游的受益城市投資一部分。這樣就可以向下游城市源源不斷地保證優質水的供給了。

消費品滯銷與科技投入

總的説來，中國的消費品市場是旺盛的，這反映了居民購買力不減，反映了銷售前景看好。但不可否認，現實經濟中的部分消費品滯銷現象也很普遍，即一部分消費品的銷售狀況不理想，商品積壓很多，生產這些商品的廠家效益下降。

毫無疑問，這是結構性的問題。一部分消費品走俏，供不應求，一部分消費品則供大於求，庫存量增大。市場上所出現的企業相互拖欠，在某種程度上與企業生產的消費品滯銷有關。對這個問題，不能指靠商業部門多多進貨來解決。商業部門只不過是中間環節，而不是最終消費者。商業部門收購後，如果商品仍然賣不出去，無非是把工廠庫存變為商業庫存。何況，商業企業也是獨立核算的，它們不會購進明知銷不出去的消費品。

科技投入的必要性在這裡充分體現出來。限制商品銷售的有力因素之一就是：高精尖、深加工的產品很少，而且產品質量不高，品種單一。因此，投入科技開發的資金應當主要用於開發高技術、深加工的產品方面。用於提高現有產品質量和推出商品的新品種方面。如果科技開發工作取得成效，國內的部分消費品積壓狀況可以得到緩和，同時還能增加企業收入，進一步滿足城鄉居民的需求。

在強調產品質量重要性的同時，我們決不能忽視價格因素在商品銷售中的作用。考慮到我國城鄉居民的現實的收入水平，應當承認，不少消費品價格偏高也是市場銷路不旺的一個重要原因，而某些消費品的價格之所以居高不下，則又與生產資料價格偏高有關。例如，十四英寸彩色電視機、各種黑白電視機、單門電冰箱、中低檔電風扇等，現在之所以銷路不暢，並不是因為收入較低的家庭不需要它們，而是因為它們的價格仍然偏高，超出了低收入家庭的購買力，使他們雖有購買的慾望但限於收入低、售價高而無法實現。因此，把資金投入生產領域內，用於科技開發，將有助於降低生產成本，從而商品銷售價格才有可能下降。這對於增加商品銷售和提高企業經濟效益都是有利的。此外，科技開發事業同國民經濟其它部門之間有多方面的投入產出聯繫。比如說，科技開發需要有一定的設備，而設備的製造又可帶動一系列部門的生產。因此，加速科技開發，必將通過各種投入產出聯繫而帶動經濟的發展。加之，經濟增長過程同時也是新舊部門比例變動的過程，也就是產業結構調整過程。如果通過科學技術的重大突破而使得新產業部門有較大的發展，使得新能源、新材料、新工藝在經濟中發揮重要的作用，那麼不僅可以擺脱目前一部分消費品滯銷的困境，而且會使我們的經濟走上新的台階，呈現新的局面。

從以上幾個方面可以清楚地了解加速科技開發的意義。同時還應當説明這樣一點，這就是：增加科技開發的資金投入是可以避免新一輪的通貨膨脹的。前面已經指出。我們不應當忽視消品市場的結構性問題。如果誤以為當前消費品總量供給不足，而爭上投資項目，那就只會在加劇通貨膨脹的同時使一部分消費品積壓滯銷的情況更嚴重。

把資金投入消費品生產領域內的科技開發，提高消費品的檔次，提高消費品的質量和推出新品種，降低生產成本，這樣，消費品的滯銷與供給不足並存的現象就可以逐漸緩解。科技投入的有效性也就明顯地表現出來。

貨幣的回籠途徑中，商品回籠應當是主要的途徑。在消費品生產領域內增加科技開發的資金投入，將促進貨幣的回籠，從而有助於對通貨膨脹的抑制。而企業經濟效益增加後，又可以使財政的壓力減輕，這同樣是有助於抑制通貨膨脹的。因此在這個問題上，決不能小看增加科技投入的意義與作用。

利用科技開發投資

上一篇文章中談到了為緩解一部分消費品滯銷而有必要增加科技投入，以提高商品質量和降低成本。在這一篇，我準備就更好地利用科技開發投資問題再談一點看法。

首先，要弄清楚的是：誰是科技開發投資的主體？當然，這裡不能排除國家在科技投入中的作用，因為國家有責任提高科技水平，發展科技事業。但具體地對消費品的生產來說，主要不能把希望寄托在政府的撥款。國家的科技投入的範圍是廣泛的，特別是尖端科技的研究、基礎科學研究、國防科技研究等等，都仰賴於政府的撥款。這些研究可能間接地有助於民用消費品的質量提高和成本降低，但直接作用於民用消費品的科技開發的，應當是從事這些商品生產的企業與有關的專業科研機構。它們應當是這方面的科技開發投資的主體。看來，銀行應起更大的作用。銀行應增加科技方面的專門人才，或聘請兼職的科技專家，對企業申請的科技貸款的使用進行評估和檢查，以提高科技投資的經濟效益。

同時，應當通過企業的聯合、兼併，促進科技研究單位與生產單位的聯營，組成生產和科技開發合一的企業集團。這種企業集團可以是鬆散型的、半緊密型的，如果條件已成熟，也可以是緊密型的，也就是資產一體化的。但不管採取哪一種類型，只要建立了生產和科技開發合一的企業集團，投入的科技開發資金總可以得到較有效的利用。這些企業集團，一方面，由於同商品市場有密切的聯繫，了解市場的動向和商品的行情，從而在新產品開發和新市場開拓上有主動性、積極性，另一方面，由於它們本身有一定的科技開發能力，能夠使科技研究成果較快地轉化為實際生產能力，並迅速取得經濟效益。因此，銀行對這樣一些企業集團發放科技開發貸款，可以使貸款發揮較大的作用。

此外，在投入科技開發領域的各種資金之中，不應忽視企業自身的科技投資的重要性。關鍵是調動企業自身科技投資的積極性和建立企業自身不斷增加科技投資的機制。從數量上規定企業應以銷售額的一定比例投入科技研究與開發，當然要比不規定這樣的比例好一些。但如果沒有相應的機制來保證，或者，如果企業對此不感興趣，缺乏積極性，那麼這樣的比例仍無法付諸實施。因此，這個問題唯有通過深化企業改革才能解決。比如說，在企業改制後，不僅應當規定技術改造和更新的指標並認真考核，而且要使得企業在由於自身科技投資而創造的利潤中獲得較大的比例，使得企業感到增加自身科技投資是有實惠的。而對於高技術企業，則更應當加強扶持和引導，鼓勵它們不斷增加自身的科技投資，並使它們能得到更大的實惠。

以上所談的這些措施，如果能認真落實，企業科技開發的前景肯定是令人樂觀的，對於市場滯銷問題的解決也肯定有積極意義。當然，一部分消費品積壓現象的產生有多方面的原因，加速科技開發是解決這個問題的有效途徑之一，但不可能是唯一的途徑。有些企業所生產出來的消費品，可能是完全過時的、不適合市場需要的，對這樣的企業，只能讓其走關閉、破產、轉產的道路。

最後，還有必要指出這樣一點，即新消費品的推出及其市場的開拓，有賴於新技術、新設備、新型原材料的採用，而這些又往往不是某一個專門生產消費品的企業所能解決的問題。新技術的開發、新設備的製造、新型原材料的提供，需要有關的科研機構和生產資料生產者共同努力。但歸根到底，這依然是一與增加科技開發投資有聯繫的問題。只要社會上有充裕的設計，研製新技術、新設備、新型原材料的科技經費與相應的人才，新消費品的推出及其市場的開拓，並不是可望而不可及的事情。所以更好地利用科技開發投資，既應當包括科技開發投資結構的選擇與調整，也應當包括提高整個科技開發投資的效益。

關於「靚女先嫁」的討論

國內有些省市在企業改革中先把一些效益好的國有企業進行資產重組，如引進外資，改為中外合資企業，或發行股票，改為多元投資主體的股份公司等。有人評論這種行為是「靚女先嫁」，並認為這是一種錯誤的做法，使國有企業吃虧了。更有甚者，有人斥責這是一種瓦解國有經濟的行為。

怎樣看待這個問題呢？不妨講一個故事。據説有兩戶人家，冬天各買了一筐蘋果，留着慢慢吃。一戶的吃法是：看看筐子裡哪一隻蘋果開始爛了，就吃掉它，這樣，一冬天，他們盡吃爛蘋果。另一戶的吃法是：看到筐子裡的蘋果有好的，也有爛的，於是決定不吃爛的，專揀好的吃，結果，雖然放棄了一些爛蘋果，但吃下去的全是好蘋果。這個故事卻能給我們一些啟示。

首先要討論的問題是：「嫁」是壞事還是好事？假定説，「嫁」是壞事，「嫁」等同於把良家女子推入火坑，那麼無論是「靚女」還是「醜女」，都不該「嫁」，「先嫁」是先墜入火坑，「晚嫁」只不過晚一些墜入火坑而已。然而，「嫁」並非壞事。明媒正娶，嫁女出閣，這是常理，不言自明。國有企業引進外資或發行股票，如果把這比喻為「出嫁」的話，那麼只要按程序辦理，符合規範化的要求，而對方又是經過核實的有資信的企業或其他投資者，「出嫁」後能使企業發展壯大，效益增強，這有什麼不好呢？要防止的是上當受騙，正如閨女出嫁時要對男方有深入了解，不致受欺騙一樣。但這不等於對「出嫁」本身的否定。

説得更明確些，那些斥責「靚女先嫁」的人往往把國有資產的流動看成是國有資產的流失。其實，流動與流失是兩回事。資產評估合理，資產轉讓後所獲得的資金仍然被用於國家建設而未被侵佔或私分，那就不會出現資產的流失。「出嫁」，對國有企業來説，資產評估合理與資產轉讓後專款專用，是兩個關鍵性問題。只要把住這兩道關口，「嫁出去」又有何妨？再討論「靚女」與「醜女」問題。「出嫁」也是一種機遇。如果有人願意明媒正娶地要「醜女」，資產評估也能合理，先嫁「醜女」未嘗不可。假定有機遇存在而不嫁「醜女」，同樣是不對的。但先嫁「醜女」的機遇很少，更多的機會是有人願意娶「靚女」。在這種情況下，難道不嫁「靚女」，或提出必須先嫁出「醜女」後再嫁「靚女」？如果「醜女」嫁不出去，難道「靚女」有機遇也不「嫁」？難道一定要等到「靚女」老了醜了以後再嫁？

由此可以引伸出這樣一個論點：對於國有企業，無論效益好的還是效益差的，應當一視同仁，不應冠之以「靚女」、「醜女」或「不靚也不醜」之類的名稱。「嫁」或不「嫁」一是要它們所在的行業，是競爭性行業還是壟斷性行業，是一般性行業還是國家有專門規定的特殊行業？企業究竟是否引進外資改組為中外合資企業或是否發行股票改為股份公司，要根據行業的性質而定，而不問該企業是「靚」還是「醜」。二是在可以引進外資的行業中，或可以發行股票改組為股份公司的行業中，究竟選哪一家或哪幾家企業來進行資產重組，不完全取決於我們自己的意願，還要取決於機遇，即取決於外商與國內其他投資者的意願。一方情願是不夠的，必須雙方同意，才能達成協議。

下面，讓我們再討論「不嫁靚女，專嫁醜女」的問題。如果這樣做，那會導致什麼結果？可能有兩種結局：一、無人願娶「醜女」，結果「醜女」既嫁不出去，「靚女」又不能「出嫁」，「醜女」與「靚女」捆在一起，不嫁或嫁不出去。這有什麼好處？二、有人願娶「醜女」，但開價極低，低到很不合理的程度。這時，要麼忍痛嫁出，要麼依然不嫁。這又有什麼好處？這兩種結果都是不理想的。因此，當前我們應當採取的對策是「靚女可以先嫁」。當然，如果條件合適，「醜女」也可以出嫁。

最後，我想提醒人們思考一個問題：「靚女」不嫁，還能「靚」多久？假定能一直「靚」下去，那倒不要緊。如果預計「靚」的時間不多了，何不在「靚」的時候出嫁？

體制轉軌時期的市長與市場

我遇到幾位市長，他們先後對我說：「體制轉軌時期，市長最難做。」我聽了他們的解釋，感到他們的話是有道理的。

假定尚未進行體制的轉軌，依然處於計劃經濟體制之下，市長的任務相對說來要輕一些，工作也好做一些。假定已經實現了體制的轉軌，建立了市場經濟體制，市長的任務相對說來也要輕一些，工作同樣會好做一些。然而，目前中國正處於從計劃經濟體制向市場經濟體制過渡的階段，市長作為一個城市的行政長官，任務要繁重得多，工作的難度也大得多。可以從五個方面來加以分析。

1、先談物價穩定問題。市長在計劃體制之下，基本上不要為物價費太多的心，因為通貨膨脹是以隱蔽方式存在的，物價基本不變，生活必需品憑票證配給。而在體制轉軌階段，價格一放開了，隱蔽的通貨膨脹公開化了，物價上漲是不可避免的。於是市長必須設法使物價漲幅受到控制，要設法讓本城市的居民生活水平不致於因物價上漲而下降。這顯然是一個十分艱巨的任務。

2.、再談國有企業與集體企業一些工人領不到足額工資的問題。在計劃體制之下，國家把企業包下來，企業把職工包下來，國有企業與集體企業即使虧損，仍然照發職工工資，而不會使企業破產，使工人失業。而在體制轉軌階段，競爭使一些效益差的企業停產、破產，社會保障體系卻又沒有及時建立，這樣，領不到工資或足額工資的工人便找到市長。市長必須花費不少精力來處理這個難題。

3.、流動人口進入城市也是體制轉軌時期市長面臨的難題之一。計劃體制之下，人口流動受限制，加之，當時實行的糧票油票制度使得農村外流的人口不易在城市裡長期住下來。體制轉軌階段，民工潮出現了，農村人口不斷湧入城市，他們既支持了城市的建設，又為城市管理增添了許多麻煩。市長在城市管理方面所面臨的外來人口的壓力，一直在不斷加大。

4、城市居民的住房與公共交通擁擠是一個新問題，其壓力也越來越大。這是因為，體制開始轉軌後，經濟繁榮了，居民收入增多了，汽車摩托車數量增多了，居民不滿足於過去那麼狹小的住房，要求新建住宅，拓寬街道，改造舊城區。這樣，在體制轉軌時期，幾乎每一個城市的市長都面臨着改造舊城區和建設新城區的問題。而在計劃經濟條件下，市長在這方面的任務要輕得多。

5、城市預算是一個更令體制轉軌階段市長操心的問題。如上所述，舊城區的改造和新城區的建設需要錢，相應地，增加了的電力供應、自來水供應、煤氣供應、公共交通車輛的供應需要錢，此外，管理城市的經費也大大增加了。怎樣增加城市的經常收入呢？怎樣籌集城市的基本建設投資的資金呢？市長不得不以很多的時間和精力來思考與設法解決這些問題。因此，體制轉軌時期市長的確是任務繁重，工作艱辛的。「多找市場，少找市長」或「只找市場，不找市長」，這將是體制實現轉軌和市場經濟體制建成後的情形，而不可能在體制轉軌時期就出現。

為什麼體制改革實現以後，市場經濟體制下市長的任務也要相對地輕一些？這可以從兩方面來解釋：

一方面，市場上的供求（包括城市生活資料的供求、勞動力的供求、資金的供求等）將依靠市場機制來調節，市長按照市場規則進行管理，而不必自己介入供求關係之中。這樣，市場能解決的，就由市場去解決，市長的任務顯然會輕一些。

另一方面，通過改革，市場繁榮了，企業效益提高了，經濟發展了，財政收入增加了，該城市的財政狀況將大為好轉。應該由市政府負責解決的問題，如城市管理與基礎設施以及文教衛生等，也將有較充足的經費，市長就會感到壓力有所減輕。巧婦難為無米之炊，這是體制轉軌時期市長們的苦衷所在。可以相信，在實現體制轉軌後，這一苦衷將會逐漸消失。

國有資產管理機構的設立

在《走向繁榮的戰略選擇》一書（經濟日報出版社一九九一年版）中，我對改革後的國有資產管理機構的設立，有如下的主張：現階段在國務院之下設立國有資產管理局，它代表國家進行國有資產管理。國有資產管理局並不直接從事企業的經營與參股活動，但它直接管轄若干個國有資產經營公司或國家控股公司，而由後者運營國有資產。

從長期考慮，在各級人民代表大會之下建立全民財產委員會，國有資產管理局將併入全民財產委員會，國有資產經營公司或國家控股公司則同全民財產委員會之下的國有資產管理機構簽訂運營與管理國有資產的合同。我的上述觀點至今未變。

為什麼在現階段不能在各級人民代表大會設立國有資產管理機構，而要把國有資產管理局設在國務院之下呢？這主要是因為目前各級人民代表大會還不具備管理國有資產的條件，在國務院之下設立國有資產管理局更有助於政府監督管理國有資產的運營，並能切實提高國有資產的使用效率。而從長期來考慮，理想的方案是在全國人民代表大會和省、市人大設立全民財產委員會，以體現國有資產的全民所有性質。也只有這樣，政企分開、政資分開才能真正落實。全國人大和省、市人大的全民財產委員會可以採取委托國有資產經營機構代理國有資產的經營權，所自身行使對國有資產的監督權。

以上是作為一種改革設計方案而提出來供討論的。除此以外，在當前的實際經濟生活中，有三個與國有資產管理機構的設置與作用相關的問題需要進行討論：

1、在國有資產被確定為國家統一所有與政府分級管理的前提下，中央管理的國有資產與地方管理的國有資產之間存在什麼樣的關係？同是地方管理的國有資產中，省管理的與市縣管理的國有資產之間又是什麼樣的關係？看來，這些問題只有在建立國有資產經營公司的基礎上才能合理解決。國有資產經營公司應當是跨地區、跨行業經營的，它可以向有關的公司控股參股，派出產權代表。國有資產經營公司之間可以相互競爭。這樣，儘管有的國有資產經營公司受中央管轄，有的受地方管理，但只要按上述方式運作，政府分級管理與國家統一所有之間的關係也就可以協調了。

2、國有產權的轉讓由誰決定？是由中央統一決定呢，還是由地方各級政府決定？這依然是一個國有資產經營過程中的問題。假定按上述方式設置國有資產經營公司，那麼國有資產經營公司作為國有資產的委託經營機構，就可以作出國有產權轉讓的決定，這種轉讓並不意味着國有資產的消失，而只是國有資產從實物形態向貨幣形態的轉化。國有資產經營公司在把實物形態的國有資產轉化為貨幣形態的國有資產之後，在被認為必要的時候，還可以再把貨幣投入某一公司，持有股份，使之再轉化為以證券表示的實物形態的國有資產。

3、國有資產管理局作為職能管理部門，應如何對待國有產權的轉讓問題？這個問題與國有資產經營公司權限有關。假定對國有資產經營公司在國有資產的產權轉讓方面作如下的規定：多少萬元人民幣以下的產權轉讓可由國有資產經營公司自行決策，多少萬元人民幣以上的產權轉讓則需要由國有資產管理機構核准：某些特定行業與企業的產權轉讓應由國有資產管理機構核准，非特定行業與企業的產權轉讓則可由國有資產經營公司自行決策；如果產權轉讓涉及對某一企業的控股權的喪失，應由國有資產管理機構核准，如果不涉及控股權的喪失，則可由國有資產經營公司自行決策，等等。這樣，國有資產經營公司的產權轉讓的權限也就可以明確，國有資產的經營將步入規範化的軌道。

總之，國有資產經營公司的設立是必要的。這與國家控股公司的設立並不矛盾。國家控股公司也是一種國有資本經營公司，但它很可能是以某個行業為主要經營範圍，並且是某個大型企業集團的母公司。國有資產經營公司中還包括一些不局限於某個行業或不一定構成某個大型企業集團的經營國有資產的公司。所以國有資產經營公司與國家控股公司可以並存。

加快國有資產管理的立法

社會各界要求加快制定管理國有資產的法律的呼聲很高，認為總價值達三萬億人民幣以上的國有資產淨值如不依法認真管理，不僅使資源配置不合理，產業結構失調與企業效益低下等「老大難」問題難以改觀，而且國有資產流失現象也不易制止。因此，根據全國人大常委會的立法規劃，由全國人大財經委員會負責起草國有資產的法律。起草工作目前進展比較順利，但遇到的難點也是較多的。

有爭議的問題之一是國有資產法律究竟應當以經營性國有資產為調整範圍，還是應當把全部國有資產作為調整範圍？主張把經營性國有資產作為調整範圍的主要理由是：當前問題最突出的是經營性國有資產。上面提到的諸如資源配置不合理，產業結構失調與企業效益低下等等，主要由於對經營性國有資產缺乏嚴格的管理，國有資產經營管理的體制改革進展緩慢。國有企業至今尚未實現政企分開和自主經營。這個問題如不及時解決，國有企業難以具有活力，經營性國有資產的使用效率也就無從充分發揮。加之，當前國有資產的流失以經營性國有資產流失為主。所以，為了加快國有資產的立法並減少這項立法工作的困難，不如先制定有關經營性國有資產的法律。

與此不同的另一種意見則是：經營性國有資產只不過是全部國有資產的一部分，除經營性國有資產以外，還存在非經營性的國有資產，它們同樣存在使用效率未能發揮與不斷流失的問題。假定説，通過經濟改革，經營性國有資產轉為國家向經營單位投入的資本金，那麼至少到目前為止，已有《公司法》、《商業銀行法》等法律把國家的資本金管住了。儘管這還很不夠，但總要比沒有法律來監管經營性國有資產要好些。至於非經營性國有資產，由於尚未被人們密切注意，同時也缺少一些相關的法律來加以保護與監管，因此更需要有國有資產的法律來管理。既然要制定管理國有資產的法律，就應當把全部國有資產作為調整範圍。在我看來，這兩種觀點中，後一種觀點更值得重視。這是因為，非營性資產與經營性資產之間並沒有絕對的界限，二者既可能轉化，也可能交叉。例如，企業事業單位內的食堂、招待所、劇場等，即使目前是非經營性資產，但不排除它們在某些情況下可以化轉化為經營性資產。國有非經營性資產的流失狀況也是嚴重的，如果不把它們納入國有資產法律的調整範圍內，它們的繼續流失同樣會給國家造成損失。

另一個有爭議的問題是：國有資產是否應當區分為中央政府所有與各級地方政府所有。這裡主要也有兩種不同的主張。一種主張是：凡是政府投資的，都應當是國家所有，國有資產實際上就是國家統一所有的資產，不能區分為中央政府所有還是某一級地方政府所有。各級地方政府只是負責監督管理。另一種主張則是：既然中央政府和各級地方政府都曾經進行過投資，那麼在客觀上就已經形成了中央政府投資所形成的國有瓷產和某一級地方政府投資所形成的資產，也就是形成了分級所有的國有資產體制。假定只承認國有統一所有，這將會挫傷各級地方政府經營與管理國有資產的積極性，並將不利於地方經濟的進一步發展。

這兩種主張中，究竟哪一種主張比較符合實際？哪一種主張更有利於維護國有資產？我傾向於第一種主張。理由是：國有資產，顧名思義就是國家所有，包括中央政府在內的任何一級政府都是國家所有制的代表者。國有資產統一歸國家所有，並由中央政府或某一級地方政府來監督管理，這裡不涉及所有權的歸屬問題。舉一個例：假定某個工廠是由某個市政府投資建立的，試問，這個工廠的資產是十二億人民的資產呢，還是這個市的幾十萬或幾百萬人民的資產？顯然它們歸屬於十二億人，而不僅限於歸屬這個市的幾十萬或幾百萬人。

由此可知，國有資產由國家統一所有，是正確的。在國有資產的法律中，有必要把諸如此類的疑難問題加以澄清，這樣，國有資產管理的立法工作就可以加快了。

國家控股企業的人事改革

《中華人民共和國公司法》對有限責任公司和股份有限公司的組織機構和人事制度都作了明確的規定。根據《公司法》，有限責任公司和股份有限公司的股東會選舉和更換董事，選舉和更換由股東代表出任的監事，並由董事會聘任或者解聘經理，經理對董事會負責。此外，《公司法》還規定，經理向董事會提請聘任或者解聘公司副經理、財務負責人，經理聘任或者解聘除應由董事會聘任或者解聘以外的負責管理人。

關於國家公務員在有限責任公司和股份有限公司內不得兼任董事、監事、經理的規定，也是《公司法》中有關企業人事制度的重要內容。

如果能切實按照《公司法》的上述規定去做，公司的人事制度應當走上正軌。然而，迄目前為止，各地的有限責任公司和股份有限公司在人事的任免方面還不能遵照公司法的要求。有些公司的高層管理人員的任免依然不由股東會、董事會決定，而由政府主管機構決定。甚至出現如下的情況，股東會、董事會的人事任免不算數，政府主管機構不予承認，而另行任免董事長、董事、經理。

這種情況顯然是不利於中國企業的發展，從而不利於中國經濟成長的。現在，無論是經濟界還是政府，都有越來越多的人認識到企業人事制度必須改革。凡是已經按公司法的規定組建的有限責任公司和股份有限公司，就必須認真遵照《公司法》的規定來任免管理人員，否則就是不合法的。

假定有限責任公司和股份有限公司不是國家控股的，比如說，是由法人投資和個人投資組成的，那麼企業人事制度的改革儘管也會遇到某種困難，但相對而言，困難要小一些。難點主要在於以國家投資為主的，或者說，由國家控股的企業，人事制度如何改革？這類企業的董事長、董事、經理是不是仍應由政府任免？被任命的董事長、董事、經理是不是應當對政府負責？學術界對此有兩種意見。一種意見是：既然公司由國家控股，而政府又是國家作為控股者的利益的代表，因此國家控股公司的董事長、董事、經理應由政府任免，他們應向政府負責，否則國家作為控股者的利益得不到保障。另一種意見是：只要是有限責任公司或股份有限公司，不管由誰控股，都不能違背公司法的規定。控股者，不管是不是國家，都應當按照公司法的要求，在股東會上通過規定程序選舉董事會，由董事會聘任經理。也就是說，即使是國家控股的有限責任公司和股份有限公司，也不能採取由政府直接任免高層管理人員的做法，而必須按規定的程序辦理。

這兩種意見中，我認為後一種意見是正確的，也是可行的。

要知道，既然已經組成了有限責任公司或股份有限公司，股東會就是公司的權力機構，董事的選舉與更換就是法律賦予股東會的權力；同時，董事會有權聘任或解聘公司經理，這也是法律所賦予的權力。政府是不能取代股東會和董事會來行使本應屬抄股東會和董事會的職權的。

國家控股的公司中的國家資本金，應當由主管國有資產的機構及其所轄的國有資產經營公司作為代表者。把政府的管理職能同國有資產經營公司的經營職能混為一談，才會發生由政府直接插手於國家控股的公司，直接任免這些公司的高級管理人員之類的不合理現象。由此可見，不僅需要「政企分開」，而且需要「政資分開」。只有把這個道理弄清楚了，國家控股的公司的人事制度才能有效地運轉起來，適應於社會主義市場經濟的要求。

以上所說的這些，實際上也適用於國有獨資公司的人事制度改革。國有獨資公司是有限責任公司的一種特殊形式。在這類公司中，同樣有必要實現「政企分開」和「政資分開」。政府不應直接經營國有獨資公司。儘管這類公司沒有股東會，但董事會卻是存在的。國家公務員不得兼任董事、經理的規定，仍應堅決執行。

談談國有企業的合資

在一次討論企業兼併與合資經營的會議上，我聽到幾位國有企業的廠長經理發表這樣的觀點：「看來，合資經營是擺脱國有企業困難處境的一條出路。我們願意合資。但與其同國內的其他企業合資，不如同外商合資。」為什麼他們會有這種想法呢？仔細交談之後，我發現這些國有企業的廠長經理所說的不無道理。

同外商合資優於同國內其他企業合資，理由歸納如下：第一，據這些廠長經理說，政企不分是國有企業目前遇到的難題，這個問題不解決，企業談不上經營機制的轉換。假定國有企業同外商合資，改為中外合資企業了，政企自然就分開了。假定國有企業只是同國內其他企業合資，不管是同其他國有企業合資，還是同非國有企業合資，政企依然不易分開。因此，據他們說，要真正做到政企分開，干脆就走中外合資之路吧！

第二，國有企業的廠長經理們還認為，中外合資後，企業用工制度就活了，企業效率也就可以相應地提高。他們舉例道：國有企業要辭退一個職工，難度很大，甚至職工違背廠規時也難以辭退，而中外合資企業的情況要好得多，企業根據需要招工與辭退職工，不像國有企業那樣困難。所以，要合資，就中外合資，國有企業與國內其他企業合資後，困難可能只是稍稍減輕，用工制度仍舊是不靈活的。

第三，這些廠長經理另有一條理由，這就是：一旦國有企業同外商合資，亂攤派之類的情況即使不會就此絕跡，但總會少得多。國有企業害怕亂攤派，同國內其他企業合資的結果也免不了受亂攤派之苦。因此，這些廠長經理說：亂攤派等於零敲碎打式的「割肉」，只要「割肉」不停，企業就痛苦不止，不如早日改為中外合資企業，可以減少些痛苦。

第四，企業給高級管理人員與一般職工的報酬，中外合資企業通常高於國有企業和國內合資企業。這是因為，中外合資企業有權自行制定給經理與職工的報酬而國有企業或國內合資企業則沒有這樣的權力。相應地，中外合資企業在調動職工、特別是調動高級管理人員的積極性方面做得要比國有企業或國內合資企業好得多。

由此可見，即使國有企業通過同國內其他企業的合資，也能得到發展生產所需要的資金或技術，但由於在上述四個方面都不如中外合資，所以就會出現「既然合資，就要同外商合資」這樣的論調。

值得我們考慮的問題是：政企分開，用工靈活，抵制亂攤派，自行制定企業管理人員與一般職工的報酬標準，這些為甚麼在中外合資的企業中可以做到，而在國內合資企業中卻難以實現呢？《公司法》中有關有限責任公司與股份有限公司的規定，為甚麼在國有企業同國內其他企業合資後未能履行呢？問題的癥結究竟何在？

照理說，只要國有企業按照已經頒布實施的《公司法》，同國內其他企業合資，改組為有限責任公司或股份有限公司了。那麼在中外合資企業中可以做到的政企分開，用工靈活，抵制亂攤派和自行制定報酬標準等事項，在改組後的有限責任公司或股份有限公司中也同樣能做到。現在，這些難題之所以未能解決，主要原因在於各部委、省、市的行政主管機構仍然沒有擺脱計劃體制下管理企業的模式，用老一套的辦法來干預企業的行為。《公司法》的貫徹必須以政府工作人員懂得《公司法》、熟悉《公司法》、遵守《公司法》為前提。因此，為了認真貫切《公司法》，切實轉換企業經營機制，推動國有企業的重組與改制，當前有必要大力宣傳《公司法》，讓《公司法》中的條文被政府工作人員與企業界所熟悉、掌握。

創造機遇與抓住機遇

一個發展中國家在經濟起飛過程中能不能抓住機遇，是關係到經濟起飛能不能順利實現的重大問題。機遇是什麼？比如說，國際上有資本、人才、技術可以被利用，能夠及時利用了國際上的資本、人才和技術，就是抓住了機遇。又如，國際市場有空檔或發展餘地時，能夠及時輸出國際市場所需要的商品，佔領市場，擴大市場份額，也就是抓住了機遇。反之，不這樣做，就是錯過了機遇。機遇一旦錯過，往往不再重臨，經濟起飛就這樣被耽誤了。

要抓住機遇，這一點已被中國許多人所認識。但機遇不僅僅是被抓住還是被錯過的問題，更重要的是：機遇是否被創造。創造機遇比抓住機遇更重要，也更有助於一國的經濟起飛。客觀上存在着機遇，當然要抓住機遇。假定客觀上還沒有出現機遇，難道就不能創造機遇嗎？沒有機遇，可以創造機遇；有機遇，就不應錯過機遇。經濟起飛階段，既要抓住機遇，更要創造機遇。

怎樣創造機遇呢？以過去十多年的歷史為例，建立經濟特區，就是創造機遇。靠近香港、澳門的深圳、珠海，原來只是小鎮，長期停滯。經濟特區的建立，就為國外國內的投資者創造了機遇。停滯的格局被打破了，經濟活躍起來了，盈利機會日益增長。這樣，既創造了機遇，又抓住了國際上有資本、人才、技術可以被利用的機遇，以及商品可以由此進入國際市場的機遇。

再舉一例。三峽工程的建設是創造機遇的又一個例證。在這片沉寂多年的土地上，由於缺乏機遇，經濟發展是相當緩慢的。自從三峽大壩工程開始以後，機遇被創造出來了，國內的企業界和各方面的人才都把目光投向了三峽工程所在地，國外的一些金融機構與企業也把它看成是一個難得的機遇。甚至這還為旅遊業創造了大好機遇。「告別三峽舊景」已經成為旅遊機拘與團體的一種招徠遊客的口號，從而掀起了三峽旅遊熱。這些都屬於創造機遇之列。有了這些機遇，誰能抓住，誰就可得到盈利，就可以發展。

由此看來，創造機遇與抓住機遇不僅是相互關聯的，而且還有着這樣一層關係，即創造機遇帶有根本性質，而抓住機遇則是在機遇產生之後才面臨的問題。

國內的投資機遇、發展機遇無疑要靠我們自己來創造。國外的投資機遇、發展機遇的創造是不是與我們自身的努力毫無關係呢？在創造國外的機遇方面，我們是不是完全處於被動的地位，只有等待它們出現了，我們才能有所作為，去抓住這種機遇而不要錯過呢？在我看來，恐怕不能理解。

我們不僅可以創造國內的機資機遇、發展機遇，並要緊緊抓住它們，而且我們也可以設法創造國外的機遇、國際市場上的機遇，並緊緊抓住不放。為什麼這麼說？可以從兩方面來理解：

一方面，中國的跨國企業可以參與國際市場上的機遇的創造。也就是說，這些跨國企業既有可能單獨在國外創造機遇，也有可能同其他企業（包括所在國的國內企業）一起在國外創造機遇。

另一方面，中國的政府可以通過多種方式，在國外創造機遇。這些機遇一旦被創造出來，就可以為中國的跨國企業開闢國外投資與發展的新途徑。

最近有兩個例子可以被用來說明這一點。一是中國與其他國家一起，正在為開發湄公河流域而共同創造投資機遇、發展機遇。另一例子是中國與其他國家一起，正在為開發圖們江流域與日本海西岸而共同創造投資機遇、發展機遇。這些機遇如果被創造出來了，對中國和對其它國家都是有利的。

因此，可以明確地得出結論：要積極主動地創造機遇並抓住機遇，這是發展中國家得以順利實現經濟起飛的重要條件。

轉型發展的雙重任務

轉型發展，是指一個國家既要實現體制的轉換，又要實現經濟的發展。中國就是一個轉型發展的國家，或稱為轉型的發展中國家。轉型發展國家面臨雙重任務：體制轉換任務和經濟發展任務。

發展經濟學是近幾十年來新興的學科。通過經濟學界的廣泛研究，發展經濟學已取得了不少被公認的成果。但迄今為止，發展經濟學還沒有把轉型發展問題作為重點研究的課題。有些著作中涉及到類似的問題，但大都比較膚淺，沒有深入的、系統的剖析。這主要因為，經濟學界有一些人總是認為，轉型與發展是兩類不同的研究課題，分屬於兩個研究領域，形成兩個學科。研究發展問題，這被看成是發展經濟學的任務。研究轉型問題，這被看成是比較經濟學或比較體制經濟學的任務。兩個學科雖有交叉、補充，但它們畢竟是不同的學科。

中國的發展可以作為轉型發展的例證。從計劃經濟體制過渡到市場經濟體制，從不發達經濟過渡到發達經濟，這兩種過渡在中國現階段是結合在一起的。兩種過渡的結合，產生了一系列值得探討的問題。從發展經濟學的角度來看，至少有四個問題是發展經濟學中較少涉及的，但對於轉型發展研究卻十分必要。這四個問題是：

一、發展經濟學在考察一國從不發達經濟過渡到發達經濟時，着重分析資本形成的條件與過程，因為資本形成在經濟發展中起着非常重要的作用。然而，在像中國這樣的轉型發展中國家，資本形成卻具有特殊性。一方面，資本形成在轉型發展中國家要比在一般的發展中國家困難得多；另一方面，在轉型發展中國家，已經形成的資本的利用率是相當低下的，閒置的、浪費的資本為數甚大。低下的資本利用率和巨額資本的閒置、浪費等現象，在一般的發展中國家固然也存在，但不如在轉型發展中國家那麼突出。為甚麼轉型發展中國家在資本形成方面有上述特點呢？資本形成的上述特點對轉型發展中國家的經濟有什麼影響呢？這些都是發展經濟學著作中較少涉及的。

二、發展經濟學在研究一國從不發達經濟向發達經濟過渡時，幾乎都強調人力資本形成的意義與作用。這種觀點無疑是正確的。任何一個發展中國家都必須把教育投資放在重要地位，否則人力資本形成的滯後必然影響現代化的進程。然而對於像中國這樣的轉型發展中國家來說，雖然需要突出教育投資在人力資本形成中的作用，但另一個具有同等重要意義的問題是：熟練勞動力、技術人才卻常常被閒置，他們的作用得不到充分發揮：一方面是熟練勞動力、技術人才的嚴重不足，另一方面又是熟練勞動力、技術人才的積壓、窩工。因熟練勞動力、技術人才的積壓、窩工所造成的有形或無形損失，是不可低估的。這種問題在一般發展中國家內並不多見，但卻是轉型發展中國家常見的現象。發展經濟學對此研究得很不充分。

三、發展經濟學在研究中，通常討論市場不完善條件下現代化的過程，但對於企業是否具有活力的問題卻幾乎不會涉及。原因在於：一般發展中國家在經濟不發達階段基本上不存在大型企業，而小企業則具有活力，而像中國的轉型發展中國家，不僅市場不完善，而且企業缺乏活力，大型企業尤其如此，這將嚴重影響經濟的發展，制約現代化的進度。

四、發展經濟學是以一般發展中國家的現代化作為考察對象的，在那裡，在傳統經濟條件下，企業家通常不存在，企業家將在從不發達經濟向發達經濟過渡時逐步形成。然而在像中國這樣的轉型發展中國家，情況相當特殊。雖然市場經濟意義上的企業家並不存在，但實際生活中卻存在着被扭曲了原意的「企業家」，有人稱之為「企業官僚」，也有人稱之為「官本位下的企業家」。其中不少人有可能在轉型發展中轉化為市場經濟意義上的企業家。但這需要客觀條件。這些「企業官僚」或「官本位下的企業家」的存在，究竟對經濟發展有什麼影響，在發展經濟學中是不討論的，但研究中國轉型發展時卻不能迴避這個問題。

第十章

傳統社會結構的阻力

傳統社會結構的阻力

經濟發展是在突破重重障礙以後實現的。不同類型的國家在經濟發展中會遇到不同的障礙、不同的阻力。發展中國家，包括中國這樣的發展中國家，在經濟發展中必須突破的巨大障礙是傳統的社會結構。這是許多研究經濟發展的著作都承認的。傳統社會結構是指什麼？對此解釋不一。

一種解釋是指農村中長期存在的封建、半封建的土地制度。在農村人口佔人口的絕大多數，以及農業在國民經濟中佔着最重要地位的情況下，封建、半封建的土地制度阻礙着經濟發展，使現代化的願望難以實現。另一種解釋要比這種解釋廣泛些，即不僅把封建、半封建土地制度包括在內，而且包括農村與城市中的家族制度與家長統治或族長統治。與此相聯繫的，還有夫權或男權統治。這是許多發展中國家在試圖擺脱經濟不發達狀態時所遇到的巨大障礙之一。

還有一種更廣泛的解釋。這就是：除了把土地制度、家族制度包括在內之外，宗教勢力及其在意識形態方面的統治也被包括進去。這種情況在某些國家和地區是比較突出的。因此在考察傳統社會結構對經濟發展的阻力時，不能忽略傳統社會結構中應包含宗教勢力及其在意識形態方面的統治。

發展中國家在從經濟不發達狀態出發走上現代化軌道時，政治制度與政治組織是建立在傳統的社會結構基礎之上的。傳統的社會結構必然產生相應的政治制度與政治組織。這樣的政治制度與政治組織自然而然地對經濟發展起着阻礙作用。

總之，可以認為，發展中國家經濟發展的巨大阻力不能被認為只是資本不足、人才不足、技術缺乏、市場不發育或不完善等，而是傳統的社會結構。資本不足、人才不足、技術缺乏、市場不發育或不完善，都直接或間接地來自傳統社會結構及其相應的政治制度與政治組織。中國作為一個發展中國家，傳統社會結構對於中國經濟發展的影響不可低估。這種影響最充分地表現在一九四九年以前的幾十年時間內。當時，中國之所以遲遲未能實現經濟的起飛，固然同戰爭有關，但深層次的原因始終在傳統社會結構的制約。

一九四九年以後，傳統社會結構在中國是不是被打破了呢？不能否認，封建的、半封建的土地制度已經消失；家族制度與家長統治，在農村中，已在相當大的程度上動搖了，在城市中則基本上不再存在。這表明一九四九年前後相比，中國經濟發展的社會環境發生了實質性的變化。至於宗教勢力及其在意識形態方面的統治，除了某些少數民族聚居的地區而外，一般而言，在中國的影響並不是顯著的。這個問題不妨略去不論。這樣，我們可以清楚地看到，中國在一九四九年以後，已經具備了較好的經濟起飛的社會環境，因為阻礙經濟從不發達狀態轉向發達狀態的巨大障礙——傳統社會結構已被打破，或者說，已經大大動搖了。但為什麼在四九至七八年這段時間內，中國的經濟起飛依然不那麼順利呢？生產力的增長依然受到很大的限制呢？這就涉及另一個值得研究的問題。發展經濟學在把傳統社會結構視為經濟發展的巨大阻力時，是就一般的發展中國家而言的。一九四九年以前的中國可歸入一般的發展中國家行列。轉型發展，並未受到發展經濟學研究者的重視。轉型發展的巨大阻力不是僅限於傳統社會結構呢？沒有研究或較少涉及轉型發展問題的發展經濟學，當然也就不會專門研究這樣的問題。

一九七九年以後的中國，正如上一篇文章所指出的，是一個轉型發展中國家。這時，阻礙經濟發展的，主要是計劃經濟體制，而不是傳統社會結構。這不是說傳統社會結構已經不再制約轉型發展中國家的經濟發展了，而是說：與計劃經濟體制對經濟發展的阻礙相比，傳統社會結構已退居次要的地位。這從另一個角度說明了西方的發展經濟學在研究中國經濟中的局限性。

轉型發展理論，要靠我們自己來創建。

經濟犯罪與企業破產

企業破產的原因是多種多樣的。有的企業因長期經營不善、虧損纍纍而破產。有的企業因不能清償到期債務而破產，也有的企業因領導人或工作人員侵吞財物而遭到嚴重損失，終於破產，還有的企業因為受到他人的欺詐，損失慘重，最終不得不破產。《公司法》第189條寫道：「公司因不能清償到期債務，被依法宣告破產的，由人民法院依照有關法律的規定，組織股東、有關機關及有關專業人員成立清算組，對公司進行破產清算。」這裡沒有列舉造成破產的原因，而談到了破產的一種表現，即不能清償到期債務，這也是有根據的，因為不管企業因何種原因導致破產，都是資不抵債，而且到期無法清償債務。

我想要討論的，是這樣一個問題：企業破產同經濟犯罪之間有什麼關係？經濟犯罪的結果使得企業不能清償到期債務，從而使得企業宣告破產。這裡可以區分五種不同情況：

1. 企業領導人或工作人員利用手中的權力，侵吞企業的財物，或挪用企業的資金進行個人的投機活動，虧損後無法償還，或把企業的資金私自借給關係人，後者無法償還，這樣，企業不能清償到期債務，陷於破產。

2. 企業領導人或工作人員違反規定，收取他人的好處費，擅自代表企業為他人作擔保，而當他人不履行債務或無法履行債務時，企業作為擔保人受連累，以致於陷入債務困境，最終不得不宣告破產。

3. 企業領導人或工作人員利用手中的權力，同境外商人相勾結，把企業的資金轉移到國外，名為開展境外業務，實際上是一種內外勾結的詐騙活動，使轉移出去的資金逐步落入私人腰包，以致於企業變成「空殼」，資不抵債，終於破產。

4. 企業領導人或工作人員利用手中的權力，製造虛假的財務會計報告、經濟合同或其他證明文件、資料，騙取貸款，從事違法活動，結果使企業蒙受重大損失，不能清償到期債務；或者，以偽造的票據、銀行存單等提供擔保，騙取貸款，從事違法活動，結果使企業蒙受重大損失，不能消償到期債務，使企業陷於破產。

5. 企業在其領導人的指使下，非法吸收公眾存款或非法集資，承諾以高利率回報，結果，或者一部分由此得到的資金被企業領導人或工作人員侵吞、揮霍，或者企業根本無法承受如此高的利率，結果都使得企業不能清償到期債務，只得宣告破產。

以上所列舉的這五種情形都表明企業領導人與工作人員的犯罪行為是導致所在企業破產的原因。除此以外，還有可能出現其他方式的經濟犯罪引起企業破產的情況，更有可能由於企業以外的其他人員進行詐騙活動，而企業未能察覺，使企業遭到重大損失，終於使企業破產的情況。由此可見，在企業破產的眾多原因中，經濟犯罪（包括企業領導人和工作人員，以及企業以外的其他人員的經濟犯罪）是不可忽視的原因之一。

嚴厲打擊貪污、詐騙等犯罪活動，給貪污犯、詐騙犯以應有的懲處，不僅可以使企業在破產時多少挽回一些資產，使債權人的合法權益得到一些保障，更重要的是可以防止一些企業陷於破產。

同時還有必要指出，即使企業因種種原因而依法宣告破產，經濟犯罪活動仍可能發生。例如，破產企業在清算時，企業領導人與工作人員故意轉移財產，隱匿財產，逃避債務，甚至乘混亂之機，謀取非法收入，侵佔企業財產。這種情況也是不容忽視的。

總之，在實行破產制度的過程中，健全、完善打擊經濟犯罪的法律法規，切實保障投資者、債權者的合法權益，十分必要。

不能「發展後再治理」

「發展後再治理」，又被稱做「先發展，再治理」。這種發展模式在西方國家歷史上常見不鮮。在發展中國家，這種發展模式不僅被認為可行的，而且被認為是必要的。理由是：沒有經濟實力，怎麼治理環境？在中國，對「發展後再治理」持贊成態度的專家，還提出另一個理由：這是「不得已而為之」的發展道路，誰都希望早日把環境治理好，但這樣一來。許多企業將關閉，有什麼辦法呢？只好拖一拖再治理了。

其實，到了現階段，西方發達國家已經嘗到了苦頭。在社會各界的強烈要求之下，它們的政府不得不採取行政的、法律的、經濟的手段來迫使企業消除污染，政府還不得不投入大量的資金和人力來從事區域範圍內或全國範圍內的環境治理工程。企業或者被迫花費不少支出來消除污染，治理環境，以便繼續存在，或者，它們設法把某些造成污染的工廠遷移到發展中國家，實行所謂「污染的轉移」。如果説西方發達國家在當時確實循着「發展後再治理」的模式發展了經濟的話，那麼它們現在已經了解到這一發展模式的代價是巨大的。社會為此付出的主要代價是：

第一，在「發展後再治理」模式下，社會的生態環境將遭到嚴重的破壞。其中有些損失是難以彌補的，如森林被濫伐，礦產資源被過度開採而枯竭，居民健康受損害，甚至喪失生命或勞動能力等。有些破壞只有在耗費大量人力、物力、財力之後才能被制止，生態環境質量才能逐漸改善（如河流的污染被清除，土壤肥力得到恢復等）。這意味着，發展是以生態環境的嚴重破壞作為代價而實現的。

第二，「發展後再治理」的經濟發展道路實際上是一條產業結構失調的經濟發展道路。農業可能是首先遭到工業污染和環境破壞的危害的產業部門。這是因為，農業的發展與土壤、水源、氣候條件有着十分密切的關係。工業造成的污染和生態環境遭到的破壞，不可避免地使農業遭到損害，從而造成工農業比例關係的失調。此外，一些從事資源開發與初加工的行業也可能因此而受損失，原因主要在於資源本身遭到了破壞。

第三，這種發展道路很可能成為收入差距擴大，貧富懸殊，兩極分化的經濟發展道路。在西方發達國家中，雖然收入差距擴大，貧富懸殊，兩極分化等等主要由制度決定，但不可否認，由於在經濟發展過程中不顧生態環境的破壞，所以受害最深的是貧困地區。在通常的情況下，貧困地區的生存條件與當地的生態環境的維護有關。當全國都處於經濟發展初期時，儘管人均國民收入水平很低，但貧困地區同其他地區的收入差別不會很大。然而，當經濟發展而生態環境遭到破壞後，那些有條件首先發展工業的地區的經濟發展將導致這些地區人均收入的增長，而作為資源開採與初加工地區的貧困地區卻往往因生態環境受到嚴重破壞而陷於困境。這裡的人均收入即使也有所增長，但同工業發達地區相比，收入差距的擴大則是必然的。何況，某些貧困地區還有可能因生態環境破壞嚴重而導致人均收入下降，從而造成社會矛盾加劇。

由此可見，中國的發展不能沿着「發展後再治理」的老路走下去。問題在於：過去相當長的時間內，國內某些老工業基地（如東北）和大中城市（如重慶、大同、包頭）已經走上了這條道路，並且不少鄉鎮企業也是在損害環境的情況下建立和發展起來的，今後該怎麼辦？擺在我們面前可供選擇的做法只能是：一方面，迅速採取措施，治理環境，減少並逐漸消除因工業發展和環境污染而引起的損失，必要時要下決心關閉一些嚴重破壞環境的工廠：另一方面，在已經發生污染的工業區和城鄉。要大力防止新污染源的出現，防止繼續出現污染環境的新的工廠。今後，新建工廠時，必須事前就把控制污染放在首位，不符合環境保護要求的新的工廠一律不准投產。各地的環境保護主管機構應有這種否決權。

「受益者分攤」原則

誰造成了環境污染，誰就應當為治理受污染的環境承擔治理費用，這就是通常所說的「誰污染，誰治理」原則。這個原則無疑是正確的，也應是普遍適用的。但據我在湖南湘潭和株洲兩市的調查，發現這個原則也有相當大的局限性，有必要進行某些補充。

要知道，現行價格體系仍未合理，資源的價格依然是偏低的。因此，一些從事資源開發的企業（如採礦企業）和從事資源初加工的企業（如有色金屬冶煉企業）在資源價格偏低的條件下難以承受環境污染治理的全部費用。

同時，要治理環境，除了要消除污染源而外，還需要使已經受到破壞的環境盡可能地得到恢復。某一生產單位如果被認定負有治理環境的責任，它們的財力往往只能用於消除污染源，而難以擔負恢復受破壞的大面積環境的任務。在它們的確缺乏這樣的財辦的條件下，假定同一個地區或同一條河流的流域內有若干家造成環境污染的生產單位，那麼它們如何分擔環境治理費用以及如何使用這些治理費用來達到預定的治理目標，在操作中將會遇到困難與爭執。

加之，由於生活方面的原因造成了環境污染，比如說，生活上的污染水對環境的污染，旅行者造成的飲料瓶、食品袋等對環境的污染，家用煤爐的煙塵對環境的污染等，也都不容易運用「誰污染，誰治理」原則來確定責任者並責成這些責任者支付治理費用和清除污染。在以上談到的局限性中，對第一個局限性（即從事資源開採和冶煉的企業在資源價格偏低的條件下缺乏環境治理的經濟力量。它們只可能承擔一部分環境治理費用），可以考慮採取「誰受益，誰分攤」的原則作為「誰污染，誰治理」原則的補充。具體地說，資源被開採出來和得到初加工後成為中間產品，這些中間產品在各種加工企業中被利用。資源價格偏低表明利用這些資源的加工企業是實際的受益者，這些受益者可以承擔一部分環境治理費用，以補貼資源開採和冶煉企業的環境治理費用之不足。

這種解決方式之所以具有較大的可行性，不僅由於在理論上可以成立（即上游產品價格偏低，下游產品生產單位的盈利較多），而且由於實行時也比較簡單，這就是：使上游產品價格有一定比例的附加值歸於上游產品生產單位，專項收入專項用途（即只能用於環境治理和消除污染）。這既便於核算，又便於監督檢查。從事資源開採和冶煉的企業在取得資源價格附加收入之後，就沒有理由再以資源價格偏低和環境治理費用不足而推諉或延誤環境治理工作了。至於資源價格附加的比例，應當視資源價格偏低的程度而定。

「誰受益，誰分攤」原則的適用範圍有多大？這是一個可以研究的課題。一般地說，關於礦產資源的開採、冶煉和利用比較適合這一原則。比如說，利用有色金屬產品的企業作為受益者，應當通過價格附加而給予開採有色金屬和冶煉有色金屬的企業以補貼，幫助後者治理環境，清除污染。燒煤的單位也可以通過煤價附加來協助採煤的單位把煤礦區的環境治理好。「受益者分攤」並不等於「受益者治理」，環境的治理仍舊由造成污染的生產者來負責，但受益者應當分攤一部分治理費用，以利於環境治理工作的展開。

這樣做，是不是增加了使用資源的企業的負擔呢？確實如此，但它們分攤一些費用也是合情合理的。如果資源開發地區的環境日益惡化，而從事礦產資源開採和冶煉的企業因環境污染嚴重而又無力治理，終於不得不停產減產的話，礦產資源的使用者歸根到底也會遭到損失。

可以說，只要資源價格偏低的情況沒有根本改觀，「污染者治理」和「受益者分攤」的結合就有理由持續存在。

彩票發行的利弊得失

在眾多的籌集資金的方式中，發行彩票是方式之一。近年來，中國也採用這種通行於世界的籌資方式，作為發展社會公益事業、福利事業的手段。

關於發行彩票籌集資金問題，經濟界是有不同看法的。

一種看法認為，彩票具有投機性質，甚至可以說是一種變相的賭博，使一些人暴富，從而會產生不良的社會效果，在中國不宜採用這種方式籌集資金。

另一種看法認為，彩票發行雖然具有投機性，但這還不是發行彩票的最大弊端。發行彩票的最大弊端是各地方、各部門以發行彩票為手段，擴大集資數額，從而擅自上項目，鋪攤子，使得本來就已失去控制的基本建設規模進一步失控，對宏觀經濟產生嚴重惡果，因此，要堅決阻止發行彩票集資這種行為。

第三種看法則是：儘管發行彩票有可能造成擴大基本建設規模的結果，儘管彩票本身具有投機性，但總的說來，彩票發行的利大於弊，得大於失，所以應當肯定發行彩票在經濟中的作用。

我認為，這三種看法都有道理。究竟彩票發行是利大於弊呢，還是弊大於利？必須先討論一個前提條件，這就是：對彩票的發行是否有法可依，是否依法管理？假定無法可依，或不依法管理；那麼第一種看法和第二種看法更符合實際，而第三種看法卻顯得乏力，因為沒有證據可以表明利一定大於弊。反之，假定有法可依，而又依法管理，那麼第三種看法是站得住的，第一種看法和第二種看法所流露出來的擔心、顧慮、矛盾，可以通過法律來解決，並盡可能把彩票發行的弊病限制在較小的範圍內。

這裡所說的有法可依：是指全國人大常委會應當制定有關彩票發行與管理的法律。而在這項法律制定以前，可以由國務院頒布行政法規，或由某些省市先進行地方立法，頒布地方法規。這裡所說的依法管理，是指政府部門應當以法律、法規為依據，對彩票發行與操作過程進行監督管理。

為了在彩票發行方面興利除弊，在法律、法規的制定與管理中，有必要強調以下四個問題：1、只容許以促進社會公益事業、福利事業的發展作為發行彩票的宗旨，不容許以其他名義發行彩票。發行彩票的純收入嚴格按照規定的用途使用，並應在公開場合公布彩票發行與使用的帳目，以便接受社會公眾的監督。

2、對彩票發行人的資格必須有嚴格的規定，並應進行詳細的、認真的審查。既然發行彩票的目的是為發展社會公益事業、福利事業籌集資金，那麼彩票發行人就應當是主持社會公益事業、福利事業的社會團體或政府機構。任何個人不得以贊助社會公益事業、福利事業為名而從事彩票的發行。企業是營業性的組織，也不應介入彩票發行和充當彩票發行人。對彩票發行的批准權宜集中而不宜分散。至多把批准權下放到省級政府，省以下無權批准。

3、在中國境內發行彩票的，只限於中國的社會團體和政府機構。外資不能在中國境內發行彩票。

4、由於彩票的印製、儲運、發行、銷售、開獎發獎，有一系列環節，這裡既容易產生舞弊或貪污行為，又容易出差錯，造成不好的影響，因此在組織工作上需要有豐富的經驗和熟練的技巧。在這方面可以汲取國外的經驗，引進某些設備。同時，為了防止出現舞弊或貪污行為，為了防止差錯的發生，需要有一套監督措施，並在法律、法規中明確規定彩票發行人、經辦人員和其他有關人員的法律責任。

彩票發行的利，不是自然而然地就會來臨的。彩票發行的弊，則是稍有疏忽就會發生。要使彩票發行的利大於弊，必須使彩票的發行與管理早日走上法制化的軌道。

私營企業向公有企業的挑戰

最近幾年，中國的私營企業的發展很快。在某些中小城市，私營企業已經成為公有企業的競爭對手之一。不僅如此，從發展趨勢上看，私營企業在某些地區的某些行業中，大有超過當地公有企業的勁頭。這本是正常的事情，但也引起了一些人的擔心。他們說，這樣下去，豈不是損害了公有經濟的主體地位？豈不是封社會主義經濟發展不利？其實，這種擔心是不必要的。

首先應當指出，這裡所説的私營企業發展，是以私營企業合法經營，依法納税為前提的。違法經營的企業，不管是不是私營企業，都應被取締。不依法納税的企業，不管是不是私營企業，都應受到處罰。這是討論的前提。

容許從事直接經營的個人不斷把利潤用於再投入，容許私營企業擴大經營，容許成立更多的私營企業，是不是必定損害公有制經濟的利益？不一定。在這裡，需要明確的是：私營企業在國民經濟中是處於補充地位的。憲法規定：國家允許私營經濟在法律規定的範圍內存在和發展，私營經濟是社會主義公有制經濟的補充，國家保護私營經濟的合法的權利和利益，對私營經濟實行引導、監督和管理。關於私營企業向公有企業挑戰問題的分析，應當在憲法與其他法律所規定的內容的基礎上進行。

關於這種挑戰，可以從三個方面來加以説明。

第一，在某些地區，私營企業發展較快，相形之下，該地區的公有企業的發展要慢一些。為什麼會出現這種情況呢？無非是兩個主要原因。一是公有企業的改革遲緩，經濟效益差，虧損多；二是當地的就業問題突出，公有企業不但吸收不了新增勞動力，甚至還釋放出一批多餘的勞動力，於是私營企業的規模的擴大與新建數目的增多，都是可以理解的。如果確實屬於上述這些情況，那麼把這稱做私營企業向公有企業的挑戰，這種挑並沒有什麼不好，因為這既有助於某些地區就業問題的緩解，也有利於地方政府在公有企業虧損的條件下增加財政收入。

第二，在某些行業，私營企業發展較快，公有企業的發展則相對緩慢。應當指出，這不包括國民經濟的關鍵部門，因為私營企業是在一般行業中發展的。私營企業之所以能在某些一般性行業迅速發展，必然同市場供不應求的狀況相適應。

如果把這一點也看成是私營企業對公有企業的挑戰的話，那麼這種挑戰同樣不能被視為不妥，因為一般性行業本來就是競爭性行業。公有企業之間相互競爭，私營企業之間相互競爭，公有企業與私營企業之間也同樣存在競爭。誰有競爭力，誰就佔上風。在市場經濟中，這是習以為常的。

第三，公有企業不應當迴避來自私營企業的挑戰，而應當正視這場挑戰。照理說，公有企業在技術裝備和技術人才方面有優勢，問題在於公有企業如何發揮自身的優勢，贏得顧客。只要公有企業有活力，能適應市場環境，那麼私營企業對公有企業的挑戰不會構成對公有企業的致命威脅，反而會激發公有企業去降低成本，提高質量，調整產品結構，從而使公有企業繼續發展。

有生命力的公有企業是不害怕私營企業的挑戰的。公有企業與私營企業的競爭對雙方都有好處，都能促進生產效率的提高與服務方式的改進。至於沒有生命力的公有企業，那麼遲早都會垮掉，這也沒有什麼可以驚訝的。適者生存正是市場經濟的規律。加快改革，提高效率，增強競爭力，這才是公有企業應當從這場挑戰中得到的啟示。

應當鼓勵個人投資

在中國，經常聽到政府部門負責人說：「要調動一切積極因素」，但在許多場合，這只是指調動人們的工作積極性和儲蓄的積極性，很少談到要調動人們的個人投資的積極性。實際上，為了加快經濟發展，有必要鼓勵個人進行投資。個人投資的範圍是廣泛的，包括個人購買證券，個人直接經營工商業，以及個人承包耕地、山林、水塘等。

在是否鼓勵個人投資方面，不是沒有不同意見的。一種意見是：鼓勵個人投資等於承認個人投資有益於社會，然而個人投資的結果究竟是有益於社會還是有損於社會，還說不清楚，所以不如只提調動人們的工作積極性和儲蓄積極性為好。另一種意見是：個人投資將使個人盈利，盈利多少是不是應有一個數量界限：如果個人盈利較多，豈不是不利於社會？為什麼還要給予鼓勵呢？因此，需要針對這兩種意見討論。

個人投資是否有益於社會，首先要看個人投資是否在法律容許的範圍進行。這是討論的前提。個人投資的後果是可以檢驗的，比如說，社會生產力的發展，流通的促進與市場的活躍，就業人數的增加，稅收的增長等等，都可以說明個人投資在經濟中有積極作用。

正是從這一點出發，所以不應僅限於提出「調動人們的工作積極性和儲蓄積極性」，而且也應提出「調動人們的投資積極性」。個人進行投資，同個人儲蓄一樣，都有助於國民經濟的發展。不僅如此，如果個人投資規模增大了，發展為私營企業了，那是不是有益於社會呢？這同樣要在是否合法經營的前提下討論。私營企業的發展應符合法律、法規與政策。只要符合這些，那就應當鼓勵。

個人投資與私營企業都是自擔風險，自負盈虧的。在市場競爭過程中，總有一些個人投資失敗，也總有一些私營企業經營不善而倒閉。對投資者本人來說，是一種損失。而私營企業的倒閉也會造成僱工失業或債權人受損的情況。但不能因此而認為不必鼓勵個人投資或不必鼓勵發展私營企業。我們說個人投資與私營企業有益於社會，是就總體而言的。個人投資的虧損與私營企業的倒閉，只是個案。對於個案，應具體分析，但不能由此就得出個人投資與私營企業的發展有損於社會的結論。公有企業也有破產倒閉的個案，難道我們能因為這些個案的存在而得出公有企業對社會不利的論斷嗎？

對於個人投資的盈利額或私營企業的盈利額，是否應當規定一個數量界限呢？提出這種意見的人，當然是想把個人投資的規模或私營企業的規模控制在一定限度以內，意思是説，如果規模被控制在限度以內，就可以鼓勵個人投資或私營企業發展。否則，副作用大，不如不予以鼓勵。

這就涉及對個人投資的效果與發展私營企業的效果的判斷標準問題。應當有統一的判斷標準，這就是是否有利於社會生產力的發展。不能採取雙重標準。簡單地説，個人投資的盈利額較小時，適用於這個判斷標準。個人投資盈利額較大時，同樣適用於這個判斷標準。社會上個人投資盈利多少不等，這要靠個人所得税、遺產税等手段來解決，而不需要對合法的個人投資盈利額多少再作另外的限制。只要投資者依法經營，依法納税，對社會而言，投資者的投資額越大，所創造的就業機會越多，提供的税金越多，即使個人盈利多一些，又有何妨？

因此，要鼓勵個人多投資，就要切實解放思想，容許個人在法律容許的範圍內多多盈利。要促進私營企業的發展，也要轉變對私營企業的看法，不能再沿用過去的舊框框來看待私營企業的發展。

產權改革與就業優先

從計劃經濟體制向市場經濟體制的轉變有若干種改革思路，以產權改革為中心是這些改革思路中的一種。近年來我所堅持的就是這種改革思路。從不發達經濟向發達經濟的過渡有若干種發展戰略，就業優先與兼顧物價基本穩定是這些發展戰略中的一種。近年來我所主張的就是這種發展戰略。

產權改革為中心　按照我在以往多種著作中的論述，在改革中，唯有以產權改革為中心，建立政企分開、產權清晰、自主經營、自負盈虧的新型公有制企業，才能奠定社會主義市場經濟的微觀基礎，改革才能順利前進，市場經濟體制才有建成的可能。價格的全部放開決不是改革的出發點，而只是改革的最終成果。在經濟發展中，一般情況下唯有把就業放在突出位置，也就是把發展放在突出位置，才能使綜合國力增強，使人民的生活水平不斷提高，使社會得以穩定，使經濟得以協調發展。除非是在物價急劇上漲而引起社會動盪不安的特殊條件下，否則就要一直強調發展，強調就業，強調在發展中求穩定，而不能單純地為穩定而穩定。單純地為穩定而穩定，經濟停滯了，社會問題嚴重了，等於以犧牲長期的穩定來維持暫時的、表面的穩定。

兩者之間的聯繫　我的經濟改革觀點與發展觀點已在有關的著作中論述過，用不着再重複。現在需要說明的是：產權改革作為一種改革思路，就業優先作為一種發展戰略，二者之間有什麼樣的內在聯繫？我想從以下三方面來說明：第一，假如改革中不以產權改革為中心，就業優先這一發展戰略是無法實現的。如上所述，通過產權改革，所要建立的是新型公有制企業，這些企業不僅自我約束，而且自我積累，自我發展壯大。企業發展了，壯大了，就業規模相應地會擴大，就業機會會增多。企業發展過程中，職工家庭收入增長了，消費結構發生變化，第三產業得以發展，就業機會也會不斷增多。加之，企業效益增長，盈利上升，財政收入增多，政府就有足夠的經費來興辦各種事業，從而也將增加就業崗位。這一切表明，不以產權改革為中心進行改革，就業優先目標是實現不了的。第二，不重視就業問題，不突出發展中求穩定的戰略，產權改革只能緩緩進行，而且到一定階段後，產權改革就會因失業現象嚴重而停步不前。原因是：如果失業現象日趨嚴重，社會上就業與再就業機會過少，企業的改組、重組、破產都不得不謹慎從事，以免加劇失業，使社會不穩定。換言之，只有把發展放在優先位置，讓社會上不斷增加就業機會，產權改革所遇到的阻力就會減少，企業的改組、重組都能較順利地進行。而且，即使有一批企業破產，也不會釀成社會的動蕩。第三，產權改革作為一種改革思路，就業優先作為一種發展戰略，二者是相互推進，相輔相成的。從全局來看，價格逐步放開，突出產權改革，社會的承受力將大於以放開價格為主線的改革思路，社會上不致於因物價上漲幅度過大而不安。同時，如果不採取一般情況下「就業優先，兼顧物價基本穩定」的發展戰略，而是單純地為穩定而穩定，結果必然是因穩定而犧牲發展，進而犧牲改革，社會不僅因產權改革的大大滯後而使物價難以真正地理順，而且因失業現象越來越嚴重而使社會穩定難以維持。

不同的發展戰略　要知道，產權改革主線論與價格改革主線論是兩種不同的改革思路，就業優先論與物價穩定優先論是兩種不同的發展戰略，產權改革主線論與就業優先論聯繫在一起，價格改革主線論與物價穩定優先論聯繫在一起。這樣，我們可以簡要地把八十年代以來的中國改革經濟划分為兩個學派：一派強調產權改革，強調發展與就業，主張以產權改革促進發展，在發展中求穩定；另一派強調放開價格，但因放開價格而引起物價上漲幅度過大，就又強調要抑制通貨膨脹，強調穩定，以穩定來保證發展。兩個學派孰是孰非，實踐將是最好的檢驗者與判斷者。

再談產權改革與就業優先

上一篇已經就產權改革與就業優先二者之間的關係作了一些論述。在這裡，準備進一步討論作為經濟改革一種思路的產權改革和作為經濟發展一種戰略的就業優先同作為宏觀經濟調節者的政府之間的關係，以便説明產權改革與就業優先是最符合市場經濟體制的要求的。

如上一篇所述，在經濟改革中，以產權改革為主線的思路與以價格放開為主線的思路相對立；在經濟發展中，一般情況下以就業為首要目標的發展戰略與以抑制物價上漲為首要目標的發展戰略相對立。那麼，在不同的改革思路與不同的發展戰略的實施過程中，政府究竟起到什麼樣的作用呢？可以簡略地作一概述，這就是：

產權改革與就業優先必定是同「小政府，大市場」相適應的，而放開價格與抑制物價上漲優先必定同「大政府，小市場」相適應。

為什麼必然如此？可以從三個方面來解釋。第一，如果以產權改革為改革的主線，那麼改革中最重要的進展將體現於政企分開、產權明確、自主經營、自負盈虧的市場主體的重新構造。政府的任務是制定法律法規，使企業按照法律法規來改組、重建，政府的職能主要在於指導企業改革，為企業改革的深化提供正常的環境，而不直接干預企業的生產經營。市場指引着改革後的企業的生產經營，指引着這些企業的投資。這樣，「小政府，大市場」的格局可望形成。假定不遵循這一改革思路，而把放開價格作為主線，物價必定上漲過猛，而要抑制上漲過猛的物價，政府必然採取嚴格的貨幣緊縮措施與直接干預市場的措施「大政府，小市場」的既成格局就不易發生變化，而且很可能持續下去。

第二，如果以就業優先發展戰略，那麼發展將被突出。在發展中求穩定，在運動中求平衡，將是發展的指導思想。就業問題將通過市場自身的繁榮和企業規模的擴大而解決。政府在這種情況下，主要起着完善勞動力市場和指導就業、協助培訓的作用。離開農村的閒散勞動力和從效益差的企業中游離出來的失業職工將通過自己的努力，在市場繁榮中找到工作機會。這正與「小政府，大市場」的要求相吻合。假定把抑制物價上漲作為一般情況下的首要目標，一方面，政府必須採取堅決措施來限制物價的波動，另一方面，對於由於宏觀緊縮過度而造成的失業問題，政府不得不採取措施來防止失業的擴大，並將忙於應付因失業職工找不到再就業的機會而可能發生的突發事件。於是，「大政府，小市場」的格局也就會持續不已。「小政府，大市場」的格局必定難以形成。最終的結果將是使經濟改革停步，使經濟發展遲緩，使社會不易穩定。

第三，政府在市場經濟中的調節作用，除了縮小社會總需求與社會總供給之間的差距而外，還表現於協調收入分配與扶植社會效益高而經濟效益低的行業。以協調收入分配而言，如果實行產權改革與就業優先，那麼政府的工作就會順利些。這是因為，產權改革後，企業效益提高，財政收入增長，政府有較大的可能對貧困地區進行幫助，以協調收入分配。同時，在就業優先發展戰略之下，就業人數增加，家庭撫養系數下降，人均收入水平也就會相應上升。再就扶植社會效益高的行業而言，產權改革的結果，同樣會使政府有較大的可能掌握財政收入，扶植社會效益高的行業的發展。這樣，政府的職能也就得到了充分發揮。反之，假定政府奉行的是放開價格為主的改革政策，而在物價上漲幅度較大以後又把抑制物價上漲放在首要地位，結果只可能是宏觀緊縮，企業效益下降，財政赤字增多，政府手中可以支配的貨幣資源相對地較少。這樣一來，扶貧的支出必然難以擴大，用於扶植社會效益高的行業的經費也必然只能保持於較低水平。政府不得不為財政收支的緊張而操心，也不得不因社會效益高而經濟效益低的行業（文教、衛生、科學、公用、福利等部門）得不到足夠的經費而苦惱。政府的職能又怎能充分發揮呢？

這一切清楚地表明：產權改革是正確的改革思路，就業優先是正確的發展戰略。

大企業與非主要資產的剝離

在一九九四年九月一日《大公報》上，我發表了題為《股份公司與非經營性資產的剝離》一文。關於這種剝離的必要性、剝離的困難、以及可供選用的幾種剝離的方式，已在那篇文章中作了討論。在這裡，我想就這個問題再作進一步的分析，集中解釋兩個問題：一是如何認識大型企業的「社區功能」，二是非經營性資產剝離的最佳點何在。

先探討大型企業的「社區功能」。企業設置於一定的地點。企業對周圍地區會發生一定的作用，大型企業尤其如此。假定大型企業位於大中城市裡，它的「社區功能」可能表現得不大明顯。假定大型企業位於遠離大中城市的地帶，附近是農村或小鎮，那麼它的「社區功能」就會明顯得多。

比如說，大型企業一般設有較好的醫院，附近地區沒有：大型企業有些有較好的劇場、影院，附近地區沒有；大型企業一般還有較高檔的商店，附近地區沒有。如果附近的居民患了急病，難道當病人來到企業的醫院時醫院就拒之門外？當企業放映電影時，附近居民觀眾就一概不准入內？附近居民到企業商店黎來購物時，難道就拒絕？企業的家屬區是不可能同附近的農村、小鎮完全不接觸、不往來的。

企業不可能是該社區中的孤島。這樣，大型企業的「社區動能」就不僅僅是對本企業職工及其家屬發揮的功能，而且也包括了對附近的農村、小鎮及其居民發揮的功能。越是遠離大中城市的大型企業，這種「社區功能」就越不可能被抹煞。

在這些原來具有「社區功能」的大型企業改造為股份公司以後，通過非經營性資產的剝離，是否也就喪失了原有的「社區功能」呢？應當指出，「社區功能」原來是大型企業所行使的，而具體行使這些「社區功能」的資產就是屬於大型企業的某些非經營性資產。非經營性資產剝離後，如果成為獨立的經濟實體。「社區功能」依然存在，但卻由獨立出去的經濟實體來行使，而不由股份公司行使了。因此，從這個意義上說，非經營性資產的剝離後只要成立了獨立的經濟實體，上述的「社區功能」並不會喪失。

再討論非經營性資產剝離的最佳點。

一個企業的非經營性資產究竟剝離到何種程度最為合適，不能一概而論。這主要取決於三個因素。第一，該企業遠離大中城市的程度，同最近的某個大中城市的距離多遠、交通便利程度。距離附近的大中城市較近，交通比較便利，該企業的非經營性資產的剝離程度就可以大一些。

第二，該企業職工的利益剛性。這是指，該企業自從成立以來，通過非經營性資產而給職工帶來了若干實際的利益，特別是像低房租的家屬宿舍和職工醫院、職工食堂、職工子弟學校與托兒所等方面的實際利益，從而逐漸形成了利益剛性。利益剛性阻礙非經營性資產的剝離。當然，如果改制為股份公司後職工實際收入有較大幅度增加，問題就容易解決些，否則利益剛性對非經營性資產剝離的阻礙就大些。

第三，非經營性資產剝離前後的成本與收益比較。要知道，一個企業擁有非經營性資產，既要有成本。也會有收益；把非經營性資產剝離出去，同樣需要成本，並且也有收益。把剝離前後的成本與收益進行統盤比較，有助於企業考慮到什麼程度的剝離對企業更有利。

從上述三個因素來考察，就可以發現，剝離的最佳點因企業而異。不能認為任何一家企業都是把非經營性資產剝離得越徹底、越乾淨越好。

假定不可能一次就剝離完畢，那也不要緊。客觀條件和主觀條件都在變化。剝離的最佳點也將隨着主觀客觀條件的改變而移動，這是完全可以理解的。

國有控股公司的代理制

代理制是企業發展的必然趨勢，這是本世紀三十年代以來就已被國外學術界所承認的事實。代理制是指：出資人在組建企業之後，選擇代理人來經營企業，出資人與代理人之間建立契約關係。出資人之所以要選擇代理人來經營企業，主要是由於出資人親自經營的成本與收益同代理人經營的成本與收益相比。選擇代理人經營要優於出資人親自經營。

實現國有控股制　中國國有企業改革過程中，有必要實現國有控股公司體制。關於這一點，我已在一九九五年五月六日、九日與十六日刊載於《大公報》的三篇文章中作了論述。在這裡，我準備在上述三篇文章闡釋的基礎上，單就國有控股公司的代理制問題進行分析。假定是私營企業（包括私營的獨資企業和合夥企業），在規模大到一定程度後，不可避免地會選擇代理制。而國有企業，不管規模多大，都有必要實行代理制，因為出資人是國家，國家的投資不可能由國家直接經營，而應由國家選擇的代理人來經營。問題的關鍵不在於國有企業要不要實行代理制，而在於實行什麼樣的代理制，如何選擇代理人，代理人與作為出資人的國家之間如何建立適合市場經濟體制的契約關係。

多層次進行代理　國有控股公司是中國國有企業體制改革中為了有效地管理固有資產而設立的控股機構。國有控股公司通過自己的控股行為，建立一個由母公司、子公司、孫公司組成的體系。代理制在這種情況下應當是多層次的。層層控股，層層代理，這樣既可以做到產權清晰，職責分明，又可以使各個層次的代理人有效地行使經營權，實現利潤目標。國家作為出資人，經營國有控股公司的母公司、子公司、孫公司的都是代理人。如何選擇代理人？通過代理人市場來選擇代理人，將是一條合適的途徑。所謂代理人市場，實質上就是職業企業家市場。這些有可能被選為國有控股公司體系各層次代理人的，應是既有經營管理的責任心，又有經營管理的能力與經驗的職業企業家，而不是行政官員。職業企業家作為代理人，同作為出資人的國有資產管理部門或國有投資主體之間的關係，是契約關係，而不是行政隸屬關係。同時，既然雙方之間是契約關係，那麼不僅雙方應處於平等的地位，而且也應是雙向選擇的、自願的結合。被選擇為代理人的職業企業家一旦經營管理國有控股公司體系中某一層次的公司後，應為雙方共同商定的資產經營管理目標（資產保值增值目標和利潤目標）而盡職。為此，必須健全關於代理人的約束機制與激勵機制。約束機制與激勵機制是不可偏廢的，它們將使得代理人的行為規範化，並能盡最大的可能來實現公司目標，以及增加自己的收入。

約束與激勵並存　在建立國有控股公司時，人們普遍持有的三種顧慮是：在國有控股公司中，政企能真正分開嗎？國有控股公司建立後，國有資產流失的現象能被制止並能保值增值嗎？國有控股公司體系各層次公司的經理，能充分發揮自己的才幹而不會被無理解職嗎？只要真正建立起國有控股公司的代理制，上述三種顧慮都可以消除。

按照契約來辦事　正如前面所說，如果國有投資主體在產權界定的基礎上建立國有控股公司並通過市場選擇代理人，那麼政府作為經濟管理者的職能與國有投資主體作為投資者的職能就分開了，政資分開是政企分開的保證。如果被選擇的代理人同出資人之間建立了契約關係，並實現了對代理人的約束機制與激勵機制，那麼在代理人受監督，受約束以及受激勵的前提下，國有資產就一個公司的範圍來說。可以免於流失，並有較大可能保值增值。如果代理人已經成為職業企業家，並且聘用和解聘代理人都按照契約的規定來辦理，我們相信代理人擔任經理後，不僅可以充分施展才能，而且不會有被無理解職的顧慮。

國有股向優先股轉化

在國有企業改制為股份有限公司的過程中，經常遇到資產存量折股後國有股數額巨大、國有股在整個股份中比例過高的問題。國有股所佔比例過高，對於股份有限公司的運作是不方便的。這種不方便主要表現於以下三點：

第一，國有企業改制為股份有限公司後，指望能夠建立一個由多元投資主體的代表所組成的董事會，董事會進行重大事項的決策。如果國有股比例過高，董事會幾乎是清一色的國有股代表，其作用的發揮將受限制。

第二，國有企業改制為股份有限公司後，指望能有新的資本金投入，以加快技術改革。如果國有股比例過高，新增資本金過少，技術改革依然缺乏資金。

第三，此外，一家股份有限公司中的國有股比例過高，對新的投資主體是缺乏吸引力的。它們會認為向這樣的股份企業投資，除非所投入的資本金數額很多，否則只能扮演一個無足輕重的小配角，那又何必投入呢？

要改變這種狀況，無非有兩種辦法。一是轉讓一定數額的國有股，即縮小國有資產存量，以降低國有股的比例。二是把一部分國有股、甚至大部分國有股由普通股變為優先股。

這兩種辦法都可進行試驗。這裡只討論第二種辦法，即國有股向優先股轉化問題。國有股轉化為優先股，並不使國有資產減少，而只是從普通股變成了優先股。優先股的好處是：收益穩定，風險少，靈活性大。國有股轉化為優先股，既可以按照固定比率取得股息，以保證國家作為投資主體的收入的穩定性，又可以在利息分派順序上及公司終止或破產清算時的剩餘財產分配順序上優先於普通股，以減少國家投資的風險，還可以在國家投資主體認為有必要時再轉化為普通股，從而具有較大的靈活性。

比較容易引起爭論的是：優先股的持有者沒有選舉權與表決權，從而不參與公司的經營管理，於是就有人認為這是國家作為投資主體放棄了對公司的決策權。

怎樣看待這個問題？首先應當從我們所要討論的前提談起。這個前提就是：

國有企業改制為股份有限公司後，國有股所佔比例過高，從而對公司的運作帶來若干不便。

既然以國有股比例過高作為前提，那麼就可以按照下列三種情況分別進行分析。第一種情況：在國家認為有必要控股的公司中，國家作為投資主體可以根據控股所要求的比例持有國有普通股，而把超過控股限界的股份轉為優先股。這並不影響國家對該公司的控股地位。

第二種情況：在國家認為沒有必要控股，但仍需要參股的公司中，國家作為投資主體可以根據具體情況而持有一部分普通股，並相應地派出股權代表參加董事會，而把其餘的普通股轉為優先股。這樣，國家依然對該公司保留了一定的決策權或在董事會中的表決權。

第三種情況：在國家認為既不需要控股，也不需要參股的股份有限公司中，國家作為投資主體可以把國有普通股全部轉化為優先股。由於這是國家事先作過考慮的，所以即使國家放棄了對該公司的決策權，也在事先規劃之中。

國有普通股究竟保留多大比例，國有普通股是否全部轉化為優先股：一定要根據每家公司的具體情況才能決定。

國有優先股可以進入證券市場，國有優先股可以被買進賣出。這不僅有利於證券市場的活躍，而且也有利於國有資產的優化配置。更重要的是，這將進一步推進國有企業的股份制改革，並提高國有資產的使用效率。

關於居民儲蓄收益率的爭議

在經濟學界的學術討論會上，有關當前中國居民儲蓄的收益率有不同的看法。問題是由通貨膨脹率與銀行吸收的儲蓄存款利率的差異引起的。在通貨膨脹率較高的條件下，存款利率如果低於通貨膨脹率，居民儲蓄收益率豈不是負的？居民不正在受損失麼？於是有兩種主張。一種主張是：「應當根據通貨膨脹率的水平調整存款利率，消除負利率，以免居民受損失。」另一種主張是：「存款利率已經相當高了，再提高存款利率，利少弊多，綜合考慮的結果，寧肯存在一定的負利率，也不宜再提高存款兩種主張都有道理。前一種主張着重考慮的是存款戶的利益，不要使存款戶受損失。特別是像中國這樣的小額存款戶佔絕大多數的國家，居民們辛辛苦苦儲蓄了一點錢，放到銀行裡，不料存款利率實際上是負的，這樣的存款利率顯然不合理，需要提高到超出通貨膨脹率的水平，至少要相當於通貨膨脹率。後一種主張着重考慮的是整個國民經濟的利益。不主張再提高存款利率的理由大致上有以下四點：

1. 一旦提高存款利率，貸款利率也會相應提高。而現在中國的企業已經不堪高利率的重負了，如果存款利率提高到不低於通貨膨脹率的水平，那麼貸款利率必然要超出通貨膨脹率若干個百分點，企業如何負擔得起？這勢必使企業虧損面擴大，使呆帳、壞帳增多，對財政、銀行、企業三方都不利。

2. 國債利率必定要隨着存款利率的提高而提高，否則國債銷售就有困難，但國債利率的提高不可避免地使財政負擔加重。

3. 存款利率的提高對證券市場的發展是不利的。中國目前的證券市場還處於起步階段，股市長期處在低落狀態。假定存款利率提高後證券市場再受挫折，對股份制改造也有消極的影響。為了加快中國的股份制改造並使證券市場活躍起來，存款利率只宜降低而不宜再提高。

4. 消費品市場上仍有滯銷積壓。如果存款利率再提高，消費品市場的滯銷積壓現象將加劇，這對於企業與財政部門都不利。

基於上述理由，所以不主張再提高存款利率的學者認為，儘管存款利率低於通貨膨脹率，但目前不宜提高存款利率，而只能給予存款戶一些補貼或採取其他補救存款戶損失的適當措施。一是繼續採取三年期以上儲蓄存款的保值貼補辦法；二是繼續實行存款利息統一免納個人所得税的辦法。

這兩種意見中，我是傾向於後一種意見的。關於居民儲蓄收益率問題，應當從國民經濟整體來研究、分析。當前最重要的問題是如何加快中國的企業改革，使國有大中型企業及早擺脱困境，並通過企業經營機制的轉換與企業經濟效益的轉換，使財政收入有較大幅度的增長。正因為從這一角度考慮，因此貸款利率不宜再提高。至於居民儲蓄受通貨膨脹損害的問題，則應繼續採取三年期以上儲蓄存款保值與存款利息免税的辦法來加以彌補。

在經濟學中，補償理論是一個重要的研究領域。存款戶在高通貨膨脹率之下受到損失，這是無法否認的。保值儲蓄與利息免税可以補償一部分。除此以外，存款戶還可以因不提高存款利率、從而不提高貸款利率，使企業狀況不致於惡化、財政狀況不致於惡化等方面少受損失。這同樣是對存款戶的一種補償。假定企業狀況好轉了，效益增加了。財政狀況改善了，存款戶由此間接得到的好處，更可以被看成是對存款戶的一種補償。

在居民儲蓄收益率的討論中，難道不該對補償問題作進一步的探討麼？

如何加速居民儲蓄向投資轉化

在現階段的中國，居民儲蓄向投資的轉化依然以銀行渠道為主。股票、企業債券、國債加在一起，所佔的比重不大。居民直接進行生產性投資，主要在農牧漁業生產中，即承包者用手中的貨幣購買生產資料，進行農牧漁業再生產。居民直接投入工業生產領域的，為數也很少。因此，在討論如何加速居民儲蓄向投資的轉化時，首先需要分析銀行在這一轉化過程中如何發揮更大作用的問題。

根據最近頒布實施的《商業銀行法》第四十三條，商業銀行在中華人民共和國境內不得從事信託投資和股票業務，不得投資於非自用不動產：商業銀行不得在中華人民共和國境內向非銀行金融機構和企業投資。《商業銀行法》的上述規定是符合當前中國國情的，同時也意味着通過商業銀行把居民儲蓄轉化為投資的渠道變窄了。發放短期、中期和長期貸款，成為商業銀行把居民儲蓄轉化為投資的幾乎唯一的渠道。

商業銀行必須把貸款的經濟效益放在首位。這既包括貸款的收益率，又包括貸款的還本付息的可靠性，還包括信貸資金的周轉狀況。商業銀行可能較傾向於流動資金貸款、短期貸款，因為這有助於提高貸款的經濟效益。而居民儲蓄向投資的轉化，不應以流動資金貸款、短期貸款為主，而應較多地考慮固定資產投資和中長期貸款。因此，為了加速居民儲蓄向投資的轉化，必須考慮金融機構的投資問題。由於商業銀行不得在境內從事企業投資，所以投資業務應由商業銀行以外的金融機構來承擔。

一種可行的方式是居民儲蓄先轉化為金融債券，再由金融債券轉化為固定資產的投資，投資銀行或與此類似的金融機構在這裡將起着中介作用。

比如說，成立投資銀行或類似性質的投資公司，向社會發行金融債券，居民根據金融債券的利率與期限，以及金融債券在證券市場上的可轉讓性，購買金融債券。發行金融債券的投資銀行等籌集到資金後，可以貸款給需要固定資產投資的企業，也可以直接對企業進行投資。投資銀行不吸收公眾存款，這是它們同商業銀行的區別；投資銀行可以從事企業投資，這是它們同商業銀行的又一區別。

投資銀行是不是政策性銀行呢？不一定。投資銀行可以是政策性銀行，也可以不是政策性銀行，而是經營性的銀行。如果它是政策性銀行，那麼它的註冊資本應由國家財政撥給，其主要任務是支持國家基礎設施、基礎產業和支柱產業大中型基本建設項目的建設，發放政策性貸款。它也可以採取發行金融債券或財政擔保建設債券的方式籌集資金。如果投資銀行不是政策性銀行，而是經營性銀行，那麼它的註冊資本可以由國家和其它投資主體籌集，按股份制方式建立。其主要任務既包括對企業固定資產投資項目的貸款，也包括直接投資於企業。政策性的投資銀行與經營性的投資銀行可以並存，並起着相互補充的作用。

要加速居民儲蓄向投資的轉化，還可以採取下述措施：

1、增加政府債券的品種，並使各個品種的政府債券發行量形成較完善的結構；

2、在制止不合法的、不規範的企業集資的同時，增加規範化的企業債券的發行數額；

3、在企業改革過程中，擴大職工持股制的試點，以便吸收職工儲蓄並使之直接轉化為企業投資；

4、繼續推進企業改制為股份有限公司的試驗，增加個人股新股的發行數額；

5、鼓勵農民投資，加速荒山、荒溝、荒灘的開發，並使已有的耕地朝集約化方向發展。

小企業宜實行職工持股化

國有小企業是與國有大中型企業相對而言的。究竟多大規模的企業可以劃歸為大中型企業，多大規模以下的企業被稱為小企業，學術界有些爭議，一般認為，過去把小企業的標準定得過窄過死，而且這一標準本身也偏低了，今後應提高這一標準，並使之有較大的靈活性。在這裡，我不想討論中型企業與小企業的分界線，而只準備就小企業的改革問題談些看法。國有小企業的改革應當走一條不同於國有大中型企業改革的道路。具體地説，國有小企業應以出售為宜。出售給誰？或者賣給某一個大中型企業，或者賣給私人，或者賣給職工們。這些要根據企業的實際情況與購買者的購買意願、購買能力而定。國有小企業賣給職工們，實行職工持股化，是可行的方式之一。

國有小企業的職工持股化，具有合作經濟的性質。由於企業規模小，職衛人數不多，職工成為企業股東之後，由職工選舉的管理機構來經營管理企業，不僅可以轉換企業經營機制，使企業真正做到自主經營，而且能更好地發揮職工群體在企業決策與經營中的作用。這是國有小企業職工持股化的明顯優點。然而，根據一些城市的試點經驗，在國有小企業職工持股化過程中，有以下五個問題仍需妥善解決。這五個問題是：

第一，職工的股份是如何取得的？如果採取無償分配給職工的做法，那就等於流失了國有資產。如果採取職工繳納現金購買股份的做法，那麼有些待出售的國有小企業本來就處於很不景氣的狀態，職工可能已經有一段時間未領到工資了，職工哪有這麼多錢來買進股份？如果採取記賬的方式，職工用以後的紅利來償還所欠的購股款，那麼企業在改制後依然缺乏必要的資金，企業難以渡過難關。可見，職工購買股份的付款問題是難題之一。較好的做法是由金融機構貸款給職工購買股份，職工今後陸續把錢還給金融機構，但目前國內還缺少這樣的金融機構。

第二，在實行職工持股化時，究竟是把全部資產折成股份均攤給每一名職工呢，還是採取不均等的認購方式？如果採取後一種方式，是規定每人認購的最低款之後，餘下的自由購買呢，還是按各個職工的廠齡和職務不同，各人認購數額不等的股份？這要根據企業目前盈利狀況與今後盈利前景而定。假定企業被認為是盈利較多的，為了減少職工因認購股份不均等而引起的爭執和不滿，可以均等認購。假定企業盈利狀況不佳，讓職務高的工作人員多認購一些股份，可能比較合適。

第三，已經離退休的職工是否也參加職工持股？這是一個有爭論的問題，很難做出統一的規定。問題仍然同企業盈利狀況與盈利前景有關。如果企業盈利較多而又採取先領股份緩付款的做法，退休職工會認為把自己排除在職工持股方案以外，有欠公允。反之，如果企業不盈利，尤其是在不盈利條件下要先付款，離退休職工則會認為，讓他們參加職工持股計劃是不合理的。因此，在離退休職工是否參加職工持股問題上，要充分徵求在職職工和離退休職工的意見，再做決定。

第四，如果職工持股不佔改制後的企業的股份的全部，而只佔一部分，那麼餘下的部分能否轉讓給非本企業職工，能否轉讓給其他法人？應當說，可以這麼做。但應有一個條件，這就是；在本企業職工認購完畢後，才能把餘下的部分轉讓出去，否則本企業職工會認為這是排斥本企業職工的行為。

第五，國有小企業在改制為職工持股的企業時，除了保留職工個人股份以外，能否設立職工集體股或類似於集體股性質的股份？對這個問題，應當採取慎重的態度，主要是因為集體股的性質不明確，沒有確定的投資主體，即使目前使用了集體股之類的概念，但隨着企業的發展，將會引發許多問題。不如一開始就採取把國有小企業的資產量化到職工個人的做法。

計劃體制與傳統社會

在上一篇文章中已經談到，中國作為一個轉型發展中國家，在經濟發展的阻力方面，傳統社會結構的影響已不如計劃經濟體制的影響那麼顯著。在這裡，我想進一步就計劃經濟體制與傳統社會結構的關係展開論述。

計劃經濟體制是一種經濟體制，而不等於社會結構。傳統社會結構是一種社會結構，而不等於經濟體制。二者之間有區別，不能簡單地加以比較。但二者也是有聯繫的，在中國的轉型發展過程中，不難看出計劃經濟體制與傳統社會結構有一些相似之處。

要知道一般的發展中國家在經濟發展中要突破傳統社會結構的束縛，轉型國家在經濟發展中要突破計劃經濟體制的束縛，這是沒有疑問的。問題在於：儘管對中國當前的發展來說，突破計劃經濟體制的束縛是首要的，但是不是傳統社會結構的影響不再存在了呢？是不是不需要在突破計劃經濟體制之外再繼續突破傳統社會結構的束縛呢？由此涉及在計劃經濟體制佔支配地位的時期內，傳統社會結構究竟解體到何種程度，以及傳統社會結構究竟還殘留了多少。

應當指出，傳統的社會結構與同它相適應的政治制度和政治組織是通過革命與土地改革而打破的。計劃經濟體制在五十年代內的逐步確立，對傳統的社會結構起了進一步瓦解的作用。人民公社制度是政社合一的，農民集體擁有土地，擁有基本生產資料，按計劃指標種植，主要農產品統購統銷，這一切都使得傳統的社會結構失去了經濟基礎。

然而，計劃經濟體制並不能使傳統社會結構徹底消失，甚至在某些方面還使得傳統社會結構有可能以另一種形式保存下來。可以舉例如下：

一、在計劃經濟體制之下，農民的流動是受到極大限制的。農民被關閉到很窄的地區內，從事勞動，獲得微薄的收入。這種情況與傳統社會結構下農民被束縛在一小塊土地上的情況並沒有多大區別。

二、在計劃經濟體制下，市場十分狹小，僅限於一些消費品，而且消費品中還有若干種是憑票供應的。在這種情況下，農民或者被排除在憑票供應之外，或者所得到的供應量少於城市居民，於是迫使農民依靠自給的方式來維持生活。這一點也與傳統社會結構下的處境是類似的。

三、在計劃經濟體制下，現代工業發展的資金在較大程度上依靠來自農村的積累，即不合理的工農業產品比價使農村承擔了相當大的一部分工業發展資金，至少在工業發展前期是如此。這與傳統社會結構下的情況也有相似之處，因為一般的發展中國家在工業發展前期，多半是利用傳統社會結構下農村的積累來發展工業，即犧牲農業，發展工業。

四、在計劃經濟體制下，個人的投資積極性是不存在的，甚至農民也缺乏投資的積極性。這是因為，既然個人投資被禁止或受限制，個人根本沒有通過投資取得回報的指望，哪裡會有什麼積極性呢？從這一點可以看出，傳統社會結構下的情況有可能比計劃經濟體制下好一些，因為傳統社會結構下，個人投資雖然也受到限制，但由於依然存在個人投資與取得投資回報的可能，所以個人仍有一定的投資積極性。

由此可見，計劃經濟體制兩方面起了進一步瓦解傳統社會結構的作用，另一方面，卻又在某些領域內類似於傳統社會結構，阻礙經濟的發展。此外，計劃經濟體制還使傳統社會結構在某些領域內以另一種形式殘留下來，如農村勞動力的限制流動、農村市場的狹小和農民以自給的方式維持低水平的生活等等。只有市場經濟體制的確立與發展才能使傳統社會結構徹底消失。世界上不少國家的現代化進程證實了這一點。

容忍一定的通貨膨脹

過高的通貨膨脹率被社會難以承受，因此對物價上漲幅度進行控制，使過高的通貨膨脹率逐漸回落，是必要的。但對這個問題應有清醒的、實事求是的估計，不能指望通貨膨脹會迅速消除。原因在於：既然通貨膨脹是多種因素所造成，那就不可能通過緊縮要求來消除通貨膨脹。

不妨以人的生病為例。如果人有病，發高燒，那麼究竟怎樣治病，應當根據病人的具體情況而定。大體上有兩種治病的方法，即所謂「逆勢療法」和「順勢療法」。

「逆勢療法」是指：採取一切措施給病人降溫，退燒，先把高燒退了，然後再慢慢調理，使病人逐漸復原；「順勢療法」是指：先不急於給病人降溫退燒，而是先綜合治理，把病根除了，病人就會漸漸復原，這時，病人的體溫也會漸漸趨於正常。

是「逆勢療法」更有效呢，還是「順勢療法」更加有效？不能一概而論。病人得的病不一樣，病人本人的體質也不一樣。有的病人可能適合於「逆勢療法」，有的病人可能適合於「順勢療法」。有的病人在患這種病時可能以「逆勢療法」較有效，而在患另一種病時，則可能較宜於採取「順勢療法」。

現在結合到當前中國的通貨膨脹來討論「逆勢療法」與「順勢療法」的選擇問題。假定中國的通貨膨脹屬於單純的需求膨脹之列，「逆勢療法」是可行的，也是有效的。這時，抽緊銀根可以「降溫」。

假定中國的通貨膨脹能夠歸入壟斷性的利潤推進型通貨膨脹一類，即居於壟斷地位的生產者或銷售者為了保持高額利潤，或為了獲得暴利，人為地抬高物價、那麼，「逆勢療法」也可以奏效。這時，只要採取強制性的限價措施，或限制利潤幅度的措施，也可以起到「降溫」的作用。

然而當前中國的通貨膨脹既不屬於單純的需求膨脹之列，也不能歸入壟斷性的利潤推進型通貨膨脹一類，而是多種因素所造成的。其中，有體制改革所引起的通貨膨脹，也有結構性原因引起的通貨膨脹。即使是投資需求過大造成的通貨膨脹。深刻的根源仍在於經濟體制，即由於投資主體不承擔風險與企業不自負盈虧。在這種情況下，「逆勢療法」肯定是難以奏效的。緊縮需求，不可能切實有效地「降溫」。

對待當前中國的通貨膨脹，要採取「順勢療法」。以「順勢療法」治理通貨膨脹，是指：先對經濟進行綜合治理，讓國有企業效益提高，虧損減少，增產適銷對路產品，增加市場急需的產品；同時，加快流通體制改革，整頓流通秩序，疏通流通渠道，其結果必定是經濟的活力增強，物價上漲幅度也會相應地逐步下降。

從治理通貨膨脹的「順勢療法」可能懂得這樣一個道理：就當前中國的通貨膨脹而言，增加經濟活力比單純壓縮需求更重要。只有先容忍一定幅度的通貨膨脹，綜合治理，才能最終達到消除通貨膨脹的任務。

先容忍一定的通貨膨脹，並不意味着把通貨膨脹看成是一件好事，也不是說今後不要設法消除通貨膨脹。先容忍一定的通貨膨脹，主要是指要對通貨膨脹的成因有清醒的認識，通貨膨脹並非僅僅依靠緊縮需求的做法就可以消除的。事情總是有表有裡，有主有次，對事情的處理也總是有緩有急，有先有後。先容忍一定的通貨膨脹，正是為了今後可以更有效地把通貨膨脹抑制下去，最終消除通貨膨脹。

總之，治理當前中國的通貨膨脹，要有一個為期數年甚至長一些的規劃。這正是「順勢療法」的要求。

明晰產權的含義

在討論產權改革問題時，經常聽到這樣一種議論：產權不就是財產權嗎？財產權同所有權不是一回事嗎？所有權不是很清晰嗎？既然如此，有什麼必要再提出產權清晰的問題呢？甚至有人說：所有權本來是清清楚楚的，現在又提出要明晰產權，豈不是把本來清清楚楚的東西弄得模糊不清了？看來，儘管我曾經在以往若干文章裡談過產權清晰的必要性和緊迫性，但仍有再次就此分析的需要。假定是在私有制條件下，所有權與產權無疑是一致的。誰投資，誰就擁有投資所形成的資產，誰就是所有者。也就是投資主體。在這種場合，所有權是清晰的，產權當然也清清楚楚。因此沒有必要再提明晰產權問題。

然而在計劃經濟體制下，公有經濟的產權卻不清晰。明晰產權，正是針對計劃體制下的公有經濟而提出的。從計劃體制向市場體制轉變過程中，不明晰產權，企業改革只不過是一句空話。

先討論公有經濟中的國有經濟。要知道，國有企業的所有權是清楚的，因此所有的國有企業都屬於全民所有，國家是全民的代表，國有企業就是全民所有的企業。但國有企業的產權在計劃體制下卻不清楚。這是因為，產權的明晰是同投資主體的確定聯繫在一起的。在計劃體制之下，雖然國有企業屬於全民所有，但投資主體究竟是誰，誰為這筆投入國有企業的資金及其形成的資產承擔責任和履行監督檢查的職能，都不明確。

由於投資主體不確定，產權不明晰，所以一方面，國有企業的資產不斷流失，國有資產的經營效率低下。另一方面，國有企業實質上是政府機構的附屬物，政府直接干預企業，政企不分是必然的。

再討論公有經濟中的集體經濟。計劃體制下的集體經濟，同樣存在着產權不清問題。不僅如此，集體經濟的所有權有時也不清楚。集體企業究竟歸誰所有，誰是所有者，在這方面往往是很難確定的。主要的困難在於：「集體」包括了哪些人？每一個人在這個「集體」的投資中佔有多大比例？甚至還可以發現，這裡所說的「集體」是籠統的、抽象的，根本無法具體到某些人。這樣，所有者不清楚，投資主體也不確定，產權的明晰也就無從談起。由此可見，在從計劃體制向市場體制轉變的過程中，要使得企業成為有活力的商品生產者和經營者，對國有企業與集體企業實行產權制度的改革必不可少。產權制度改革不涉及把公有制改變為私有制或取消國家所有等問題，產權制度改革的要點是指：對於公有制的企業，在明晰了所有者的基礎上，確定企業的投資主體，明晰產權與產權結構，從而實現政企分開，使投資者各自負盈虧，使企業自主決策，自主經營。產權明晰以後，企業的轉讓、合併、擴建和對外參股控股也就有了前提。產權明晰以後，包括公有投資主體的投資在內的一切投資，都能落實到具體的負責者，於是投資所形成的資產將不再是無人負責的，公有資產的流失問題也就有了切實有效的解決辦法。

產權明晰對於中國的企業改革是必要的、關鍵的，但不是唯一的。在主張進行產權改革與明晰產權的人中，據我所知，沒有人認為只要產權明晰就夠了，也沒有人宣傳諸如「一股就靈」、「產權改革萬能」或「股份制萬能」這樣的觀點。普遍的看法是把產權改革看成經濟改革或企業改革的帶有決定性意義的一步，而決不是經濟改革或企業改革的全部。配套改革始終不可缺少。遺憾的是，有些不明白產權明晰的含義的人，常常把本來不存在的觀點當做靶子，借此批評產權改革的主張。這種學風顯然是錯誤的。

產權界定是政企分開的必要條件

中國在經濟改革過程中必須實現政企分開、這已經成為社會各界基本上一致的看法。政企分開的必要性，以及政企分開對轉換企業經營機制、提高企業經濟效益、使宏觀經濟調控發揮更有成效的作用，都是不容懷疑的。但值得深入探討的是以下三個問題：

一、如果產權依舊是模糊不清的，政企能夠順利地分開麼？

二、政企怎樣分開？簡要地說，就是要按《公司法》的規定去做。但要實行國有企業的改革，不明確產權，不確定投資主體，怎能按照《公司法》的規定建立有限責任公司或股份有限公司？

三、國有獨資公司是有限責任公司的一種特殊形式，國有獨資公司也必須實現政企分開。如果不確定國有獨資公司的投資主體，僅僅把原來的行政性公司換一塊招牌，改稱國有獨資公司，豈不是換湯不換藥，政企能真正分開麼？企業經營機制能轉換麼？

下面，讓我們就這三個問題進行一些分析。

先談第一個問題。模糊不清的產權阻礙着政企分開，這已被實踐充分證明。要知道在計劃經濟體制之下，不僅是政企不分，而且是政資不分。政資不分是指：政府既是資產的所有者，又是資產的經營者，國有企業的資本來自政府財政部門，政府當然有權利、也有責任直接經營管理國有企業。政資不分是政企不分的前提。在這種情況下，產權是模糊的。儘管所有的國有企業都歸政府所有，都由政府統負盈虧，但具體到每一家國有企業，究竟投資主體是誰，誰對國有資產的保值增值負責，誰承擔虧損的責任，這些都不明確。政資不分必然導致政企不分，而產權模糊又必然導致政資不分。因此，可以清楚地了解到，只要產權依然模糊，政企難以分開。

再談第二個問題。根據第一個問題的論述，很自然地得出下述論斷：《公司法》所規定的建立有限責任公司或股份有限公司是以明確投資主體為前提的，而明確投資主體與明確產權是同一回事。如果投資主體不事先確定，無論是有限責任公司還是股份有限公司都無法建立，政企分開也就成為一句空話。再討論企業的自負盈虧問題。在產權明確的基礎上，企業的自負盈虧就是投資者按投資的比例各自負盈又負虧。每一個投資主體，包括國有的投資主體在內，都對自己投入企業的資本負責，關注資本的保值增值。這就為解決政資分開、政企分開這個難題準備了必要條件。

接着，讓我們討論第三個問題：國有獨資公司的組建是否也需要明確產權和確定投資主體？或者說，明確產權和確定投資主體是否也是國有獨資公司實現政企分開的前提？對這一點，可以作出肯定的回答：國有獨資公司並非例外。應當指出，決不能把根據《公司法》組建的國有獨資公司同計劃經濟體制下的行政性公司混為一談。行政性公司不符合市場經濟的要求，不能制止國有資產的流失，因此必須改造，即撤消原有的行政性公司，改造為符合《公司法》規定的公司，包括國有獨資公司。撤消原有的行政性公司，固然可以實現政企分開，但撤消原有的行政性公司並不是目的，目的是要把它改造為符合《公司法》規定的公司，所以明確投資主體和界定產權是必不可少的。即使把它改造為國有獨資公司，同樣需要在資產核實與評估的基礎上確定投資主體，比如說，某一家國有獨資公司的投資主體是某一家國有控股公司或國有資產經營公司等等，或者，由國家授權給某一集團公司，由後者作為對某一國有獨資公司的投資主體。這樣，國有獨資公司的資產才有人負責其保值增值，國有獨資公司才能真正成為一個獨立的企業。

由此可見，不談產權的明確與界定而只談政企分開，國有企業的改革是無法深入的，也是無法取得實效的。

論租賃制的局限性

以往在國內學術界討論企業租賃制時，一般的看法是：租賃制作為企業改革的一種形式有一定的優點，比如說，可以不變更所有制，可以發揮承租方的積極性與主動性，可以使承租方對國有企業負起責任來，以防止國有資產的流失，但租賃制也有不足之處，即只適合小型企業而不適合大中型企業。

這種說法並不算錯。如果是在企業改革的初期，當承包制、股份制、租賃制幾種形式的爭論展開不久之時，能堅持這樣的觀點，應當說，是在堅持一種有價值的觀點。但隨着企業改革的深入，當我們今天再來考察企業租賃制時，就可以發現租賃制的局限性已經越來越明顯了。

問題應當從產權的界定與明晰談起。企業租賃就是把原來的國有企業（多半是小型企業）租賃給某一承租方經營，由承租方按合同規定，向出租方繳納租金。問題首先在於：所租賃的企業的產權是不是明晰的？

要知道，如果某家企業的投資主體是確定的，產權是明晰的，那麼即使把它租賃出去，產權依然是明晰的，租賃制不涉及產權問題。目前有些國有企業的產權並不明晰，假定把產權不明晰的企業租賃出去，產權不明晰的問題不但解決不了，反而會使產權不明晰所造成的的弊端擴大，結果實現不了企業改革所要完成的任務。

具體地說，在企業產權不明晰的條件下實行企業租賃制，將造成以下三個主要問題，第一，由於所租出去的企業的產權不明晰，對企業的資產實際上無人負責，因此很容易使承租方以已經繳納租金為理由，對設備超負荷運轉，使設備、廠房等受到嚴重損害。

第二，由於所租出去的企業的產權不明晰，也容易產生承租方以偏低的租金承租，而另行給企業原來的主管人員或主管單位贈送禮品、現金或給予其他好處，結果將使得國家所得到的利益少，企業原來的主管人員或主管單位則可撈到好處。

第三，某些企業的產權不明晰在現階段有較大的可能得到解決，如果把這些企業租出去，那麼時間越久，解決產權明晰問題的難度就越大。集體企業固然存在這一困難，即使是國有企業，產權明晰問題同樣是早解決比晚解決容易，早解決比晚解決好。因此，把產權不明晰的企業租賃出去等於拖延了解決這一問題的時間，最後很可能使產權問題無法解決。從這裡可以了解到，如果要對某些企業實行租賃制，那就應該在先界定產權和明確投資主體之後再租出去。產權尚未界定和投資主體仍不明確的企業，應暫緩實行租賃制，這是十分必要的。

由此還可以推論：假定企業已經界定了產權，已經明確了投資主體，也就是說，產權已經明晰了，那麼究竟是實行租賃制呢，還是採取其他可供選擇的方式，依然有選擇的餘地。承包制，租賃制，職工持股制，讓其他企業來兼併，或賣給私人，各有各的好處。租賃制也是可以考慮的一種方式，但決不能認為租賃制一定比其他方式好。這仍要根據企業的具體情況而定。

我曾聽到有的企業負責人說：「不管怎麼說，租賃是一種最簡便易行的做法，穩收租金，又省事，何樂不為？」不錯，同職工持股制或被其他企業兼併相比，租賃的確省事得多。假定實行職工持股制有困難，其他企業又缺少兼併的意圖，轉賣給私人則缺少買主或價格不合適，在這種情況下，或租賃，或承包，都是可行的。但在實行租賃制時，不要忽略租賃制的局限性。租賃合同需要載明出租方與承租方雙方的義務，對違背合同的處罰也應當明確。這樣就可以多多少少彌補租賃制的不足。

應培育自己的兼併大戶

企業兼併既是市場競爭中不可避免的現象，又是生產要素重新組合的一種方式，是企業發展的一個新起點。既然企業兼併有利於兼併者和被兼併兩方，所以那種簡單地譴責兼併行為，否認兼併的有利作用的傳統觀點，無疑是應予摒棄的。國內報刊上刊載企業兼併的報道與評論文章已越來越多，這表明社會上有越來越多的人關心企業兼併，贊成企業兼併，並把兼併行為看成是產權改革的組成部分。但對於如何培育中國自己的「兼併大戶」，討論得卻不多。在這裡，我準備就這個問題談些看法。

優勢企業兼併劣勢企業，是符合市場競爭規律的。優勢的小企業兼併劣勢的大企業，優勢的非國有企業兼併劣勢的國有企業，尤其引起人們的注意。不錯，這些確實是市場經濟成長過程中的新鮮事，值得分析、宣傳。然而，更應當關注的，是優勢的大企業對劣勢的大企業的兼併，優勢的國家控股企業對劣勢的純國有企業的兼併。這種兼併在當前的中國是急需的，也是最有意義的。

這就涉及誰是有實力的兼併者的問題。所謂培育中國自己的「兼併大戶」，就是指：培育一定數量的優勢的國家控股企業或優勢的大企業，使它們有實力去兼併某些劣勢的企業，包括兼併劣勢的純國有企業。

無論是一般的企業兼併，還是經過培育的優勢大企業對其他企業的兼併，都應當在規範化的基礎上進行。培育，是就政府在稅收、信貸和技術等方面給予支持而言；兼併，仍需規範化。不能因為急於實現企業兼併就採取以往那種純粹行政命令式的辦法把企業歸併到一起，如果那樣做，必然帶來一系列後遺症，表面上企業是併到一起了，實際上效率不可能提高，反而會產生矛盾，使效率下降，甚至會把原來具有優勢的大企業拖垮。

政府對「兼併大戶」的支持與幫助，大體上可以通過三個途徑進行：

一、政府從稅收方面給予支持。為了使「兼併大戶」實行對其他企業的兼併，政府可以對實現兼併後的企業，按兼併來的企業的具體情況，給予一定年限的稅收優惠。稅收優惠的結果將使得「兼併大戶」感覺到兼併行為是有利於本企業的，從而將鼓勵它們積極尋找可兼併的對象，制定可行的兼併對策。

二、政府從信貸方面給予支持。信貸方面的支持主要包括兩個方面。一方面，對於被兼併的企業的債務，政府可以給予特殊的措施，包括：有些債務可以豁免，有些債務可以掛賬停息，待兼併後企業效益提高以後再償還，還有些債務可以降低利率。另一方面，為了鼓勵並促進「兼併大戶」實行對其他企業的兼併，政府可以從信貸資金方面給予支持，以便兼併順利進行，政府也可以協助這些「兼併大戶」通過發行企業債券、可轉換債券等方法來籌集兼併所需要的資金。

三、政府從技術方面給予支持。這方面的支持之所以必要，是因為被兼併的企業通常處在技術落後、設備陳舊、成本過大、虧損纍纍的狀態，如果政府不從技術方面予以支持，「兼併大戶」所實行的兼併即使短期內不會出現大問題，但從較長期考察，肯定會成為「兼併大戶」的一個沉重包袱，政府的技術支持包括：幫助被兼併的企業更新設備，引進新技術，培訓工人，提高勞動生產率等。對於「兼併大戶」的技術水平，政府也應關注，使其不斷提高。這樣，兼併就能真正成為生產要素重新組合的新起點。

綜上所述，在企業重組與產業結構調整過程中，培育中國自己的「兼併大戶」的確是一項重要工作。這項工作抓緊了，有成效了，企業兼併必將走上新的台階。

第十一章 現代企業制度的領導體制

- 現代企業制度的領導體制
- 商企現代化與宏觀經濟穩定
- 集體資產量化到個人的可行性
- 國有法人股與國控法人股
- 廉政與權力限制
- 《公司法》的貫徹遇到怎樣的障礙
- 國企破產的疑難問題
- 國企改革中無形資產的喪失
- 商業銀行的貸款保障機制
- 論怎樣提高國企的素質
- 對國有企業的監督
- 市場經濟也可以有政府補貼
- 事業單位的用工成本
- 關於經濟增長率的歷史比較
- 論「軟着陸」
- 論非壟斷性行業的主導
- 論「市場無良心」
- 論「市場無頭腦」
- 提高「小時工資購買力」的途徑
- 現代企業制度與工會

現代企業制度的領導體制

《中華人民共和國公司法》第二章和第三章分別規定了有限責任公司和股份有限公司的組織機構。組織機構與領導體制是不是一回事？對組織機構的規定是否等於對領導體制的規定？自從《公司法》頒布與實施後，在實踐過程中人們提出了這些問題。

認為公司的組織機構與領導體制不是一回事的人。曾提出以下兩個理由：

一、公司的組織機構是指公司內部的各級組織，而公司的領導體制除了包括公司內部組織以外，還包括公司外部與公司內部的組織關係，特別是主管機構同公司的關係；

二、公司的組織機構是從行政關係的角度來考察的，而公司的領導體制包括了黨政兩方面的領導關係。

根據這樣兩個理由，於是有人認為，《公司法》儘管規定了公司的組織機構，但沒有對公司的領導體制作出明確的規定，因此《公司法》的實施遇到了困難。

怎樣看待這種議論？在我看來，這種觀點是不正確的，它實際上是用計劃經濟體制下政企關係的舊尺度來考察市場經濟體制下的企業，而不了解《公司法》已經解決了公司的領導體制問題。

公司的組織機構與公司的領導體制是一回事。對公司組織機構作了規定，也就確定了公司的領導體制。按照《公司法》，股東會或股東大會分別是有限責任公司或股份有限公司的權力機構，選舉和更換董事是其職權；董事會對股東會負責，聘任或解聘公司經理是其職權；經理對董事會負責，提請聘任或解聘公司副經理、財務負責人，以及聘任或解聘應由董事會聘任或解聘以外的負責管理人員，是其職權。此外，按照《公司法》，有限責任公司或股份有限公司的監事會由股東代表和適當比例的公司職工代表組成，股東代表由股東會選舉產生，職工代表由公司職工選舉產生，監事會對公司財務與董事、經理行為進行監督，並有權提議召開臨時股東會。以上所規定的這些，既是公司的組織機構，也是公司的領導體制。試問，在現代企業制度之下，一家有限責任公司或股份有限公司，除了根據《公司法》建立的股東會、董事會、監事會以外，還有什麼其它的領導體制呢？

關於所謂公司外部與公司內部的組職關係，以及主管機構同公司的關係，這根本不涉及現代企業制度下的公司領導體制問題。既然公司的股東會或股東大會是公司的權力機構，那就表明公司是無上級的企業法人。公司在組建與運作中遵守法律、法規，但不受行政部門對公司業務的干預。公司同各級政府部門之間不存在上下級的關係，因此不應該，也不需要在《公司法》中對所謂主管機構同公司的關係作出規定。只有人們習慣於用計劃經濟體制下的政企關係來考察問題時，才會對公司同主管機構之間的上下級關係感到興趣，才會提出公司的組織機構不等於公司的領導體制之類的問題。

所謂公司的領導體制應包括黨政兩方面的領導關係的說法，同樣是由於不了解現代企業制度所引起的。《公司法》第十七條寫明：「公司中中國共產黨基層組織活動，依照中國共產黨章程辦理。」黨的基層組織的基本任務是宣傳和執行黨的路線、方針、政策，宣傳和執行黨中央、上級組織和本組織的決議，充分發揮黨員的先鋒模範作用，團結、組織黨內外的幹部和群眾，努力完成本單位所擔負的任務等。企業中黨的基層組織應對本單位生產任務和業務工作的正確完成起保證監督作用。正因為如此，所以不需要在《公司法》中就黨政關係、黨組織與企業行政領導之間的關係作出專門的規定，更不能認為《公司法》中沒有對此有專門規定就認為公司的領導體制尚不明確。

商企現代化與宏觀經濟穩定

討論宏觀經濟穩定的文章很多，但不少是從發揮政府的宏觀調控作用的角度來論述的。雖然也有些文章從增加工業品與農產品的供給方面進行探討，然而闡釋商業企業現代化與宏觀經濟穩定之間的關係的文章卻不多見。所以這裡想就這一問題談點看法。

商業企業現代化包括商業企業組織結構的現代化、經營方式的現代化、技術設施的現代化等。商業企業現代化就是同市場經濟體制相適應的，在計劃經濟體制下，商業企業的組織結構與經營方式不可能現代化，這時，即使採用了新的、先進的技術設施，也發揮不了應有的作用。因此，要討論商業企業的現代化問題，必須首先強調商業體制的改革，按市場經濟的要求來改造商業企業。

宏觀經濟穩定主要包括兩個方面，一是抑制通貨膨脹，另一方面是降低失業率。商業企業通過體制改革而實現了現代化，將能在這兩方面有助於宏觀經濟穩定。

商業企業現代化可以從以下四個途徑來抑制通貨膨脹，促進宏觀經濟穩定：

一、流通渠道不暢是造成物價上漲的因素之一。商業企業的現代化可以使流通渠道變得較為順暢，使市場上有充足的商品供應，從而為穩定物價起到一定的作用。商業企業的這一作用在穩定城市的糧食、食用油、副食品價格方面尤為顯著。

二、貨幣回籠主要有兩個渠道，即儲蓄回籠和商品勞務回籠。商品勞務回籠，主要依靠零售商業與服務業企業。如果商業企業在組織結構、經營方式、技術設施都有較大改進，通過商品銷售而回籠的貨幣將有較大增長，這無疑有助於抑制通貨膨脹。

三、物價的降低在很大程度上依賴於成本的降低。成本包括生產成本與流通成本。商業企業的現代化將降低商品的流通成本，進而降低商品的售價。

四、商業企業直接面對廣大消費者。消費者的意願和消費者的偏好等重要的市場信息，商業企業最為了解。如果商業企業發揮聯繫工農業生產者的作用，及時把市場信息傳遞給工農業生產者，既可以滿足消費者，又可以指引工農業生產者的生產，減少積壓，避免把能源、原材料投入市場滯銷的產品生產上，以提高資源利用效率。而積壓滯銷產品的減少和資源利用效率的提高，都有助於抑制通貨膨脹。

商業企業還可以通過以下三個途徑來增加就業，降低失業率，以穩定宏觀經濟：

一、一些工業企業（主要是國有企業，也包括一些鄉鎮企業）是由於產品不對路，不適合市場需要而效益欠佳，陷於停產狀態的。如果商業企業能積極發揮傳遞市場信息和指引生產的作用，將幫助一些陷於困境的工業企業找到出路，這將會增加就業，減少失業。換句話説，商業企業在解決就業方面的一個明顯的作用，是使工業企業擺脱滯銷的困境，從而減少失業人數，甚至還能增加就業者。

二、正如前面已經提到的，商業企業的現代化包括經營方式的現代化。商業企業在經營方式上大有革新發展的餘地。許多本來可以開展的服務項目，還沒有開展，商業網點的分布也不盡合理。這表明，商業企業本身仍可以容納相當數量的工作人員。我們不能只看到現在有些商業企業的從業人員偏多這一面，而忽略許多服務項目尚未開展的一面。

三、農村多餘勞動力外流是加劇社會失業現象的因素之一。實際上，農村仍有朝縱深發展，開展多種經營的可能。如果商業企業能疏通農副產品的流通渠道，為農村多種經營指引門路，一部分農村勞動力就有可能在農村中找到就業機會。在這方面，商業企業也是大有作為的。

以上所説的這些表明，商業企業的現代化同宏觀經濟的穩定有着密切的聯繫，我們不能忽視這種聯繫。

集體資產量化到個人的可行性

上幾篇文章中已討論了國有小企業在實行職工持股化時不應設集體股，可以把集體資產量化到職工個人的問題。實際上，集體資產量化到個人，主要發生在集體企業的改制過程中，而並非發生於國有企業的改制過程中。

集體企業的形成途徑是很不相同的。不少集體企業在建立之初並沒有確定的投資主體，產權模糊不清，但經過多年的經營，卻積累了一大筆資產。對這筆資產，只能籠統地稱之為「集體資產」，而不能界定這個「集體」究竟包括哪些人或哪些單位。在集體企業改制時，如何處置這筆名義上歸屬於「集體」的資產，的確是一個值得研究的問題。可能有下列四種做法。

一是：由於許多集體企業當初是在地方政府（縣政府、鄉鎮政府）主管之下建立的，集體企業的廠長經理也是地方政府委派的，因此，在集體企業改制時，地方政府既有可能認為這筆已形成的集體資產應歸地方政府所有，從而地方政府公開地把它們折成「地方政府股」，也有可能以比較隱蔽的方式，使這筆資產成為「集體股」，實際上則由地方政府支配。

二是：把這筆資產以集體股的名義保留着，不歸地方政府支配，而由企業領導層支配。企業領導層實際上把這筆資產當做「廠長基金」或「經理基金」。

三是：把這筆資產以集體股的名義保留着，既不歸地方政府支配，也不由企業領導層支配，而由職工選出的某個機構支配，等於把這筆資產當做企業的公共福利基金或發展基金。

四是：不保留這筆資產，也就是說，不設立集體股或類似名稱的股份，而是把它們分配給職工，使之成為職工個人持有的股份。這四種可能的做法中，哪一種較為合適呢？對此，需要一一加以分析。

第一種做法，即把這筆資產公開地或較隱蔽地由地方政府支配的做法，是不妥的。除非在該集體企業建立與發展過程中確實有地方政府投資，否則沒有理由把這筆資產劃歸地方政府。而且這樣一來，地方政府對企業的干預不可避免，企業的自立經營將受到很大限制。

第二種做法，即把這筆資產實際上由企業領導層作為「廠長基金」或「經理基金」運用的做法，也是不妥的，如果這樣做，一來職工們會有意見，影響他們的積極性；二來易於導致貪污腐敗或揮霍浪費集體資產，這無論對企業還是對企業領導層都是不利的。

第三種做法，即把這筆資產實際上由職工選出的機構作為企業的公共福利基金或發展基金運用的做法，要比前面兩種做法好些。一方面，這符合於這筆資產的集體所有的性質，另一方面，這對於企業的發展與職工生活狀況的改善有利。

第四種做法，即不保留集體股，而把這筆資產按股分配給職工的做法，也要比前述第一種做法和第二種做法好些。這有利於調動職工的積極性，使他們更關心企業的發展。但難點在於：由於這筆資產是企業多年積累而成的，本企業職工中有些人剛剛進廠，而過去曾為本企業做過貢獻的職工中，有些已離、退休，有些已病故，有些已調走；此外，某些企業甚至弄不清楚究竟哪些人為本企業做過貢獻。這樣，把這筆資產按股分配到個人的做法在實行起來就會遇到困難。

可行的做法是：把上述第三種做法與第四種做法結合起來。在企業已經形成的集體資產中，凡是能夠落實到職工個人的，就落實到職工個人；如果因為各種困難，不易落實到職工個人，就參照第三種做法，作為企業的公共福利基金或發展基金。也可以把一部分集體資產按第三種做法處理，另一部分集體資產按第四種做法處理。考慮到集體企業的情況相當複雜，所以不宜於採取「一刀切」的措施。因地制宜，因廠制宜，更有可操作性。

國有法人股與國控法人股

在《中華人民共和國公司法》中，只提到股份，而沒有細分為國有股、法人股、個人股等等。這是因為，不應當按股份的不同持有者來區分各種股份，一切持有者所持有的股份都是平等的，即同股同權，同股同利。但目前在中國的經濟生活中，由於企業股份制改造過程中有必要考慮到企業的歷史狀況，以及由於中國的國有資產管理體制改革仍在進行，所以客觀上存在着國有股、法人股、個人股等不同種類的股份，而且這些股份的價格也是有差異的。我們可以把這看成是中國證券市場走向統一與規範道路上的過渡現象。

國有股在中國的股份有限公司和有限責任公司的總股份中佔據着重要地位。這符合中國由計劃經濟體制向市場經濟體制轉變的實際。法人股的情況也是這樣。在這裡需要討論的是：介於國有股與法人股之間的國有法人股與國控法人股究竟是什麼性質的，它們今後會在中國的股份制改革與發展中起着什麼樣的作用，以及它們本身今後可能發生什麼樣的變化？為什麼説國有法人股與國控法人股是介於國有股與法人股之間的？為此，首先需要解釋一下什麼是國有法人股與國控法人股。國有法人股是指國有企業對外參股所持有的股份，股份由作為投資主體的國有企業持有。國控法人股是指由國家控股的企業對外參股所持有的股份，股份由作為投資主體的國家控股企業持有。國有法人股與國控法人股從持股者的角度來看，都屬於法人股，因為它們都由企業法人持有。國有法人股從所有制性質上看，則與國有股是一致的，即國家是所有者，屬於國有經濟性質。國控法人股從所有制性質上看，也有與國有股相近之處，因為它們在較大程度上屬於國家所有，接近於國有經濟。

國有法人股與國控法人股能不能取代國有股呢？雖然學術界有這種看法，但看來是不能取代的。國有股是指國家授權的部門或國家授權投資的機構對企業投資所形成的股份，包括目前企業中因國家歷年投資而折成的股份。國有股如果有紅利可分，那麼紅利應當歸於國家，而不歸企業。國有股的轉讓由國家授權的部門或國家授權投資的機構決定，而不由企業決定。這表明，把國有股等同於國有法人股與國控法人股，或以國有法人股與國控法人股代替國有股，都是不正確的。

也許有人會説，從國有資產管理體制的改革的角度看，國有資產經營公司或國家投資公司之類的機構將成為國家授權投資的機構，那麼由這些機構對企業投資所形成的股份，是不是也可以稱做國有法人股呢？回答是否定的。國有法人股是指一般國有企業對外參股持有的股份，國家授權投資的機構（國有資產經營公司或國家投資公司）並非一般的國有企業，因此後者投資形成的股份，是國有股，而不是國有法人股。二者不可混淆。

今後的趨勢很可能是這樣的：國有企業或國控企業是一個企業集團，構成母公司、子公司、孫公司系統。母公司這一級所存在的是國家授權的部門或國家授權投資的機構投資形成的國有股。母公司對子公司和子公司對孫公司的投資所形成的股份，是國有法人股或國控法人股。母公司、子公司、孫公司對外參股形成的股份，同樣是國有法人股或國控法人股。這樣，國有股集中在企業集團的母公司內，國家授權的部門或國家授權投資的機構不再直接向企業集團的子公司、孫公司投資，這些子公司、孫公司中也不再出現國有股。從而國有股、國有法人股、國控法人股的關係就清清楚楚了。

國有法人股與國控法人股本身今後會有什麼變化？可以設想，除一些特殊行業的企業仍保持國有獨資公司，從而產生國有法人股而外，在非特殊行業中，多元投資主體的有限責任公司與股份有限公司將是公司的主要形式，於是國有法人股也會逐漸轉為國控法人股。這是大勢所趨，我們可以預見到這一點。

廉政與權力限制

高薪養廉，這種説法由來已久。並不能認為這種説法沒有道理，但如果僅僅依靠高薪，廉政仍是難以實現的。

高薪重罰養廉，比單純靠高薪來養廉要有效些。高薪，既可以被看成是激勵機制在起作用，也可以被看成是保障機制在起作用，而重罰，則可以被看成是對強制機制或震懾手段的一種運用。高薪與重罰相結合，當然比單純的高薪或單純的重罰更有效果。但如果以為有了高薪加重罰就可以實現廉政了，那也未免把廉政建設看得過於簡單。

廉政建設依靠教育，這句話是正確的。為什麼有些官員寧肯過清貧生活而不願徇私枉法，原因在於接受了良好的教育，嚴於律己，以清廉剛正為座右銘。然而，教育並非萬能。廉政建設是一個制度性問題，而不僅僅是某些官員的個人品質或修養的問題。

既然如此，因此把廉政與權力限制聯繫在一起，是有充分根據的。權力限制意味着什麼？總的説來，權力限制意味着任何一個職務和擔任這一職務的官員在行使自己的權力的時候，既要受到一定的制約，又要受到一定的監督檢查，以免濫用權力，或利用權力牟取私利。具體地説，權力限制主要體現於以下四個方面：

第一，行政權力的行使與操作應當規範化。這是對擔任某一職務的官員以及行使某一方面的權力的行政部門的一種有效的制約。比如説，個體工商業者申請營業執照，居民申請出國探親，企業申請商業銀行給予貸款等等，都應當有規定的、公開化的程序。符合哪些條件的應予批准，不批准的理由在於哪一個條件不符合，申請後多少時間內應當給予答覆等等，這些都應當讓人們心中有數。一切按規範的程序操作，經辦人員不得另立規章，不得無故拖延不辦。這樣，權力就可以受到一定的限制，那種憑藉權力牟取私利的現象也會減少。

第二，各部門之間、各級行政機關的負責人之間，應當嚴格按照法律法規處理彼此的關係。某個部門或某個官員如果違背法律法規行事，就會被監督、檢舉。權力之所以有時被濫用，原因之一就在於行使權力的官員處於監督檢查之外。

第三，充分運用競爭機制也是對權力進行一定的限制的手段。舉一個人們所熟悉的例子。大家知道，高等學校的統一招生就充分運用了競爭機制。命題、試卷、評分、錄取，都嚴格保密，考生依據自己的成績而被錄取，這樣，想仰仗權力而把不合格的考生塞入高等學校的途徑就被堵死了。這就是對權力的限制。假定在招工時也採取類似的方法，權力同樣會受到限制。假定在經濟中廣泛採用招標投標制，不也是對權力的限制麼？權力往往是在不容許競爭或只容許某種不正當競爭的條件下被濫用的。競爭從一定意義上說就是對濫用權力的抵制。比如說，匯率並軌後，利用匯率差價而濫用權力的現象就減少了：配額取消後，利用批條而套取利潤的現象也就相應地減少。這些都說明運用競爭機制的必要。

第四，必須嚴格執行對濫用權力者的懲罰制度和對因被濫用權力而受損害者的賠償制度。這兩種制度如能認真執行，也是對權力的一種限制。濫用權力的官員如果考慮到因濫用權力而會遭到處罰，包括對受損害者的經濟上的賠償，在行使權力時將會有所顧忌。

應當認識到，對權力的限制並不是指對政府部門或官員行使正當權力的限制，而是對他們濫用權力的一種限制。問題的難點是：行使正當權力與濫用權力之間的界限有時是不清楚的。因此對權力的範圍應有明確的界定。此外，行使正當權力同廉潔奉公是一致的。貪污、受賄、勒索或變相地索取回報，都是對權力的濫用。有了這樣的界限，濫用權力的含義就清楚了。因此，為了廉政建設，權力限制是十分必要的。

《公司法》的貫徹遇到怎樣的障礙

《公司法》從九四年七月一日起實施。但自那時以來，據各省市反映的情況來看，《公司法》的貫徹依然遇到了障礙，以致於國有企業的公司化進展並不快。為此，我到河北、湖南、雲南、貴州幾省作了一些調查。我認為，阻礙《公司法》貫徹實施的原因主要有以下四個：

一、各級政府部門對《公司法》的意義認識不足，不了解《公司法》是我國實行社會主義市場經濟的一項十分重要的法律，從而對《公司法》的實施決心不大，信心不足。

在現實生活中，有些政府部門認為企業想改制為有限責任公司或股份有限公司就是為了想擺脱原主管機構對它們的控制，而且認為一旦企業改制為有限責任公司或股份有限公司，原主管機構所掌握的人、財、物大權就丟失了，計劃經濟體制下所習慣的那一套管理企業的辦法也就失效了，這樣，政府部門就採取拖延手法，藉口本部門的特殊性，藉口條件尚未具備，推遲《公司法》的施行。

二、有些企業對《公司法》中有關建立公司的規定作片面理解，或者只把建立公司的規定作片面理解，或者只把建立公司看成是籌資融資的手段，或者只把建立公司當做「應付差事」即「上級要我們改制，不改不行」。而一旦企業發現籌資融資並不像原來設想的那麼容易，或者看到企業的主管部門又忙於抓別的工作去了，不那麼催促企業改制了，於是也就鬆勁了，改制活動由「熱」變「冷」了。

這種片面理解對於《公司法》的貫徹無疑是有害的。按照《公司法》的規定與要求，實現企業的改制，是為了轉換企業運行機制，建立社會主義市場經濟中能自主經營和自負盈虧的公司法人。這既有利企業自身的發展，又有利於整個市場經濟秩序的維護。只要某些企業不端正對企業改制的態度，實施《公司法》的障礙就會一直存在。

三、國有資產管理體制的改革滯後，以致於許多涉及國有企業改制中亟待解決的資產評估作價、產權歸屬確定、國家投資的代表者等重要問題不易順利解決。在這種情況下，一些本來對於改制有積極性的企業只得採取「慢慢走，等上面文件下來後再做」的態度。

國有資產管理體制改革的滯後是不容否認的。為什麼不能加快這一改革的速度？去年試點，今年依然試點，也許明年還會試點。總是試點，試來試去，把改革耽誤了，把《公司法》的實施也耽誤了。這個問題應當引起人們的關注。

四、宏觀經濟環境欠佳，緊縮時間偏久，也使《公司法》的實施遇到了障礙。這是一個十分現實的問題。如果宏觀經濟環境比較寬鬆，股市行情較好，經濟中盈利機會較多，無論企業按照《公司法》改制為有限責任公司還是股份有限公司，企業的積極性都很大。改制後，公司的發展一般也會比較順利。然而近兩年來，宏觀經濟偏緊，企業不僅改制的積極性受挫，更重要的是，已經改為股份有限公司，特別是上市公司的，叫苦不已。股東們要求分紅的壓力大，要求「少配股，少送股，多分現金」的呼聲高，而公司的盈利機會的減少使公司難以滿足股東們的上述要求。於是，已經改制的公司負責人抱怨說：「還不如不改制呐，承包制之下還能混日子，改制後混不下去了。」這種情緒在企業界蔓延開來，一些正準備改制的企業就以此為鑑，寧肯維持現狀也不想按照《公司法》進行改制。

以上所說的就是阻礙《公司法》貫徹的主要障礙。要消除這些障礙，看來應從兩方面着手。一方面，從政府部門到企業的負責人都應認真研究社會主義市場經濟建設的理論問題，了解公司制度的實質與建立公司制對中國經濟改革的意義，這將有助於《公司法》的實施。另一方面；要加快國有資產管理體制的改革，減少企業改制中的困難。至於宏觀經濟環境的改善問題，也同樣有賴於經濟體制改革的深化，才能逐步使之解決。

國企破產的疑難問題

雖然《中華人民共和國企業破產法（試行）》在一九八六年就已由全國人大常委會通過，但從一九八九年到一九九四年，各級人民法院所受理的企業破產案件只有三千件左右，適應不了經濟改革形勢的需要。原因主要在於：國有企業破產中有一些疑難問題在《企業破產法（試行）》中未能得到解決，破產制度尚存在一些重大的缺陷。這就是重新起草《破產法》的必要性。

銀行損失難處理　國有企業破產中的最大的難點是國家銀行的損失應該如何處理。為什麼企業會破產？原因是債務人不能清償到期的債務。當然，從法律上説，債務人不能清償到期的債務，就可以申請破產，但這並不意味着凡是不能清償到期債務的債務人都必須申請破產。如果能從各種渠道向債務人注入資金，使債務人能清償到期的債務，或使債務人近期內有可能扭虧為盈，有能力逐漸清償債務，那就不一定非申請破產不可。對國有企業的破產問題，首先應該抱有「能救活則救活，不能救活或無希望救活的就讓它破產」的態度。

國有企業的主要債權人是國家銀行。國家銀行為此正處於兩難境地。要救活瀕臨破產的國有企業。國家銀行沒有足夠的資金投入，而且即使投入資金，也不一定有把握能及時收回新老債款；如果不設法救活國有企業，任其破產，國家銀行就會損失一大筆資金。因此，一些國有企業對國家銀行有幾句尖刻的評價：「銀行對我們的方針是：既不讓我們死，又不讓我們活。」不死不活，話雖尖刻，但也有一定的道理。

問題不能拖下去　在制定國有企業破產制度時，必須着手解決國家銀行作為債權人和國有企業作為債務人之間的關係問題。國有企業欠國家銀行的錢，可以由政府統籌考慮解決，不能因銀行不願意企業破產而使問題一直拖下去。同時，在破產財產的分配時，應使銀行的抵押擔保債權得到優先受償的權利。國有企業破產中的另一個疑難問題是破產企業的福利與公益設施的處置。以往，國有企業在「企業辦社會」的模式下，設立了一整套福利與公益機構，包括子弟中小學、幼兒園、托兒所、醫院、離退休職工休養所等，還有不少家屬宿舍。

企業破產後，如何處置這些福利與公益設施呢？

剝離非經營資產　如果企業在破產以前已經採取了非經營性資產的剝離措施，那麼問題就會簡單得多。然而，瀕臨破產的國有企業幾乎都是尚未剝離非經營性資產的企業。一旦企業破產，債權人取得了企業的福利與公益設施，或賣掉，或關閉，就會引起職工及家屬們的不滿，甚至可能釀成衝突。因此，在這個問題上必須下決心趁着企業破產的時機來剝離非經營性資產。

具體的做法是：福利與公益設施一般不應計入破產財產，而由破產企業所在地的市縣人民政府接收管理，以後再由市縣人民政府根據情況來處理，或改為民辦，或劃歸地方國有資產管理部門。職工宿舍基本上也按照上述原則辦，原有的住戶在本人自願的條件下可以繼續居住並照常繳納房租。這是一種比較妥善的解決方式，有利於社會的安定與企業破產的實現。

賣地款作安家費　破產企業職工的安置是國有企業破產中的又一個難題。照理説，只要建立了完善的社會保障制度，這個問題是不必在企業破產時專門考慮的。但中國的社會保障體制的改革正在進行，破產企業職工的分流與安置必須由政府過問，這是體制轉軌時期政府的責任之一。一種可行的做法是：將國有企業原來以劃撥方式取得的國有土地使用權，在企業破產宣告時下計入破產財產，而由國有企業所在地的市縣人民政府依法收回土地使用權並予以出讓。出讓這部分國有土地的使用權所得到的收益，可以首先用於安置破產企業的職工，包括直接發給破產企業職工一定的生活費、安家費，或利用這筆收益興辦勞動密集型企業來安排他們就業等。

總之，破產企業職工的安置問題，只要政府出面，是可以妥善解決的。

國企改革中無形資產的喪失

無形資產所包括的內容是廣泛的，對無形資產的解釋並不統一。《中華人民共和國公司法》第二十四條和第八十條，在談到有限責任公司和股份有限公司的股東出資時指出：股東可以用貨幣出資，也可以用實物、工業產權、非專利技術、土地使用權作價出資。這裡所列出的工業產權、非專利技術和土地使用權，都是無形資產。

《公司法》還規定，對作為出資的工業產權、非專利技術或土地使用權，必須進行評估作價，不得高估或低估作價。本文要討論的國有企業改革中無形資產的喪失問題，主要是指工業產權、非專利技術、土地使用權的不作價或低估作價而言。至於《公司法》中未專門列出的商譽商標等無形資產的喪失，本文中暫不討論。

工業產權和非專利技術在國有企業改革中通常被低估作價。原因主要有兩個。一是由於在計劃經濟體制下長期不重視無形資產，所以有的國有企業在改革中只注意廠房、設備、存貨等有形資產，對於工業產權和非專利技術則認為可評估可不評估，即使評估作價，也只是走走過場，多少評一個價就行了。這樣就不可避免地出現了低估。另一原因是信息不足，不能正確了解工業產權和非專利技術的真實價值，因此容易低估作價。

土地使用權在國有企業改革中之所以被低估作價，甚至不作價，則主要有三個原因。第一，國有企業所值用的土地以往是靠劃撥方式取得的，這是計劃經濟體制下慣常的做法，於是一些企業認為這本來就是無償使用的，何必再評估作價呢？第二，信息不足，不能正確了解土地使用權在現實經濟中的實際價格，所以易於低估作價。第三，即使有的企業是靠有償的方式獲得了土地的使用權，但當時的土地使用權價格是很低的，賬面上所記載的也只是這種低價。因此有的企業認為，照帳面上的記載評估作價，企業並不吃虧，何必再評估呢？

除了上述這些以外，還應當指出，國有企業在改革中之所以容易對工業產權、非專利技術、土地使用權等無形資產低估作價，在一定程度上也同國有企業的負責人急於求合資、求聯營的心情有關。無論是同外方談判還是同國內的非國有企業談判，有些國有企業負責人為了急於達成合資或聯營的協議，可能只注意有形資產的評估，忽視無形資產的評估。甚至出現了寧肯自己吃虧，也要達成協議的情緒。於是聽任對方評估作價，自己不力爭，不堅持原則，置國家利益於不顧。

如何防止國有企業在改革上喪失無形資產？這首先是端正態度的問題。也就是說，正在進行改革的國有企業的負責人必須正視無形資產，嚴格按照《公司法》辦事。《公司法》二百一十三條寫道：「違反本法規定，將國有資產低價折股、低價出售或者無償分給個人的，對直接負責的主管人員和其他直接責任人員依法給予行政處分。構成犯罪的，依法追究刑事責任。」國有企業改革中，對無形資產不作價或低估作價的行為的處分，適用這一條。為此，對國有企業在改革中如何防止無形資產的喪失，必須有一套嚴格的監督檢查機制。《公司法》第二十六條和第八十二條指出。股東的出資必須經法定的驗資機構驗資並出具證明，然後才能申請設立登記。因此，法定驗資機構負有撿查出資情況的責任。工業產權、非專利技術、土地使用權是否作價出資，可以得到撿驗。國有資產管理部門在國有企業改革中應對無形資產的評估作價作出較明細的規定，便於驗資機構操作。對無形資產的評估，除了需要有完善的資產評估機構而外，還需要有熟練的無形資產評估專業人才。這兩方面的工作都應抓緊進行。這樣就有助於無形資產的合理評估。

商業銀行的貸款保障機制

借錢必須歸還，而且必須按合同支付利息，這本是經濟生活中人人皆知的道理，但在中國現實經濟中，卻常常被置之不顧。這正是形成所謂「欠賬有理，欠賬有利」的原因之一。在《中華人民共和國商業銀行法》第七條中，有這樣的規定：「商業銀行依法向借款人收回到期貸款的本金和利息，受法律保護。」這說明，商業銀行的貸款是不容許拖欠不還的。然而，僅僅依靠《商業銀行法》中的規定，不一定能保證商業銀行今後順利展開貸款業務。企業向銀行借錢不還，又該怎麼辦？這些都要通過貸款保障機制的建立才能解決。

《商業銀行法》實施前的銀行債權如何保障與實施後的銀行債權如何保障，是兩類不同性質的問題。後一個問題相對地較容易解決，因此，讓我們先討論這個較容易解決的問題。根據《商業銀行法》，至少從四個方面對商業銀行的貸款進行保障：

1、商業銀行實行擔保、抵押貸款。商業銀行應當對保證人的償還能力，抵押物、質物的權屬和價值以及實現抵押權、產權的可行性進行嚴格審查。只有那些經商業銀行審查、評估，確認借款人資信良好，確能償還貸款的，才可以不提供擔保。

2、商業銀行不得向關係人發放信用貸款；向關係人發放擔保貸款的條件不得優於其他借款人的同類貸款的條件。

3、任何單位和個人不得強令商業銀行發放貸款或者提供擔保。單位或者個人強令商業銀行發放貸款或者提供擔保的，不僅應對主管人員與直接責任人員給予紀律處分，而且還應對所造成的損失承擔全部或者部分賠償責任。至於商業銀行的工作人員對單位或個人強令其發放貸款或提供擔保而未予拒絕的，也應給予紀律處分，造成損失的也應承擔相應的賠償責任。

4、商業銀行工作人員違反規定徇私向親屬、朋友發放貸款或者提供擔保造成損失的，應承擔全部或者部分賠償責任。構成犯罪的，依法追究刑事責任。

以上這些如果堅決執行，是可以保證今後商業銀行貸款的安全的。問題的難點在於如何有效地監督商業銀行的業務，使法律的規定不至於落空。《商業銀行法》實施以前的銀行貸款以及所形成的債權怎樣得到保障，問題比較複雜。實際上，這個問題又分為兩個方面。一方面是：企業改制過程中如何保障銀行的債權；另一方面是：假定企業暫不改制，銀行的債權有無保障。

先談第一方面的問題。國有企業改制過程中，企業原先欠國家銀行的貸款，能沖銷的可沖銷，能轉為改制後企業債務的可以轉化。對於既不能沖銷，又不便轉化的到期銀行貸款，可以續訂借約，並實行抵押、擔保貸款，以保障銀行展期貸款的安全性。

國有企業改制中，銀行作為債權人，有權了解企業改制過程的詳細情況。如果企業實行兼併或合資，銀行作為債權人，應參加債權債務的清理，以免銀行債權的流失。

再談第二方面的問題，即企業暫不改制而又無力歸還銀行貸款，這該如何處置？

對此，銀行應當開展深入的調查，了解企業究竟是因為一時的資金困難而無力歸還銀行貸款，還是因為企業沒有效益，瀕臨倒閉，從而無法償還銀行貸款。假定企業仍有發展前景，只要渡過暫時困難就有還債的能力，那麼銀行就應幫助企業克服困難，提高效益，必要時仍可再給予新的貸款（堅持採用抵押、擔保貸款方式）。如果企業已經瀕臨倒閉，難以還債，銀行應協助企業申請破產，以拍賣剩餘資產的方式收回一部分貸款，其餘作為壞帳予以核銷。

論怎樣提高國企的素質

好幾年以前，國內經濟界就發出了「國有企業重在素質的提高，而不在數量的增加和規模的擴大」這樣的呼聲。但幾年過去了，國有企業的整體狀況不但沒有比以前改善，反而惡化了。在這裡再次強調提高國有企業素質，是完全必要的。

國有企業的素質集中體現於企業經濟效益的變動。企業經濟效益是一個綜合指標，它反映了企業的成本、勞動生產率、資金利用率、利潤率及其變動率。最近一段時間內，多數國有企業所發生的成本上升、勞動生產率降低、資金利用率降低、以及利潤率降低甚至變為負值等情況，都表明國有企業素質的惡化。這是國有經濟能不能維持現有地位和發揮應有作用的關鍵所在。素質下降的國有企業是經不起市場競爭的，也是承受不住非國有企業的挑戰的。競爭性行業固然如此，壟斷性行業也不例外。壟斷性行業中同樣需要有高素質的國有企業，國有企業素質的下降將會動搖國有經濟在壟斷性企業中的地位。

提高國有企業的素質，一要靠改革，二要靠管理。改革是加強管理和使管理科學化的前提。沒有改革，雖然也能在改進管理方面做一些工作，但效果是不大的。通過改革，管理工作自然而然會得到重視，因為投資主體在企業產權明確之後必然重視自己的回報率，利潤動機將促使企業不斷提高素質，提高經濟效益，從而能給投資主體更多的收益。

提高國有企業的素質有賴於企業經營機制的轉換。這是不言而喻的。但在現實經濟中，只轉換企業經營機制而沒有重大的技術改革，企業依然難以推出高新技術的產品，難以在市場競爭中取勝。所以人們常說：單靠轉換企業經營機制，企業還是翻不了身；要打翻身仗，必須在轉換企業經營機制的同時加緊進行技術改革，這樣，成本的降低和勞動生產率的提高才有保證，利潤的增長也才有保證。然而，怎樣才能使技術改革加緊進行，使國有企業在轉變經營機制之後大大提高素質呢？這就涉及資金投入問題。

沒有足夠的資金投入，技術改革不可能取得較大的成效。技術改革的成效大小與資金投入多少直接有關。於是問題又回到怎樣才能從外面引入更多的資金？這涉及籌資融資的機制問題。假定企業經營機制不轉換，籌資融資的機會是有限的。銀行貸款也許是唯一可能的途徑，然而銀行是否願意向尚未轉換機制的企業大量貸款，也很難確定。而在企業轉換經營機制之後，不僅從證券市場取得資金的可能性將大大增加，並且其他投資者將會通過合資、聯營等渠道注入資金。這樣，我們可以得出一個結論：企業經營機制的轉換、資金的投入、技術改革三者緊密地聯繫在一起，相互依存，相互制約，其結果將是企業素質的顯著提高。

最後，不應該忘記，企業素質的提高與企業家素質的提高也直接有關。當前國有企業素質的下降，在一定程度上可以歸因於缺乏有能力的企業家，或企業管理階層素質不高。一些國有企業的負責人適應不了經濟改革與經濟發展的形勢；缺少開拓創新意識，而且組織能力與管理能力都不足。這樣，企業內部管理鬆懈，潛在優勢發揮不出來，在市場競爭中不得不處於被動地位。要改變這種狀況，加速培養企業家隊伍是刻不容緩的事情。有了一支素質高的企業家隊伍，企業素質的提高也就有了保證。當然，企業素質的提高並沒有止境。企業經營轉換後，還有許多工作需要做。技術改革不可能一勞永逸。

對國有企業的監督

這裡所説的國有企業包括兩類。一類是根據《公司法》建立的國有獨資公司，另一類是根據《公司法》建立的有限責任公司或股份有限公司中以國家投資為主要成分的公司，或稱為國有股控股公司。

對國有企業的監督，究竟監督什麼呢？在這個問題上，學術界大致有兩種看法：

一種看法是：應當監督國有企業的負責人是否違反法律法規，是否利用職權謀取私利，以及是否有貪污侵佔、挪用國有資產等行為。

另一種看法是：應當防止國有資產的流失，包括國有資產因經營不善所造成的流失和國有企業工作人員因有貪污、侵佔、挪用國有資產等行為而造成的流失。換言之，對國有企業的監督應把國有資產的保值增值作為一項重要的內容。

這兩種意見相比，後一種意見所指的監督範圍顯然要寬得多，而且監督的難度也要大得多。

毫無疑問，必須對國有企業負責人執行公司職務時違反法律、法規或公司章程的行為進行監督，制止並追究其利用職權收受賄賂、貪污和侵佔公司財產、以及挪用公司資金等行為。但對於公司經營中的虧損和國有資產的保值增值。究竟怎樣監督，仍有討論的必要。是否需要把這些也列入監督的範圍，爭議仍是不小的。

在市場競爭條件下，既要讓國有企業參加競爭，又不容許其虧損，事實上不易做到。經營總不免有風險，公司經營的虧損原因很多。國有資產能夠在公司經營中保值增值，當然是件好事。誰能擔保公司經營中絕對不會發生虧損現象？誰能打保票，認定國有資產只會增值而不會減少？除非把國家的投資統統轉為購買政府債券，這樣就可以避免一切風險，否則，公司經營中會因各種不同的原因而出現這種或那種虧損。如果對於國有企業有這樣一些過於苛刻的要求，即國有企業只許賺，不許賠，反倒會束縛國有企業工作人員的手腳，使他們難以開展業務，丟失許多本來可以盈利的機會，使國有資產受到的害處更大。

對國有獨資公司的監督，《公司法》有明文規定：「國家授權投資的機構或者國家授權的部門依照法律、行政法規的規定，對國有獨資公司的國有資產實施監督管理。」對有限責任公司和股份有限公司的監督，在《公司法》中作出了如下的規定，即公司的監事會或監事行使監督職權，包括檢查公司財務，監督董事、經理是否有違反法律、法規或公司章程的行為，監督董事、經理是否有損害公司利益的行為等。這裡都沒有捆住國有企業負責人或工作人員的手腳，只許他們賺錢，不許他們賠錢的內容。對國有企業經營中的虧損，要具體分析。正如前面已經指出的，企業經營虧損的原因很多。如果虧損是由於企業工作人員貪污、侵佔公司財產或挪用公司資金造成的，那就應當追究其刑事責任。如果虧損是由於企業負責人經營管理不善或決策錯誤所引起的，對國有獨資公司的國有資產實施監督管理的機構或部門可以要求國有獨資公司的董事會解聘經理，或提出更換董事會成員的要求，而有限責任公司或股份有限公司的監事會則有權提議召開臨時股東會，由股東會決定是否更換董事或由董事會決定是否更換經理。《公司法》中的這些規定如果得到有效實施，對國有企業的監督工作是能取得好的效果的。

對由於市場情況變化和風險等原因所造成的公司經營虧損，公司決策者固然要承擔一定責任，但對這樣的問題應當實事求是地分析。國有企業的資產能否保值增值，需要從較長時間來考察，而不能只看某一個年度的。如果第一年賠了，第二年不賺不賠，第三年賺了，這是可以理解的。假定連續幾年虧損，那就應當對公司的經營方式與決策問題進行審查。只有這樣，才能既監督了國有企業，又調動了國有企業負責人的積極性、主動性。

市場經濟也可以有政府補貼

一談到政府對企業的補貼，人們常常聯想到這準是計劃經濟在作祟，因為計劃經濟體制下政府實行的是對企業統收統支的管理摸式，企業有虧損，政府給予補貼是不言而喻的事實。其實，在市場經濟中，政府對企業的補貼也是有道理的。問題在於：政府對什麼樣的企業給予補貼？政府對企業補貼的形式有哪些？政府怎樣選擇適當的補貼方式？政府對企業的補貼的數額如何確定？政府的補貼是否有某個限度？這幾個問題的確是值得討論的。

（一）政府對什麼樣的企業給予補貼？ 計劃經濟體制下，政府對企業的補貼大體上分為兩類，一類是政策性虧損企業的補貼，另一類是經營不善性虧損企業的補貼。這種分類方式在市場經濟中可能是不適用的。應該説，在市場經濟中，政府對企業的補貼應當分為這樣兩類，一類是社會效益高而經濟效益較低的企業的補貼，一類是長期有經濟效益而近期缺乏經濟效益的企業。前一類企業之所以需要政府的補貼，是從社會效益來考慮的。如果政府不給予補貼，這些企業將在市場經濟上無法生存，結果會給社會帶來更大的損失。後一類企業之所以需要政府的補貼，主要考慮近期效益與長期效益的協調問題。既然這些企業長期有效益而近期缺乏效益，如果政府不給予補貼，這些企業也會維持不下去。所以在一定時期內給予補貼是必要的。

由此可以了解到，在市場經濟中，政府不應當對經營不善性虧損的企業給予補貼，也不宜籠統地採用「政策性虧損」這樣的提法。市場經濟中兩類企業，都與特定行業有關。此如説，社會效益高而經濟效益較低的企業只屬於少數公益性的或國防性的行業，而不能任意擴大行業範圍。又如，長期有效益而近期缺乏效益的企業，主要是指從事對國民經濟發展有深遠意義的、帶有重大技術突破性質的產品研究、開發與製造的企業，它們所隸屬的行業也是限定的，不能任意擴大範圍。

（二）政府對企業的補貼方式 政府給企業的補貼是企業所得到的一筆額外收入，它用來彌補企業的虧損，甚至能使企業維持一定的盈利水平。假定把政府給予的補貼僅限於上述兩類企業。那麼在可供選擇的補貼方式中，對於社會效益高而經濟效益較低的企業，可以採取直接補貼的做法，也就是按照核定的補貼標準給予貨幣補助；而對於長期有效益而近期缺乏效益的企業，可以採取間接補貼的做法，也就是在一定時間內給予無息或低息的貸款，到一定期限結束時停止這種貸款。再經過一定期限，企業應當償還貸款（包括低息貸款的利息）。至於減免稅的優惠，對這兩類企業都可以實行，但對於後者，也應規定一定的期限。

（三）政府對於企業的補貼的數額在計劃經濟體制下，政府對企業的補貼往往成為保護落後，阻礙企業為擺脫自身困境而努力的一種手段，同時也是不利於公平競爭的一種手段。在市場經濟中，必須克服這些弊端。假定嚴格地按照上述兩類企業給予補貼，那麼應當注意以下三點：

1、補貼應當有期限。關於這一點，前面已經指出，對於長期有效益而近期缺乏效益的企業有一定的補貼期限，到期不僅不再補貼，而且還需陸續償還補貼（貸款）。對於社會效益高而經濟效益較低的企業則可以一直補貼下去，直到價格與成本的變動而使情況出現變化為止。

2、補貼應有核定的數額。這對於上述兩類企業都是適用的。受補貼的企業與其他企業一樣，應當努力挖掘潛力，降低成本，提高勞動生產率，而不應形成對政府的依賴而不求改善經營管理水平。

3、在核定補貼數額的同時，應當使政府的補貼單一化，不能另設其他名目的額外補貼，也不能另外給予變相的補貼。這將是督促受補貼的企業提高效率與合理利用政府補貼的有效手段。

事業單位的用工成本

企業是不是必然考慮自己的用工成本？這個問題可能令人感到奇怪。但對中國的企業來說，卻一點也不奇怪。計劃經濟條件下，中國的企業並不考慮用工成本。直至今日，國有企業中有一部分也不把用工成本當做成本中的重要一項來加以考慮。

那麼事業單位是不是會考慮用工成本呢？這個問題更難回答。在中國，現在有一些事業單位已經實行企業化管理了，這些事業單位當然要考慮用工成本。但還有不少事業單位，仍是按事業單位來管理，用工成本被認為是不重要的。下面，我就舉高等學校為例。

高等學校有規定的人員編制，比如說，教師與學生之比，教學輔助人員與學生之比，職工與學生之比等等。然後，把博士生、碩士生、成人教育的受教育者等等都按一定的標準折成本科生。根據所確定的各類人員同學生之比，確定學校的教職員工的編制規模。這種定編是十分必要的，否則工資總額包乾制就無法實行。超編的教職員工的工資無從發放，因為工資總額已經包乾了。

但這並不等於已把用工成本考慮在內。為什麼？要知道，工資只不過是全部用工成本的一部分。在中國的高等學校中，學校要為每個正式的、即編制內的教職員工準備一系列生活服務設施，包括：家屬宿舍、教員食堂、托兒所、幼兒園、附小、附中及醫院等。為了聘用一個教職員工，生活服務設施的大量支出構成了用工成本的大部分。對教職員工的工資總額包乾解決不了生活服務設施的經費問題。以往，由於沒有把所有這些用工成本的項目考慮在內，結果也就談不到教育經費的合理使用了。

比如說，學校把一個年滿五十歲的教職員工調進學校。雖然這個教職員工的工資並不算高，但由於他已經五十歲了，再工作十年就退休，他住的宿舍將一直歸他和他的子女使用，托兒所、幼兒園、附小、附中都為他的子女或孫兒孫女服務，校醫院也將一直為他和他的家屬服務。這樣計算，用工成本該有多少？這將大大超過他在職時的工資數和退休後的退休金數。

對上述用工成本還可以從另一個角度來計算。如果學校以往任用了一些並非確實需要的教職員工，他們住進了家屬宿舍，享用了其他各種生活服務設施，而學校所急需的教職員工卻由於無法滿足他們的住房等要求而無法調入，那就會對工作產生消極的影響。這種消極的影響可以看成是另一種用工成本。學校不得不長期支付這種用工成本。

由此我們可以運用上成本核算的角度來考察學校人事制度改革所涉及的幾個問題。第一，除了有特殊才能，可以對學校作出特殊貢獻的人而外，學校應當盡量聘用或調入年輕的教職員工。如果調入者能為學校繼續工作三十年，當然要優於只能為學校繼續工作二十年的人；如果調入者能繼續工作二十年，也無疑優於只能為學校繼續工作十五年的人。整個用工成本要均攤於繼續工作的各個年份。這才是合理的計算。

第二，在現存事業單位體制下，固定工與合同工的用工成本是很不一樣的。任用列入事業單位正式編制之內的固定工，除支付工資以外，還有各種生活服務設施的費用，而合同工雖然也享受有些生活服務設施，但相對於固定工而言，這方面的費用要少得多。因此，在可以任用合同工的情況下，要盡可能任用合同工，以降低用工成本。

第三，高等學校內，要多聘請單項課程的兼職教員。比如說，某個課程一學年只有幾十學時的課，每周只有三小時，那就可以從外單位聘請兼職教員來授課，而不必單為該課程而留一名專職教員。高等學校內的科研機構，也不宜多留專職的科研人員。從校內聘教員兼任科研人員，從外單位聘請兼任科研人員，這也是少支出用工成本的一種辦法。

總之，用工成本是有可能較大幅度降低的，只要我們本着改革的精神做法。

關於經濟增長率的歷史比較

經濟不發達時，經濟增長率的較大幅度有可能實現。經濟發展到一定階段後，要保持以往那麼高的經濟增長率就不容易了。道理是簡單的：基礎越大，增長率的提高越困難。因此，經濟增長率可能隨着經濟的發展有遞減的趨勢。

在討論中國的經濟增長率時，不少人正是持有上述這種觀點，認為今後不可能維持過去那麼高的經濟增長率，經濟增長率必須降低，理由是基礎變大了。

我基本上同意這種分析。但我認為，如果按第一、二、三產業來劃分，從國民生產總值的三次產業組成的角度來考察，也許可以得出略有不同的見解。至少，國民生產總值三次產業組成的分折可以作為經濟增長率分折的一種補充。

下面，讓我們專就中國的情況來討論。不妨把經濟發展分為四個階段。第一個階段是經濟很不發達的階段，這時，整個國民生產總值很少。在產業結構上，第一產業中的農業所佔比重大，第二產業比重小，第三產業所佔比重更小。在這種情況下，經濟增長率不會很高，因為農業增長率不易提高，而農業所佔比重又大，所以儘管工業增長很快，但不能對整個經濟增長率發生決定性的影響。

第二個階段是經濟開始有較大發展的階段。經過一些年的努力，這時，第二產業增長較快，在國民生產總值中所佔比重增大，農業所佔比重減少了，但第三產業所佔比重還是很小。在這種情況下，工業的迅速增長以及工業所佔比重越來越大，這時整個經濟增長率可以達到較高的水平。

第三個階段是經濟進一步發展的階段。經過一些年的努力，這時，國民生產總值在連年較快增長的條件下已達到一定規模，也就是說，基礎變大了，要在這個基礎上再維持以往那種高增長率，照理說是不容易的。但值得注意的是，第三產業的落後已與整個經濟發展不相適應。第三產業以較大的速度增長，第三產業所佔比重的增大，都是不可避免的趨勢。在這種情況下，即使工業已不易再像過去那樣高速度增長，但第三產業所佔比重越來越大，以及第三產業的迅速增長，仍可以使整個經濟增長率保持於較高的水平。

第四個階段是經濟高度發展的階段。這時，一方面，國民生產總值已經達到相當大的規模，基礎更大了，另一方面，第三產業也已高度發展，第三產業也不可能再像過去那樣以高速度增長，於是整個經濟增長率就會下降，國民經濟只可能按較低的經濟增長率增長。

中國目前剛剛越過上述第二階段，開始進入第三階段，但同第四個階段仍有很長的距離。也許要到下世紀二、三十年代才能轉到第四階段。

了解以上所談的這些以後，我們可以得出以下三個重要的觀點：

一、簡單地把目前中國的經濟增長率同國民經濟計劃的「一五」、「二五」……或「六五」、「七五」時期的經濟增長率相比較，是不科學的。「一五」顯然屬於第一階段，「六五」到「八五」時期可以歸入第二階段。「九五」及以後一段時期，則屬於第三階段。不同階段的經濟增長的產業構成是不能忽視的。

二、今後一段時期內，儘管基礎比過去大多了，但中國經濟仍有可能保持較高的經濟增長率，原因在於：第三產業在國民經濟中所佔比重越來越大，第三產業的增長勢頭有增無減，這就會使整個經濟增長率居高不下。我們應當清醒地看到這一趨勢。

三、假定我們採取人為地壓抑經濟增長率的辦法，結果會怎樣？第三產業的增長率不會下降得很多，因為這是經濟發展的必然趨勢。壓抑的主要是第一和第二產業的增長率。第三產業提供的是勞務（無形產品），第一、二產業提供的是產品（有形產品），壓抑第一、二產業的增長率，對整個國民經濟的利弊究竟如何，需要斟酌。當然，誰也不贊成過高的經濟增長率，但較高的經濟增長率目前仍是可行的。

論「軟着陸」

在西方經濟學文獻中，我曾見過「軟着陸」（soft landing）這樣的術語。這個術語大概是從航天航空科學中借用的。比如說，太空船在月球表面應徐徐下降，以避免損壞。現在。在國內經濟學文獻中，這也成為時髦的術語了。意思是說：經濟發生問題時應徐徐緩解，不要因刹車過猛過速而使經濟發生大的震盪。

「軟着陸」一詞的引用，用意是良好的。「軟着陸」比「硬着陸」好得多。這一點不言而喻。但我總感覺到在經濟學中，「軟着陸」一詞的使用有不科學之處。借用航天航空科學中的術語於經濟學之中，總有些詞不達意，令人反而模糊不清。

問題不在「軟」字，而在「着陸」二字。「着陸」是指從空中降到地面。現在要先問一句：「陸」在何處？均衡狀態是純理論的假設。現實經濟中，我們時時處處所看到的都是非均衡現象。經濟非均衡才符合實際。既然我們處於經濟非均衡狀態，那麼我們就應以非均衡分析方法來看待中國經濟。

如果經濟是均衡的，一切經濟波動都可以被認為非正常。零失業率與零通貨膨脹率才是正常的。假定經濟在一定的失業率或通貨膨脹範圍內運行，那麼所謂「着陸」就是讓經濟回到零失業率與零通貨膨脹的線上。然而非均衡條件下的情況與此不同，缺口經常存在。非均衡是伴隨着一定缺口的均衡，即伴隨着一定的失業率成通貨膨脹率的均衡。

在非均衡條件下，正常的缺口究竟是多大的缺口，這要根據經濟結構與經濟運行狀況才能作出判斷。如果在這種情形下使用「着陸」二字，那就不禁要問：正常的缺口應當是什麼樣的？降到多大的失業率或多大的通貨膨脹率才能被認為是回到了正常的缺口，也就是「着」了「陸」。可惜，至今我們並不了解，因為對手非均衡的中國經濟的分析還很不夠。

假定情況確實如此，「軟着陸」也好，「硬着陸」也好，事先都不知道「陸」在何處，又怎能說明已經「着陸」或「尚未着陸」？值得注意的是：由於事先不知道「陸」在何處，在非均衡條件下，把經濟強制壓到正常缺口以下運行，以為這是「着陸」了，實際上卻是「着」過了頭，對經濟同樣是有害的。更何況目前人們在談論中國經濟「軟着陸」時，只注意通貨膨脹這一個指標，而不是把通貨膨脹率與失業率合併考慮的。

美國經濟學家羅斯托曾形象地把經濟發展比作「起飛」，把「起飛」後的經濟運行比作「滑翔」。姑且借用羅斯托的術語。一國在經濟發展中就好比飛機在空中飛行一般，飛行的目的地是明確的，這就是實現現代化。在飛行中，最使人擔心的是空中出現雷區。因此，有經驗的駕駛員必須設法避開雷區，或高或低，或左或右，但目的地依然不變。除非緊張情況發生了，一般不會出現中途「着陸」問題。

借用這個比喻，意味着在經濟發展過程中，首先應想到的是如何更快和更穩妥地飛抵目的地。途中遇到雷區，要設法避開。只是在迫不得已時才中途「着陸」，並且一定要事先知道「陸」在何處，降到何處才安全。下面，讓我們再回到所謂「軟着陸」這個術語上來。即使事先已經知道非均衡條件下正常缺口有多大，並且實現了「軟着陸」，使經濟在正常缺口範圍內運行，難道這就能一勞永逸？不會的。經濟運行是一個動態過程，在非均衡發展中，經濟總是在波動中前進。從某一時點看、經濟「軟着陸」了，難道不會再度超過正常缺口的限界？「軟着陸」只是一種靜態的概念而已。

總之，在非均衡條件下，我們可能做到的並且力求做到的，是飛行中避開雷區，向着既定目的地飛去。飛行中總會有擺動，不能保證我們始終只在正常缺口的範圍內運行。但只要避開雷區，不出大問題，這就行了。當經濟發展與經濟改革進行到一定階段，非均衡狀態逐漸緩和，經濟漸漸向均衡狀態接近時，過渡時期存在的問題是會慢慢消失或較容易解決的。

論非壟斷性行業的主導

關於國有經濟在中國經濟中的主導作用，有必要把整個經濟領域區分為壟斷性行業與非壟斷性行業來加以討論，否則這個問題是不容易討論清楚的。壟斷性行業大體上分為兩類。一是資源壟斷性行業，二是經營壟斷性行業。

資源壟斷性行業以有限的資源被壟斷作為特徵。例如某些礦產的開採與冶煉，就是資源的壟斷。一個企業獲得了某一區域的礦產開採與冶煉權，就排除了其他企業在同一時間內在同一地點開採與冶煉該種礦產的權利。

經營壟斷性行業以特許的經營作為特徵。例如某一行業有高額利潤，為了不容許其他企業經營該行業，政府可能把特許的經營權給予某一個或少數幾個企業，使後者成為壟斷者。在中國，煙草工業就是經營壟斷性行業的典型。《中華人民共和國煙草專賣法》第三條載明：「國家對煙草專賣品的生產、銷售、進出口依法實行專賣管理，並實行煙草專賣許可證制度。」違反這一規定的，依情節輕重要受到不同程度的處罰。除此以外，諸如武器的製造、鐵路的建設與經營、城市的公用事業的經營等，雖然利潤率不一定高，有些行業甚至虧損，但由於它們的特殊性質，也屬於經營壟斷性行業之列。

壟斷性行業與非國有的投資者之間的關係不外兩種情況：

一種情況是：政府考慮到某些壟斷性行業的特殊性質，為了維護社會利益，不容許非國有的投資者進入這些行業。這樣，在這些行業中必然以國家投資或國家控股的企業的投資為主。

另一種情況是：某些壟斷性行業由於利潤率低，或由於對社會利益的維護而不容許任意提高價格，經營者受到的限制多，所以非國有的投資者對此不感興趣，不願投資。這樣，在這些行業中也必然以國家投資或國家控股的企業的投資為主。

因此，可以認為，無論是資源壟斷性行業還是經營壟斷性行業，只要屬於壟斷性行業，國有經濟為主導是不可避免的事實。

非壟斷性行業的情況與此有所不同。各種經濟成份的經濟都在這一領域內競爭。國有經濟至今仍在這一領域內佔據重要地位，這主要是由歷史原因造成的。在計劃經濟體制下，國有經濟始終佔據重要地位，而不問國有經濟在某一領域內的效率高低。但隨着經濟改革的深入，非壟斷性行業中的非國有經濟不斷發展，國有經濟面臨着來自非國有經濟的有力挑戰。在這種形勢下，要繼續維持國有經濟在非壟斷性行業中的主導地位，或要繼續發揮國有經濟在非壟斷性行業中的主導作用，並不僅僅取決於政府的主觀設計和願望，而必須依賴國有經濟自身是否擁有足以維持這種主導地位或發揮這種主導作用的競爭力。

需要着重指出的是：這裡所説的競爭力是同效率聯繫在一起的，而效率又同企業的整體素質聯繫在一起。假定國有企業的改革遲緩，依舊是大量虧損和效率低下，陳舊落後的設備與不適應市場需要的產品將迫使國有企業所佔的市場份額日益縮小，那就談不上繼續起主導作用了。誰能在非壟斷性行業中起主導作用，要看今後的競爭狀況，要看國有企業與非國有企業的效率的比較。

在非壟斷性行業內，如果國有企業的效率低下而不可能繼續發揮主導作用，這是不是意味着國有經濟在整個經濟中不再起主導作用呢？並非如此。正如前面已經指出的，在壟斷性行業內，國有經濟的主導作用是不可避免的事實，從而國有經濟仍可對整個經濟起着重要作用。加之，既然非壟斷性行業內的競爭是激烈的，國有企業的改革又在加緊進行，那麼國有企業通過改革成為國家控股企業或國家參股企業後，效率提高了，競爭力增強了，以後仍有發揮主導作用的可能。

論「市場無良心」

「市場無良心」，這是最近幾年中國加快從計劃經濟體制向市場經濟體制過渡以來，在中國學術界聽到的一種説法。説這句話的人，有種種不同的出發點。

有人由於看到市場上假冒偽劣商品屢禁不止，消費者受損失，或者由於看到一些商店、攤販為獲取暴利而猛抬價格，消費者被「宰」，於是發出了「市場無良心」的感嘆。 也有些人由於在股市或期貨市場上操作有誤，或由於股市或期貨市場的行情變幻莫測，損失頗多，於是氣憤地説：「市場無良心！」

還有人由於所在的企業在競爭中失利，效益太差，不得不減產停產，裁減人員或發不出工資，從而對市場產生反感，喊出了「市場無良心」。

另有人總是留戀過去。動不動就説過去如何如何，現在如何如何，這種「今不如昔」的看法暗含着市場經濟不如計劃經濟的意思，只是沒有挑明而已。從他們的嘴裡説出「市場無良心」，是一點也不奇怪的。怎樣看待與「市場無良心」有關的議論？實際上，這裡包含了三個問題：市場機制有沒有良心？參加市場競爭的人有沒有良心？管理市場的人有沒有良心？現分別作一些分析。

市場是一種機制，市場機制本來就沒有良心，它也不可能有什麼良心。在市場機制之下，供給大於需求，價格就下降，需求大於供給，價格就上升，價格的上下波動與「良心」無關。因此，從市場機制的角度來考察，「市場無良心」這句話是有道理的。

參加市場競爭的人有沒有良心，管理市場的人有沒有良心，這就是另外一回事了。有些人有良心，有些人沒有良心，有些人在這種場合有良心而在另一種場合又沒有良心，不能一概而論。但必須懂得，無論那些參加市場競爭的人和管理市場的人有沒有良心，都與市場機制無良心不相干，因為這是兩類不同的問題。即使參加市場競爭的人和管理市場的人有良心，那麼市場機制仍然無良心，市場機制不可能有什麼良心。

於是讓我們再對「良心」二字作一些探討。良心這個詞在經濟學中是不常使用的，也許把它換成「商業道德」、「職業道德」更妥當些。參加市場競爭的人要講商業道德，坑蒙拐騙、牟取暴利是要受譴責受處罰的。擔任某一職務的人要講職業道德，玩忽職守固然不對，以權謀私更是不該。因此，當人們因看到某些人在市場中缺乏商業道德、職業道德而發出「市場無良心」的感嘆時，對此是完全可以理解的。

要清除市場中的坑蒙拐騙、牟取暴利和以權謀私等現象，一靠法律，二靠教育。法律約束人們的行為，制裁種種違法的事件。教育，使人們樹立起正確的市場觀點，培育人們重法律、守法律的思想，使人們自覺遵守商業道德、職業道德，抵制違背商業道德、職業道德的現象。就以對人員的辭退、解僱來說，這是市場經濟中正常的情況，正如企業的興衰存亡是市場中的正常情況一樣。主要應以是否符合法律，是否遵照勞動合同為準。非法僱傭與非法解僱都是不對的，不能認為前者是「有良心」，後者才是「無良心」。說「市場機制沒有良心」，並不意味着「計劃機制有良心」。既然都是經濟運行機制、資源配置機制，那麼無論是市場機制還是計劃機制，都扯不上有無良心的問題。至於計劃經濟中的管理人員和企業經營人員，那麼同樣存在着是否遵守法律法規，是否講職業道德，以及是否對消費者負責等問題。不言而喻，這同樣需要一靠法律，二靠教育。

論「市場無頭腦」

所謂「市場無頭腦」的說法，與「市場無良心」的說法差不多，也是把「市場機制是不是有頭腦」同「參加市場競爭的人和管理市場的人是不是有頭腦」者兩類不同的問題混淆在一起了。

市場機制當然沒有頭腦的。它不可能有什麼頭腦，因為它是一種機制，自發地調節供給與需求，自發地配置資源。供給與需求怎樣從不平衡越向平衡，是通過無數次交易而自發地實現的。資源如何有效地配置，也是通過無數次交易而自發地完成的，這一切都不需要事先的安排。所以説，「市場的確無頭腦」。

假定「市場有頭腦」，那就不是市場調節了。市場調節是無形之手。假定「市場有頭腦」，無形之手豈不變成了有形之手，那還稱得上市場調節麼？

參加市場競爭的人和管理市場的人都是有頭腦的。參加市場競爭的人的目的在於通過市場交換而得到一定的收入。為此，他們就需要作出決策，並有某種安排。管理市場的人的目的在於使市場有序，維護市場的正常運轉。為此，他們就需要了解市場狀況並作出判斷，以及採取相應的對策。沒有頭腦，是不可能管理市場的。沒有頭腦，實際上也參加不了市場競爭，或不可能通過市場交換而取得一定收入。

然而，決策有對有錯，安排有合理不合理之分，對市場狀況的了解也有深有淺，作出的判斷有正確不正確之別，而所採取的對策同樣有適當還是不適當的不同。因此，儘管參加市場競爭的人和管理市場的人有頭腦，但有人可能成功，有人可能失敗，有人可能賺錢，有人可能虧本。這一切都是在「市場機制無頭腦」這個大環境中實現的。「市場機制無頭腦」與「參加市場競爭的人、管理市場的人有頭腦」一致的，前者與後者結合起來，才形成市場經濟。

有一些人常把「市場無頭腦」掛在嘴邊，不是把「市場無頭腦」看成是正常的情況，而是認為這是市場的一大缺陷。「市場無頭腦」，那就有必要給它裝上一個頭腦，這是這些人的想法之一。「市場無頭腦」，言外之意是「計劃有頭腦」，結果則是「市場經濟不如計劃經濟」，這是這些人的另一個想法。

可惜，這兩種想法都是不妥的。

要知道，市場機制沒有頭腦，也不可能給它裝上一個頭腦。給市場機制裝上頭腦，等於取消了市場機制。那麼，我們能夠做的是什麼呢？前面已經説過，管理市場的人是有頭腦的，由管理市場的人所組成的政府也有頭腦。這樣，政府根據市場情況，可以作出判斷，採取措施，使市場機制的作用發揮得較好。這叫做以有形之手來補充無形之手，但並不是以有形之手代替無形之手。

我們還能做些什麼？也正如前面所説，參加市場競爭的人是有頭腦的，因此，可以通過各種途徑，讓他們更有理性，減少盲目性。如果有更多的參加市場競爭的人成為理性的投資者、理性的交易者，市場機制的作用也會發揮得較好。但無論如何，市場機制本身畢竟是無頭腦的，不可能把它變為有頭腦。

能不能由「市場無頭腦」聯想到「計劃有頭腦」，從而得出「市場經濟不如計劃經濟」的論斷呢？任何一個對一九五八年的「大躍進」歷史有所了解的人，任何一個對一九七六年中國國民經濟陷於崩潰邊緣的情形記憶猶新的人，是會回答究竟是市場經濟優於計劃經濟還是市場經濟不如計劃經濟這個問題的。

我以前曾在一些著作中一再闡述過，作為經濟體制，市場經濟體制應更能促進生產力的發展，市場經濟體制與計劃經濟體制不可能並存，而必須由前者取代後者；作為調節手段，市場調節與計劃調節可以並存，市場調節是第一次調節，計劃調節是第二次調節。

第一次調節是自發的，也就是「無頭腦的」。第二次調節由管理市場的人及其組成的政府來進行，而管理市場的人當然「有頭腦」。沒有頭腦，如何管理市場？如何選擇適當的調節手段來進行調節？但第二次調節不能代替第一次調節，這是毫無疑問的。用不着再贅述了。

提高「小時工資購買力」的途徑

日前曾對「小時工資購買力」的含義以及如何根據「小時工資購買力」的變動來說明改革開放以前與現階段中國職工實際收入的增長，而「小時工資購買力」不僅適用於縱向比較，也適用於橫向比較。橫向比較包括國內地區比較與國際比較。

如果對不同國家與地區的「小時工資購買力」進行國際比較的話，那麼不難發現，同香港相比，中國內地職工的「小時工資購買力」是相當低的。香港一個剛參加工作的大學畢業生的每小時工資所能購到的商品，要大大多於國內。因此，我們不能滿足於把現階段中國的情況同改革開放以前相比，而必須不斷提高國內的「小時工資購買力」。

假定排除了非經濟的因素（如政策因素）對收入分配的影響，每一單位時間收入（如小時工資或年純收入）只能交換到較少消費品的一個重要原因就是勞動生產率較低。勞動生產率的高低是決定「小時工資購買力」大小的基本因素。經濟發達的國家與地區的「小時工資購買力」同現階段中國的「小時工資購買力」的差距，基本上反映了勞動生產率的差距。也就是說，要提高中國的「小時工資購買力」，使之逐步接近經濟發達國家與地區的「小時工資購買力」，必須努力提高中國的勞動生產率。

提高勞動生產率從兩方面促進「小時工資購買力」的增加。

一方面，只有在勞動生產率增長速度較大的條件下，居民所要購買的消費品的生產成本和價格才有可能下降，才能使人們每小時的收入交換到更多的消費品。

另一方面，職工工資收入的增長以勞動生產率的更大幅度的增長為前提。勞動生產率增長速度較大，企業經濟效益上升，企業就有條件增加職工的工資收入，而職工的工資收入的增長將使得他們能以每小時的收入交換到更多的消費品。

接着，我們就需要研究中國的勞動生產率為什麼提高較為緩慢的原因。一般説來，勞動生產率的增長受到下述四個因素的制約：

（一）現階段中國的國有企業之所以勞動生產率不高，首先受制於經濟體制。試想，如果一個企業不能根據生產的需要而辭退多餘的人員，不能甩掉「企業辦社會」的包袱，不能通過資金市場而在急需資金的情況下取得資金，那又怎麼可能提高勞動生產率呢？因此，深化經濟體制改革，包括深化企業改革，完善市場體系，建立新的用工制度，以及讓企業的生活服務社會化，都是提高勞動生產率所必不可少的。

（二）在經濟改革深入進行的前提下，更新設備和改進技術對於提高企業勞動生產率十分必要。陳舊的設備、落後的技術阻礙着勞動生產率的提高。然而，技術改造與資金投入是不可分的。沒有足夠的資金投入，就沒有技術的有效改造。當前，中國要在企業技術改造方面取得較大的進展，必須設法通過多種渠道向企業注入資金，並有效地利用這些資金。

（三）職工的技術熟練程度是影響勞動生產率的又一重要因素。職工技術熟練程度的提高，既可以使已有的生產資料發揮更大的作用，從而能創造更多的產品，同時也能使自己在工資等級上進入較高的檔次，增加收入。而為了提高職工的技術熟練程度，增加人力投資以提高勞動力質量是必需的措施。

（四）就現階段中國的實際情況而言，企業開工不足和設備未能充分利用的另一個原因是受到能源與運輸的制約，還由於原材料的短缺。這是產業結構失調所造成的後果。因此，要提高勞動生產率，有必要加速產業結構的調整，實現資源的有效配置。

綜上所述，可以得出結論：中國目前職工的「小時工資購買力」的增長依賴於勞動生產率的提高，而勞動生產率的提高又依賴於經濟改革的深入、資金投入的增加、教育的發展與產業結構調整等多種因素。

現代企業制度與工會

關於中國在現代企業制度建立過程中工會究竟發揮什麼樣的作用問題，學術界討論得並不充分。不少人認為，中國有中國的特殊性。不能用西方國家的工會在企業中的作用來看待中國工會的作用。這種看法當然是有一定道理的。但如果再作較細緻的分析，能不能得出如下的論點：西方國家的工會在企業中的作用對於中國也有某種啟示。我們能把計劃經濟體制下工會的作用同社會主義市場經濟體制下工會的作用視為同一麼？我看是不能這樣看待的。應當指出，在現階段的中國，企業多種多樣。中外合資企業、外資企業、私營企業中，勞資關係的存在使得工會在作為勞方代表方面的作用突出了。關於這一點，人們一般都可以理解。問題主要在於，在國家獨資公司或完全由國有投資主體持股的有限責任公司中，工會是不是起着代表勞動者一方的作用？在集體經濟性質的鄉鎮企業中，工會是不是也有類似的作用？這些似乎有進一步討論的必要。

工會是代表職工的。在現代企業制度下，要使得企業與職工雙方的關係趨於協調，並使得雙方共同為企業的發展而出力，工會的作用不可否定。即使是國家獨資的企業，由於政府與企業不再合一，企業是獨立的法人，因此工會的存在，無論從協調企業與職工雙方之間的關係來看，還是從改進企業管理，促進企業發展，提高企業的角度來看，都有必要。這種情況並不因為國家是企業的唯一投資者而改變。集體經濟性質的鄉鎮企業中的情況同樣如此。雖然這家鄉鎮企業是由許多個人集資組建的，而且職工本人既是勞動者，又是投資者，但只要企業建成了，企業與職工雙方的關係就成為僱傭者與受僱傭者雙方的關係了，於是同樣存在着建立工會和使之發揮作用的必要性。

一些人對國有企業與集體企業中工會能否發揮作用的顧慮主要在於：

在國有企業中，假定企業與職工雙方發生了糾紛，各執一詞，工會究竟應代表職工的利益説話呢，還是應代表國家的（企業的）利益説話？如果工會代表職工，豈不是不利於國家？如果工會代表企業，那又何必要成立工會？在鄉鎮企業中，假定企業與職工雙方發生了糾紛，各執一詞，工會究竟站在哪一方？

企業的職工既是勞動者，又是投資者，工會無論站在哪一方，都有自己的難處，因此，工會是不是有必要成立並開展活動呢？

其實，這兩種顧慮都是多餘的。產生這兩種顧慮的主要原因在於不了解現代企業制度與工會的關係，或者說，在於不了解工會在現代企業制度下應起的作用。

首先，正如前面已經指出的，在現代企業制度下，政府與企業是分開的，國有企業也不例外。因此，當企業與職工雙方發生糾紛時，不能簡單地把某一家國有企業等同於政府，不能把某一家國有企業的利益等同於國家的利益。工會既然是職工的組織，當然要作為職工的代表，為職工説話。但這並不意味着工會不需要對企業與職工之間的糾紛事先進行了解，作出判斷。工會依法辦事，依法展開活動，並保護職工的合法權益。就這個意義來説，工會既不能被簡單地看成是代表企業説話，也不能被簡單地看成是代表職工説話。國有企業中的工會依法維護職工的合法權益，這就是維護了法律的嚴肅性，也就是維護了國家的利益、社會的利益。

在鄉鎮企業中，雖然職工也是投資者，但企業與職工之間的糾紛並不能簡單地視為投資者之間的糾紛。屬於企業經營方針與經營決策方面的問題，理應由投資者的會議去解決。而屬於職工合法權益得不到維護的問題，則應由工會代表職工出面，同企業交涉，並協助這類問題得到解決。工會的這種作用，並不是投資者的會議所能代替的。

第十二章

如何提高企業的決策水平

· 如何提高企業的決策水平
· 四論中國的投資基金
· 對不宜破產企業的挽救
· 為何不宜設本企業法人股
· 困難企業籌資的新思路
· 企業資金緊缺原因何在
· 國企內部的資產管理
· 非國有經濟與第三產業
· 企業經營與資本利益
· 破產企業的資產拍賣
· 董事會未能發揮應有作用
· 資本密集型企業的出路
· 對股權與債權關係的分析
· 公眾形象是企業的重要資產
· 論「庸才沉澱」現象

如何提高企業的決策水平

中國的一些企業對於決策問題是重視不夠的，這主要表現於：

一、有些項目的投資事先沒有經過充分論證，往往由個別負責人拍板定案，或者只是走走過場，結果投資以後長期不能形成生產能力，甚至變為無效投資，使企業背上巨大的債務包袱。

二、在籌資融資的決策中，考慮不同，舉措不當，結果籌資融資的成本偏高，使企業的利益受到損害，甚至也形成企業的沉重債務負擔，使企業處境艱難。

三、在市場營銷中，企業的決策有時是十分草率的。企業負責人為了省事，或受到傳統營銷模式的束縛，先生產，再找銷路，結果造成產品積壓，資金周轉不變，企業收益下降。

四、在企業內部的人事任免決策方面，企業也往往缺乏科學的決策制度，或用人不當，或埋沒人才並挫傷企業工作人員的積極性，結果也給企業帶來消極後果。

因此，當前行必要大力提高企業的決策水平。而要提高企業的決策水平，首先必須從體制改革方面着手，因為企業的決策在很大程度上足由企業的體制決定的。

如果企業按照《公司法》的要求組建，投資主體的資本利益將成為企業決策所要考慮的首要目標，那麼企業的決策水平的提高將成為股東會與董事會務必關注的大事，諸如重大項目投資的決定、籌資融資方案的選擇、重要人事的任免，以及企業營銷策略的制定，都不可能由個別負責人來拍板，而必須在董事會上進行充分的研究討論。這可以被看成是提高企業決策水平的第一步。

不僅如此，按照《公司法》的要求所組建的公司，不再有上級主管機構，也就是說，不再有「婆婆」。以往那種由上級指定的投資方案與人事安排，也因政企分開與企業的自主經營而失去依據。未經過充分論證與可能使投資成為無效投資的決策將因政府部門不再干預企業的內部事務而大為減少。

當然，體制改革只是提高企業決策水平的第一步。在企業把投資主體的資本利益放在首位以後，為了提高決策水平，必須建立一整套有效的決策制度。董事會作為重大問題的決策機構，要依靠企業內部的各個職能部門，要有若干個參謀班子。比如說，項目投資的方案、籌資融資的方案、市場營銷的策略等，都應先在有關的參謀班子中進行研究，並由後者提出可行還是不可行的論證，再由董事會討論。重大的人事變動，也應當在多方調查與研究之後提出供董事會討論的名單。這一切應當程序化、制度化。程序化、制度化的好處是：既可以確立責任制，提高決策的質量，又可以廣泛聽取企業內部專家們的意見，集中群眾的智慧，避免決策的失誤。但無論如何，企業內部的力量畢竟是有限的。哪怕是一個大型企業，仍會感到有助於決策的人才不足與信息不足。因此，要提高企業的決策水平，企業必須依靠社會力量，其中包括各種諮詢服務機構。在諮詢服務機構中集中了一批專家，他們學有專長，有豐富的實踐經驗，並掌握了現代科學技術知識、方法和手段。例如工程諮詢公司，可以對建設項目的可行性研究報告進行評估，從技術和經濟兩方面得出該建設項目是否可行的結論，這將使企業的建設項目投資更為合理。科學技術諮詢公司將對科技成果的推廣應用、新技術和新產品的開發等提供諮詢服務，使企業在這些方面可以節省費用，取得更大的收益。法律、金融、保險、市場營銷等諮詢服務機構，同樣可以在各自的業務範圍內向企業提供諮詢意見。使企業的決策更符合實際，效果更顯著。在市場經濟中，一家企業越能利用社會上的各種諮詢服務機構所提供的服務，它的成就就越大。這是力求提高企業決策水平的企業領導人不可忽視的。

四論中國的投資基金

這是我在《大公報》上刊出的第四篇論中國的投資基金的文章。前三篇分別發表於一九九三年八月二十三日、一九九四年三月二十四日、一九九五年三月二十八日。關於在中國建立公共投資基金的必要性、所遇到的障礙、以及應當採取的主要形式，在前三篇已經談到。這裡，打算再就投資基金運作中的問題作一些闡述。

中國的投資基金一開始就存在自發的傾向。這裡所説的自發傾向，主要是指法律與行政法規建設的滯後，全國缺乏事先的法律準備，甚至連投資基金建立與操作的規則都不具備，而完全是由地方政府與企業界自行發起建立的。等到投資基金已經建立並在群眾中引起反響之後，有關管理部門才着手考慮規範化的問題。這不能不被看成是中國投資基金發展的一大特點。

由於自發傾向的存在，所以投資基金的投資方向以及投資基金的管理等問題不一定符合國家產業政策與證券市場管理的要求。而在廣大社會投資者的心目中，投資基金券或者被視同於股票，或者被視同於債券，或者被視同於股票加債券，即一方面保本保息，另一方面又能在證券市場上隨行情而起落，持券人可通過買賣而獲得更多的收益。在自發傾向之下，社會投資者對投資基金券的過高的期望值是不利於投資基金的正常發展的。因此，從一九九五年起，投資基金熱一下子就消失了。

中國投資基金在運作中存在的主要問題同較長時間內宏觀經濟的偏緊與銀行利率偏高有關。由於一段時間內宏觀經濟偏緊，不少企業的經濟收益下降，並且在市場上前景欠佳，所以投資基金的資金投向便產生了很大困難。投資基金在這種情況下必須考慮投資風險問題。

企業經營狀況不好，必然使投資風險增大，於是投資基金難以運作。加之，由於銀行利率偏高，廣大社會投資者鑑於一段時間內投資基金券的回報率偏低，而且投資基金券本身的價格也低落不振，因此對投資基金失去信心。

投資基金管理機構則認為，既然銀行利率偏高，投資回報率偏少，那還不如購買國庫券保值，或者投資於非生產領域，以求獲得較高的收入。這樣也就不符合建立投資基金以促進產業結構調整與技術創新的最初意圖。

由此看來，及早制定有關投資基金的法律、行政法規固然非常必要，但要使得中國的投資基金市場活躍起來，並且使投資基金的運行比較順利，應當為投資基金的運作造就一個合適的宏觀經濟環境。宏觀經濟環境差，即使制定出再好的法律、行政法規，也難以預料中國的投資基金有廣闊的市場前景。

要知道，中國的通貨膨脹率近兩三年內一直較高。照理說，在較高的通貨膨脹率之下，銀行儲蓄存款一般不會有很大數額的增長，甚至還會從儲蓄存款分流一部分出去。投資基金由於同物質資產結合在一起，完全有可能成為銀行儲蓄存款分流的形式之一。但為什麼中國的投資基金反而會因通貨膨脹率偏高而遇到運作中的困難呢？這確實是令人深思的問題。答案主要在於國有企業至今尚未走出困境，而國有企業之所以未能走出困境，與經營機制尚未轉換直接有關。一個政企分開、自主經營、自負盈虧的企業是能夠適應複雜多變的市場環境的。宏觀經濟環境寬鬆時，它有自己的投資策略和經營策略，能在這樣的環境中發展壯大。宏觀經濟環境抽緊時，它也有自己的投資策略和經營策略，也能在這樣的環境中興旺發達。宏觀經濟環境是水，企業是魚，魚在水中，游弋自如，全依賴魚自身有活力。假定國內的大多數企業都有適應於市場經濟的經營機制，投資基金就能蓬勃發展，就會不斷擴大，運作中的困難也就不存在了。

這告訴我們什麼呢？歸根到底是這樣一點：加快企業改革，轉換企業經營機制，對於發展中國的投資基金而言，也許比什麼都重要。

對不宜破產企業的挽救

在市場經濟中，企業破產是一種正常現象。但是不是所有的企業都適宜於破產呢？這個問題還是值得討論的。至少，某些特定行業的企業在破產問題上應當慎重。讓我們先舉兩個例子。

經營人壽保險業務的保險公司，是有特殊性質的。因此《中華人民共和國保險法》第八十七條規定：「經營有人壽保險業務的保險公司被依法撤銷的或者被依法宣告破產的，其持有的人壽保險合同及準備金，必須轉移給其他經營有人壽保險業務的保險公司；不能同其他保險公司達成轉讓協議的，由金融監督管理部門指定經營有人壽保險業務的保險公司接受。」此外，該法第八十四條還規定：「經營有人壽保險業務的保險公司，除分立、合併外，不得解散。」

《保險法》之所以作出上述規定，是從廣大投保人、受益人的利益來考慮的。有人壽保險業務的保險公司的破產如不慎重對待與處理，必然會給廣大投保人、受益人帶來損失，從而會引起社會動盪，不安。

吸收居民存款的商業銀行也是有特殊性質的企業。《中華人民共和國商業銀行法》第六十四條規定：「商業銀行已經或者可能發生信用危機，嚴重影響存款人的利益時，中國人民銀行可以對該銀行實行接管。接管的目的是對被接管的商業銀行採取必要措施，以保護存款人的利益，恢復商業銀行的正常經營能力。」該法第六十七條還規定：「接管期限屆滿，中國人民銀行可以決定延期，但接管期限最長不得超過二年。」正因為考慮到廣大存款人的利益，所以在商業銀行破產之前先採取由中國人民銀行接管的措施。當然，如果接管期間商業銀行仍然無法恢復正常經營能力，該破產的依然可以破產。

這裡以人壽保險公司和商業銀行作為兩個例子，主要想説明這樣一點，對於特定行業的企業的破產，應當十分慎重。但能不能在某些不宜破產的企業破產之前，盡可能採取若干挽救性措施呢？不宜破產的企業的範圍究竟有多寬？我想，除了上述經營人壽保險業務的保險公司、吸收居民存款的商業銀行而外，還應當包括城市公用企業，如公共交通公司、自來水公司、電力公司、煤氣公司等。這是因為，一旦這些城市公用企業破產了，對城市居民的生活將發生重大影響，也會影響社會的安定。對這些不宜破產的企業，能挽求的應當盡可能挽救，實在挽救不了的可採取某些特殊的措施，使得破產所引起的社會震盪盡量減輕些。

一種可供選擇的做法是仿照商業銀行經營不善的處置方式。當某個城市公用企業面臨財務危機或已經處於財務危機之中時，由某家指定的銀行（政策性銀行）對其進行接管，在接管期間，帮助其恢復正常經營能力，如果接管期間或接管期滿後，該企業仍然無法恢復正常經營能力時，再實行破產。

另一種可供選擇的做法是仿照人壽保險公司經營不善的處置方式。當某個城市公用企業面臨財務危機或已經處於財務危機之中時，由政府管理部門幫助其尋找可以參預經營或接收其業務的有關企業，讓它們達成協議，改組經營。如果在協議期間未能達成協議，再准其破產清理。

此外，還有一種可供選擇的方式，這就是針對城市公用企業的特點而採取的方式，具體做法是：由某家商業銀行或某幾家商業銀行出面，發行專門扶植城市公用企業發展的金融債券，幫助有困難的城市公用企業渡過難關，改善經營，並求進一步發展。有困難的城市公用企業在這段時間內，應當着力於降低成本，提高效率。這樣，也就有希望挽救城市公用企業了。

總之，不宜破產的企業不等於不能破產的企業。如果可以採取的措施實行後仍無法挽救它，那就只有破產才能避免更大的損失。

為何不宜設本企業法人股

企業法人股分為兩類。一類是外部企業的法人股，這是符合規範化的要求。另一類是本企業的法人股，這是不規範化的，但它的形成有多種原因，需要在企業股份制規範化的過程中予以解決。我不同意設立本企業法人股，並曾為此寫過一些文章來說明。本企業法人股的設立之所以不妥，理由如下。

第一，企業是怎麼建成的？企業是由投資主體（一個投資主體或多個投資主體）投資建成的。股份制企業的建成有賴於多個投資主體的投資。外部企業法人股可以設立，因為外部企業在本企業尚未建成之前就已存在，它們可以向本企業進行投資。而本企業法人股之所以不宜設立，因為本企業尚未建成，怎麼可能有本企業法人股呢？從邏輯上是說不通的。

第二，由於股份制企業的所有的投資主體都是外來的（外部企業法人股是外來的，有資產管理部門持股同樣是來自企業外部的投資主體的持股），這就使這些投資主體處於同等的位置，然而，本企業法人股如果設立了，等於這是本企業有內部的投資者，也等於企業預留一部分股本。這樣，不同的投資主體就處於不同的位置上。這顯然是不合理的。

第三，股份制企業的優點之一是產權明晰化，即產權落實到每一個投資主體身上。對外來的投資主體來說，產權無疑是明晰的：國有資產管理部門持有國有股，外部企業作為投資主體持有企業法人股，社會上的股民與本企業職工持有個人股。但本企業法人股如果設立了，產權則仍然是模糊的。誰是本企業法人股的投資主體？不明確。誰代表本企業法人股？不明確。經理能代表本企業法人股麼？不能，因為經理是由外部投資主體選出的董事會聘任的。董事會能代表本企投資主體選出的董事們組成的。所以說，設立本企業法人股實際上把本來已經明晰的產權弄得模模糊糊了。

根據以上的分析，可見股份制企業不宜設立本企業法人股。既然如此，為什麼有些人仍主張設立本企業法人股呢？為什麼企業也熱衷於設立本企業法人股呢？大體上有三個原因。原因之一是：一些國有企業自從實行承包經營制以後，利用利潤留成的一部分添置了機器設備或修建了廠房。它們認為這部分資產應歸屬於本企業。在企業改制為股份制企業後，這部分資產被界定為本企業的集體資產，於是就以本企業法人股名義存在着。

原因之二是：一些集體企業多年來積累了一筆資產，這筆資產名義上是集體的，但卻找不到具體的投資主體。在企業改制為股份制企業後，不能不涉及到這樣一筆資產。原因之三是：無論是國有企業還是集體企業經營過程中，為了使本企業的職工能得到一些福利，曾經撥付一筆款項來經營某些業務，經營業務所賺取的利潤中，有一部分已經分配給職工，還有一部分作為積累，積存下來。在把企業原來撥付的款項歸還給企業之後，還餘下的那部分資產不便處置，就以本企業法人股的名義保存於改制後的企業之中。

從上述三個原因來看，本企業法人股的設立可以被認為是改制中的「誤區」。其實，不設立本企業法人股而採取其他辦法，一樣可以處理好類似的遺留問題。比如説，成立企業發展基金或企業福利基金，也可以把本企業過去積存下來的資產劃入而不必在股權設置上尋找不規範的辦法。又比如説，對集體企業的改制來説，還可以採取如下的做法：在資產評估後，劃出一部分資產（其數額相當於準備留作本企業法人股的部分），不折股，而作為集體福利基金，或者，在資產評估後，把準備留作本企業法人股的那部分資產量化到職工個人，以職工個人股的名義存在。這些做法都可符合股份制企業規範化的要求。

困難企業籌資的新思路

企業資金困難不限於困難企業。效益好和產品有銷路的企業也會感到資金緊張。但相對於困難企業來說。它們的情況好得多。第一，它們的資信較好，容易取得銀行的貸款。第二，它們如果借了錢，由於產品有銷路和效益好，到期償還的把握大。第三，效益好和產品有銷路的企業之所以會感到資金緊張，主要是由於在企業改建擴建過程中一時資金短缺或由於銷貨後對方未能及時付款而資金周轉不靈，不像困難企業連工資都發不出去，不得不為每月支付工資而籌措資金。

那麼，困難企業是不是就找不到減緩資金緊張壓力和擺脫資金困難處境的辦法了呢？未必如此。這裡提出了困難企業資金籌措的另一種思路，我想，這對於一些（並非全部）困難企業可能有參考價值。

困難企業資金籌措的另一種思路主要是指：建立新的產業金融聯合投資公司，困難企業以資產作為擔保物，由聯合投資公司出面向商業銀行貸款，幫助困難企業擺脫困境。如果困難企業到期不能償還貸款，由聯合投資公司接管，或將作為擔保物的資產折價抵債。

為什麼把這種籌措資金的方式稱做新的思路呢？它到底新在何處？主要有以下四個與以往學術界、經濟界的討論不同之類。

一、以往常常設想由商業銀行對企業投資，以解決企業資金的困難，或商業銀行把企業的欠債轉為投資（即債權變股權）。《商業銀行法》把這兩條路都堵死了。《商業銀行法》規定，商業銀行不得向境內企業投資。現在設想的是由大的企業集團與非銀行的金融機構聯合投資組成一個聯合投資公司，由它出面來幫助企業，這個方案有較大的可行性。

二、以往，困難企業在請求貸款時，債權人總是擔心借款人不還債時該怎麼辦？如果把廠房、機器設備作為抵押，借款人到期不還債，債權人留下這些廠房、機器設備，又有什麼用？這種顧慮使困難企業往往貸不到款。現在設想的是：商業銀行不直接接受困難企業的廠房、機器設備等作為抵押擔保物，而由聯合投資公司出面向商業銀行貸款，困難企業把廠房、機器設備作為抵押擔保物，給予聯合投資公司，聯合投資公司把從商業銀行得到的貸款轉給困難企業。這樣，一方面，商業銀行可以放心。不會因困難企業還不清貸款而發愁，聯合投資公司實力雄厚，可以還清貸款；另一方面，如果困難企業真的無法償債，那麼聯合投資公司把擔保物折價抵債的可行性要大得多。

三、聯合投資公司的任務不僅在於幫助困難企業度過當前資金緊張的困難，而且有兼併困難企業，實現資產重組和產業結構調整的可能。通過聯合投資公司的幫助，假定困難企業能夠脱離困難處境，那當然是合乎理想的。假定困難企業依然陷於困境，聯合投資公司對困難企業的接管與改組，也是順理成章的事情。對聯合投資公司來説，兼併、收購、接管一些困難企業，改造之後再賣出，或使之盈利，對自己和對國家都有利。

四、以往在討論對困難企業的幫助時，集中注意的是國家怎樣承擔幫助者的責任。國家當然要承擔一定的責任，但完全由國家承擔，似乎困難。現在的設想是：產業－金融聯合投資公司不僅有國家投資，也可以有企業投資，還可以有非銀行的金融機構投資，從所有制上看，可以有非國有經濟的成份。

企業資金緊缺原因何在

各地的企業都反映資金緊張。是什麼原因造成企業資金緊張呢？可以舉出各種各樣的原因，但歸結起來，無非是兩方面的原因：供給方面原因和需求方面的原因。從供給的角度來看，企業認為信貸規模偏小，很難從銀行借到錢。這就是說，銀行信貸資金供給不足，使企業感到資金緊張。

從需求的角度來看，企業認為貸款利率偏高，而目前企業的利潤率偏低，因此企業借不起錢。這就是說，受到貸款利率偏高的制約，企業對信貸資金的需求受到了限制。供求兩方面的原因都有道理，但二者之間，哪一個是主要的呢？二者之間又存在着什麼樣的聯繫呢？讓我們從下述三方面進行一些分析。

首先要指出，在中國實際上存在着兩種貸款利率，一是名義貸款利率，二是實際貸款利率。

名義貸款利率是指官方規定的貸款利率，也就是在信貸規模之內的貸款所支付的利率。名義貸款利率是較低的（相對於通貨膨脹率而言）。企業一般說來承受得起。

實際貸款利率是指借貸雙方協議的貸款利率，也就是市場決定的貸款利率。以這種利率發放的貸款不在銀行的信貸規模之內。實際貸款利率要比名義貸款利率高得多。企業的確難以承受這樣高的實際貸款利率。除非萬不得已，企業不然就不會接受這樣的貸款。

不了解兩種貸款利率的並存，就不了解中國信貸市場的真實情況。

其次，應當指出，實際貸款利率的高低同信貸規模大小直接有關。信貸規模越小，信貸規模以外的貸款利率（即實際貸款利率）就越高。

因此，要降低實際貸款利率，使企業基本上承擔得起，那就有必要擴大信貸規模。企業如果有可能得到信貸規模之內的貸款，誰願意按高得多的實際貸款利率去尋求信貸規模之外的貸款呢？

第三，無論是名義貸款利率還是實際貸款利率都要受通貨膨脹率的影響。假定為了降低實際貸款利率而擴大信貸規模，信貸膨脹就有可能捲土重來，這樣，通貨膨脹率將隨之上升。於是名義貸款利率和實際貸款利率也會因通貨膨脹率的提高而提高。這又會使企業難以承受。

由此看來，信貸規模的擴大具有雙重作用。一方面，信貸規模的擴大將使企業較容易得到貸款，從而實際貸款利率會因此下降，名義貸款利率同實際貸款利率之間的差距也會相應地縮小。另一方面，信貸規模的擴大又將促成信貸膨脹。使通貨膨脹率上升，使名義貸款利率與實際貸款利率都提高。

怎麼辦呢？我認為，在影響企業資金緊張的供求兩方面的因素中，很難確定必定是供給因素佔主要地位或必定是需求因素佔主要地位，應當說，供求這兩方面的因素是交叉起作用的，並且是相互影響的。所以，就資金市場而言，當前應注意兩個問題：

第一，信貸規模可以適當放鬆一些，但不宜過度，否則通貨膨脹率一提高，名義貸款利率與實際貸款利率又會上升。

第二，更重要的是，在適當放鬆信貸規模的同時，應強調信貸質量，要使貸款用於增加企業效益這一目標。假定不顧信貸質量，銀行貸款的增加不但解決不了企業資金緊張問題，反而會使呆帳、壞賬增多。

國企內部的資產管理

在討論中國的國有企業改革時，人們一般着重於外部的國有資產管理部門同改革後的企業之間的關係，而對於改革後的企業內部的資產管理問題涉及較少。本文準備就這個問題進行討論，討論的範圍僅限於按照《公司法》改制後的國有獨資公司、國家控股的有限責任公司和股份有限公司。

國有獨資公司的內部資產都是國家投資所形成的。國家控股的有限責任公司和股份有限公司的內部資產，則除了國家投資所形成的那部分以外，還有其他投資主體的投資所形成的資產。企業內部資產管理的目標就在於考慮到所有投資主體的資本利益，使它們保值增值，使每個投資主體能獲得投資的收益。

根據《公司法》，國有獨資公司不設股東會，由國家授權投資的機構或者國家授權的部門，授權公司董事會行使股東會的部分職權，公司董事會的成員則由國家授權投資的機構或者國家授權的部門委派或更換。這表明，即使是國有獨資公司，企業內部的資產管理權仍然在董事會手中。董事會決定公司資產的運用，並決定內部資產管理機構的設置與運作。這就排除了公司外部對其內部資產管理的干預。

在國家控股的有限責任公司和股份有限公司中，包括國家投資主體在內的多元投資主體組成股東會與董事會，依法管理企業內部資產，設置內部資產管理機構，並進行操作。這同樣排除了公司外部對其內部資產管理的干預。

為什麼在這裡要特別強調公司的股東會與董事會對內部資產的管理與運作，排除了公司外部對其內部資產管理的干預呢？這是因為，現代企業制度下，公司實行資本經營，用價值指標的增值來進行業績的考核，而不受廠房與設備等已有實物形態的限制。為此，公司的股東會與董事會應有處置內部資產以及運用的權力。如果公司外部對公司內部資產的管理與運作進行干預，那就達不到資本經營與資本增值的要求，也與《公司法》相抵觸。

根據《公司法》，公司可以成立分公司或子公司。但分公司不具有企業法人資格，其民事責任由公司承擔；子公司則具有企業法人資格，依法獨立承擔民事責任。根據這些規定，在改制後建立的國有或國家控股的公司中，如果設立了子公司，那麼子公司的內部資產管理應當由子公司的股東會與董事會負責，母公司或者處於控股者的地位，通過自己在子公司中的董事表達意見，或者只從投資收益的角度來考慮，由於公司的股東會或董事會實行資本經營與內部資產管理。母公司不能越過子公司的股東會與董事會而直接插手子公司的內部資產管理。

如果改制後建立的國有或國家控股的公司設立了分公司，那麼對分公司的資產管理依舊屬於公司資產管理範圍。公司可以統一經營這些資產，以達到總體上使資本增值的目的。公司的資本利益體現於公司對整個公司資產（包括分公司的資產）的有效運用的成果。

在公司內部資產管理中，是否可以採取承包制這種方式？在這裡有必要指出，人們通常對承包制一詞的含義了解不深。承包制一詞專指在企業經營過程中發包方同承包方之間建立一種契約關係，發包方將財產交給承包方經營，承包方定期向發包方繳納費用。在八十年代後期到九十年代前期，中國的國有企業實行的承包制，就是這種經營方式。至於一個企業內部在管理中所實行的責任制，雖然人們也稱它為承包制，實際上這一用語是不妥的。我們不應當泛用承包制一詞，而只能稱之為責任制。

因此，在公司內部的資產管理中，可以實行責任制，甚至可以層層設立責任制，以便企業資產管理有序，但這不是企業經營的承包制。隨着《公司法》的實施，前幾年曾經實行過的那種承包制已被取代。承包制被取代了，責任制則可以長存。責任制有助於企業內部的資產管理的實行，這是沒有疑問的。

非國有經濟與第三產業

第三產業的迅速發展已經成為近幾年中國經濟中一個值得注意的現象。儘管第三產業在國民經濟中的比重仍然較少，但可以肯定，這一比重的不斷上升是不可扭轉的趨勢。在這篇文章中，需要探討的是這樣三個彼此相聯繫的問題。

一是非國有經濟在發展中國第三產業中的作用。二是第三產業中非國有經濟的發展對整個經濟的影響。三是國有經濟在中國第三產業中應如何發展。

先討論第一個問題。中國的非國有經濟主要有三個組成部分；一是集體經濟，二是個體與私營經濟；三是中外合資與外資企業。這三個部分近年來在第三產業中的發展勢頭都是較快的。推動非國有經濟投資於第三產業的主要動力是利潤率。由於以往較長時期內第三產業太不發達，需求遠遠大於供給，盈利潛力大，因此非國有經濟就把第三產業中的某些行業（不是全部行業）當做投資領域。投資的增長、市場發展餘地大、利潤率較高，其結果必定是第三產業迅速發展。換句話説，近年來第三產業之所以能以較大幅度增長，主要依靠各類非國有投資主體的投入，而非國有投資主體的投入又是受到利潤率的吸引。

那麼，為什麼國有經濟的投入相當不足呢？這主要因為第三產業的許多項目規模不大（如餐飲業、零售商業、各種服務企業等）或分布廣，非國有經濟遠較國有經濟靈活，沒有那麼多的審批手續，而且國有經濟的資金緊張，顧不上向許多第三產業項目投資，這樣，非國有經濟在第三產業中的比重就逐漸增大了。

再討論上述第二個問題。

非國有經濟在第三產業中的較快發展，使非國有經濟在整個經濟中的作用增大。這是因為，增加就業要靠第三產業的發展，流通渠道的通暢要靠第三產業的發展，給居民生活上的方便也要靠第三產業的發展，既然非國有經濟在第三產業中的比重越來越大，非國有經濟在增加就業、疏通流通渠道和給居民生活上以方便等方面的作用也就越顯得重要。

下面，接着討論第三個問題。

國有經濟在中國的第三產業中應當如何發展，是一個既與國有經濟在中國所處的地位有關，又與國有經濟本身的改革深化程度有關的問題。第三產業的範圍是十分廣泛的。其中不僅有盈利性的行業，而且也有公益性的行業，不僅有競爭性的行業，而且也有壟斷性的行業。非國有經濟投資於第三產業，都着眼於盈利性的和競爭性的行業。第三產業中的公益性的行業和壟斷性的行業，同樣應當發展，這需要國有經濟的投入。當然，非國有經濟中的集體經濟也有可能投入公益性行業，但非國有經濟中的個體與私營企業、中外合資與外資企業對公益性的行業是不感興趣的。至於壟斷性的行業，則由於政策上的考慮，一般不會對個體與私營企業、中外合資與外資企業開放。世界各國都是如此，中國這樣做完全可以理解。因此，國有經濟在第三產業中的公益性的與壟斷性的行業有很大的發展前途。

在盈利性的與競爭性的第三產業行業中，國有經濟已經參與了，並且今後還將繼續投入。但國有經濟在第三產業的這些行業中的地位能否保持，與國有經濟本身的改革進度有關。官商是沒有競爭力的。在這些行業中，國有經濟要同非國有經濟一爭高下，取決於國有經濟能否通過改革而具有活力。這正是關鍵所在。

企業經營與資本利益

以前曾提出，無論是鄉鎮企業還是國有（國營）企業都應當把盈利率作為首要目標。因為只要企業是營利性的，不追求盈利而單純追求產值，那還符合企業的性質麼？在這裡，我想針對這個問題作進一步的分析。

首先應當對資本利益作一些解釋。資本利益就是投資者的利益。投資者投資於某家企業，即對該企業持有一定比例的股權。投資者希望這筆投資能給自己帶來盈利。投資者擁有資產的受益權。如果企業不能滿足投資者的這一願望，投資者將轉讓出自己的股權，投資於其他企業。

由於投資者的利益體現於資本的增值上，所以由投資者投資所組成的企業的經營，必然是資本經營。資本經營的要點在於：資本通過各種形式的運用而最終達到增值的目的。資本經營中，一個重要的問題是從價值形態上看資本的數額的擴大，而並不是在實物形態上看資本保持原有的實物不變。

實物形態的資產只不過是資本形態之一。投資者對企業的投資，可以採取貨幣入股，也可以採取實物入股，還可以用工業產權與非專利技術等入股。投資以後，投資者所持有的股權便以價值形態來表示。投資者的受益也以價值來表示。企業在經營中可以對實物形態的資產進行處分，也可以通過資產交易、收購、兼併、資產重組等途徑來達到價值增值的目標。一段時間以後的廠房、機器設備與存貨很可能不是這段時間以前的廠房、機器設備與存貨。但這無關緊要，只要達到價值增值的目標，投資者有符合預定要求的收益就行了。這正是資本經營的特徵，它體現了資本利益。

唯有產權清晰、產權明確、自主經營、自負盈虧的企業，才能從事有效的資本經營。如果達不到這些條件，比如說，仍然按照計劃經濟體制下所習慣了的企業經營方式來經營企業，資本經營是實現不了的。在計劃經濟體制下，企業是政府主管部門的下屬單位，企業所擁有的廠房和機器設備是上級核定的，不僅有價值指標的管理，而且對實物形態的資產也有嚴格的控制，這樣，企業自行優化配置資源的可能性無疑是非常有限的。

現代企業在經營中既然要充分考慮資本利益，那就不可避免地要實行資本經營。廠房、機器設備、存貨等等，都可以變動，或賣出，或買進，或折除或報廢，但價值增值這一目標卻不可忽略。特別是，企業必須在優化資源配置與調整產品結構的過程中成長，如果沒有資本經營就達不到這些要求。這正是把資本利益放在中心位置的企業的經營要點。從這個意義上說，現代企業才是真正的企業。而傳統計劃經濟體制下的企業只不過是政府主管部門之下的一個附屬單位而已。

了解了這一切，對於當前正在深化的中國企業改革有什麼意義呢？可以從改革與管理兩方面來進行闡釋。

關於改革，前面已經講得很清楚了，這就是：產權清晰與政企分開是企業資本經營的前提。因此，唯有按照《公司法》來組建或改造企業，才能使企業的資本經營有可靠的基礎。從管理方面來考察，資本經營要求企業在管理上採取不同於過去的做法。一方面，企業必須盤活、甩活資本存量，牢記資本只有在流動中才能增值的特點，在企業內部也應當實行資源的優化組合，這樣才能達到增加盈利的任務。另一方面，企業領導層應當通過資本的價值形態的管理來實現對資本的實物形態的管理，保證資本的利益，致力於提高資本的使用效率。企業的資本經營是同市場環境的完善分不開的。市場不完善，資本市場與產權交易市場發育不良，必將阻礙企業的資本經營的成效。所以說，為了使中國的企業逐漸轉向資本經營，必須加快市場體系的建設，加快與資本市場、產權交易市場完善化有關的立法工作。

破產企業的資產拍賣

關於在中國實行企業破產制度的必要性，國內外報刊雜誌上已發表了不少文章加以闡述。比較一致的看法是：唯有實行企業破產制度，才能實現資產重組和產業結構調整，才能使企業真正在市場經濟的大環境中不斷提高經濟效益。但破產企業的資產如何處置？在這方面還有哪些問題有待於研究，討論得並不充分。為此，我想在這裡專就破產企業的資產拍賣問題發表一些看法。

首先要弄清楚的是，破產企業的廠房與機器設備是不是注定是破爛不堪，送給別人都送不出去的？並非如此。有些破產企業確實因廠房與機器設備老化而效率極差導致破產的，但也有一些破產企業卻具有較先進的設備與完好的廠房，它們主要是因為管理混亂、投資失誤、產品不適合市場需求或冗員太多而虧損的，結果負債纍纍，不得不宣告破產。因此，對於後一類破產企業來說，資產拍賣肯定能找到買主。買主買下廠房和機器設備後，從生產上進行調整，從管理上重訂制度，必定可以取得好的效益。即使對於前一類破產企業，只要它所處的位置適中，擴展的潛力大，那麼買下企業資產後，可以重新建設廠房和添置設備，也能有良好的效益。所以那種擔心破產企業的資產拍賣不易找到買主的想法，與事實不一定相符。其次，需要考慮的是，以什麼方式拍賣破產企業資產最符合市場經濟的要求。既然談的是拍賣，那就應當遵循拍賣規則，採取公開競價的方式。公開競價有助於尋找到最需要購買破產企業資產的買主，而且價格可以達到盡可能高的水準。這便於照顧債權人的利益。

假定不採取公開競價的方式而採取個別議價協商的方式，有可能拖延時間，而且價格不一定合理。從這個意義上說，個別議價協商方式是不如公開競價方式的。但個別議價協商方式也有其適用性。比如說，破產企業在拍賣資產的同時還需要同買主一起商議破產企業職工的留用或遣散問題、企業某些債務的處理問題、以及其他有關的問題，這樣，個別議價協商方式也許更適合些。又如，某些特殊行業的破產企業，由於缺少買主，不易進行公開競價，也可以採取個別議價協商的辦法。

在這裡需要澄清這樣一種觀點，即在某些情況下，通過拍賣方式而獲得的破產企業資產的賣價低於賬面估算出來的價值，這是不是國有資產的流失？為什麼會提出這個問題？這是因為，破產企業的資產在賬面上總有一定價值，賣價高於這個價值，被認為可以接受，而如果低於這個價值，就會被認為是國有資產的流失。這正是對市場經濟中的產權交易不了解的一種反映。

要知道，在市場經濟中，商品價格由供求決定。破產企業資產進入產權交易市場，就已成為商品，它們將受着市場供求規律的調節。賬面價值只不過是供給者與需求者的一個參考數。破產企業資產的市場價格不可能同賬面價值一致。它們高於賬面價值或低於賬面價值都屬於正常現象，不能因市場價格低於賬面價值而斷定這是國有資產的流失。在這種情況下，應當防止的是秘密成交而不是公開競價成交，因為秘密成交最有可能導致國有資產流失。破產企業資產拍賣過程中，如何降低交易成本也是可供研究的問題之一。交易成本決不可能是零。問題在於如何盡可能使交易成本低一些。應當指出，公開競價方式通常有助於降低交易成本，而個別議價協商反而有可能增加交易成本。當然，要使公開競價方式有效，應當使產權交易市場完善化。產權交易市場越完善，公開競價方式就越能降低交易成本。因此，當前需要大力發展產權交易市場，使之日趨完善，以便切實有效地推行破產企業資產的拍賣制度。

董事會未能發揮應有作用

根據《中華人民共和國公司法》，改制而成的與新建的有限責任公司或股份有限公司都設立了董事會。董事會具有如下的職權：決定公司的經營計劃和投資方案；制訂公司的年度財務預算方案、決算方案；制訂公司的利潤分配方案和彌補虧損方案；聘任或解聘公司總經理等。董事會按公司法的規定和公司章程規定召開，應當對所議事項的決定作成會議紀錄，出席會議的董事應當在會議紀錄上簽名。

照理說，董事會應當是一個有效率的機構。董事會的效率同公司的效率直接有關。但在現實生活中，改制而成的與新建的公司中有相當一部分的董事會效率不高。它們或者形同虛設，由董事長個人說了算、董事會實際上起不了什麼作用；或者，由公司總經理個人說了算，董事會的會議只不過走走過場而已；或者，董事會的會議對公司的某些重大事務議而不決，決而不行，董事會承擔不了股東會所賦予的使命。這些都值得人們思考。

為什麼相當一部分公司的董事會效率低下呢？大體上有以下四個原因：

一、由於改制後的公司中有過多的國有股，國有股的代表便成為公司董事會的大多數成員。董事長是國有股的主要代表人，在行政級別上要高於董事會中代表國有股的其他董事。這樣，公司的董事會開會時便帶有濃厚的行政會議的色彩。原來存在於行政機關或行政性公司中的上下級關係也就搬到公司董事會中來了。由此而形成的董事長個人說了算和董事會起不了多大作用的情況，與此有直接關係。

二、董事長兼總經理，並不是絕對不可實行的人事安排，但在中國目前情況下，由於市場機制還不完善，公司的發展還處於起步階段，再加上改制後的公司在許多方面還帶有改制前的企業管理的特徵，所以董事長兼了總經理之後，更容易造成董事長個人說了算的現象。在這種情況下，董事會起不了作用也就可以理解了。

三、造成董事會效率低的另一個原因是董事會中有一些董事經常不參加董事會，甚至只是掛名的董事。他們當初之所以被列入董事的名單，或者是由於離退休之後的一種照顧性的安排，或者是由於具有一定的聲望或影響，或者是由於他們代表了某一方面的利益。但他們並沒有實際的利益關係，也不熟悉公司的業務。掛名的董事不參加董事會會議，或者，即使有時來參加會議但不發表意見，必然使董事會的效率低下。

四、董事會由若干名董事組成，他們有可能平時沒有往來，彼此不熟悉、相互之間缺乏溝通。董事會開會時，由於彼此不熟悉，因此客客氣氣，禮尚往來，對於實質性問題既缺少事先的交流，又不可能展開爭論。這樣，董事會保持着一團和氣，反而降低了議事的效率。此外，可能還有另外的原因，但從目前國內一些公司的情況來看，這四方面的原因是主要的。要認真執行《公司法》，其中包括了要使公司的董事會真正起作用，提高董事會的效率。針對上述這四方面造成董事會低效率的原因，今後應採取如下的措施：

第一，按《公司法》改制組成的有限責任公司與股份有限公司，應嚴格執行政企分開，國家公務員不得兼任董事，公司不再具有行政級別，以消除行政性公司的痕跡，使董事會成為名副其實的機構。

第二，盡可能不實行董事長兼總經理的人事安排。嚴格按照《公司法》，推行總經理聘任制，使董事會不受總經理的支配。

第三，董事會中的成員應當是幹實事的，而不是掛名的。即使董事會中有少數非股權董事，也不應是掛名的。不能參加董事會會議的人，不宜被選為董事。

第四，董事之間平時應溝通信息，這項工作可由董事會秘書安排。溝通信息是為了提高董事會的議事效率。

資本密集型企業的出路

在當前中國討論經濟增長方式轉變問題時，有一種似是而非的觀點，即認為要轉變經濟增長方式，就需要多發展資本密集型企業，少發展勞動密集型企業，至於現有的資本密集型企業，則需要提高其資本密集的程度，以便實現由粗放型生產經營向集約型生產經營的轉變。為什麼説這種觀點是似是而非的呢？可以從三個方面來加以分析。

第一，要考慮就業與效率之間的矛盾。在城鄉隱蔽失業加速公開化的過程中，如果不在發展資本密集型企業的同時大力發展勞動密集型企業，就業問題將會越來越尖鋭。

第二，從粗放型生產經營向集約型生產經營的轉變，既適合於現有的資本密集型企業，也適合於現有的勞動密集型企業，這兩類企業都有必要提高效率，依靠高效率增加盈利。不能認為資本密集型企業等同於集約型生產經營的企業，而勞動密集型企業等同於粗放型生產經營的企業。假定忽視效率的提高，資本密集型企業同樣可以成為粗放型生產經營的企業；而只要不斷提高效率，勞動密集型企業同樣可以成為集約型生產經營的企業。

第三，無論是資本密集型企業還是勞動密集型企業，轉變經濟增長方式都在於創新，包括體制創新和技術創新。體制創新是指把原來的產權不明、政企不分、不自主經營和不自負盈虧的企業改造為產權明晰、政企分開、自主經營和自負盈虧的企業。體制創新是技術創新取得成效的前提。在舊的體制下，即使進行技術創新，但效果是不顯著的，甚至企業自身沒有技術創新的積極性。而一旦把體制創新同技術創新結合起來，不僅技術創新可以取得明顯的成效，並且其速度可以大大加快。

在明確了以上三點之後，我們就可以對現有資本密集型企業的出路問題展開較深入的討論了。必須承認，現有的冶金、機械、化工等資本密集型行業中的國有大中型企業，儘管資本密集程度已經相當高了，但粗放型生產經營的狀況卻非常突出。比如説，一談到要擴大產量，就着眼於增加投入，擴大規模，而不注意挖掘潛力，降低成本，提高勞動生產率。一談到要增加出口，就着眼於擴大產量，而不了解增加附加值的必要性，而附加值的增加則要依靠提高產品質量和增加新品種來實現。從這個角度來看，現有資本密集型企業轉變經濟增長方式的重點，應當首先放在體制創新之上，然後運用新的體制所形成的約束機制、激勵機制和自我積累機制來進行技術創新。

單純依賴增加投入和擴大規模的做法，是提高不了效率的。新的體制也不容許這樣做，因為粗放型的生產經營只能導致效率的下降與純收益的減少，這是不符合投資主體的利益的。降低成本，增加附加值，提高盈利率，才是新體制下投資主體最關心的事情。體制的轉換將迫使資本密集型企業走向集約型的生產經營。

技術創新必不可少，但技術創新需要投入資本後才能實現。新投入的資本來自何處？體制轉換使資本密集型企業形成了自我積累機制，從而利潤的再投入有助於實現技術創新。但這也許要經過一段時間才能做到，所以在新體制下，企業必須依靠外部資本的引入，這可以通過多種途徑來進行，如發行公司債券，擴股招股，中外合資，轉讓一部分閒置的生產資料，等等。由於有了新的體制，引入外部資本的可行性要比體制轉換前大得多。

什麼叫做生產經營的集約化？對此應有正確理解。不能認為機器設備越多越好，越先進越好，以為這才叫做集約化。當然，先進的機器設備足重要的，但集約化的要點在於人盡其才，物盡其用。如果一方面有大量先進機器設備，另一方面卻有不少機器設備被閒置，未得到充分利用，而冗員又多，窩工現象嚴重，那麼這仍然算不上集約化。現有資本密集型企業要走向集約化，必須在體制創新和技術創新的基礎上，加強管理，務使人盡其才，物盡其用。

對股權與債權關係的分析

債權與股權的互換，曾經被認為是中國國有企業改革的一條出路。具體內容是：國有企業欠銀行的債款改為銀行對企業持有的股權；而國家資產管理部門所持有的資產的一部分則改為國家對企業的債權。企業欠銀行的債款改為銀行持股，可以既不使銀行資產在賬面上減少，又可卸掉企業的沉重包袱。而國家在企業中持有的一部分資產改為國家持有的債權，則可避免國有股的比重過大，便於改為股份制企業後的公司在市場經濟中運作。

這種設想目前遇到了來自兩方面的阻礙。一方面，《中華人民共和國商業銀行法》通過後，商業銀行今後不能向企業投資，因抵押貸款而得到的企業資產與股票應在一年內處分完畢。這就終止了把銀行債權變為企業股權的設想。

另一方面，國有資產管理部門中一些人認為，為了避免國有股在某一企業中所佔比重過大，可以採取擴大增量，吸收非國有經濟參股，或者可以在條件合適時轉讓一部分國有資產存量，但無論怎樣，把一部分國有資產改為企業欠國家的債權並非有效的措施，因為企業很可能不會向國家支付利息，結果國家的債權將會落空。

是不是這樣一來，我們就不能再在股權與債權互換問題上找出新路了呢？不一定如此。為此，讓我們在這裡就股權與債權的關係作進一步的分析。

商業銀行按法律規定不得向企業投資，不得把企業所欠債款改為股權，但這不等於說商業銀行以外的其他金融機構一律不得這樣做。投資銀行是不同於商業銀行的銀行，投資銀行對企業的參股、控股，不受商業銀行法的限制。那麼今後是不是有可能組建可以向企業進行投資的投資銀行呢？假定這樣的投資銀行也是國家投資建立的，那麼通過國家的某種政策，能否先把商業銀行的債權劃歸投資銀行，再由投資銀行把所持有的企業債權轉換為企業股權呢？這種方案是可以探討的。

如果不採取投資銀行形式，而採取國家投資公司或國家投資基金會的形式，再通過一定的政策而劃撥商業銀行的債權，然後把債權變為股權，看來這也是可以考慮的一種辦法。總之，債權變股權的設計不妨繼續探討。路並未封死，也許仍能找出一條新路來。

再看企業中過多的國有股能否把其中一部分變為債權呢？這同樣是可以繼續研究的。不讚同這種辦法的理由之一是害怕企業作為債務人不向債權人支付利息，從而使股權變債權的設想落空。這種考慮當然有一定道理，但只要措施得當，未嘗不可以解除這種擔心。

需要區分兩種情況。一種情況是：企業效益好，企業有能力支付利息。另一種情況是：企業效益差，企業沒有支付利息的能力。

先看效益好的企業。改制以後，如果把過多的國家股的一部分轉為對企業的債權，效益好的企業是有能力支付利息的，這可以通過財稅部門代扣利息，因為這部分利息實質上相當於對國有資產的佔用費。即使不必通過財稅部門代扣利息，由於國家只讓出過多的國有股，仍然持有相當數量的國有股，這樣，可以通過董事會進行干預，使國家應收的利息按期收取。所以效益好的企業是不會拒付國家債權的利息的。

再看效益差的企業。這些企業，就算國家持有的股份不轉為債權，難道國家能收取到股利麼？不一定。既然企業沒有盈利甚至有虧損，國家的股份收不到股利，那麼改股權為債權後收不到利息也是可以理解的。問題是：如果不改股權為債權，效益差的企業將持續處於效益差的狀態，難有起色。而縮小國有股的比例，一部分股權改為債權後，企業運營機制可以較為靈活，吸收資金入股的可能性也比較大，企業扭虧為盈的希望也比較大。對國家和對企業來說，不都是一件好事麼？

可見，股權與債權互換問題仍有繼續探討的必要。

公眾形象是企業的重要資產

企業的無形資產中包含了企業的信譽。企業的信譽主要包括兩方面的內容：一是企業在企業界和金融界的形象，二是企業在公眾中的形象。這兩者既有聯繫，又有區別。一般地說，企業在遵守經濟合同方面越有信譽，企業在企業界和金融界的形象越好，企業的知名度就越高，從而也就越能贏得公眾的信任。這就是兩者的聯繫。

然而，在現實生活中，我們也能看到另一類例子。比如說，一家企業在同其他企業或銀行的交往中，企業是講信用的，準時付貨款，準時交貨，準時付息，準時還本。於是其他企業或銀行都認為這是一家信得過的企業。但這家企業在公眾中的形象卻不佳。如果這是工業企業，可能因排放廢氣、污水、噪音而使附近居民不滿；如果這是商業企業，可能因工作人員對待顧客的態度不好而引起顧客對企業的反感。此外，不管是工業還是商業企業，還可能因廣告宣傳的不當、對社會公益事業的冷漠、在處理某個案件時被認為不公允，或捲入了某宗醜聞等等，在公眾中信譽下降。這表明一家企業在企業界和金融界有好的名聲不等於在公眾心目中一定有好的形象。

企業要維持自己在企業界和金融界的形象，需要降低成本，提高產品質量，使產品獲得銷路，以增加利潤，同時需要講究信用，遵守合同，有良好的商業道德。關於這些，一般企業都比較了解，並會盡可能朝這個方向去做。至於企業如何維持自己在公眾中的形象，如何不斷提高自己在公眾中的形象，企業往往在這方面考慮得不多，甚至以為只要企業在企業界和金融界有了信譽，企業在公眾中的形象自然而然會好起來，那又何必專門去研究如何提高在公眾中的形象呢？

產生這種想法的原因主要有兩點。第一，不了解企業在企業界和金融界的形象同企業在公眾中的形象不是一回事。第二，不了解企業在公眾中的良好形象不可能是自然形成的，企業必須在這方面有精心的策劃並要努力使之實現。要知道，企業在公眾中信譽下降和形象日益不佳，遲早會反映於企業的營業額與盈利額的變動，進而也會對企業在企業界和金融界的信譽產生消極的影響。

企業怎樣才能贏得公眾的好感與信任？怎樣才能樹立自己在公眾中越來越好的形象？要從企業與公眾接觸的三個方面着手：

一、企業總是處於一定的社區之中，企業行為同該社區的成員或周圍的居民直接有關。因此，企業必須重視同社區的關係。企業不注意環境保護，廢氣、廢水、廢渣、噪音等對社區的危害必然使企業在公眾中的形象變壞。企業職工行為的不檢點，同樣會造成企業與社區之間的糾葛。資本再雄厚、經濟效益再好的企業，也一定要搞好同社區的關係，而不要留給社區成員「財大氣粗」、「盛氣淩人」的印象。

二、企業通過自己的產品和服務而同消費者接觸。社區以外的社會成員主要是以消費者的身份同企業發生聯繫的。為此，企業必須把消費者利益放在首位，尊重消費者，多為消費者着想，這樣才能在公眾中樹立良好的形象。

三、無論是本社區內的還是社區以外的成員，無論是不是購買該企業產品的居民，都通過傳媒而認識該企業。企業在公眾中形象的好壞、信譽的升降同傳媒所傳遞的信息有密切關係。這裡可以把不真實的報道排除在外。假定報道是真實的，那麼企業為了樹立自己在公眾中的良好形象，就必須嚴格要求自己，從企業領導層到一般職工都應當遵守法律、法規，忠於職守，行為端正，有高度的敬業精神。企業必須在文化建設上狠下工夫，建立優秀的企業作風，養成嚴格的企業紀紀律，這樣就可以獲取公眾不斷增加的信任感。

論「庸才沉澱」現象

「庸才沉澱」現象是同人員流動機制的不完善聯繫在一起的。人員流動機制越是不完善，「庸才沉澱」現象就越顯著，越不易解決。中國的情況充分證明了這一點。不妨舉幾個在日常生活中遇到的例子。

例子之一。某些企業過去曾實行過「接班」制度，即父母退休後，其職位可由一個子女頂替，子承父業，理所當然。國內某些礦山由於實行過這種制度，結果是：一家有子女數人，凡是能力強的，靠自己的本事在礦山以外的城市中找到了工作；能力弱的，不易在外面找到工作，就頂替父母，在礦山「接班」。這就造成了「擇劣頂班」，庸才沉澱下來了。

例子之二。有些企事業單位已經人浮於事，需要精簡一部分人，也容許外單位到該單位來招聘。結果，能力強的被外單位招聘走了，或者他們自己在外面找到了更合適的工作，而能力弱的則無人招聘，他們自己也找不到工作。結果，精簡後留下來的將是能力弱的人。企事業單位在現行體制下很難把能力弱但未到退休年齡的人從工作崗位上撤下來。這也是一種「庸才沉澱」現象。

例子之三。一個企事業單位能否通過公開考試或公開招聘等有競爭性的方式把優秀人才吸引來呢？當然是有這種可能性的。但問題首先是：這個企事業單位本身有多大的吸引力？不可否認，像學校和政府部門這樣的機構的吸引力不如某些企業，國有企業不如某些合資企業。如果企事業單位的吸引力不大，即使採取公開考試或公開招聘的方式，但報名者卻可能不多，或者，能力強的人不來報名，結果，選擇的範圍是有限的，只能從能力平平的應試者和應聘者中選擇。這同樣是「庸才沉澱」。

上述第一個例子所提到的「子承父業」現象已經越來越少了，這裡可以略去不談。第二個例子和第三個例子所提到的，很值得認真考慮。可以認為，缺乏有效的人員流動機制是癥結所在。比如說，要精簡人員，那就不必求外單位來招聘富餘的人，而應當根據自身的需要，該留則留，該辭退則辭退。這在市場經濟中本是自然而然的事情，但在中國現行體制下，精簡本單位的富餘人員卻變成一個難題。

聘任制在中國的一些事業單位已經實行好幾年了。據我了解，在相當多的實行聘任制的學校中，聘任制形同虛設，校長給教師發聘書，聘期兩或三年。期滿了，幾乎沒有不續聘的。不續聘，就等於打發這個教師走。他走到哪裡去？既然走不動，不續聘與續聘又有多大區別？問題還不止於此。校長發聘書給教師，教師是受聘人，但受聘人在受聘期間申請離開的卻大有人在，受聘人在聘約期滿時也常有離職外就的情況。可見，受聘人的自由度要比發聘的校長的自由度大得多。這一切正是中國實際狀況的寫照。結果依然是：能力弱的人留下來了，能力強的人卻有選擇的餘地：或留下，或離開。

不建立符合市場經濟要求的人員流動機制，不使解聘制度切實可行，「庸才沉澱」現象是不可能消失的。

以上所談的是「庸才沉澱」現象形成的一個基本原因，除此以外，「庸才沉澱」現象的出現還同更深刻的因素有關。假定單位領導人認為「聽話的就是好的，愛發表獨立見解的則不好」，那麼就有可能把「庸才」當做「英才」而留用或重用，把愛發表獨立見解的排擠走。久而久之，在該單位中將造成這樣一種氣氛，即平平庸庸但唯唯諾諾的人佔據了多數，該單位的工作即使沒有多大起色，但領導人卻十分放心。這是另一種形式的「庸才沉澱」。人員流動機制的建立也未必能使這種形式的「庸才沉澱」不再出現。

從而我們遇到了一個可能比建立人員流動機制更難解決的問題：如何建立有效的人才選拔或人才考核制度，讓「英才」脫穎而出而不致被埋沒，被排擠，被逐走，這是不限於中國才有的深層次問題，值得人們進行更廣泛、更深入的探討。

第十三章

中小企業如何參加國際競爭

- 中小企業如何參加國際競爭
- 鋼鐵工業擺脱困境的方法
- 如何優化金融管理
- 產權交易的資金投入
- 兼併過程中的「消化不良」
- 調整產業結構的宏觀環境
- 貨幣供應是否正常的判斷
- 信托與社會保障體制改革
- 消費要不要納入計劃
- 微觀經濟活動的自發性
- 金融深化理論的啟示
- 不同地區的不同貧困線
- 產業結構調整應遵循的原則
- 論效率與就業兼顧

中小企業如何參加國際競爭

國內企業參加國際市場競爭的途徑很多，並非只有成為跨國企業才算參加了國內市場競爭。這一點對所有的企業都適用，而對於中小企業尤其適用。企業區分為大型企業、中型企業或小型企業，是按照規模來確定的。中小企業的規模雖然不大，但決不意味着中小企業參加國際市場的競爭能力就一定小。國際市場競爭能力的高低取決於多種因素，包括成本、質量、營銷策略等等。

中小企業參加國際競爭的基本途徑有以下五個。具體到某一家企業，則必須根據自身的條件作出選擇。當然，這種選擇並不是永久不變的。隨着企業自身條件和國際市場情況的變化，企業在不同的場合可以選擇不同的途徑。而且，即使在同時間內，企業也不限於選擇某一種方式參加國際市場競爭，而是可以選擇若干種方式，有主有輔，或幾種方式並重。中小企業參加國際競爭的途徑是：一、如果某些中小企業所生產的產品成本低，質量好，受到國外客戶與消費者們的歡迎，那麼這些企業可以較容易地把產品銷往國外。它們參加國際市場競爭所遵循的就是正常的國際銷售途徑，但這是一條較難實現的途徑，因為國際市場上的競爭是激烈的，市場情況也是不斷變化的。一家企業要使自己的產品在國際市場上長期站穩不倒，必須持續進行技術創新、產品設計創新，長期保持低成本與高質量的優勢而不能有所鬆懈。

二、如果某些中小企業缺乏這些優勢，那麼它們可以走聯合生產與聯合經營的道路。這就是說，為了提高產品質量，推出新產品，以及降低成本，一家中小企業的力量是有限的，若干家中小企業在生產上和經營上密切配合，相互協作，也可以取得低成本與高質量的優勢，從而在國際市場競爭中呈現自己的力量。協作的形式是多種多樣的，這將取決於參加協作的每一家企業的具體情況，以及所銷往國外的產品的性質與特點。

三、如果某些中小企業認為自己同某個大企業合作，比同另一些中小企業合作更有利於自己的產品在國際市場上打開銷路，那麼它們也可以走這樣一條參與國際競爭的道路。但在這種情況下，中小企業由於在經濟實力上同大企業有一定差距，所以很可能這種合作以大企業為主，中小企業處於輔助、配合的位置。儘管如此，只要合作的結果有利於中小企業把產品銷往國外，對中小企業仍是可行的。

四、中小企業如果有機會或有條件直接同外商合資或合作經營，那麼同樣有可能使自己的產品建立國際的銷售網點，參與國際市場的競爭。重要的是，中小企業在同外商談判時，是不是對自己產品的價格、成本、質量等有合理的評價，以及對於所要合作的外商的真實情況有所了解。否則，在這方面可能取不到預期的效果，甚至有可能上當、吃虧。

五、中小企業還應當積極參加出口商品交易會、展銷會、洽談會等有助於擴大出口的形式。參加上述這些形式，還可以獲得市場信息，並同國內其他廠家的產品進行比較，汲取別人的長處，使自己的產品有所改進。

總之，中小企業參加國際市場競爭不僅是必要的，而且是可行的。中小企業提供的產品在我國出口商品的品種與數量方面都佔據相當大的比重。政府應當大力支持中小企業參加國際市場競爭。對於中小企業的支持，應當體現在技術扶植與金融支持兩個方面。稅收方面的措施，仍應以「一視同仁」原則為基點，否則會造成不公平的競爭。比如說，帶有科技開發性質的企業，不論大中小企業，該優惠的都應給予稅收優惠。在技術扶植方面，主要應考慮到中小企業自身的局限性，從而多提供技術信息並設立為中小企業服務的技術諮詢服務組織。在金融支持方面，則可以優先考慮有發展前景與潛力的中小企業的貸款。這樣，中小企業在參加國際市場競爭時就可以進一步發揮自己的作用。

鋼鐵工業擺脫困境的方法

北京大學光華管理學院與上海寶山鋼鐵公司合作，不久前對鋼鐵工業的現狀與前景作了研究。我是這個課題組的組長。寶鋼是國內第一流的企業，效益好，前景佳，增長潛力大，這是我們在研究中一致確認的事實。在研究過程中，我們也對國內其他大型鋼鐵企業的狀況作了比較分析，發現某些鋼鐵企業至今尚未走出困境。問題何在？出路何在？我想就此談些看法。

中國的鋼鐵工業是在計劃經濟體制下成長起來的。即使像寶鋼這樣的新企業，其建立與發展仍然處於計劃經濟體制的支配之下。計劃經濟體制的影響目前並未消失。這也許是中國鋼鐵工業面臨的最大問題。

計劃經濟體制給予中國鋼鐵工業的最大影響在於：使鋼鐵工業缺乏自我積累、自我成長的機制，從而企業處於缺乏資金，負債纍纍，債務包袱沉重的困境之中。國家從鋼鐵企業那裡取走了利稅的絕大部分，只返還一小部分給鋼鐵企業，企業為了生存，為了完成計劃生產指標，不得不靠債款來維持，而巨額的利息支出則又壓得企業喘不過來。

在前一段時間，我曾聽到這樣一種議論：鋼鐵工業是支柱產業，國家不能不管。某些發展中國家的鋼鐵工業不也是在政府大力扶植之下發展起來的嗎？

這種看法無疑是正確的。發展中國家在發展階段需要在政府的扶植之下才能建立某些投資規模巨大的現代工業企業，包括大型鋼鐵企業。但關鍵在於用什麼手段來扶植鋼鐵企業之類的大型企業的發展。

解放後中國鋼鐵工業之所以能發展到今天這樣的規模，與政府的作用是分不開的。但不應當忽略的是：當鋼鐵企業建成投產之後，它們是按市場經濟的規則運營呢，還是處於計劃經濟體制之下，企業只不過是政府的下屬機構，被行政管理方式管得牢牢的，沒有活力，也沒有動力可言？

政府扶植之下，可以較快地建立起大型工業企業。但建立工業企業之後，如果它們不能像正常的企業那樣自我積累、自我成長，那就等於說：建成一個，憋死一個；建成一個，政府多一個沉重的包袱。這決不是政府扶植的本意。

如果在鋼鐵工業建成之後依然需要政府在一定時期內給予扶植的話，那麼政府的繼續扶植應當在企業自主經營的基礎上進行，主要體現於信貸支持與技術支持。如果企業沒有自主經營權，企業仍以政府的下屬機構的身份存在，那麼即使政府在信貸上與技術上給予支持，效果仍然有限。

其實，鋼鐵工業企業的建立就應當轉到市場經濟的軌道上來。以前建立的鋼鐵企業，已成為歷史條件下的產物。歷史不能倒轉，所以計劃經濟體制的影響不可能很快消失。那麼今後再建立鋼鐵企業，難道還要繼續採取計劃體制下的投資建廠模式麼？當然不能再走老路了。《公司法》已經實施，鋼鐵企業的建立應當按照《公司法》的要求來建立，這就符合市場經濟的規則了。把我的以上論述作一概括，這就是，中國的鋼鐵工業企業怎樣才能走出困境？這主要是一個加快企業改革，使企業切實擁有自立經營權的問題。只要讓鋼鐵企業有自我積累、自我成長的機制，那麼企業就會從多種渠道取得發展與技術改造所需要的資金，就會致力於改善產品結構與提高產品質量，在市場競爭中取得成功。

鋼鐵市場是廣闊的。中國的鋼鐵企業不應當擔心沒有市場前景。它們在現階段最為擔心的，是企業被管得死死的，不僅沒有發展的餘地，甚至連勉強維持生存的願望都不易達到。這難道不值得我們深思麼？

如何優化金融管理

優化金融管理已經成為世界各國共同關心的問題。特別是由於金融創新速度加快的結果，逃避金融監管的趨勢加強了，金融風險也增大了，在這種情況下，政府、金融界和企業界全都提出優化金融管理的要求。中國在經濟改革過程中，同樣遇到了必須優化金融管理問題。總的説來，優化金融管理的必要性主要來自三個方面：

第一，來自宏觀經濟穩定的要求。融資渠道的多樣化和融資方式的多樣化，使得中央銀行一貫使用的調節手段的作用下降，而某些逃避監管的金融活動則有可能誘發資本市場的巨大震蕩，甚至使大的金融機構破產倒閉。因此，中央銀行必須尋找新的、有效的控制貨幣供給量的措施，尋找足以防止金融危機的辦法。這就使得優化金融管理成為十分必要。

第二，來自實現公平競爭的要求。金融界、企業之間的競爭，雖然有利於效率的提高，但在金融工具創新後，卻有可能增加競爭的不公平性。例如，利潤的轉移和對税收的逃避，既不利於政府部門，也不符合公平競爭原則。因此，優化金融管理中需要採取適合於新情況下的方法來防止不公平競爭的出現。

第三，來自提高金融業盈利率的要求。對任何一家金融機構來説，如何使自己在競爭條件下增加盈利率，以及如何既要分散金融風險，又要增加盈利率，是一個迫切問題。優化金融管理，有助於降低成本，提高資金使用效率。金融機構與金融管理部門之間儘管存在某些矛盾，但雙方也有利益一致之處，這就是：只有維護正常的金融秩序，堵塞可能導致金融詐騙的漏洞，才能使雙方受益；也只有優化金融管理，才能在不加劇二者之間矛盾的同時增加各自利益。

由於優化金融管理的要求既來自政府，又來自金融界和企業界，所以究竟怎樣才能切實有效地使金融管理優化，便成為亟待研究的課題。中國現階段正遇到如何優化金融管理這一問題。見仁見智，意見不一。在我看來，應當從政府、金融界、企業界三個不同的角度來擬定對策。

從政府方面看，優化金融管理的重點應當放在提高金融監管效率之上。中央銀行的金融監管工作是多方面的，包括對商業銀行存款與貸款風險的監管、資本充足率的監管、利率的監管、信貸資產質量的監管、同業拆借的監管、經營範圍的監管、結算紀律的監管等。所有這些監管工作都需要不斷提高監管效率。監管效率的提高，一方面有賴於法律法規的健全和完善，另一方面有賴於各級從事監管的人員盡心盡責，嚴格執法，避免出現有法不依、執法不嚴、違法不究等情況。

從金融界方面看，優化金融管理的重點應當放在提高資金利用效率之上。金融業不同於其它行業之處就在於金融業的盈利或虧損來自資金的價格差，也就是説，資金利用得當，金融業便有利可得，資金利用不當，金融業便會虧損。因此，對金融機構來説，要優化金融管理，就應當從提高資金利用效率方面着手，包括認真實行資產負債比例管理，推行內部崗位分級授權規範制度，完善綜合服務功能等。

從企業界方面看，優化金融管理的重點應當放在建立雙向選擇的銀行—企業關係之上。這是因為，企業是銀行的客戶，銀行既向企業發放貸款，又吸收企業的存款，而目前金融管理中的突出問題，一是銀行的不良債務增大，銀行難以如期收回貸款，二是企業在需要流動資金時卻得不到銀行的支持，三是企業的存款有時不存入開戶的銀行，甚至公款私存，或乾脆不存入銀行。為此，除了應完善銀行的綜合服務功能而外，建立雙向選擇的、新型銀行與企業關係確有必要。銀行慎實地選擇貸款，企業自主地選擇銀行，這樣，市場機制在資源配置中的作用就能充分發揮出來，金融管理方面的某些漏洞也就可以堵住。

產權交易的資金投入

產權交易以前，是不是需要投入一定的資金，讓那些準備轉讓的企業或準備合資的企業有些起色，以便在資產轉讓或合資的談判中處於較為有利的地位？我想，這個問題在現階段的中國是值得重視的。

準備轉讓與準備合資的企業大體上可以分為三類。第一類是目前效益較好的企業，第二類是目前效益較差，但只要有一定的資金投入：很快就可以轉變為效益較好的企業，第三類則是目前效益較差，而且難以通過資金注入而在短期內轉變為效益較好的企業。產權交易前的資金注入，對這三類企業都能起到某種作用，從而都能使準備轉讓或準備合資的一方在談判中處於有利的地位。

先談上述第一類企業。這類企業目前的效益是較好的。但如果在準備轉讓或準備合資之前投入一定的資金，使企業的效益更好一些，轉讓時的價格不就可以更高一些麼？合資談判中不就能夠取得更好的條件麼？俗話說：「靚女也要打扮。」打扮以後，靚女就更靚了。對企業也是如此。這裡可以算一筆帳，把所需要投入的資金數額同轉讓價格的增加值作一對比，如果轉讓價格的增加值大於所投入資金數額，那麼資金的投入就是合算的。

再談上述第二類企業。這類企業雖然目前的效益較差，但只要有一定的資金投入，很快就可以轉變為效益較好的企業。對這類企業，產權交易前的資金注入就更為必要了。這是因為，如果不投入一定資金，使企業依然處於效益較差的狀態，一來可能賣不出去，或找不到合資的夥伴，二來即使能夠賣掉，但價格一定很低，或者，即使找到了合資的夥伴，但對方提出的條件一定十分苛刻，在這種情況下，與其以極其不利的價格轉讓或以極其不利的條件合資，還不如先投入一定的資金，讓企業的狀況好轉一些，這肯定是合算的資金投入。

最後讓我們討論一下上述第三類企業。這類企業目前效益較差，並且難以通過資金注入而在短期內轉變為效益較好的企業。對於這類企業，看來直接經企業注入資金是不易見效的。於是我們不妨考慮一下：為什麼有人願意買下這樣的企業呢？為什麼有人願意同這樣的企業合資呢？對方肯定有某種考慮。

比如說，看上了企業所處的地理位置，把企業買下後將利用優越的地理位置，發展其他商品與勞務的生產；或者，看上了企業所佔據的這塊土地，把企業買下後將利用這塊土地開展其他業務活動；或者，看上了企業與社區的關係，然後利用這種關係來從事其他生產經營，等等。如果情況確實如此，那麼，在企業的周邊環境投入一些資金，如改善交通條件，改善環境設施，使企業原來比較有利的地理位置更優越些，使企業所佔據的土地的價格上升些，這不同樣可以在轉讓企業或企業合資的談判中處於較好的地位，取得較多的好處麼？當然，在這種場合，尤其要注意成本與收益之比，即投入的資金數額同資產價值的增加值之間的比較。如果收益顯然大於成本，那麼產權交易前的資金注入是合算的。

也許我們會遇到一個問題：即使產權交易前的資金投入很合算，但誰來投入這些資金呢？如果所要轉讓或準備合資的企業是非國有企業，那麼產權交易前投入的資金問題應由非國有的投資主體自行解決。如果它們是國有企業，那就應當由國家來統籌考慮與安排資金投入。這是因為，既然資金投入以後可以使資產在評估中增值，而資產增值的獲益者是國家，那麼國家為此而投入一定的資金是合理的。在一般情況下，還可以由銀行貸款來解決資金問題。銀行貸款的本金與利息，都可以從資產轉讓中增值的部分來償還。

甚至還可以作這樣的設想，以國家投資為主，吸收多個投資主體參股，組成一種專門的公司，為產權交易前的企業進行「包裝」或「梳妝打扮」，以便賣一個好價錢。這種業務只要判斷準確，設計合理，操作有術，無疑是有較大盈利的。

兼併過程中的「消化不良」

企業兼併應多是雙方自願的。無論兼併的一方還是被兼併的一方，都應出自增加利益或減少損失的考慮。我們現在所看到的企業兼併中的「消化不良症」，正是因違背企業兼併的雙方自願原則而造成的。這或者是由於行政主管部門強制或半強制地命令一方去兼併另一方，或者是由於債務關係的困擾，迫使被兼併的一方勉強地同兼併的一方結合起來，以便使得「外在的債權債務內部化」。這種結合，無疑會造成兼併以後的「消化不良症」。

當然，我們不能否認，即使在兼併之前雙方是自願的，即其中並不存在強制結合或「拉郎配」問題，也不存在被迫地把「外在的債權債務內部化」的現象，但兼併的結果卻同樣發生「消化不良症」。雖然這只是兼併事件中的少數例子，但它們也是值得我們注意的。 需要研究的是，為什麼在現階段的中國經濟中，兼併、甚至是雙方自願的兼併，也會出現「消化不良症」？企業兼併中的「消化不良症」主要反映於以下三個方面：

第一，被兼併的企業存在着較多的冗員，兼併方把這些冗員接收過來，無法安排他們的工作，窩工現象嚴重。加之，有時兼併方自身也是人浮於事，實現兼併後，冗員過多的情況異常突出。

第二，被兼併的企業的一些生產資料（包括設備、廠房、存貨等）未能得到充分利用，兼併方把該企業兼併後，由於種種原因而無法充分利用這些生產資料，依然使它們處於閒置狀態。

第三，被兼併的企業欠債較多，在企業兼併以前這些債務未能清理，兼併方把該企業兼併後，被兼併的企業所欠的債務也被繼承過來，這就使兼併方被這些債務所困擾。

冗員的存在、生產資料的閒置、被繼承過來的債務的困擾，使得兼併方式兼併後的企業盈利率下降，甚至出現虧損。「消化不良症」的持續，有可能把本來效益較好的兼併方拖垮，使兼併後的企業難以正常地開展業務。假定這場企業兼併是行政主管部門強制或半強制性地促成的，兼併方不自願而又無法違背行政主管部門的意志，那麼「消化不良症」的出現應當歸咎於行政主管部門。兼併方實際上是這場強制或半強制兼併行為的犧牲品。有時，被兼併一方是不自願的，但它們也無法違背行政主管部門的意念，在這種情況下實現兼併後，被兼併一方採取消極的態度，該分流的人員不分流，該處置的多餘生產資料不予處理，可以清償的債務不予清償，結果把一大堆問題全推卸給兼併方，這同樣會出現企業兼併後的「消化不良症」，其責任依舊在於行政主管部門。

假定這場兼併是在雙方自願的前提下進行的，那麼為什麼有時也會發生兼併後的「消化不良症」呢？這在很大程度上同市場的不完善有關，而兼併雙方或者事先對市場的不完善估計不足，或者在實行兼併後宏觀經濟環境有了較大的變化，以致於使企業兼併前的設計落空了。市場不完善的表現是：勞動力市場不完善，使多餘的勞動力不易於通過市場機制和勞動力流動來解決；資本市場不完善，資金到不了位，生產要素難以按優化結合方式發揮作用；產權交易市場不完善，閒置的廠房、設備以及無效率或低效率的分廠或下屬企業只可能繼續保留於兼併後的企業之中，使企業的包袱增大。由此可見，市場的不完善是企業兼併中出現「消化不良症」的又一個重要原因。

從這裡可以得到的啟示是：要消除這種「消化不良症」，一要尊重兼併雙方的自願，特別是兼併方的自願，行政主管部門決不能以行政干預手段來推行企業兼併，二要努力建成市場體系，使勞動力市場、資本市場、產權交易市場不斷完善，以利於企業兼併以後能按照原來的設計開展業務，實現盈利率。

調整產業結構的宏觀環境

多年以來內地一直把調整產業結構當做經濟工作的任務之一。在有關調整產業結構的宏觀環境方面，多年以來也一直有爭論。大體上有兩種意見。一種意見是：宏觀環境緊，有利於產業結構的調整。另一種意見是：宏觀環境寬鬆，有利於產業結構的調整。這兩種意見中，究竟哪一種有道理？

為了對上述兩種意見進行評價，有必要先把每一種意見的依據講清楚。認為緊的宏觀經濟環境有利於調整產業結構的人持有如下的理由：如果宏觀經濟環境寬鬆，信貸易於獲得，市場活躍，產品有銷路，那麼效益差的企業也能維持自己的生存，它們不感到有很大的壓力，調整產業結構的迫切性就不明顯，產業結構的調整也就困難些。反之，如果宏觀經濟環境緊，市場疲軟，企業不易獲得銀行貸款，於是效益差的企業就活不下去了。這時，只有加速產業結構的調整，才能使企業擺脱困難處境。所以緊的宏觀經濟環境是企業實行兼併、重組的有利時機，也是產業結構調整的有利時機。

認為寬鬆的宏觀經濟環境有利於調整產業結構的人則持有如下的理由：如果宏觀經濟環境偏緊，企業之間的債務關係將成為難以解決的問題，不僅效益差的企業會陷入相互欠債之中，甚至效益好的企業也會同樣如此，這樣，即使客觀上有企業兼併、重組的願望，事實上也很難如願以償。不但如此，在宏觀經濟環境偏緊的條件下，市場情況不佳，利率又居高不下，誰還會有兼併其它企業的打算呢？換言之，偏緊的宏觀經濟環境就是不少企業力圖自保的經濟環境，而不可能是企業擴張與實行企業兼併的良好環境。反之，如果出現了寬鬆的宏觀經濟環境，信貸易於獲得，利率不高，在資本市場上容易籌資融資，再加上市場前景看好，產品銷路有保證，企業就會利用這一有利的時機，通過企業兼併與重組來發展、擴充，而產業結構的調整也將伴隨着企業的兼併與重組而獲得進展。

那麼，究竟是前一種意見更符合中國實際，還是後一種意見更符合中國實際？我認為，結合中國當前正在由計劃經濟體制向市場經濟體制過渡的經濟形勢而言，後一種意見，即認為寬鬆的宏觀經濟環境有利於調整產業結構的觀點，更符合中國實際。不應忽略的是，所謂偏緊的宏觀經濟環境迫使企業自找出路，迫使效益差的企業破產倒閉，從而有利於產業結構調整的說法，很可能適合於已經建成市場經濟體制之後的情況，而不適合於體制轉軌時期。在發達的西方市場經濟國家，重大的產業結構調整的確是在經濟蕭條階段實現的。然而轉軌時期的中國經濟中，卻不曾出現過偏緊的宏觀經濟環境促成產業結構調整的奇跡。不信的話，可以舉一九八九至一九九一年和一九九四至一九九五年偏緊的宏觀經濟環境為例，在這兩段時間內，難道發生了產業結構迅速調整的情況麼？沒有。

產業結構調整無非是通過資產存量調整與通過資產增量（新增投資）調整來實現的。如果宏觀經濟環境比較寬鬆，首先，新增投資比較充裕，在轉軌時期較易於加快產業結構調整。也就是說，結合轉軌中的中國經濟而言，宏觀經濟環境的寬鬆要比宏觀經濟環境的偏緊較易於通過資產增量調整來進行產業結構的調整。

再以資產存量調整來說，這不僅涉及企業的兼併與重組，涉及產權交易，而且涉及現有企業的人員分流與一部分職工下崗等問題。在宏觀經濟環境偏緊的條件下，一方面，效益好的企業即使想兼併效益差的企業，但苦於銀根偏緊，融資困難，往往心有餘而力不足；另一方面，在這種場合，人員分流與職工下崗問題也難以解決，從而使想兼併企業的投資主體畏而止步。可見，只有在宏觀經濟環境比較寬鬆時，通過資產存量調整來進行產業結構調整的想法才能成為事實。換言之，結合轉軌中的中國經濟而言，資產存量調整也只有在寬鬆的宏觀經濟環境中才能實現。

貨幣供應是否正常的判斷

經濟增長率通常被看成是判斷貨幣供應量正常與否的基本依據。然而在研究中國經濟時，這一依據可能是不充分的。這是因為，中國正在由計劃經濟體制向市場經濟體制過渡，不同經濟成份在經濟中的比例正在不停地變化，貨幣供應量作為現金量和存款量的總和，必然會因不同經濟成份的變化而受到影響。非國有經濟所佔比例的上升，將要求貨幣供應量有較大幅度的增長。這是研究中國經濟時不可忽略的。

那麼，能不能用物價上升的幅度來説明貨幣供應量正常與否呢？這種觀點是簡單的、不全面的。毫無疑問，物價的大幅度上漲很可能反映了貨幣供應量的不正常，但即使在貨幣供應量正常的情況下，物價也可能有升有降。我們日常察覺到的物價波動是消費品價格的波動，在生產資料市場上，短期內價格的波動並不像消費品價格那樣明顯，限制性市場尤其如此。同時，引起價格變動的因素是多方面的，既有貨幣方面的因素，也有非貨幣方面的因素。

從經濟增長的角度來考察，如果貨幣供應量的增長同經濟的增長相適應。貨幣供應量不僅沒有形成對經濟增長的障礙，而且是有利於經濟增長的，那就表明貨幣供應量處於正常狀態。由此還可以認為，信貸量、貨幣供應量的增長率超過經濟增長率不一定就是壞事，對具體情況需要具體分析。如果能夠借助於貨幣啟動閒置的生產要素，使後者轉化為現實的生產能力，這對於經濟增長將是一種推動。這也就是意味着，對貨幣供應量的控制儘管仍是必要的，但這決不是要把經濟控制得死死的。只要有利於經濟增長而又不致於造成物價的大幅度波動就行了，何況合理的貨幣供應量和合理的貨幣供應量增長率本來就不表現在某種固定不變的數值上。

反過來説，假定我們不是這樣理解貨幣供應量正常與否的標誌，而是把貨幣對生產與經濟增長的能動作用撇在一邊，那又會造成什麼結果呢？不言而喻，閒置的生產要素依然是閒置的，它們在經濟中發揮不了應有的作用；投資需求固然有可能被抑制，這對經濟的長遠發展來説並沒有好處。要知道，經濟中經常存在生產要素閒置、供給能力不足、從而造成商品供不應求的情形，如果通過貸款向企業投資，起到發揮閒置的生產要素和促進生產的作用，那麼即使貨幣供應量稍多，但對整個經濟卻是有利的。這表明，貨幣供應量的正常與否還應當結合有效供給能否增長與增長多少來分析。

在這裡還有一個問題有待於論述，這就是：假定流通中的貨幣量可以有一定彈性，可以在能允許的幅度上下擺動，那麼根據這一假定而適當擴大的貨幣供應量，是否有足夠的生產資料與之相對應呢？當然，任何投資都要有物質資源條件，僅靠擴大貨幣供應量是不能解決問題的。但不能等待一切物質資源條件都具備了才能投資，有些條件可以邊建設邊創造。貨幣對於經濟增長的能動作用也正表現於此。以投資所需要的物質資源來說，由於物質資源是分階段、分批投入的，而且整個投資周期的物質資源供給也可以分階段、分批進行，這樣，投資過程中的供求就不能局限在年度平衡上，而應考慮較長期的平衡關係。如果這樣來理解的話，對物質資源條件的具備與否也會有新的看法。只要在投資過程中能夠做到邊投資、邊創造物質資源條件，那麼以增加貨幣供應量的方式來增加有效供給的做法，既具有必要性，又具有可行性。

信托與社會保障體制改革

隨着企業改革的深入，失業問題與退休職工的養老問題越來越突出，社會保障體制改革的重要性和緊迫性也越來越被人們所認識。然而在中國，社會保障體制改革的難度卻相當大。一方面，這是由於多年來人們生活於計劃經濟體制之下，“國家把企業包下來，企業把職工包下來”的思想在社會上有廣泛影響，因此人們不習慣市場經濟體制的社會保障方式。另一方面，新的社會保障體制的建立主要依靠用人單位與職工以及一切參加社會保障的人的繳納，經費的籌集與運用是一個難題。這兩個問題不解決，新的社會保障體制只可能緩慢地建立。

但走向新的社會保障體制則是大勢所趨，方向是確定的。現在需要着重解決的，是如何籌集與運用社會保障基金，並通過實踐，使社會各界了解新的社會保障體制的好處。信托機構完全有可能在新的社會保障機構的建立方面發揮積極的作用。信托機構作為非銀行金融機構，有下列職能：一是財務的管理，二是投資與融資。

信托機構在發揮其財務管理的職能時，可以接受社會保障職能管理部門的委托，對龐大的社會保障基金進行財務的管理，並利用自己的經營能力，通過直接投資與間接投資等方式，實現社會保障基金的保值增值，使社會保障職能管理部門處於委托人的地位而避免直接介入資金的使用與運作之中。

信托機構在發揮其投資融資的職能時，可以在社會保障職能管理部門臨時需要較多的資金而無法應付保障支出時，提供相應的支持，以維護社會保障工作的正常運轉。

信托機構作為受托人，社會保障職能管理部門作為委托人，二者之間的關係是一種信托契約關係，由法律、法規給以保障。至於社會保障基金的運作成本，則可以依靠上述委托與受托關係下降到盡可能低的地步。

有了信托機構的介入，社會保障基金的保管問題與運用問題可以得到較好的解決。但社會保障基金的收集問題又將如何解決呢？信托機構能否在收集這個環節中發揮自己的作用呢？這是需要討論的。

關於收集問題，有必要進行分類研究。可以按三種標準分類：

一、按效益分類。從效益好的企業收集，並不困難。難就難在效益差的企業無法繳納，或拖延不繳。

二、按現有福利分類。如果企事業單位目前福利不多，收集問題並不大。如果某些企事業單位目前福利多，單位與職工都缺乏參加社會保障社會統籌的積極性。

三、按社會成員的職業分類。同那些在企事業單位工作的人相比，不在企事業單位工作的人難繳納，或難以從他們那裡收集到社會保障費。最典型的例子就是廣大農民。

根據以上分類，可以認為信托機構在某些場合，在幫助收集社會保障基金方面是能夠起到一定的作用的，關鍵是必須採取一些配套改革措施。

對於效益差的企業，如果繳納社會保障費確實有困難，可以由地方財政部門撥付一定款項，委托信托機構加入社會保障基金，統一運營。對於福利多的企事業單位，應由法律、法規作強制性規定，使它們參加社會保障的統籌。信托機構本身不可能在這方面採取特殊的措施去收集社會保障費。

對於不在企事業單位工作的人，信托機構可以起着組織者的作用，即通過信托機構自己建立的網絡，同社會保障職能管理部門合作，把分散的個人按照自願原則組織起來，繳納社會保險費，由信托機構統一運營。至於不願參加或貧窮得無力繳納社會保障費的分散的個人，應由法律、法規對此另行規定。信托機構本身不可能在這方面採取特殊的措施去收集社會保障費。

即使如此，我們仍可以認為，信托機構不僅在社會保障基金的保管與運用中能充分起作用，而且在其收集方面也能有一定的作用。

消費要不要納入計劃

乍看起來，「消費要不要納入計劃」這個命題似乎有些不好理解。因為消費主要是個人的消費，怎麼能像憑票證供應時期那樣納入計劃分配消費品的模式呢？其實，這裡存在着對「消費計劃」概念的誤解。

在市場經濟中，從宏觀的角度來考察，為了使社會總需求與社會總供給大體上保持平衡，政府有必要對消費需求進行調節。這種調節的目的，是為了維持經濟的穩定。同時，由於消費支出來自個人的收入，如果個人收入差距偏大，那麼從調節收入的方面來考慮，政府也有必要採取適當的措施，這種措施實際上也調節了消費。比如說，對居民個人收入（包括工資、獎金在內）的一種可行的調節方式是實行有效的個人所得稅制度。不管是否發生消費需求膨脹，也不管所發生的消費需求膨脹是何種原因造成的，個人所得稅的徵收都起着調節個人收入的作用，從而產生調節消費規模的效果。

在調節消費規模方面，比較難以處理的一個問題是：職工工資和獎金收入的增長與市場上消費品供給的增長能否適應？要知道，由職工工資和獎金收入轉化而成的個人消費品支出，所要購買的是消費品，但有條件給職工增發工資和獎金的企業並不都是生產消費品的企業，更不都是生產職工想購買的那些消費品的企業。這樣，儘管這些企業的生產增長了，盈利增多了，但市場上有沒有足夠的可供職工購買的消費品呢？這是個疑問。於是就出現了以下三種不同的情況：

一、假定國家有足夠的外匯，可以從國外進口供增加了工資和獎金收入的企業職工購買的消費品，於是這些增加了收入的企業職工的消費意願得以實現。

二、由於增加了工資和獎金收入的企業職工在市場上買不到自己希望買到的商品，因此把這些追加的收入轉為儲蓄，即個人消費延期實現了。

三、在市場經濟中，當增加了收入的企業職工想買而買不到合適的商品的信息傳遞給有關企業之後，或者，當市場上受這些職工歡迎的消費品價格上升之後，有關企業就會設法增產這些消費品，從而滿足了職工增加收入後的消費意願。

由此可見，即使從市場消費品供給方面考察，也不能採取壓抑消費的辦法來調節消費規模。一切自主經營、自負盈虧的企業對於職工工資和獎金的發放都有一種內在制約機制，而且消費品市場上也存在着市場自行調節的機制，這樣，消費需求過度增長與消費品供不應求的問題在市場經濟中是可以解決的。

那麼，如何理解「消費的計劃」呢？應當指出，在市場經濟中，“消費的計劃”並不是指政府部門決定企業生產什麼樣的消費品和生產多少數量的消費品，也下是指政府的計劃部門決定自主經營、自負盈虧的企業如何發放工資和獎金或發放多少數額的工資和獎金。只有在計劃體制下，政府才這樣做。

市場經濟中的「消費計劃」。有兩方面的含意：一、政府根據社會經濟發展目標，對社會總需求和社會總供給之間的關係、國民收入中投資與消費的關係、消費需求與消費品供給之間的關係在總量上進行計劃，擬定消費支出與消費品生產的增長率；這是帶有指導性質的計劃。

二、政府根據資源條件，根據各個行業的勞動生產率增長率，對消費需求的總量和結構以及消費品供給的總量和結構進行計劃，對消費品供求結構的調整作出計劃；這同樣是帶有指導性質的計劃。

「消費的計劃」與政府部門對消費需求的調節，有聯繫，也有區別。「消費的計劃」不僅是間接的、指導性的計劃，而且主要是中長期的計劃。而對消費需求的調節則是近期國民經濟管理的內容，主要是針對現實中出現的消費需求膨脹或消費需求不足採取一定的調節措施。但「消費計劃」的實現，卻同近期內對消費需求的調節有關。政府調節消費需求的措施越有效，越能促進「消費計劃」的實現。

微觀經濟活動的自發性

在談到市場經濟時，時常聽到這樣一種議論：微觀經濟活動具有自發性，而這種自發性將給經濟帶來波動或震盪，對國民經濟的穩定是不利的。怎樣看待這種議論呢？為此，應當從微觀經濟單位的活力説起。

企業和個人是微觀經濟單位。企業的活力是指企業有生產經營的主動性、積極性，能自主地改進技術，調整規模，開拓市場。個人的活力是指個人有提供生產要素的主動性、積極性，能夠積極運用自己的力量來增加社會的財富，以及提高自己的收入。為了使企業有活力，必須使企業自主經營，自負盈虧，並使企業職工的勞動報酬同生產成果密切聯繫。為了使作為生產要素供給者的個人有活力，必須保障個人通過正當方式得到的收入與積蓄的財產，並使個人能按自己的意願支配它們。

只要企業真正自負盈虧，企業必定首先考慮如何才能增加盈利，避免虧損。國家通過價格、財政、信貸等經濟調節手段而給予企業生產經營的影響，企業固然要關注，但如果企業認為接受國家的經濟調節要比不接受國家調節更能增加自己的盈利或減少自己的虧損。那麼企業就會按照國家經濟調節的意圖來調整自己的生產規模、投資規模、產品結構等。這樣的企業就是有活力的企業。

同樣的道理，只要個人成為有自主權的生產要素供給者和消費者，或自主經營、自負盈虧的生產經營者，他就會根據價格水平和市場前景來調整自己的支出，或調整自己的生產規模、投資規模、產品結構等。這就是個人經濟行為的活力的表現。

企業和個人在經濟活動中所表現出來的活力，自然形成了微觀經濟活動的自發性。這種自發性就是：每一個有活力的微觀經濟單位（包括企業和個人）都是生產經營的決策者，它們各自按照自身的現實利益和對未來利益的預期來進行活動。只有在它們自身的現實利益同社會經濟作為一個整體的現實利益一致的場合，它們的活動才符合於社會經濟的現實利益。只有在它們對自己未來利益的預期同社會經濟作為一個整體的未來利益一致的情況下，它們的活動才符合於社會經濟的發展趨向。然而各個微觀經濟單位自身條件的差別是客觀存在，它們在生產經營活動中的行為的差別，以及它們對自身未來利益的預期的差別也是客觀存在，因此必然有一定數量的微觀經濟單位的活動不符合社會經濟利益的要求。

可以得出這樣一個結論：一方面，微觀經濟單位越有活力，宏、微觀經濟之間就越有可能出現不適應的情況；另一方面，微觀經濟單位越有活力，它們的主動性、積極性就越能發揮出來，從而越有利經濟和社會的發展。因此，不能簡單地認為微觀經濟活動的自發性是一種壞現象。正確的認識應當是：為了使微觀經濟單位具有活力而產生的微觀經濟活動的自發性以及宏觀經濟與微觀經濟之間的不適應，不過是為此而必須付出的代價。

結合當前中國的經濟實際情況來考察，企業和個人的經濟活動的自發性儘管有可能使市場上的供求不相等，並且使市場的某些產品有時短缺，但正由於企業和個人有活力，所以短缺的產品會漸漸豐裕起來，而積壓滯銷的產品也會漸漸減少，這種起伏變化是符合市場規律的。什麼是資源的有效配置？不正是在企業和個人有活力的前提下，通過企業和個人為謀求更大利益的生產經營調整來實現的麼？假定為了取締企業和個人的經濟活動的自發性，硬要把這些經濟活動納入行政部門規定的模式內，那麼企業和個人的活力就消失了，國民經濟遭受的損失也會大得多。再說，微觀經濟活動的自發性給經濟帶來的波動或震盪，也總是有一定的限度的，因為宏觀經濟調節仍然起作用。宏觀經濟調節的功能之一，就是防止這種波動過大，震盪過猛。不能設想經濟運行中不出現波動或震盪，只要波動適度和震盪適度，那就行了。

金融深化理論的啟示

金融深化理論自七十年代在美國產生後，在亞洲一些發展中國家和地區曾被用於指導實踐，並取得了一些成效。關於這一點，陳岱孫先生和我主編的《國際金融學説史》一書第二十九章“金融深化理論”已有説明（該書於1991年由中國金融出版社出版）。但在那裡，這一理論究竟對中國的經改有哪些啟示，沒有展開論述。現結合最近幾年來中國經改的實際情況，想談一點個人的看法。

正如金融深化理論所揭示的那樣，在包括中國在內的發展中國家，金融活動存在着兩類約束，一是利率約束，二是信息約束。在中國經改中，利息約束問題被注意得較多，而信息約束問題則往往被忽略。其實，這兩種約束是同等重要的。由於偏重於要擺脱利息約束，所以對利率自由化較強調，即認為只要放開利率，資本市場的供求就會逐漸趨於正常，均衡利率就會形成，經濟增長的金融限制也就可以消除了。然而對信息約束的忽視必然會放鬆擺脱信息約束的努力，從而達不到消除經濟增長的金融限制的目標。這是因為，在經濟生活中，由於信息不完全，不同的借款人得到貸款的機會不一樣，並且既有可能形成某些借款人憑借自己的特殊位置而經常得到貸款等不合理現象，又有可能使得投資收益率雖高但受到排擠的借款人得不到貸款。

今天，在中國的經濟生活中，信息約束在某種程度上比利息約束更嚴重地阻礙資本市場的正常化，更有力地限制經濟的增長與企業效益的提高。因此，從金融深化理論得到的第一個啟示是：在中國有必要大力發展直接融資，直接融資所遇到的信息約束大大小於間接融資所遇到的信息約束，這樣，效益高的企業就可以直接從資本市場得到所需要要資本，而減少因信息不充分而受到的排擠。直接融資與間接融資相比，能使借款人或投資人處於公平競爭的位置上，而這正是當前中國經改中力求及早解決的問題之一。

金融深化理論對中國經改的另一個啟示在於：貨幣供給是推動經濟增長的有力因素，而貨幣供給是有潛力的，只要解除金融的限制，貨幣供給將會增長，從而經濟增長也就得以實現。金融深化理論之所以強調利率的自由化，正因為它看到了貨幣供給的潛力。當然，對於中國的經改說來，利率自由化不可能是萬靈藥，利率自由化可以起到發掘貨幣供給潛力的作用，但這仍應以投資主體承擔投資風險為前提，否則利率的放開很可能在導致貨幣供給增長之後導致通貨膨脹加劇的結果。儘管如此，金融深化理論有關貨幣供給作用的分析是有參考價值的。金融深化理論既不同於凱恩斯主義的論述，也不同於貨幣主義的論述。按照凱恩斯主義的觀點，應當用低利率來刺激投資需求，以促進經濟增長。按照貨幣主義的觀點，應當採取穩定貨幣供給增長率的辦法來維持經濟穩定，保證經濟增長。而按照金融深化理論，在發展中國家，應當解除對金融的限制，把官方利率變為市場利率，使利率上升，以便挖掘貨幣供給的潛力，增加貨幣供給，達到貨幣供給帶動增長的目的。

在現階段的中國，貨幣供給是不是大有潛力可挖，這是可以討論的。在我看來，這種潛力確實存在。居民手持現金這麼多，就是一個證據。問題在於怎樣挖掘它們？是主要依靠提高利率來挖掘這種潛力，還是主要依靠政策來調動投資者的積極性，包括消除他們對投資的種種顧慮？我認為，利率不應現在就放開，提高利率現在也不可行，當前最重要的是用政策來消除投資者的顧慮，調動他們的積極性，為他們的投資提供機會，這樣，投資渠道就開通了，貨幣供給的潛力就被挖掘出來了，貨幣供給增長帶動經濟增長的格局也就可以形成。我想，這應是金融深化理論給我們的第二個重要啟示。

不同地區的不同貧困線

在經濟文獻中，貧困有絕對貧困與相對貧困之分。在一個國家或一個地區，如果制定一個絕對貧困線，比如說，人均收入若干元以下的被稱絕對貧困，那表明，凡是國內或區內達不到人均收入若干元水平的，都屬於絕對貧困地區。這個標準是可以事先確定的，並且在實施過程中易於被掌握。然而，相對貧困的標準則不容易制定，即使制定了，也難以在實施過程中被掌握。

相對貧困，是指通過相互比較而顯示出來的一種貧困狀態。有些地區的人均收入非常少，這樣，無論從絕對貧困的意義上還是從相對貧困的意義上，都可以認為這樣的地區是貧困地區。問題在於某些地區的人均收入雖然不多，但已經超過了統一制定的絕對貧困線的水平，從而已經不再是絕對貧困地區了。然而它們算不算相對貧困呢？這必須同其它地區相比之後才能確定，並且關鍵在於同什麼地區相比較。簡單地同本省的某一富裕地區或富裕縣相比，固然可以立即得出相對貧困的結論，那是沒有意義，因為如果簡單地同本省的另一貧困地區或貧困縣相比，也可以立即得出並非相對貧困（或得出相對富裕）的結論。看來，只有同鄰近的並且條件大體上相近的地區相比，才能得出本地區是否相對貧困的結論，或只有同鄰近的並且條件大體上相近的縣相比，才能得出本縣是否相對貧困的結論。

在進行中國的區域發展研究時，這裡之所以提出不同地區有不同的絕對貧困線，是在考慮到上述有關絕對貧困與相對貧困的說明之後所作出的進一步思考。總的說來，中國的不同地區不應只用一個統一的絕對貧困線作為尺度，至於相對貧困的標準，那就更不可能、也更沒有必要採用某種統一的標準。這主要是便於制定合適的區域發展戰略，便於使國內各個不同的貧困地區及早走上致富的道路。

假定把中國按現行的區域劃分方法分為東部、中部和西部，那麼考慮到各個地區的不同狀況，可以把按人均收入多少計算的絕對貧困線分為三種，即東部絕對貧困線、中部絕對貧困線和西部絕對貧困線。東部絕對貧困線高於中部與西部，中部絕對貧困線又高於西部。同時，再按城鎮人口與農村人口來分別計算，東部、中部、西部各有兩個絕對貧困線，即城鎮絕對貧困線和農村絕對貧困線，全國範圍內一共有六個絕對貧困線，即三個城鎮絕對貧困線和三個農村絕對貧困線。

這六個絕對貧困線是如何確定的？可以把維持最低生活標準作為依據，根據東部、中部、西部、城鎮與農村的具體情況，以不變價格表示出來。由於東部、中部、西部、城鎮與農村最低生活標準的構成不完全相同，以及各項支出所佔的比重不一，商品與勞務的市場價格也有差異，所以上述六個絕對貧困線的人均收入數額不可能一致。有了六個絕對貧困線，並且按照相同的計算方法制定出六個富裕線和六個中等收入線，這樣一共有十八個可以用來分析區域經濟發展的線。根據它們，就可以在全國範圍內劃分富裕地區、中等收入地區或一般地區、貧困地區，無論按專區劃分還是按縣劃分都有助於分析的深入、細緻。

以上所談的這些都沒有涉及相對貧困問題。關於相對貧困，前面已經指出，儘管相對貧困狀態是存在的，但不可能、也不必要採用某種統一的標準，包括東部、中部和西部，或城鎮和農村的標準。但是，不採用統一的相對貧困標準或不制定相對貧困線，是不是意味着在研究區域經濟發展時就不必考慮相對貧困狀態的存在呢？並非如此。如果說以最低生活標準作為依據，可以制定某一地區的絕對貧困線的話，那麼考慮到某一地區在同鄰近的並且條件大體上相近的地區進行比較後所得出的相對貧困或並非相對貧困的狀態，將有助於制定不同地區的富裕線。在這裡，貧困線被稱為絕對貧困線，富裕線只稱做富裕線，而不稱為絕對富裕線，正因為富裕總是含有相對的意義。

產業結構調整應遵循的原則

產業結構調整的目的在於合理配置資源與保證經濟持續增長，以及扶植國內新興部門，增加出口競爭能力。與此同時，在產業結構調整中，還應注意到就業結構的調整和就業人數的增長。產業結構調整的原則，應以此為依據制定。

在產業結構調整過程中，必然有一些部門發展較快，另有一些部門發展較慢，還有一些部門停止發展，甚至衰落下去。應當以較快速度發展的，是有助於消除經濟中的“瓶頸”的部門，而停止發展、甚至衰落下去的，則是產品大量過剩的部門，是消耗短缺資源過多的部門，或者是嚴重破壞環境而又近期內難以治理的部門。

產業結構調整中必然會涉及如何正確處理新興部門與傳統部門之間關係的問題。新興部門的迅速發展並不一定意味傳統部門的消失或衰落。從兩者之間相互補充的關係來制定產業結構的調整規劃，否則將會導致經濟決策的失誤。

加之，由於技術不斷進步，新興部門與傳統部門都具有相對的意義，經過技術改造的傳統部門已經不同於原來的傳統部門了，它們也許較接近於新興部門而同原來的傳統部門越來越不相似。

根據以上有關產業結構調整目的的論述，可以按照以下的原則來處理新興部門與傳統部門之間的關係：

一、產業結構的調整是為了克服經濟中的薄弱環節，消除「瓶頸」現象，保證經濟的持續增長。這既可以通過發展新興部門來達到這一目的，也可以通過改造並且相應地發展傳統部門來達到這一目的。不能認為只有前一條途徑才是唯一正確的，甚至不能認為前一條途徑一定比後一條途徑優越。這些都要根據實際情況而定。

二、為了維持一定的經濟增長率，對傳統部門的投資，特別是用於技術改造的投資要有所保證。新興部門有投資的風險性，它們在初創時期市場前景還不確定，經濟效益也不顯著，所以一開始不宜使新興部門佔有過多的投資，否則不利於近期經濟增長率目標的實現。對新興部門的投資及其在投資總量中的比例應當逐步增長，即新興部門與傳統部門之間投資的比例應當逐步調整。

三、新興部門建立在新技術的基礎上，它發展與變化的節奏較快。因此，在發展新興部門的過程中，要根據市場的變化而迅速調整產品的供求關係。相比之下，傳統部門本身的穩定性和市場的穩定性都要大得多。在產業結構調整過程中，應當注意到傳統部門的這些穩定性，應當利用這些穩定性作為保證一定的經濟增長率的手段，而不必急於打破這種穩定性。要知道，在社會主義市場經濟中，傳統部門的這些穩定性是通過競爭而被逐漸打破的。

四、新興部門的發展也不能沒有重點，齊頭並進，而應當根據國民經濟發展的需要與本身的條件，選擇重點，發揮優勢。

新興部門的發展，既要從近期目標着手，符合當前國民經濟穩定與增長的需要，也要從長遠目標考慮，注意引進先進技術，以及對所引進的技術的消化、吸收和創新，為今後的經濟持續增長準備條件。

五、由於新興部門使用的勞動力較少，傳統部門使用的勞動力較多，而且今後會有大量勞動者需要到傳統部門中去工作，所以在發展新興部門的同時，不應忽視傳統部門的發展。發展傳統部門，增加就業，不單有利於社會的穩定，也有利於充分利用人力資源。

在這裡特別應當提到，農業是最大的傳統部門，農業的勞動生產率亟待進一步提高，但即使如此，只要朝農業的深度廣度開發，農業中仍將容納大量勞動力，這是中國的國情所決定的。

論效率與就業兼顧

關於效率與公平的矛盾，國內學術界討論得較早，文章也比較多。至於效率與就業的矛盾，討論是不充分的，而且這方面的文章並不算多。在世界上許多國家中，都存在着效率與就業的矛盾。然而在近年來的中國經濟中，這一矛盾可能更加突出。

要知道，在計劃經濟體制下，效率與就業的矛盾是被掩蓋着的。當時，中國政府採取統一安排就業的政策，用人單位按照政府的政策接受勞動力，於是失業便成為不明顯的現象。加之，當時對於農村中的勞動力採取封閉的做法，一概不得流動，不得自謀職業，一概參加人民公社組織的生產勞動，儘管效率十分低下，但失業問題卻不明顯。因此人們也就察覺不到效率與就業的矛盾的尖鋭性了。

改革開放最初十年內，效率與就業之間的矛盾雖然已經有所暴露，但問題並不嚴重。這主要有以下三個原因：

一、八十年代內，勞動密集型的鄉鎮企業正處於蓬勃發展的階段。這些鄉鎮企業的技術設備一般比較簡陋，但卻能容納較多的來自農村的多餘勞動力。

二、八十年代內，國有企業的改革尚未真正開始，國有企業依然實行計劃經濟體制下的用工制度，既奉命接收計劃分配來的勞動力，又不能把本企業多餘的勞動力打發出去。因此，即使國有企業人浮於事，效率不佳，但也還能繼續運轉，不會發生尖鋭的效率與就業的矛盾。這一矛盾仍然被掩蓋起來。

三、八十年代內，無論在城市還是農村，無論在工農業生產領域內還是在服務業領域內，市場競爭意識都是淡薄的，市場競爭也開展得很不夠。企業不感到外界競爭的巨大壓力，勞動者自身也沒有感受到勞動力供求方面的壓力。這樣，效率問題不受重視，於是效率與就業的矛盾也就不明顯了。

進入九十年代，特別是九十年代中期以後，情況顯著變化。

變化之一是：每一家企業，無論是國有企業還是鄉鎮企業，在市場競爭的壓力下都力求降低成本，提高勞動生產率，否則難以在競爭中立足。它們都把精簡編制、減少冗員、提高職工隊伍的素質放在重要位置。這樣，本來被掩蓋的"低效率下的高就業"現象的不合理性暴露無遺。沒有哪一個企業願意維持這種不合理現象，而都想改變現狀。

變化之二是：勞動力成本不斷上升，用人單位深感這一壓力。在企業新建與擴建時，都不願繼續採取勞動密集型的生產要素組合方式，而希望加速技術改造，採取節省勞動力成本的新技術。甚至外商來投資辦廠時，也傾向於資本密集型或技術密集型的企業，而對勞動密集型企業的興趣正在下降。

變化之三是：政府不僅不再像過去那樣以行政手段向用人單位硬性派遣勞動力，而且容許企業以經濟理由辭退勞動力，包括容許虧損企業依法宣告破產。這就給勞動力市場增大了壓力。

由於出現了上述變化，效率與就業的矛盾尖銳化已不可否認。這對於下一階段中國經濟的決策有重要意義。我們必須對效率與就業的關係進行協調。在現實條件下，只顧提高效率而聽任失業增加，或者只顧多安排就業而聽任效率低下，都是不利於中國經濟的。應當在兩者之間選擇較折中的道路。兼顧效率與就業不僅必要，而且也有可行性。這主要是指，在加速發展高新技術產業和建立資本－技術密集型企業的同時，勞動密集型的行業仍應繼續成長。勞動力資源是中國的優勢之一，我們要利用這一優勢，發揮這一優勢，而不能單純把這當做一個包袱。諸如築路、興修水利、治理環境等工作，可以吸收較多的勞動力，並且也有助於經濟的進一步增長和資源利用效率的進一步提高，這將既照顧了就業，又促進了效率增長。

經濟漫談

經濟改革兩種思路之爭

北京大學教授　厲以寧

從一九八五年起，中國經濟改革中就存在着以價格改革爲主線還是以企業改革爲主線的爭論。我是堅持企業改革主線論的。這是因爲，沒有完善的市場主體，放開價格只能引起物價輪番上漲，而不可能建立良好的市場環境。價格的全部放開應當是經濟改革的最終成果，而決不是經濟改革的出發點或突破口。一九八六年四月，我在北京大學舉行的經濟改革研討會上說：「中國經濟改革的失敗可能是由於價格改革的失敗，中國經濟改革的成功必須取決於所有制改革的成功，也就是企業改革的成功。」這幾句話反映了我對價格改革主線論的否定。

一九八八年夏天的價格改革闖關以及由此引發的群衆性擠提存款和搶購商品，證明了價格改革主線論的破產。一九八八年距今不過六年，人們的記憶並未消失。當時在企業改革未取得實質性進展時就匆匆放開價格，引起了通貨膨脹。爲了遏制通貨膨脹，不得已而實行緊縮政策，財政抽緊，信貸抽緊，雙管齊下，通貨膨脹的勢頭受到了抑制，但付出的代價卻是經濟的緩慢發展、失業人數的增多、企業相互欠債現象的突出。主張以價格改革爲主線的經濟專家，儘管主觀願望是好的，客觀上卻成了急劇通貨膨脹的促成者、緊縮政策的堅持者。這就是一九八八年歷史的教訓。

經濟改革中兩種思路的爭論並未到此結束。爭論仍在繼續。

從一九九二年以來，價格改革的步伐大大快於企業改革的步伐，企業改革遠遠滯後了。不信的話，請看事實。到一九九四年春天，絕大多數商品的價格都放開了，連多年以來一直被認爲是價格改革難點的生活必需品價格也都放開了。然而企業改革的進展卻那麼遲緩。那麼多的國有大中型企業中，只有極少數企業真正被改造爲政企分開、產權明確、自主經營、自負盈虧的商品生產者。絕大多數企業依然處於原地而沒有挪動位置。企業改革進展的緩慢，拖了整個改革的後腿。經濟學界一些主張放開價格的人顯然忘掉了一九八八年夏天的教訓，忘掉了企業改革未能取得重大進展之前，企業與職工是不能承受通貨膨脹的衝擊的。

通貨膨脹終於又來了。一九九四年第一季度，通貨膨脹率高達百分之二十以上。這麼高的通貨膨脹率，一部分原因是投資體制、企業體制尚未改革條件下所引起的投資規模失控，另一部分原因則是價格改革大大超前於企業改革。通貨膨脹需要認真對付。有什麼辦法來對付通貨膨脹呢？由於企業改革進度過於遲緩，大多數企業既未自主經營，又不自負盈虧，所以宏觀經濟調控手段很難收效，而放開價格引起的通貨膨脹，更不是緊縮需求所能取得成效的。何況，目前能夠被政府部門所使用的，主要是行政手段。以行政手段實行經濟的緊縮，便成爲用以應付通貨膨脹的基本策略，同時也就成爲進一步加劇國有大中型企業困境的手段。

以行政手段應付通貨膨脹在短期內可以取得一定效果，但這是治標而決不是治本。時間久了，爲此付出的代價是什麼？代價有多大？國有大中型企業的日子更加難過了，相互欠債現象又蔓延開來了，因流動資金不足而不能正常運轉的企業數目增多了，領不到足額工資的職工人數不在少數。因此，在以行政手段進行宏觀緊縮時，必須考慮力度的強弱和持續時間的長短。如果力度不適當，過猛過烈，如果時間掌握不好，持續太久，由此造成的國民經濟的損失是不可忽視的。對社會穩定而言，失業比通貨膨脹更危險，這不是我們主觀上承認不承認的問題，而是以行政手段進行宏觀緊縮力度過猛和持續時間過長必然帶來的後果。

中國經濟改革中兩種改革思路的繼續爭論，能給我們如下的啓示：只有切實轉到深化企業改革的軌道上來，使企業成爲能夠適應市場經濟的市場主體，中國的經濟改革才會取得成績，宏觀經濟調控才會有效，由放開價格引起的物價上漲才能被企業與職工所承受。

*此文完整內容載於本書第 204 頁

經濟漫談

從中國經濟的怪圈談起

北京大學教授 厲以寧

當前中國經濟又被通貨膨脹所困擾。我們不否認這樣一個事實，即一九九三年夏季的經濟形勢不同於一九八八年夏季的經濟形勢，因為國家的經濟實力增強了，市場上的消費品儲備比較充足，城鄉居民的心理狀態比較正常，以及政府比過去有更多的經驗來應付通貨膨脹。但我們同樣不可否認的是：從病根上說，一九八八年的通貨膨脹和一九九三年的通貨膨脹是一樣的：從表面看，投資規模過大引起了需求過旺，導致了通貨膨脹，而從深層次分析，兩次通貨膨脹的根源都在於經濟體制改革的大大滯後，在於經濟運行機制的嚴重缺陷。

三個怪圈

我以前曾用三個怪圈來描述中國經濟的困境。

一是國民經濟的怪圈，表現為：經濟過熱—通貨膨脹—緊縮—市場疲軟—投資啓動—經濟再度變熱—新一輪通貨膨脹……

二是農業經濟的怪圈，表現為：農業勞動的收入低—農民不安心務農和農業投入少—農業生產缺乏後勁—農業勞動的收入低……

三是工業經濟的怪圈，表現為：設備陳舊、冗員多—企業勞動生產率低—企業盈利減少、虧損增加—企業更新力量不足—設備進一步老化、冗員增多—企業勞動生產率繼續下降……

一九八八年的中國經濟問題與上述這些怪圈有關，一九九三年的中國經濟問題又何嘗不是如此？但值得我們深思的是：投資為什麼總是失控，以致於經濟增長總是引發通貨膨脹？農業生產為什麼總是缺乏後勁，以致於農民越來越不安心務農？企業為什麼總是虧損累累，以致於處境一直不妙？答案是清楚的：怪圈是舊經濟體制的產物。只要投資主體不承擔投資風險，重複建設與無效益的投資就在所難免，投資規模過大也就難以遏制；只要中央銀行尚未獨立行使控制貨幣供應量的職權，只要專業銀行尚未成為自主經營、自負盈虧的商業銀行，貨幣的超正常發行和信貸膨脹就不可避免；只要價格比例依然是扭曲的，工農業產品價格的剪刀差仍在擴大，農業生產當然缺乏後勁；只要企業仍舊處於行政機構附屬的地位，企業不能以獨立商品生產者的身份在市場上一展身手，那麼就不能使企業擺脫目前的困境。由此可見，解決當前中國經濟問題的唯一有效的對策是加快經濟改革，重新構造適應於市場經濟的投資體制、金融體制、企業體制和價格體制。

一個事實

經濟怪圈的一再出現，向我們說明了這樣一個事實：採取緊縮措施是不可能消除怪圈的。比如說，單純抽緊銀根，不但不能增加供給，反而會抑制供給，結果供求矛盾並不能因此緩和下來。加之，如果經濟體制沒有改革，企業依然處於政企不分、不自主經營和不自負盈虧的狀態，銀根抽緊之後，國有大中型企業的日子會更加不好過，企業虧損也會增大。當然，這並不是說緊縮措施毫無效果，但緊縮的弊病卻可能大大超過緊縮所帶來的短期效果。這是宏觀決策部門不能不注意的。

既要保持較高的經濟增長率，又要控制通貨膨脹，這的確是中國經濟面臨的難題。然而，這道難題仍然有解，基本解法是：

四點辦法

一、加快投資體制改革，使投資主體承擔投資風險，迫使投資主體在證券市場上籌資融資，以提高投資效益。

二、加快金融體制改革，使中央銀行獨立行使賦予中央銀行的職權，以控制貨幣供應量，同時，加速專業銀行的企業化，迫使專業銀行根據經濟效益來發放貸款，並盡可能實行抵押貸款、擔保貸款。

三、加快企業體制改革，讓企業既負盈，又負虧，有效益的才能生存，無效益的就破產、倒閉或被兼併。

四、在投資主體承擔投資風險和企業自負盈虧的基礎上，政府的宏觀經濟調節將會有效，於是政府就可以用稅率、利率、匯率等手段來調整產業結構和抑制通貨膨脹了。

（每逢周一、周四刊出）

*此文完整內容載於本書第 16 頁

經濟漫談

為什麼我如此強調股份制改革？

北京大學教授 厲以寧

最近這些年來，我一直強調企業的股份制改革，我認為這是建立社會主義市場微觀基礎的有效途徑。而日本的一位以研究中國經濟著稱的經濟學家，則提出不同的觀點。他認為，按照日本的經驗，在經濟發展的前提應以期高儲蓄率和間接融資為主，股份制作為直接融資形式只是在經濟發展到一定階段之後才逐漸得到重視的。因此他主張中國也應如此。據說他的這種看法在中國國內得到某些人的贊同。我感到，這位日本經濟學家儘管多次訪問過中國，並同我討論過，但他對中國的國情並不了解，他的建議不符合中國實際。

轉換企業經營機制

要知道，日本的企業是私營企業。在私營企業的條件下，政企必然是分開的。私營企業必定是自主經營、自負盈虧的獨立商品生產者，這樣也就不存在轉換企業經營機制的問題。在日本，企業是否採取股份制的形式，主要考慮規模效益以及擴大融資範圍的必要性與可能性。如果獨資或合夥形式比股份制形式對企業更為有利，企業就不一定選擇股份制，而寧願繼續保留獨資或合夥形式。如果間接融資比直接融資更為方便，企業就不會選擇直接融資方式。如果直接融資中的企業債券形式比發行股票更能使企業獲得實惠，企業就寧肯發行企業債券而不願發行股票。這正是日本企業的特點。

然而中國的情況與此截然不同。在傳統經濟體制之下，中國的公有制企業是政企不分，不自主經營、不自負盈虧的。轉換企業經營機制，是指企業從傳統經濟體制之下轉軌到市場經濟體制之下，從政企不分變為政企分開，從不自主經營和不自負盈虧變為自主經營和自負盈虧。只有轉換了企業經營機制，企業才具有自我增長與自我約束的可能性，才能適應市場經濟的要求。公有制企業怎樣才能做到政企分開，自主經營，自負盈虧？迄目前為止，還沒有找到比股份制更有效的形式。因此，在中國實行股份制，轉換企業經營機制是最主要的理由。假定忽視企業經營機制的轉換，而把發行股票集資作為首要目的，那是達不到建立市場經濟微觀基礎這一要求的。上面提到的那位日本經濟學家，可能恰恰不了解這一點。

貸款規模經常失控

即以間接融資來說，以往這麼多年，儲蓄率一直很高，通過銀行貸款而促進經濟發展的做法始終得到政府部門的重視。因此不能斷言中國過去不重視間接融資方式。今後我們仍然要運用間接融資方式來發展經濟。但問題在於：僅僅依賴銀行貸款，轉換不了企業經營機制。就算所有的銀行貸款都有借有還，這也改變不了現存的企業不自主經營和不自負盈虧的狀況。何況，在企業依然處於行政機構附屬物的地位時，有借無還的事情並不罕見。銀行這些年來有多少收不回來的貸款？為什麼收不回貸款？不正因為企業躺在國家身上吃大鍋飯嗎？銀行貸款規模為什麼經常失控，不正因為得到銀行貸款的企業不承擔投資風險，只要能夠借到錢就盡量借錢所引起的嗎？那位日本經濟學家在建議中國擱搞股份制而繼續依靠間接融資時，似乎沒有注意到中國企業經營機制未轉換條件下間接融資方式的不完善。

企業債券誰承擔風險

甚至可以這樣說，假定中國的企業依然處於不自負盈虧的狀態，企業發行債券這一直接融資方式也是不完善的。名義上，企業債券由企業自己承擔風險，實際上仍由國家承擔風險。企業在使用這些借入的資金時，並不感到有太大的壓力，反正有國家保底。購買企業債券的人，則知道國有企業發行的債券最終由國家財政擔保，反正國有企業不會垮掉。於是國有企業發行的債券與國家債券之間的區別也就不明顯了。可見，惟有轉換企業經營機制，企業債券才會真正具有企業債券的性質。

我想，只要讀者了解中國經濟的現狀，了解中國企業的現狀，就會懂得為什麼我會這樣強調股份制改革，也會懂得那位日本經濟學家的主張為什麼是不符合中國實際的。

（逢周一、周四刊出）

*此文完整內容載於本書第 18 頁

經濟漫談

中小企業如何參加國際競爭

北京大學教授 厲以寧

國內企業參加國際市場競爭的途徑很多，並非只有成為跨國企業才算參加了國內市場競爭。這一點對所有的企業都適用，而對於中小企業尤其適用。

企業區分為大型企業、中型企業或小型企業，是按照規模來確定的。中小企業的規模雖然不大，但決不意味着中小企業參加國際市場的競爭能力就一定小。國際市場競爭能力的高低取決於多種因素，包括成本、質量、營銷策略等等。

中小企業參加國際競爭的基本途徑有以下五個。具體到某一家企業，則必須根據自身的條件，作出選擇。當然，這種選擇並不是永久不變的。隨着企業自身條件和國際市場情況的變化，企業在不同的場合可以選擇不同的途徑。而且，即使在同時間內，企業也不限於選擇某一種方式參加國際市場競爭，而是可以選擇若干種方式，有主有輔，或幾種方式並重。

中小企業參加國際競爭的途徑是：

一、如果某些中小企業所生產的產品，成本低，質量好，受到國外客戶與消費者們的歡迎，那麼這些企業可以較容易地把產品銷往國外。它們參加國際市場競爭所遵循的就是正常的國際銷售途徑，但這是一條較難實現的途徑，因為國際市場上的競爭是激烈的，市場情況也是不斷變化的。一家企業要使自己的產品在國際市場上長期站穩不倒，必須持續進行技術創新、產品設計創新，長期保持低成本與高質量的優勢而不能有所鬆懈。

二、如果某些中小企業缺乏這些優勢，那麼它們可以走聯合生產與聯合經營的道路。這就是說，為了提高產品質量，推出新產品，以及降低成本，一家中小企業的力量是有限的，若干家中小企業在生產上和經營上密切配合，相互協作，也可以取得低成本與高質量的優勢，從而在國際市場競爭中呈現自己的力量。協作的形式是多種多樣的，這將取決於參加協作的每一家企業的具體情況，以及所銷往國外的產品的性質與特點。

三、如果某些中小企業認為自己同某個大企業合作，比同另一些中小企業合作更有利於自己的產品在國際市場上打開銷路，那麼它們也可以走這樣一條參與國際競爭的道路。但在這種情況下，中小企業由於在經濟實力上同大企業有一定差距，所以很可能這種合作以大企業為主，中小企業處於輔助、配合的位置。儘管如此，只要合作的結果有利於中小企業把產品銷往國外，對中小企業仍是可行的。

四、中小企業如果有機會或有條件直接同外商合資或合作經營，那麼同樣有可能使自己的產品建立國際的銷售網點，參與國際市場的競爭。重要的是，中小企業在同外商談判時，是不是對自己產品的價格、成本、質量等有合理的評價，以及對於所要合作的外商的真實情況有所了解。否則，在這方面可能取不到預期的效果，甚至有可能上當、吃虧。

五、中小企業還應當積極參加出口商品交易會、展銷會、洽談會等有助於擴大出口的形式。參加上述這些形式，還可以獲得市場信息，並同國內其他廠家的產品進行比較，汲取別人的長處，使自己的產品有所改進。

總之，中小企業參加國際市場競爭不僅是必要的，而且是可行的。中小企業提供的產品在我國出口商品的品種與數量方面都佔據相當大的比重。政府應當大力支持中小企業參加國際市場競爭。對於中小企業的支持，應當體現在技術扶植與金融支持兩個方面。稅收方面的措施，仍應以「一視同仁」原則為基點，否則會造成不公平的競爭。比如說，帶有科技開發性質的企業，不論大中小企業，該優惠的都應給予稅收優惠。在技術扶植方面，主要應考慮到中小企業自身的局限性，從而多提供技術信息並設立為中小企業服務的技術諮詢服務組織。在金融支持方面，則可以優先考慮有發展前景與潛力的中小企業的貸款。這樣，中小企業在參加國際市場競爭時就可以進一步發揮自己的作用。

*此文完整內容載於本書第 518 頁

2012 年厲以寧教授在北京大學新年論壇上發表主旨演講

厲以寧教授在沂蒙山區開展農戶調研